শ্রীশ্রীরামকৃষ্ণকথামৃত

大聖ラーマクリシュナ

不滅の言葉《コタムリト》

第五巻

マヘンドラ・グプタ著
田中嫺玉訳

表紙・扉の絵:「卵を抱く母鳥」／ 1882 年 8 月 24 日（木）参照

1881年12月10日 ベンガル写真館にて撮影

サーラダー・デーヴィー（1853 ～ 1920）
（大聖母《シュリー・シュリー・マー》／ホーリー・マザー）

コラム　ホーリー・マザーの絵　p424 参照

ナレンドラ・ナート・ダッタ（1863 ～ 1902）
（スワミ　ヴィヴェーカーナンダ）

ラカール・チャンドラ・ゴーシュ
(1863 ~ 1922)
(スワミ　ブラフマーナンダ)

ナレンドラ・ナート・ダッタ
(1863 ~ 1902)
(スワミ　ヴィヴェーカーナンダ)

ニティヤ・ニランジャン・ゴーシュ
(1862 ~ 1904)
(スワミ　ニランジャナーナンダ)

バブラム・ゴーシュ
(1861 ~ 1918)
(スワミ　プレーマーナンダ)

ラクトゥラム／通称ラトゥ
（　～1920）
（スワミ　アドブターナンダ）

ヨーギンドラ・ナート・チョウドリー
（1861～1899）
（スワミ　ヨーガーナンダ）

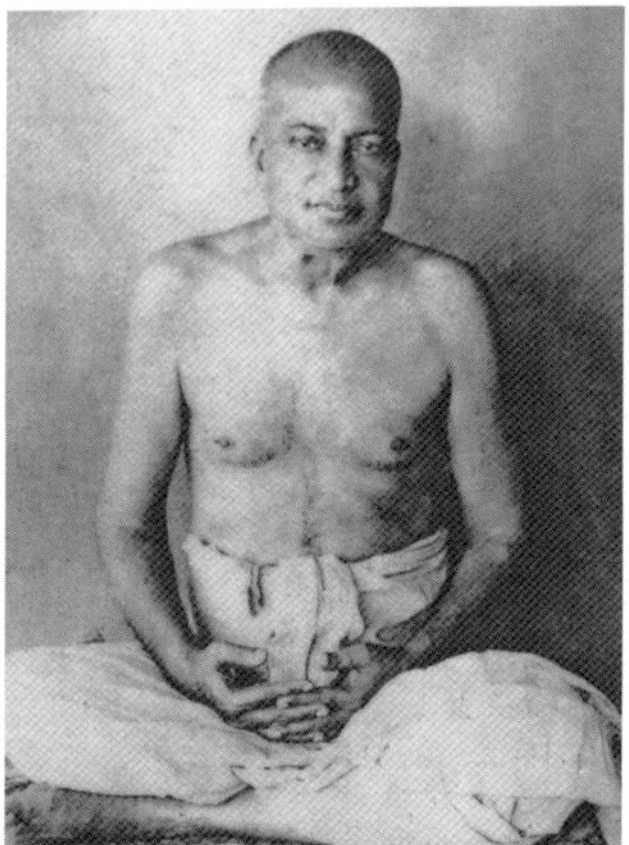

ターラク・ナート・ゴーシャル
（1854～1934）
（スワミ　シヴァーナンダ）

ハリ・ナート・チョットパッダエ
（1863～1922）
（スワミ　トゥリヤーナンダ）

ゴパール・チャンドラ・ゴーシュ
(1828 ~ 1909)
(スワミ　アドヴァイターナンダ)

ガンガーダル・ガタク
(1864 ~ 1937)
(スワミ　アカンダーナンダ)

シャラト・チャンドラ・チャクラバルティ
(1865 ~ 1927)
(スワミ　サーラダーナンダ)

ハリ・プラサンナ・チョットパッダエ
(1868 ~ 1938)
(スワミ　ヴィジュニャーナーナンダ)

サーラダー・プラサンナ・ミトラ
(1865 ~ 1915)
(スワミ　トリグナティターナンダ)

カーリー・プラサード・チャンドラ
(1866 ~ 1939)
(スワミ　アベーダーナンダ)

スボドゥ・チャンドラ・ゴーシュ
(1867 ~ 1932)
(スワミ　スボダーナンダ)

シャシー・ブーシャン・チャクラバルティ
(1863 ~ 1911)
(スワミ　ラーマクリシュナーナンダ)

プールナ・チャンドラ・ゴーシュ
(1871 ~ 1913)

トゥルシー・チャラン・ダッタ
(1863 ~ 1938)
(スワミ　ニルマラーナンダ)

バヴァナート・チョットパッダエ
(1863 ~ 1896)

ニティヤゴパール

スレンドラ・ナート・ミトラ
(1850 ～ 1890)

マヘンドラ・ナート・グプタ
(1854 ～ 1932)

シャンブー・チャラン・マリック
(　～1877)

ラム・チャンドラ・ダッタ
(1851 ～ 1899)

クリシュナヴァミニ・ボース
(バララム・ボースの妻)

バララム・ボース
(1842 ~ 1890)

ゴラープ・スンダリー・デーヴィー
(バグバザールのバラモン婦人)
(~ 1924)

イシャン・ムコパッダエ

デベンドラ・ナート・マズンダール
(1844 ～ 1911)

ギリシュ・チャンドラ・ゴーシュ
(1844 ～ 1912)

ヴィシュヌプリヤンギニ・デーヴィー
(カリパダ・ゴーシュの妻)

カリパダ・ゴーシュ
(1849 ～ 1905)

マニンドラ・クリシュナ・グプタ
(1870 ～ 1939)

チュニラル・ボース
(1849 ～ 1936)

ナレンドラ・ナート・ミトラ
(若いナレン)

ナヴァゴパール・ゴーシュ
(1832 ～ 1909)

ラムラル・チョットパッダエ
(1858 ~ 1933)

マトゥラナート・ビスワス
(1817 ~ 1871)
(シェジョさん・マトゥール氏)

ヒーラナンダ・ソーキラム・アドヴァニ
(1863 ~ 1893)

バンキム・チャンドラ・チョットパッダエ
(1838 ~ 1894)

アシュヴィニー・クマール・ダッタ
(1856 ～ 1923)

イーシュワラ・ヴィディヤサーガル
(1820 ～ 1891)

マノモハン・ミトラ
(1851 ～ 1903)

マヒマー・チャラン・チャクラバルティ

ヴィジャイ・クリシュナ・ゴスワミー
(1841 ～ 1899)

ケーシャブ・チャンドラ・セン
(1838 ～ 1884)

ケーシャブ・チャンドラ・センと仲間たち

(座) 左よりガウルゴーヴィンダ・ロイ、ケダルナート・デー、バンガ・チャンドラ・ロイ、プラタプ・チャンドラ・マズンダール、アゴルナート・グプタ、ギリシュ・チャンドラ・セン、マヘンドラ・ナート・ボース、ケーシャブ・チャンドラ・セン、ラーマチャンドラ・シンハ、プラサンナ・クマール・セン、アムリタ・ラール・ボース、ディーナ・ナート・マズンダール、トライローキャ・サニヤル、ウマナート・グプタ
(立) 左よりピアリー・モハン・チョウドリー、カンティ・チャンドラ・ミトラ

アムリタ・ラール・サルカル
(マヘンドラ・ラール・サルカルの息子)

マヘンドラ・ラール・サルカル
(1833 ~ 1904)

ラジェンドラ・ラール・ダッタ

ガンガー・プラサード・セン

信者の方が描いた絵

画家の描いた聖ラーマクリシュナ
(フランク・ドヴォルザーク氏描)

信者の方が描いた絵

信者の方が描いた絵

シャームプクルの家

シャームプクルの二階のラーマクリシュナの部屋

シャームプクルの家の中庭（二階左がラーマクリシュナの部屋）

シャームプクルのサーラダー・デーヴィーの部屋（右は内部）
（二階から屋上に通じる階段の上にある狭い部屋）

チョウドリー通りにある校長の家(右手前)

シャンカリトラにあるサルカル医師の家

二階へ上がる階段

一階の部屋

校長(マヘンドラ・ナート・グプタ)の家

校長の家の礼拝室

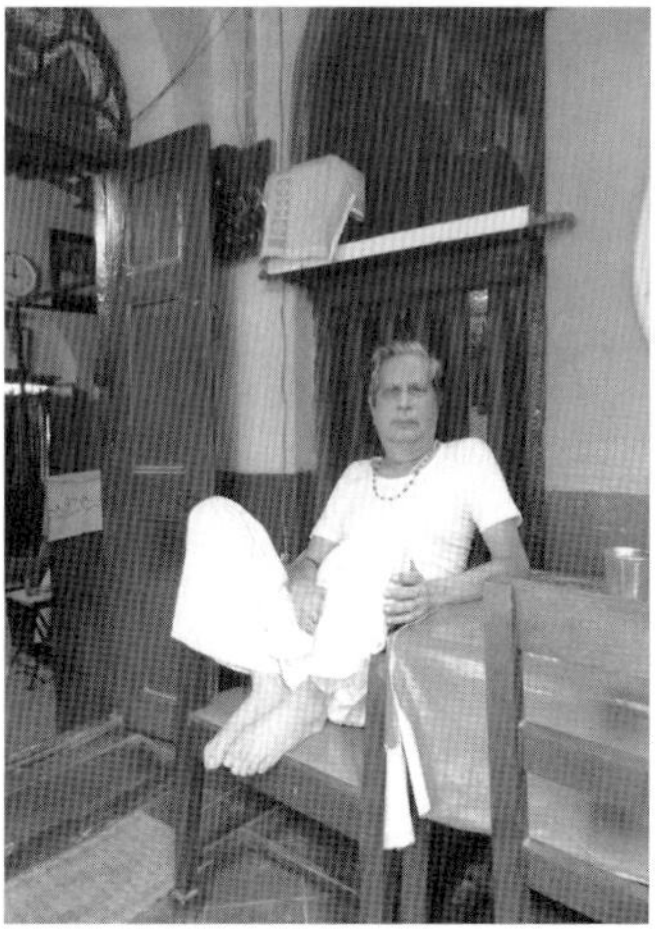

ディパック・グプタ氏
（マヘンドラ・ナート・グプタの曾孫）

校長の家 （上）屋上、（中）校長の寝室
（下）タクールからの賜り物を納めた家具

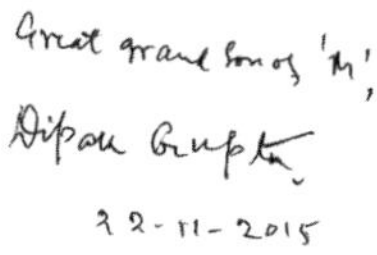

『不滅の言葉《コタムリト》・第四巻』への
ディパック・グプタ氏のサイン

コシポールの別荘（外観）

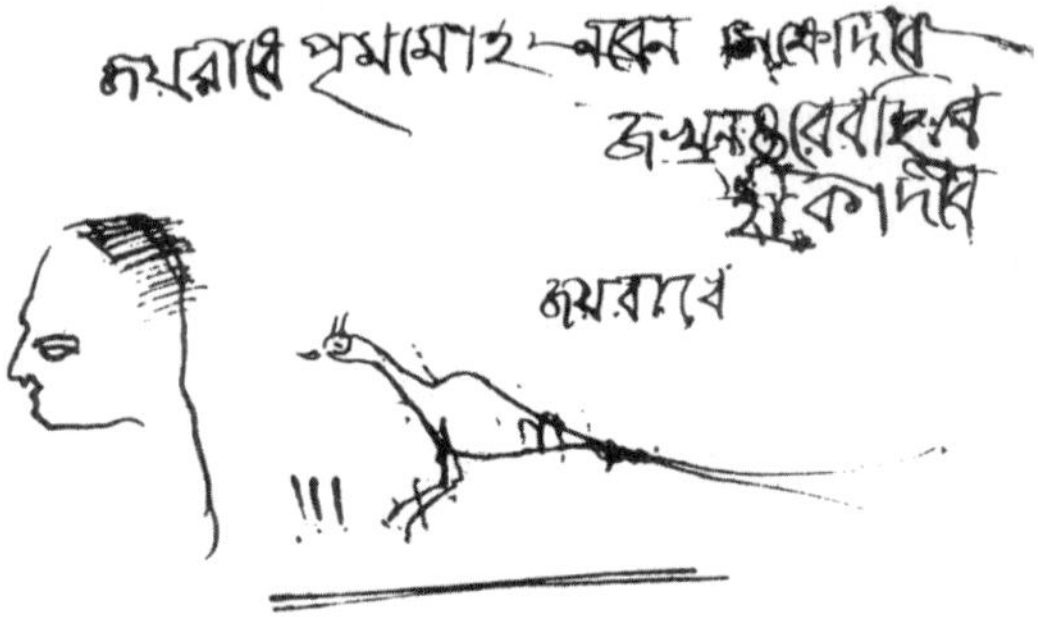

1886年2月11日 午後7時半頃描

ここに描いてある絵と文字は、ラーマクリシュナご自身がお描きになったものである。顔の絵はナレンドラを、後ろのクジャク（聖クリシュナの象徴）は、背後からナレンドラを支えるラーマクリシュナを表していると思われる。

愛の化身ラーダーに勝利あれ！
ナレンは多くの人びとを教えるだろう。
その声はとどろきとなってインドを超えて響きわたるだろう。
ラーダーに勝利あれ！　　　　　　　　　　（右上の文字）

二階の聖ラーマクリシュナの部屋

二階への階段

一階の信者たちの部屋

一階のホーリー・
マザーの部屋

(1886年8月16日)

1 アトゥール　2 アムリタ　3 ヴァイクンタナート・サニヤル
4 バヴァナート・チョットパッダエ　5 バブラム　6 ナレンドラ
7 ラム・チャンドラ・ダッタ　8 ゴパール・ゴーシュ　9 シャラト　10 バララム・ボース
11 ラトゥ　12 シャシー　13 ラカール　14 ニティヤゴパール　15 ヨーギン
16 デベンドラ・ナート・マズンダール　17 ターラク　18 若いゴパール　19 ニランジャン
20 ナラヤン　21 マニラル・マリック　22 ファキール
23 スレンドラ　24 ブパティ　25 ハリシュ
26 ギリンドラ　27 ビィノド
28 マヘンドラ・グプタ　29 カーリー
30 ナヴァゴパール・ゴーシュ
31 ガンガーダル　32 マヒマーチャラン
33 マノモハン・ミトラ

捨身後の聖ラーマクリシュナを囲む信者たち

ラーマクリシュナの荼毘の場所に建つ記念碑
（左）マヘンドラ・グプタの記念碑　（中・右）聖ラーマクリシュナの記念碑

建立当時の記念碑

現在のラーマクリシュナの記念碑
（内部にラーマクリシュナ像を安置）

バラナゴル僧院(上) と修行中の弟子たち(下)

691 ページに人物名記載

世界宗教会議の演壇にて

世界宗教会議　　　　　（1893 年 9 月 27 日）
スワミ・ヴィヴェーカーナンダ：演壇二列目中央左

カルカッタでのヴィヴェーカーナンダの歓迎会（1897年2月28日）

マドラスにて　　　　　　　　　（1897年2月）

691ページに人物名記載

ラーマクリシュナの信者たち

ベルール僧院《マト》にて　　　　　　（1899年6月19日）

上下段とも691ページに人物名記載

カルカッタ ボスパラ通りにて　(1899年6月20日)
691ページに人物名記載

アラムバザール僧院《マト》にて　(1896年)

(立)左よりラトゥ(スワミ・アドブターナンダ)、ヨーギン(スワミ・ヨーガーナンダ)、カーリー(スワミ・アベーダーナンダ)、サーラダー(スワミ・トリグナティターナンダ)、ハリ(スワミ・トゥリヤーナンダ)、トゥルシー(スワミ・ニルマラーナンダ)、ニランジャン(スワミ・ニランジャナーナンダ)、(座)左よりスボドゥ(スワミ・スボダーナンダ)、ラカール(スワミ・ブラフマーナンダ)、ガンガーダル(スワミ・アカンダーナンダ)　(スワミ・アベーダーナンダのアメリカ行き壮行にて)

マヘンドラ・ナート・グプタ（1854 ～ 1932）
（1927 年 2 月 23 日 南神寺《ドッキネーショル》ベル樹台《タラ》にて）

大聖ラーマクリシュナ

不滅の言葉《コタムリト》

第五巻

目次

第一章　大聖ヴィジャヤ・ダシャミーの日に

一八八五年十月十八日（日）

大聖ヴィジャヤ・ダシャミーの日に信者たちと

タクール、聖ラーマクリシュナ、シャームプクルの家で信者たちと共に

大聖ヴィジャヤ・ダシャミー（訳註1）。一八八五年十月十八日。タクール、聖ラーマクリシュナはシャームプクル（訳註2）の家におられる。お体の病気を治療するためカルカッタに来られたのだ。信者たちが常に付き添って、何かとお世話申し上げている。信者たちは、まだ誰も世俗生活を捨ててはいない。――自分の家からタクールのもとに通ってくるのである。

〔スレンドラの信仰――〝大実母《マー》よ、どうぞ胸《ハート》の中にいらして下さい〟〕

涼しい季節の朝の八時。タクールはご病気でベッドの上に坐っておられる。相変わらず五才の童子のように大実母《マー》よりほかは何もご存知ない。スレンドラが来て坐った。ナヴァゴパール、校長、ほかにも誰彼が来ている。スレンドラの家でドゥルガー・プージャが行われていた。タクールはいらっしゃることができないので代わりに信者たちをやって神像を拝ませた。今日はヴィジャヤ（神像を水に沈

める日）なのでスレンドラは憂うつになっていた。

スレンドラ「家から逃げてきました」

聖ラーマクリシュナ「（校長に）――それがどうしたって言うんだい？　大実母《マー》よ、どうぞ胸《ハート》の中にいらして下さい！」

スレンドラは、〝マー、マー〟と言って、さかんにパラメーシュワリー（至高の女神／ドゥルガー女神）のことをくどくどと話しはじめた。

スレンドラのこの様子を眺めて、タクールの目には涙がにじんできた。校長の方を見て、感極まって詰まったような声でおっしゃる。――「この信仰！　アー、信仰のあつい人だねえ！」


（訳註１）ヴィジャヤ・ダシャミー――十日間つづくドゥルガー祭の十日目のお祭りで、女神《デーヴィー》が悪魔《アスラ》に勝利したことを祝う日である。ヴィジャヤは〝勝利〟、ダシャミーは〝十日〟を意味する。それまでの九日間はナヴァ・ラートリーと言い、ナヴァは〝９〟、ラートリーは〝夜〟を意味し、九日間にわたり女神がアスラと戦う。

（訳註２）タクールの喉の病気が悪化し、南神村《ドッキネーショル》でお世話するのが難しくなってきたので、信者たちは話し合って、カルカッタのバグバザール地区ドゥルガーチャラン・ムケルジー通りに屋上からガンジス河が見える家を借りて、一八八五年九月二十六日にタクールをお連れしたが、広々とした南神寺院《ドッキネーショル》での生活に慣れていたタクールは小さな家に入ることを断られたので、そこからバラム・ボースの家まで歩いて行かれ一週間滞在された。その間に信者たちはシャームプクル地区に一軒の家を借りて、一八八五年十月二日の夕方、タクール、聖ラーマクリシュナにそちらに移っていただいた。

聖ラーマクリシュナ「昨日の夕方七時か七時半ころ、前三昧のなかでお前ところの大広間が見えた。神像が祀ってあって、みんな光で充ち満ちていたよ。ここもあそこも一つになっていた。一つの光の流れが二つの場所を結びつけていた――この家と、お前たちのいたあの家と！」

スレンドラ「その時刻に私はその広間にいて、〝マー、マー〟と祈っていたのです。兄たちはもう二階に上がってしまっておりました。マーが、『また、来ますよ』と言ってくれたような感じがしました」

1885年10月18日（日）

〔タクール、聖ラーマクリシュナとバガヴァッド・ギーター〕

午前十一時ころ、タクールは病人食を召し上がった。モニはタクールのお手に口すすぎの水を注いだ。

聖ラーマクリシュナ「（モニに）――ヒナ豆を食べてラカールは腹をわるくした。サットヴァ的食事をするのがいいね。お前、ギーターでそのことを読まなかったかい？　お前、ギーター(訳註3)を読んだんだろう？」

モニ「はい、読みました。正しい食事のことが書いてあります。サットヴァ的食事、ラジャス的食事、タマス的食事。それからサットヴァ的慈悲、ラジャス的慈悲、タマス的慈悲。――サットヴァ的我、というようなことがいろいろ述べてありました」

聖ラーマクリシュナ「ギーターの本を持っているのかい？」

モニ「はい、持っております」

聖ラーマクリシュナ「あれにはすべての聖典の精髄が書いてあるんだよ」

モニ「仰せの通りと思います。いろいろな種類の見神のことが出ております。あなた様のおっしゃいましたように、いろいろな道を通ってあの御方のところへ行くこと——智識《ジュニャーナ》、信仰《バクティ》、行為《カルマ》、瞑想《ディヤーナ》……」

聖ラーマクリシュナ「カルマ・ヨーガの意味がわかるかい？　すべての行為の結果を至聖に捧げることだ」

モニ「はい、そのように書いてありました。それから行為をするにあたって、三種の仕方があるということも——」

聖ラーマクリシュナ「どんな種類だっけ？」

モニ「第一は智識を得るための行為。第二は人びとに（真理を）教えるための行為。第三は生まれつきの性格からの行為。この三つでございます」

タクールはお口をすすいだあと、噛み煙草《パーン》を味わっておられる。モニにもお下がり《プラサード》の噛み煙草《パーン》を下さった。

（訳註3）物質自然《プラクリティ》の三性質《トリグナ》によって
人の好む食物にも三種類ある　——ギーター17・7——

聖ラーマクリシュナ、ハンフリー・デービー卿とアヴァターラの教義

タクールは校長を相手にサルカル医師の話をなさる。先日、校長はタクールの病状報告のため、サルカル医師のもとを訪れたのである。

聖ラーマクリシュナ「お前と、どんな話をした?」

校長「先生の部屋には本がどっさりございましてね、私は一冊の本をそこに坐っていながら読みました。読みながら、ところどころ先生に朗読して聞かせました。ハンフリー・デービー卿(訳註4)の本です。アヴァターラの必要性のことについて書いてあるのでございます」

聖ラーマクリシュナ「ほんとかい? それでお前、どんなことをしゃべったんだね?」

校長「も一つ、こういうことが書いてあるのです。『Divine Truth must he made human Truth to be appreciated by us(神の言葉は、人間を通してでなければ人間に理解することはできない)』と。故に神の化身《アヴァターラ》は必要であり、必然であるというのでございます」

聖ラーマクリシュナ「ワー、どれもすばらしい言葉だ!」

校長「そのイギリス人はこう説明しています。太陽を直視することはできない。しかし、太陽の光が差した所(反射光線)を直視することはできる、と」

聖ラーマクリシュナ「すばらしい説明だ。それから?」

校長「それから、ある場所ではこうあります——正しい智識、すなわち信念である、と」

聖ラーマクリシュナ「これも大そういい言葉だ。信念があればすべては成就する」

校長「それから、そのイギリス人はローマ神話にでてくる神々を夢に見たそうです」

聖ラーマクリシュナ「そんな本があるのかい？　だとしたら、神さまがそこで仕事をしていなさるんだ。それから、どんな話をした？」

〔聖ラーマクリシュナと〝世界の利益〟、或いはカルマ・ヨーガ〕

校長「彼らは、〝世界のために有益なことをしろ〟と主張するのです。ですから、私はあなた様がおっしゃったことを話してやりました」

聖ラーマクリシュナ「ハッハッハッ、どんな話だい？」

校長「例の、シャンブー・マリックの話です。彼はあなた様にこんなことを言いました。『私の願いは、自分の財産を病院や施薬所や学校をつくるために費《つか》うことです。そうすれば大ぜいの人のためになりますから――』と。あなた様はそれに対してこうお答えになりました。『もし神さまが目の前に来なすったら、お前はほんとにこう申し上げるのかい？　私にこれこれの病院と施薬所と学校を作らせて下さ

（訳註４）ハンフリー・デービー（1778～1829）――イギリスの化学者で発明家。アルカリ金属やアルカリ土類金属をいくつか発見したことで知られ、塩素やヨウ素の性質を研究したことでも知られている。電磁場の基礎理論を確立したマイケル・ファラデーは彼の助手をしていた。

い』と。それから、もう一つ話しました」
聖ラーマクリシュナ「フーン。別な階層《クラス》にいる人たちは、この世にそういう仕事をしに来たんだよ。ナニ、それから？」
校長「この話です。カーリー参詣に来たのが目的なのに、道ばた大ぜいいる乞食に恵んでばかりいたらどうなる？　とにかく、何が何でも一度カーリーに参拝することです。そうしてから、乞食の面倒を見たかったら見るがよろしい、と」
聖ラーマクリシュナ「それから、どんなこと言った？」

〔聖ラーマクリシュナの信者と官能の克服〕
校長「あなた様のところに来る人たちの多くは情欲を克服している、と申しました。すると先生は、『私も情欲のようなものはとっくに卒業した。わかりますか？』と申しました。そこで私はこう言ったのです。『あなたは自他ともに許す立派な人格者です。欲情を克服なさったといってもちっとも驚くことではありません。でも、名もないちょっとした人たちが、あのかたのところへ行くようになってから官能を征服したのです。これは驚くべきことですよ！』と。そのあとで、あなた様がギリシュ・ゴーシュにおっしゃったことを話しました」
聖ラーマクリシュナ「何と話したんだね？　ハッハッハ」
校長「あなた様はギリシュ・ゴーシュにこうおっしゃいました。——『あの医者は、まだお前のところまで行っていない』と。彼があなた様をアヴァターラだとお呼びしていることを指して、そうおっしゃったのです」

聖ラーマクリシュナ「お前、アヴァターラの話をあの医者に話すといいよ。アヴァターラ──人を解脱させてくれるお方のことだ。いままで十人のアヴァターラがあったとか、二十四人のアヴァターラが現れたとか言われているが、そのほかにも数えきれないほどのアヴァターラがいるんだよ」

〔酒を徐々にやめていく〕

校長「先生はギリシュ・ゴーシュにひどく関心があるらしゅうございます。ギリシュは酒をやめたかどうかなど、そんなことばかり質問しました。彼のことを、ことのほか注目しているようでした」

聖ラーマクリシュナ「そのことをギリシュに言ったかい?」

校長「はい、話しました。それから酒をやめるようにという話も──」

聖ラーマクリシュナ「何と言っていた?」

校長「彼はこう申しました。『君たち皆でそう言うなら、私はそれをタクールのお言葉だと思うことにする。でも、絶対にそうするとは言い切れないんだが……』」

聖ラーマクリシュナ「(喜ばしそうに)──カリパダがね、『あの人は酒を完全にやめました』と言ったよ」

1885年10月18日（日）

至聖との合一《ヨーガ》

〔ニティヤとリーラー（Identity of the Absolute or the Universal Ego and the Phenomenal World.）〕

午後になってサルカル医師が来た。息子のアムリタとヘムが医師についてきた。ナレンドラはじめ信者たちが部屋にいる。タクールはアムリタひとりを相手に話していらっしゃる。——「お前、瞑想していおるかい？」と質問なさったり、「瞑想《ディヤーナ》の境地というのはどういうものか、知っているかね。心が油の流れのようになるんだよ。一つの想念——神の想いでね。ほかには何の想いも入ってこないんだ」

こんどは、タクールは皆と話をなさる。

聖ラーマクリシュナ「（医師に）——あんたの息子はアヴァターラを認めないね。それでいいさ。信じようと信じまいと。

あんたの息子はなかなかいいね。そりゃそうだろうね？　ボンベイ・マンゴーの木に酸っぱいマンゴーがなる筈はないもの。彼は神についてすばらしい信念を持っている！　神に心をよせてこそ、真実の人と言えるんだよ。人——人間としての自覚、人としての意識のあるもの、霊意識に目ざめたもの、神ひとり真実で他はすべて虚仮ということが決定的に理解できた——それが人間自覚だ。アヴァターラを信じなくたってちっともかまわない。

神。——それからすべての生物、世界は神の豊かな表現。これさえわかれば十分だ。大金持ちと彼の大庭園の関係だ。

神の化身《アヴァターラ》はいままでに十人あったという説もあるし、二十四人だという説もある。そうかと思えば、いや、神の化身は無数だ、という説もあるんだよ。

あの御方の力が特別に顕現《あらわれ》ているところにはアヴァターラがいる！　これがわたしの考えだ。それから見えるものはすべてあの御方がなっていなさるのだ、という考えもある。ベルの実のように、タネと皮と果実《み》と、三つひっくるめて一つなんだ。永遠の一者が多様活動《リーラー》をし、リーラーそのものが永遠なる一者の性質なのだ。永遠の一者なしにはリーラーはあり得ない。リーラーをつかんでは放し、つかんでは放しながら究極に到達するんだよ（ハシゴを一段一段放しながら上っていくように）。〝我〟意識があるかぎり、リーラーを完全に放しきることはできない。ネーティ、ネーティと現象否定しながら瞑想でヨーガに入り、永遠の一者と合体することはできる。しかし、何一つ取り去ることはできない。さっき言ったベルの実のように――」

医師「全く、その通りです」

聖ラーマクリシュナ「カチャ（聖者ブリハスパティの息子）が無分別三昧《ニルヴィカルパ・サマーディ》に入った。三昧が解けてからある人が、『あなたは今、何を見ているのか？』とたずねた。するとカチャは、『全世界があの御方に溶けている！　あの御方だけがいっぱいになっている！　見えるものすべて、あの御方だ。何を捨てたらいいのか、何を拾ったらいいのか、全くわからない』と。

わかるかい？――永遠絶対《ニティヤ》と変化相対《リーラー》の二つの関係を悟って、神の召使いという気持ちで暮らすことだ。ハヌマーンは形ある神にも形なき神にも対面した。その後で召使いの態度、信仰者の態度をとっていた」

モニ、心で思うよう――ニティヤとリーラーの両方を認めるべきだ。ドイツでヴェーダーンタ哲学が紹介されたとき、数人のヨーロッパ人哲学者も同じような意見を持った。しかし、タクールがおっしゃるには、『すべてを捨てよ――女と金を捨てよ――さもなくば、ニティヤとリーラーに対面することはできない』と。正真の〝俗世を捨てた人〟、完全に無執着であること、ここがヘーゲルはじめヨーロッパの哲学者の考え方と較べてタクールの特異な点である。

聖ラーマクリシュナと神の化身《アヴァターラ》の教義

〔Reconciliation of free will and predestination（自由意志と宿命・運命との折り合い）〕

医師はこう言うのである。神は我々を創造して、我々すべての魂を永遠に導き進歩させて下さる筈である。故に、AがBよりも優れている、偉大である、というようなことは本質的に信じられない。だから神の化身《アヴァターラ》を認めない、と。

医師「Infinite Progress（無限の進歩）！　もし、これを否定するとしたら、あと数年生き延びることの意味がない！　それに、私だって首をくくって死んでもいいことになりますよ！

今さら神の化身だなんて！　当たり前に排泄行為をする人間の前に、畏《おそ》れおののいてひれ伏すなんて！　ええ、しかし、Reflection of God's light（神の光明が人に反映して輝いている）なら認めますがね」

ギリシュ「アッハッハッハァ。しかし、あなたはその God's Light（神の光なるもの）を見たことがない――」

医師はその答えに躊躇しているようであった。すると隣りに坐っていた友人が、何ごとかヒソヒソと耳打ちした。

医師「あなただって、その影しか見ていない筈だ」

ギリシュ「I see it！（私は見ておりますよ）I see the Light！（私はそのライトを見ているんですよ）

聖クリシュナが神の化身だということを Prove（証明）しましょう――出来なければ、自分の舌をチョン切ってもいいです」

〔熱病患者の分別――完全智に達すれば分別は止《や》む〕

聖ラーマクリシュナ「そんなこと言い合ったって何にもならんよ。そんなことは熱病人のウワゴトだ。熱にうかされている病人は――〝池の水を全部飲む〟とか、〝飯を釜いっぱい食べる！〟とか言うだろう。医者は聞き流して、『いいよ、いいよ、できるよ。良くなったら、今言ったことが何でもできるよ』などと言ってあしらっている。

バターに水分があるうちは鍋でジージー音をたてる。すっかり水気がなくなると音はしなくなる。人はね、心の状態にぴったり合った神さまを見るんだ。金持ちの家へ行ったら女王の絵やほかのおエラ方の絵ばかり飾ってあった。信仰者の家には神々の絵がかけてあるよ！

ラクシュマナがラーマに言った──『ヴァシシュタ様《デーヴァ》のような賢者《リシ》でも、息子を失って嘆き悲しむとは！』するとラーマはこう答えた──『弟よ、智あるものには無智もある。明るさを感じる人は暗さも感じる。だから、智と無智の両方を超えろ』神を真に覚ればそういう境地になる。これをヴィジュニャーナ（大智、大覚智）というんだよ。

足にトゲが刺さったら、もう一つのトゲを用意して刺さったトゲを抜く。抜いたら二つとも捨ててしまう。智のトゲで無智のトゲを抜き、そして智と無智のトゲを二つとも捨てることだ。

完全智に達した徴《しる》しがあるんだよ。分別《かんがえ》が止まってしまうんだ。さっき言ったように、未熟な（煮えない）うちは、バターでもジクジク音をたてる。

医師「〝完全智〟というようなものがどこにありますか？　すべてが神だとあなたは言う！　しかもあえて、パラマハンサと呼ぶのを許していて、その地位についているのは何故ですか？　なぜこの人たちが来てあなたに仕えているのですか？　そして又、何故あなたは（よく煮えて水気を失ったバターのように）沈黙していないのですか？」

聖ラーマクリシュナ「ハッハッハ……。水は静かでも水、ゆらゆら動いても水、大波小波を立てても水──」

〔Voice of God or Conscience（神の声または良心）──象使い神〕

「それにもうひとつ──象使い神の声をなぜ聞いちゃいけない？　グルが弟子に教えた。あらゆるものはナーラーヤナだと。気狂い象がノシノシやってきたとき、弟子はこれもナーラーヤナだと思ってそのままそこに立っていた。象使いが金切り声をあげて、〝皆、逃げろ！　皆、逃げろーッ！〟と叫んでいる。でも弟子は逃げなかった。象は彼を地べたに叩きつけて行った。瀕死の有様で気絶していた。口に水をふくませているうちに気がついた。『お前、なぜ逃げなかったのか？』と聞かれて彼は答えた――『なぜって？　先生が〝あらゆるものはナーラーヤナだ〟とおっしゃったから！』するとグルは、『息子よ、ではなぜ象使い神の言葉を聞かなかったのだね？』と。純粋な心、純粋な知性《ブッディ》として、あの御方はわたしたちのなかに宿っていなさる。そして、ワタシは道具で、あの御方が使い手だ。わたしは部屋で、あの御方が住み手だ。あの御方こそ象使い神だ」

医師「ひとつ質問します。ではなぜ、この病気を治してくれとおっしゃるのですか？」

聖ラーマクリシュナ「〝私〟という水がめがあるうちは、ごらんの通りの有様だ。大海を想像してごらん。上下左右水でいっぱいだ。そのなかに一つのかめが沈んでいる。かめの内《なか》も外も水だ。だが、かめが壊れないかぎり、水は一つにならない。この〝私〟のかめをつくって置いて下すったのは、他ならぬあの御方なんだよ」

〔私とは何か？〕

医師「では、この〝私〟というものはいったい何ですか？　説明してほしいですね。あの御方は我々をタブラかしていらっしゃるのですかね？」

1885年10月18日(日)

ギリシュ「先生《タクール》、〝あの御方の悪フザケじゃない〟ということ、それが、どうしてわかるんですか?」

聖ラーマクリシュナ「アッハッハ。この〝私〟をつくっておいて下すったのはあの御方さ。あの御方の遊び、あの御方のリーラー(愛のスポーツゲーム)だよ! 王様に四人の息子がいる。四人とも王子さまだ。——でも遊ぶときには一人が大臣になったり、別の王子が警官になったりする。王子たちが警察ゴッコをして遊ぶんだよ!

(医師に)よく聞きなさい! あんたがもし、アートマンと対面出来たら、いま言ったことは全部わかる。あの御方を見たら、疑問は皆いっぺんに消える」

〔Sonship and the Father(息子と父親)——聖ラーマクリシュナと智識《ジュニャーナ》のヨーガ〕

医師「疑問が全部なくなる、などということがあり得ますか?」

聖ラーマクリシュナ「わたしのいままで言ったことを、よーく聞いていなさい。後になってもっと聞きたいと思ったら、独りになって直接あの御方に話しかけたらいい。あの御方に真剣になって尋《き》くんだよ。『なぜ、こんなふうになさっているんですか?』と言ってね。

家の息子は乞食に、茶わん一杯の米くらいはやれる。だが、乞食が汽車賃をねだった場合は、家の主人の裁量にまかせなければならない。

——(医師は無言のまま)

そうか、あんたは理屈が好きなんだね。じゃ、わたしもチョッピリ理屈みたいなことを言うから聞いとくれ。――智者にとっては神の化身などというものは存在しない。クリシュナがアルジュナに言った――『君はわたしのことをアヴァターラ、アヴァターラと言うが、ひとつ君に見せたいものがある。従《つ》いておいで――』アルジュナは従《つ》いて行った。しばらく歩くと、『ほら、あそこに何が見える？』とクリシュナが聞く。『大きな木があって、黒い実がたくさん枝になっています』とアルジュナは答えた。するとクリシュナは言った。『あれは黒い実ではないよ。もっと前に行ってよく見てごらん』アルジュナは、その黒い実だと思ったものがひとつひとつ全部クリシュナであることがわかった。クリシュナ――『見たか？　わたしと同じようなクリシュナがどんなに沢山あそこに実を結んでいるかを！』

カビールダースはクリシュナのことをこんなふうに言っていた――『彼は、ゴーピーたちと手をとりあって猿踊りばかりしていた人だ！』

神に近づくほど、神のウパーディ（属性・形）は減ってくる。最初のうち信者は、十本腕の神を見る。もっと先へ進むと四本腕になる。もっと進むと二本腕のかわいいゴパール（幼児姿のクリシュナ）だ！　進めば進むほど仰々《ぎょうぎょう》しく威圧的なところが少なくなってくる。いよいよ前《さき》に進むと、ただ光を見るだけ。――何のウパーディもない。

ちょっと、ヴェーダーンタの論理《ヴィチャーラ》を聞きなさい。王様の御前に一人の魔術師が魔法を見せに来た。彼が少しその場から動くと、向こうからきらびやかな服装をして馬に乗った人がやってくるのが王様の目に見えた。手には何やら物々しい武器を持っている。王様はじめ並いる見物人は自分の心に言いきかせた——ホントウにあるのは何だろう？　馬はもちろんホントウじゃない。あの服装も武器もホントウではない。すると遂に、馬にのっていた人間だけがひとりそこに立っている！　そうだろう、ブラフマンのみ実在で、この世界は虚仮《まぼろし》だ——よくよく分別判断していくと、ブラフマン以外のものは何も残らない」

医師「そのことについては、私に何の異議もありません」

1885年10月18日(日)

〔The World and the Scare-Crow（世俗とカカシ）〕

聖ラーマクリシュナ「だけど、そのマボロシを追い払うのは容易なことじゃないよ。智識を得た後だって残っているんだからね。夢で虎に出くわすと、夢がさめたあとでも胸がドキドキする！

畑に泥棒が入ろうとする、そこには侵入者をおどすために人の形をしたカカシが立っている。その姿を見てビックリした泥棒は、容易なことで畑に足を踏み入れられない。仲間の一人が恐る恐る近づいてよく見ると、ただのワラ人形だ。戻って皆に言った。『ただのカカシだ。心配ないよ』それでも皆はなかなか畑に入ろうとしない。胸がドキドキするからと言って——。そこでその先導はカカシを地面に倒して、また皆に言った。『何もない、何もない』これが、『ネーティ、ネーティ』だ」

医師「これは、いいお話です」

聖ラーマクリシュナ「(ニッコリして)——ホウ！　どれが？」

医師「けっこうなお話です」

聖ラーマクリシュナ「じゃひとつ、〝サンキュー〟と言っておくれよ」（訳註――この時タクール自ら、〝Thank you〟と英語で発音された）

医師「私の心のうちがおわかりになりませんか？　どれだけ苦労してあなたに会いに来ているか……」

聖ラーマクリシュナ「アハハハ……。馬鹿のために何か話してくれ。ヴィビーシャナはセイロンの王になろうとしなかった。――『ラーマよ、あなたを得たのに、今さらセイロン王などになって何の意味がありましょう』と言ってね。するとラーマはおっしゃった。『ヴィビーシャナ！　君は馬鹿者どものために王位につけ。〝ラーマのためにあんなに尽くしたあなたは、いったい何を得たのですか？〟などと言う連中のために、王様になれ』と」

医師「ここに、そんな馬鹿がいるのでしょうか？　おりませんよ」

聖ラーマクリシュナ「アッハハッハ……。どういたしまして！　ホラ貝もいるし、カタツムリもいるし、それから金魚のウンコもね！」（一同大笑）

プルシャとプラクリティ

医師はタクールに薬を処方し、二個の丸薬を渡した。そしてこう言った。「この二個の丸薬を差し上げます。――プルシャとプラクリティです」（一同笑う）

聖ラーマクリシュナ「ハッハッハ……。そうだよ、あの二つはいつもいっしょにいるんだよ。鳩を見たかい、オスとメスは決して離れていられない。プルシャのいるところには必ずプラクリティがいるし、プラクリティのいるところには必ずプルシャがいる」

今日はヴィジャヤの日である。タクールは医師に何か甘いものをおやつに出すようにとおっしゃった。信者たちは菓子を持ってきて医師に供した。

医師「(食べながら)――このお菓子をいただいたことに対して、〝サンキュー〟を申しましょう。決して、あなたの教訓に対して言うのではありません。安っぽくなるので、〝サンキュー〟などと口に出しては言いますまい」

聖ラーマクリシュナ「ハハハ。あの御方に心を寄せること。そのほかに何を言ったかね? それから少しずつでも瞑想するようにすること。(若いナレンの方を指して)ホラ、この青年はすっかり心を神にあずけている。こんなようなことをあんたに言っただけだよ」

医師「私だけじゃなくて、ここにいる人たちにも話してやって下さい」

聖ラーマクリシュナ「消化力に応じたものを食べさせなけりゃならん。さっき言ったようなことを、誰でもが理解できると思うかい? 母親が魚を買ってきた。子供によっては消化力《こなす》がまちまちだ。ある子には油っこいピラフにして食べさせるが、別な子には薄味のシチューなどにする。油っこいもの食べると腹をこわすから――」(一同笑う)

医師は帰っていった。今日はヴィジャヤの日である。信者たちはみな、身体を真っ直ぐに投げ出してタクールを礼拝し(シャスタンガ・プラナーム)、お足の塵をいただいた。それがすむと、お互いにしっかり抱き合った。喜びには際限がない。タクールはひどい病気だというのに、皆にそれをすっかり忘れさせて下すったのだ！　皆は長い時間をかけて次々と愛をこめて抱き合い、神への信仰と友情を誓い合った。甘い菓子も用意してあった。タクールの傍には若いナレンと、校長と、ほか二、三の信者が坐っている。タクールは楽しそうに話していらっしゃる。さっきのサルカル医師のことが話題になった。

聖ラーマクリシュナ「あの医者には、もうあれ以上言わない方がいいんだよ。樹を切り倒すとき、さいごの切れ目を入れると、木こりは樹のそばをよけて立っている。少しすると木は自然に倒れる」

若いナレン「アッハッハッハ。すべてがPrinciple（原理）だ！」

聖ラーマクリシュナ「（校長に）――あの医者は、ずい分変わったと思わないかい？」

校長「おっしゃる通りです。ここにくると、何か途方にくれたような様子になりますね。薬の話もさっぱり致しませんし……。私どもがそのことをきくと、『そ、そうそう、薬でしたね』などと言って……」

数人の信者たちが広間で歌をうたっていた。彼等がタクールのいらっしゃる部屋に戻るとタクールはおっしゃった。――「お前たち、あっちで歌をうたっていたが、どうして又、あんなに調子が合わなかったんだろうね？　誰だったかオンチがいたっけが……。ちょうど、あんなふうだったよ！（一同大笑）」

若いナレンの親戚にあたる青年が来ていた。ひどくめかしこんだ服装で、メガネまでかけている。タクールは若いナレンと話をしておられる。

聖ラーマクリシュナ「ね、この道を一人の青年が通ったがね、ヒダのついた上衣《ジャマ》を着ていた。もったいぶった歩き方をしてさ。上衣のヒダを見せびらかすために、時どきチャドルをめくっていたっけ……。そして、あたりをそれとなく見廻して――誰か自分の服を注目していないかどうか。歩くとガニ股だということがすぐわかる（一同大笑）。まあ一度、見てごらんよ。

クジャクは羽をひろげて見せびらかす。でも、足はじつに汚い！（一同笑う）

ラクダはとても醜い――あれは、どこもかしこも醜いね」

若いナレンの親戚の青年「しかし、性格はいいです」

聖ラーマクリシュナ「いいかも知れない。だがトゲ草を食べるね。――口から血を流しながらも食べるんだ！　世間の人は子供を死なせて悲しい思いをしても、性懲《こ》りもなく後から後からつくって、子供、子供と大さわぎしている！」

第二章　信者たちとシャームプクルの家で楽しく歓談

一八八五年十月二十二日(木)

聖ラーマクリシュナ――イシャン、サルカル医師、ギリシュ等信者たちと共にシャームプクルの家で楽しく歓談

家住期について

アッシン白分十四日目。数日前の白分七日目、八日目、九日目の三日間は大実母のお祭りが執り行われた。十日目がヴィジャヤ。信者たちはこの機会に、お互いに親しみを込めて抱擁し、友情、信頼を深め合った。

聖ラーマクリシュナは信者たちと、カルカッタ市内のシャームプクルと呼ばれる地区の邸に住んでいらっしゃる。大病を患《わずら》っておられる――喉にガンができたのである。バララムの家に行っておられたとき、ガンガープラサード医師が診察に来た。タクールは、「この病気は治るのか、治らないのか」とお聞きになった。医師ははっきりした返事ができず、沈黙していた。西洋医たちも、〝この病気は不治である〟と、それとなく暗示した。現在はサルカル医師が治療にあたっている。

今日は一八八五年十月二十二日、木曜日。シャームプクルにある二階建ての屋敷の二階の部屋にベッ

ドがつくってあり、聖ラーマクリシュナはそこに坐っていらっしゃる。サルカル医師、イシャン・チャンドラ・ムコパッダエ氏はじめ、信者たちがベッドのまわりに坐っている。イシャンは大へんな慈善家で、恩給を受けていたが、タクールのためにずっと金を寄付していた。彼は借金してでも寄付を続け、いつも神のことを想っていた。タクールが病気になられたことを聞いて、お見舞いに駆けつけたのである。サルカル医師は非常に多忙な人なのだが、治療のために来て、そのままもう六、七時間もここにいる。彼は最近、きわめて熱心にタクールを敬慕するようになり、まわりにいる信者たちと身内同士のように親しく振る舞っている。

夜の七時ころ、外は月光を浴びて——満月間近のお月様が甘露の水を辺《あた》り一面にふりかけているようだ。部屋のなかにはランプがかがやき、大ぜいの人がいる。大部分はこの大聖者にお目にかかりに来た人々である。みんな一様に、タクールの方を凝視している。おっしゃることを一言洩《も》らさず聴こう、なさることを一つ残らず拝見しようという気持ちなのだ。イシャンをごらんになって聖ラーマクリシュナはおっしゃる——

〔無執着で俗世の生活を送る人——無執着になる方法〕

聖ラーマクリシュナ「神の蓮華の御足に対する信仰を胸に抱きながら俗世の生活を送る人は、ほんとに恵まれているんだよ。それに、その人は勇ましい英雄だ！　頭に二マウンド（74kg）もある大きな荷物をのせて酷《ひど》い道を歩きながら、花婿の行列を眺めているようなものだ。よっぽど力がなければできないことさ。泥魚が泥の中に住んでいるのに、体に全く泥をつけないようなものだ。水鳥は始終水のなかにもぐっているが、出てきて一度ブルッと羽をふるえば、もう一滴も水がついていない。

だが、そんなふうに世間にいて俗に染まらず、執着もなく暮らすためには、何ほどか修行が必要だ。いくらかの期間、一人になって暮らすことがどうしても必要だよ。それは都合によって一年でもいいし、六ヵ月でも、三ヵ月でもいいし、一ヵ月でもいい。そこで人里離れて静かに神について想うことだ。一日中、一生懸命に信仰がもてるように祈ることだ。それから、よくよく自分の心に言いきかせるんだね。『この世に、自分のものと言える人はひとりもいないのだ。自分のものだと言っている人たちも、たった二日くらいしか保《も》たん！　あの至聖《かみ》さまだけがひとりだけ自分のもの――ほんとの身内なのだ。あの御方こそ、私のすべてのすべてなのだ。さあ、どうしたらあの御方をつかまえられるのだろう！』と。

信仰を得てから世間の生活をするがいい。ちょうど手に油を塗ってカンタル（ジャックフルーツ）の実を割れば、手にベトベトがつかないようなものだ。世間は水、人の心は牛乳。水の中に牛乳を入れたら、牛乳は水に混ざってしまう。だから牛乳を静かなところにしばらくおいて、凝乳《ここり》にしなければならない。そして、かきまぜてバターをとることだ。バターにしておけば、たとえ水の中に入れても混ざらない。無執着でプカプカ浮いて泳いでいるよ。

いつか、ブラフマ協会の哲学者さんたちがわたしにこう言った――『先生！　我々はジャナカ王のようにするつもりです。彼のように、無執着の精神をもって世俗の生活をします』と。わたしは答えたよ――『無執着をモットーとしてこの世で暮らすということは、ひどく難しいもんだ。口で言っただけじゃジャナカ王のようにはなれないよ。ジャナカ王は倒立《さかだち》したりして、まあどれほど苦行をしたことだろう！　あんた方は倒立《さかだち》などせんでもいいがね、でもある程度の修行はしなけりゃいけない。人気《ひとけ》のない所に住んで、そこで智識《ジュニャーナ》と信愛《バクティ》を得て、それから世俗の生活に入らなければならないんだよ。凝乳を作ろうと思ったら、静かなところに牛乳を置いておかなくちゃいけないだろう？　かき回してばかりいたら凝《こご》ってこないからね』

　ジャナカ王は無執着だったので、一名〝ヴィデーハ〟と呼ばれている。肉体意識《デーハブッディ》が無い、という意味だ。世間で暮らしても、生前解脱者《ジーヴァン・ムクタ》（肉体をもったままで解脱した人）として悠々と歩きまわっていた。しかし、この肉体意識を無くすということは、大部分の人にとってははるか先の先の話だよ！　よほどの修行が要《い》ることだ！

　ジャナカ王は大変な豪傑だ。二刀使いをした人だ。一振りは智識《ジュニャーナ》、一振りは行為《カルマ》」

〔家住期の叡智と遊行期の叡智〕

「もし、俗世に住んでいる智者と、俗世を捨てた智者がいるとすれば、この二人はどんなふうにちがうだろう。答えはこうだ。二人とも同じ品物だ――両方とも智者――一つの品種だ。だが世間に住む智者には〝恐れ〟がある。女と金のただなかに住んでいれば、何かしら〝恐れ〟がある。煤《すす》だらけの部屋に長いこと住んでいれば、どんなに気をつけても、いくらかは体に黒い煤《すす》がつく。

バターにしても、新しい壺に入れておけばバターは悪くなる機会がない。でももし、バターミルクの入っていた壺にいれておくとどういうことになるか、ちょっと問題だね（一同笑う）。

いり米を煎《い》っているとき、三粒か四粒、ポンポンと鍋の外にはね出る。その粒はマツリカ（ジャスミン）の花のように白くて、何の汚れもついていない。鍋のなかの米もけっこうな煎じ米になってはいるが、花のように真っ白じゃないだろう、ちょっとは汚れがついているよ。世間を捨てたサンニヤーシンが智識を獲た場合は、ちょうどあのマツリカの花のように一点の汚れもなくなる。智識を得た後で、また世間の鍋にいる人は、ちょっとは体に汚れがつくさ（一同笑う）。

ジャナカ王の宮廷に一人のバイラヴィー（シヴァ信者の女性）が来た。女性を見てジャナカ王は、顔をうつむけ目をふせるようにしていた。その様子をみたバイラヴィーはこう言った――「まあジャナカ、あなたはまだ女性を見るのが恐ろしいのですか！」完全智に達したなら五つの子供のような性格になって、もう、女と男を差別する感じはなくなるがね。

世間に住む智者に、すこしばかり汚れがついたってかまわないのさ、そんな汚れはちっとも邪魔にならない。お月様にだって暗いシミのようなところがたしかにあるが、照らす光の邪魔にはならない」

〔得智の後の仕事――人の為に教える〕

「人によっては智識を得た後に、人びとを導くために何かを仕事をする。ジャナカ王やナーラダのようにね。人を導くには力がいる。古代のリシたちは自分のためだけに悟りをもとめて歩いたがね。ナーラダやジャナカたちは勇気のある人たちだ。

つまらない木っ端《こぱ》は、河に浮いていても鳥の一羽も止まれば沈んでしまう。大きな丸太なら、牛や人間や象みたいなものまで上に乗せても平気だ。汽船は自分も向う岸に渡るが、どれだけ大ぜいの人をのせてくれることか。

ナーラダたちのような教師《アーチャーリヤ》は太い長い丸太――汽船のようなもの。

何か食べたあと、口もとをきれいにタオルで拭いて知らん顔してすましている人がある。食べたことを他人に知られたくないから――（一同笑う）。マンゴーが一つ手に入ったら、いくつにも切って皆に分けてやって自分も食べる人もある。

ナーラダたちは人びとの幸福を希《ねが》って、智識を獲た後も、信仰を保《も》ちながら人びとを相手に暮らしていた」

智慧《ジュニャーナ》のヨーガと信仰《バクティ》のヨーガ――この時代《ユガ》について

医師「智識を得て人は感動し、目を閉じ涙をしたたらせます。そのとき信仰が必要となるのです」

聖ラーマクリシュナ「信仰は女の人みたいに、奥の部屋まで入れる。智識の方は外側の部屋までさ……。

（一同笑う）

医師「しかし、女なら誰でも奥の間まで入れるわけではありませんよ。たとえば売春婦などは……。やはり智識が必要です」

1885年10月22日(木)

聖ラーマクリシュナ「正しい道を知らなくても、神を信仰し、神を知りたいという希《ねが》いがあれば――こういう人は信仰の力だけで神をつかむんだよ。

一人の信心深い人がジャガンナートに参詣に行こうとして出かけた。プリーはどっちの方にあるのか知らなかった。だから南の方へ行かずに西の方に歩いて行った。道を間違えたわけだが、でも熱心に人にきいた。彼等は、『こっちじゃない、あの道をお行きなさい』と教えてくれた。信心深い人はついにプリーに着いて、ジャガンナート寺にお参りした。ね、たとえ知らなくても、誰かが教えてくれるものだよ」

医師「でもしかし、道を間違えて歩き出したのです」

聖ラーマクリシュナ「うん、まあそういうこともあるのはたしかだがね。でも結局は、目的を果たした」

一人の信者が、「神は形があるのですか? それとも無性無形のものなのでしょうか?」と質問した。

聖ラーマクリシュナ「あの御方は形があって、しかも形がない。

一人の出家がジャガンナートにお参りした。お参りしてから心に疑問が生じた。――『いったい、神には形があるのがホントウか、それとも形のないのがホントウか?』ちょうど手に杖《つえ》を持っていたので、それで試してみることにした。ホントウに神がそこにいるのかどうかをね。――杖が神像にさわれば形があり、さわらなければ形がないのだろうと。はじめ、杖をこちら側からあちら側に(神像のあるところに)動かしてみたら、全然神像にさわらなかった。――そうか、やはりタクール(神)

の形は、ホントウは無いのか！　それから、あちら側からこちら側に杖を動かしたら、こんどは杖は神像にあたった。そこで出家は悟ったというよ、神は有形でもあり、無形でもある、と。

しかし、このことを理解するのは大へんな力がいる。形のない御方がどんなわけで形を表すのか？この疑問が起こるわけだよ。しかも、形をとるにしても、どうしていろいろさまざまな相《すがた》になるんだろう？」

医師「神はこの世界にこれほど多くの形を創造なさいました。ですから、ご自身も形を持っていらっしゃるのです。また神は、目に見えぬ〝心〟も創造なさった。故に、無形でもあるのです。神はあらゆるものになることができるのです」

聖ラーマクリシュナ「神をつかまないうちは、こういうことははっきり理解できないよ。求道者のために、あの御方はいろいろな姿で、いろいろな方法で現れて下さるんだよ。ある人が染粉を溶かした桶を持っていた。多くの人がその人のところに衣類を染めてもらいに来た。その人はいつも、『あんた、どんな色に染めたい？』と聞くのだった。誰かが、『私は赤い色に染めたい』と言えば、すぐその人は染桶に入れて注文の色に染め上げ、言った。『さあ持って行って下さい。赤い色に染まった下衣《カポル》を――』また別の人が黄色に染めたいと言えば、すぐその人は同じ染桶に入れて、『さあ黄色に染まったよ。持って行って下さい』と言う。青い色に染めてくれと頼まれると、やはりその同じ桶に入れて、『さあ青い色に染まったカポルを持ってお行き』と言う。そんなふうにして、どんな色でも来た人の注文通りの色に、その同じ一つの染桶のなかで染めてくれるのだった。そこである人が、そ

1885年10月22日(木)

のことを実に不思議だと思っていた。――一体、どんな色の染料が溶かしてあるのだろう？　そこで染めに行ったとき、『さあどうする！　あんたのは何色に染めたらいいのかね？』と聞かれたとき、『バーイ(兄弟)！　あんたの桶のなかに入っている染粉の色に染めてほしいんだ！』と言って注文したとさ（一同笑う)。

ある人が小用を足しに行って、ヒョイとそばの樹の上を見上げると美しい生き物が枝のところにいた。あとですぐ仲間に知らせた。『バーイ(兄弟)！　○○の樹の上にきれいな赤い色した生き物がいたよ。見てき給え』すると仲間の一人は、『私も見たよ。だが、どうして赤い色だというのかな？あれは緑色の生き物だ』また別の人は、『いやいや、緑色の筈がない。あれは黄色だよ！』また、いやそうじゃなかった、紫だ、青だ、黒だ、という言い合いになった。そこで、皆でその樹のところに行ってみると、樹の下に坐っている人がある。皆はその人に訊いてみた。すると、『私はこの樹の下に住んでいる者ですがね、あの生き物のことならよく知っている。あんた方が言うことは全部ほんとだ。あれは赤い色になるときあるし、緑色になるときもあるし、時には黄色にも青にも、どんな色でもなるんですよ。それに無色のときだってあるんですよ！』

いつもいつも神を想っている人は、あの御方の実際《ほんとう》の性質がわかるようになる。そういう人は、神がいろいろな相《すがた》をみせて下さることを知っている。さまざまな方法で現れて下さることも知っている。あの御方は一切の性質をもち、また無性でもある。樹の下にいつも住んでいる人は、カメレオンがいろいろな色になったり、時には透き通って無色になったりすることを知っている。事実を知らないほかの人たちは、ただ、ああだこうだと議論したり、ケンカしたりしているんだよ。あの御方は形が無いし、また形もある。どんなふうなものなのかわかるかい？　サッチダーナンダは果てしない大海のようなもの。信仰の冷やす力で、ところどころに氷ができている。水が氷の形に固まっている。つまり、信仰者のためにあの御方は形をとって現れて下さるんだよ。そして又、智識の太陽が上ればその氷は溶けてしまう」

医師「太陽が上れば氷は溶けて水に戻ります。それからまた、水は蒸発して形のない水蒸気にもなりますね？」

聖ラーマクリシュナ「つまり、〝ブラフマンのみ真実、世界は虚仮《まぼろし》〟と分別のきわまったところで三昧に入ると、形や相《すがた》は蒸発してしまう、ということさ。そうなるともう、神を〝人格（Person)〟としては感じられなくなる。あの御方はどんなものか、口では言えなくなる。いったい、誰が言うんだい？言うべき御方もいなくなったんだから――。その御方の〝私〟は、どこを探したって無い。そのときブラフマンは、無性――絶対（Absolute）だ。その場合、あの御方はただ〝覚〟として現れるだけだ。普通の心や知性では、あの御方は理解できない（Unknown and Unknowable)。

だから、言うんだよ。信仰は月、智識は太陽だと。聞くところによると、うーんと北と南の方には海があるそうだね。そこはとても寒いので、海の水がでかい塊になっちまっている。汽船も通れない。氷が邪魔になって先に行けないんだとさ」

医師「ですから、信仰の道に進むと、障害物にぶつかるということです」

1885年10月22日(木)

聖ラーマクリシュナ「うん、まあ、それもそうだが、別に害にはならないんだよ。だって、サッチダーナンダの海の水が氷になったんだもの。もし、もっと考えたかったら、もっと〝ブラフマンのみ実在、世界は虚仮《ウソ》〟と考えつづけていたかったら、そうしていてもいいんだよ。智識の太陽で氷が溶けていくだろう。あのサッチダーナンダの海に溶けてしまうんだよ」

〔未熟な私と熟した私——〝信者の私〟と〝子供の私〟〕

「分別判断の極まったところで三昧に入ると、オレもワタシもなくなる。でも三昧に入ることはとてつもなく難しいんだよ。この〝ワタシ〟というやつは、どうにもこうにも追ン出て行かないんだ。追ン出せないものだから、また何度も何度もこの世に生まれて来るんだよ。

ごらん、牛はハムバー、ハムバー(わたし、わたし)と啼《な》くからどんなに苦労するか！　一日中スキにつながれて——降っても照ってもさ！　そうでなけりゃ、肉屋に売られて切られてしまう。それでお終《しま》いじゃない、皮はナメされて靴に作られる。さいごに血管や腸が糸梳《す》き用のヒモになる。そして糸梳《す》き職人の手で使われると、トゥフ、トゥフ(あなた、あなた)と音をたてるようになって、やっとこれで解放される。

人が、〝ナハン、ナハン(私じゃない、私じゃない)〟——つまり、ワタシなんてものはない、おお、神さま、あなただけ、あなただけがすべてをなさる、あなたがご主人で私は召使い——と、こう思うようになると、すっかり楽になる。それが解脱なんだ」

医師「しかし、糸梳《す》き職人に使われなけりゃなりません」（一同大笑）

聖ラーマクリシュナ「どうしても〝私〟が出ていかないなら、そいつを神さまに雇ってもらって〝召使いの私〟にしちまうんだ（一同大笑）。

三昧のあとでも、〝私〟を残しておく人もある。――〝召使いの私〟か〝信者の私〟をね。シャンカラ大師《アーチャーリヤ》の場合は、〝明知の私〟を人びとを導くために残しておきなすった。この〝召使いの私〟、〝明知の私〟、〝信者の私〟を〝成熟した私〟というんだよ。じゃ、〝未熟の私〟は？　それはね、私が主人だ、命令者だ、私は金持ちの息子なんだ、私は教育があるんだ、私は財産を持っている、この私にそんなことを言うなんて！　――こういう〝私〟のこと。もし誰かの家に泥棒が入って物を盗む。しかしこのドロボーが捕まったとすると、盗んだもの一切合切取り上げられて、そのあとでこれでもか、これでもか、とばかり殴られる。そのあとでおまわりに引き渡される。そのとき家の主人は、「バカめ！ここを誰の家だと思っているんだ！」と罵《ののし》る。

神をつかむと五つの子供のような様子になる。〝子供の私〟も成熟した私だ。子供はどのグナの支配もうけない。三グナを超越している。サットヴァ性にも、ラジャス性にも、タマス性にも支配されない。見なさい、子供はタマスに支配されないから、今しがた小さなコブシをふり上げて殴り合いまでしていた相手と、もう抱き合って仲良く遊んでいる。ラジャスにも支配されない。今、一生懸命になってあれこれ工夫してオモチャの家をつくっていたかと思うと、もうあっさりこわしてしまって母さんのところにとんでいく。こんどはキレイな服を着て意気揚々と歩いている。少したつと、何を思ったかみんな脱いでしまってポイと捨てる。キレイな服のことはすっかり忘れてしまう。――まあ、どうかすると服を小脇にかかえてブラついていることもあるがね、ハハハ……。

もし子供に、『いい衣服だね、誰の服だろうね?』と聞けば、『ボクのだよ、お父さんがくれたの』と答える。もし、『お利口な坊やだね、その服おじさんにくれないかい?』と言えば、『いやだ、ボクのだもん、お父さんがくれたんだもん。ボクやらないよ』――そのあとで、おじさんがちょっとした人形とか竹笛のようなものを手に持たせてだませば、五ルピーもする服をさっさと脱いで渡しあっちへ行ってしまう。それから五才くらいの子供は、サットヴァにも支配されない。隣近所の遊び仲間と大の仲良しで、一日も会わないではいられぬほどだったのに、父さん母さんといっしょに別な土地に移り住めば、すぐそこで新しい遊び仲間ができる。そして仲良しになる。以前の遊び友だちのことはすっかり忘れてしまう。それからカーストの誇りなどもない。母親がある男の人のことを、『これはお前のお兄さんですよ』と言えば、十六アナ(百%)、この人は自分の兄さんだと思い込む。バラモンの子も鍛冶屋《かじ》の子も、仲よく同じ皿からご飯を食べる。それから清浄だとか不浄だとかいう観念もない、世の中の習慣なんかにとらわれない。お尻を洗った後、誰かれかまわずヒョイと尻をつきだして、『ネ、きれいになってるかい?』なぞと聞く。

それから、〝年寄りの私〟というのもある(医師笑う)。年寄りにはいろんな枷《かせ》がある。カースト、誇り、恥、憎しみ、恐れ、世俗の知恵、勘定高いこと、人をだますこと。もし誰かに対して腹を立てたら、それがなかなか忘れられない。ことによると一生忘れることができない。それから、学問自慢と財産自慢もある。こういう〝年寄りの私〟は未熟な私だよ」

〔真理を得られぬ人〕

「（医師に向かって）――四つ、五つの種類の人は真智を得ることができない。学問自慢の人、教育を鼻にかける人、財産を自慢する人、こういう人たちは真の智識を得ることは不可能だ。こういう人たちに誰かが、『どこそこに立派なサードゥがいるそうだから、会いにいきませんか？』と言うと、すぐさまいろんな口実をつくって行こうとしない。内心こう思っているんだよ――『この私が、何のためにサードゥなんかに会いに行く？』」

〔三《トリ》グナ――サットヴァ性で神をつかむ――感覚器官を抑制する方法〕

「タマス性の持ち前が我執だ。我執は無智から、タマス性から出てくる。

プラーナにある話だが、ラーヴァナはラジャス性、クムバカルナはタマス性、ヴィビーシャナ（訳註1）はサットヴァ性を表している。だからヴィビーシャナがラーマをつかんだんだよ。タマス性のもう一つの徴《しる》しは怒りだ。怒りは正しい方向感覚を失わせる。ハヌマーン（訳註2）は怒りにまかせてランカーを燃やしてしまった。シーターの住んでいる小屋もいっしょに燃えることに、気が回らなかったんだよ！

それから、もう一つのタマス性の徴《しる》しは――情欲だ。パトゥリアガートのギリンドラ・ゴーシュが言っていたがね、情欲、怒りなどの敵《リプ》（熱情）をどうしても追い出せなかったら、そいつらを方向転

1885年10月22日(木)

換させろ。神に情欲を燃やせ。サッチダーナンダと情交しろ。どうしても〝怒り〟が抑えられないのなら、タマス的信仰に変えろ。『何？　おれはドゥルガーの名を唱えているんだ、救われない筈があるものか！　今さら罪などに何の関係がある？　束縛が何だ？　今さら何に束縛されるというのだ？』というふうに。それから、神をつかもうとしてうんと欲をかけ。神の美しさに無我夢中になれ。私は神の召使い、私は神の子供と思って――。もし自慢がしたければ、そのことを自慢しろ。こういうふうにして六つの敵の力を方向転換することだ、と」(訳註、六つの敵――六情《リプ》＝色欲、怒り、貪欲、高慢、嫉妬、愛着のことで、六人の仲間とも言う)

医師「感覚器官を抑制するには非常な力がいります。暴れ馬の目には目隠《かく》しをする必要があるのです。時には全く見えないほど、しっかり目隠ししなくてはならないのです」

聖ラーマクリシュナ「いちどあの御方の恵みをいただいたら、いちどあの御方に会えたら、アートマンにいちどでも対面できたら、あとはなーんの心配もいらない。――六つの敵だってその人をどうしようもないんだ。

ナーラダやプラフラーダのような〝永遠完成者《ニティヤ・シッダ》〟とよばれる偉大な人たちは、目隠し布をあてるなどという面倒なことをする必要がない。自分で父親の手をつかんでアゼ道を歩いている子供は、時には手を放して溝に落っこちる場合もある。だが、父親が子供の手をにぎっているときは決して落ちることはない」

医師「しかし、父親が子供の手をつかんでいるというのは、どうも感心しませんな」

聖ラーマクリシュナ「どうしてさ。偉大な魂は子供のような性格なんだよ。神の前ではいつも子供なんだ。我執高慢は一切ないんだよ。あの人たちの力はすべて神の力、前のたとえで言えば父親の力なんだ。自分のものとか力とかいうものは何もないんだよ。これがあの人たちのはっきりした信念なんだ」

（訳註１）ラーヴァナ、クムバカルナ、ヴィビーシャナ――ラーヴァナはラーマの妻シーターを自分のものにしようと誘拐した邪悪な魔王。きびしい苦行によって神々や悪魔に決して敗れることのない力を身につけたが、ラーマによって倒された。クムバカルナはラーヴァナの弟で、神々や人間に災いをもたらした罰として六ヶ月眠って一日だけ目を覚ます生活を送らされていた。ラーマとラーヴァナの戦いではラーヴァナの味方についたが、ラーマに倒された。ヴィビーシャナもラーヴァナの弟で、きびしい苦行を行った結果、価値のない行為はせず、常に正しく生きるという恩恵を与えられた。兄ラーヴァナがシーターを誘拐した時、兄の行為が正義に反するのでシーターの返還を提案したが、返ってラーヴァナの怒りをかったので、ヴィビーシャナは兄を見捨てラーマの軍に加わった。ラーヴァナが滅んだあとラーマの助けによりランカー（スリランカ）の王になった。

（訳註２）ラーヴァナに誘拐されたシーターを探しに海を飛び越えてランカーに渡ったハヌマーンは、シーターに会ってラーマが助けにきてくれることを伝える。その後、ハヌマーンはラーヴァナのことを探《さぐ》るために会って話をしようとしてわざと捕まる。ラーヴァナは見せしめのためにハヌマーンの尻尾《しっぽ》に火を付けてランカーの市街を引き回すが、ハヌマーンは身体を小さくして縛られた縄《なわ》から抜け出し、怒りに理性を失って、尻尾《しっぽ》に火が付いたまま飛び回ってランカーを焼き尽くしてしまう。焼け落ちたランカーを見て我に返ったハヌマーンは、きっとシーターも焼いてしまったに違いないと後悔し、命を絶とうとまで考える。

1885年10月22日(木)

〔分別の道と喜びの道――智慧のヨーガと信仰のヨーガ〕

医師「先ず馬の目に目隠《めかく》し布をあてなかったら、まっすぐ進ませることはできないでしょう? 悪しき熱情を抑《おさ》えなかったら、どうして神を覚《さと》ることができますか?」

聖ラーマクリシュナ「あんたの言ってるようなのを、分別の道というんだよ――智識のヨーガと言うんだ。その道を通っても神のところにゆける。智識の道を行く人たち――智者は先ず精神《チット》を清めよ、と説く。先ず修行をせよ、そして智識を獲《え》よ、とね。

信仰の道を通ってもあの御方のところに行ける。神の蓮華の御足を信仰して、あの御方の名をとなえながら讃歌をうたったりするのに喜びを感じるようになれば、感覚器官を抑えるために特別なことをしなくてもいい。信仰の力で自然に悪感情が抑えられていく。

もし誰か、息子の死にあって嘆き悲しんでいるとすれば、その日にその人は人とケンカなどできるかね? よその家からの招待をうけてごちそうを食べられるかね? 人前で威張りちらしたり、快楽に耽《ふけ》ったりできるだろうかね?

蛾は一度光を見つけたら、二度と闇の方へは戻らないだろう?」

医師「ははは……。飛んで火に入り、焼け死ぬことも厭《いと》いませんね!」

聖ラーマクリシュナ「それとはちがうよ! 神の信者は、蛾のように焼け死んだりしないよ。信者が見て飛び込む光は宝石の光のような光なんだ。宝石はなるほど光り輝いているが、その光は和《やわ》らかく涼しい。入っても焼けるどころか、体も心も安らかになり、楽しくなるんだ!」

〔智識のヨーガは非常に困難〕

「分別の道、智識のヨーガを通してあの御方に触れることはできる。しかし、この道は大そう難儀だ。私は肉体ではない、心でもない。知覚《ブッディ》でもない。私には病気はない、悲しみもない、不安もない。私はサッチダーナンダそのもので、この世の苦楽から超越している。私は五感に支配されない。――こういうことを口で言うのは簡単だよ。しかし、ほんとうに身につけて実行するのは容易なことじゃない。手にトゲが刺さって血がダラダラ流れているのに、それでもトゲなんかどこにも刺さっていない、私はいたって快適だ、なんて言う。こんな風に言ってもいいものかい？　そんなことより、先ず、そのトゲを智識の火で焼き尽くさなけりゃ――」

〔書物からの智識または学問――タクールの教え方〕

「多くの人は、本を読まなければ智識や理解力が得られないものと思っている。だが、読むよりは人から聞く方がよく、聞くより事実を見る方が優《まさ》っている。カーシーのことについて本で読むことと、カーシーに行ってきた人から話を聞くことと、それから自分でカーシーに行って見ること、この三つの間にはずいぶん開きがある。

それから、将棋(訳註３)を指している本人たちより、傍《はた》で眺めてる人の方が得てして正しい駒の進め方がわかるものだ。世間の人はよく、自分のことを賢明だと思っている場合があるが、ところがそうじゃない、世俗のものに執着している。いわば自分で将棋を指しているんだ。だから、駒の進め方が正しくわかっていない。だが、俗世を離れたサードゥは世間のことに執着がない。だから彼等は、世間にいる人よりずっと賢明だ。自分で将棋を指していないから、駒の動き——先がよく見えるんだよ」

医師「(信者たちに向かって)——本を読んでいたら、この人物(ラーマクリシュナ)はこれほどの大智識には達せられなかったでしょう。ファラデー(訳註4)は自然と親しく交わっていました。ファラデーは大自然と霊交していました。だから、これほどの自然の真理を発見できたのです。本を読んで知識を得ていたのなら、あれほどの大発見はできなかったと思いますよ。数学の公式は頭を混乱させるだけで、独創的探求の道を大いに中断しがちですからね」

〔神から与えられた智慧——Divine wisdom and Book learning(神的智慧と読書)〕

聖ラーマクリシュナ「(医師に)——五聖樹《パンチャバティ》の杜で地面に体をたたきつけながらマーに祈ったものだよ。『マー! 祭式主義者が祭式を通じて得た真理を、ヨーギーがヨーガによって得た真理を、智《ジュニャーニー》者たちが哲学研究によって得た真理を、それより違ったものがあるならば、それを、わたしに見せておくれ!』と言いながらね。それで、どれだけたくさんのことが起こったことか!

アー、なんと言う経験をしたことか! 眠りは去った!」

こうおっしゃってから、大覚者様《パラマハンサ・デーヴァ》は歌を口ずさまれた——

わが眠りは破られ、われ再び眠らず

ヨーガのなか、永遠に目覚めてあり
大実母はヨーガの眠り（三昧）を与えて
無明《このよ》の眠りを、やさしくねむらせ給う

わたしは本は何も読まなかった。でも、マーの名をとなえていたから皆が尊敬してくれた。シャンブー・マリックが言ったよ、『剣も楯も持っておられないが、このかたは偉大な英雄だ』と」（一同笑う）

ギリシュ・ゴーシュのつくった戯曲、〝ブッダの生涯〟が話題になった。彼は医師を招待して、その芝居を見せた。医師はそれを見物して非常に感激し、喜んでいたのである。

医師「（ギリシュに）――君はほんとに悪い人だねえ！　私を毎日、劇場に通わせるつもりかい？」

聖ラーマクリシュナ「（校長に）――何のこと話しているんだか、わたしにゃさっぱりわからんよ」

校長「先生は、ギリシュの芝居を大へん気に入っておられるのですよ」

（訳註３）将棋――原語はベンガル語でチョトロンチと言い、マス目の盤を使って駒を動かすゲームでチェスの原型と言われている。

（訳註４）ファラデー――マイケル・ファラデー（1791～1867）、イギリスの化学者・物理学者。無学であったが、二十歳のときハンフリー・デービー（『不滅の言葉《コタムリト》』一八八五年十月十八日参照）の助手となり、その後、電磁誘導の法則や電気分解の法則などを発見した。信仰心が強く、〝神と自然との強い一体感が、彼の生涯と仕事に影響している〟と言われている。

アヴァターラについて——アヴァターラとジーヴァ

聖ラーマクリシュナ「(イシャンに)——お前、何かお言いよ。この人(医師)はアヴァターラを認めないとさ」

イシャン「はあ、でも、今さらこういうこと議論などいたしましても……。私はもう、あまり議論を好まなくなりました」

聖ラーマクリシュナ「(ムッとして)なぜだい? 正しいことを言うのもイヤになったのかい?」

イシャン「(医師に)——我々は我執高慢が強いために、信じることが薄いのです。むかし、ブシュンディーという名のカラスがいて、ラーマが神の化身であることを認めませんでした。そのカラスはラーマの支配力から逃げてみせようと思って、月の世界から天国(デーヴァ・ローカ)、カイラスの山を越えて向こうまでとんでいってみましたが、どうしてもラーマの掌のなかから出ることができなかった。それで、彼は自分からラーマにつかまって庇護を乞うたのです。するとラーマはそのカラスを手でつかんで口のところへもっていって呑みこみました。目をあけると、カラスは樹の枝のもとの古巣にとまっていたということです。我執高慢がとれたあとで、カラスのブシュンディーはやっと理解できたのですよ。ラーマは一見、普通の人間と同じようにみえるが、あのかたの胃袋には大宇宙がおさまっているのだと。あの御方の胃袋には、大虚空も、月も、太陽も、もろもろの星座も、大海も、河も、すべての人間や動物も、樹々や花々も、何もかも入っているのだと」

〔人間の有限な知性——Limited Power of the conditioned（条件付きの限られた力）〕

聖ラーマクリシュナ「（医師に）——あの御方がスヴァラート（有限の人間）であり、また同時にヴィラート（宇宙に遍満する霊）でもある、ということを理解するには大へんな力がいる。ニティヤ（絶対永遠）である御方がリーラー（変化活動）なさるんだよ。あの御方は人間の姿にはなれない、などと断定することが、わたしらの貧弱な知性（理解力）で出来るものだろうか？　わたしらのごく限られた理解力で、こういったことを全部理解することができると思うかい？　一シーア（一リットル）の壺には、どうしたって四シーア（四リットル）の牛乳は入らないだろう？

だから、神をつかみなすったサードゥやマハートマーの言いなさることを信じなけりゃいけないんだよ。あの方々はちょうど、弁護士が訴訟のことを年中考えているように、神さまのことばっかり始終考えていなさるんだから——。あんたたちは、いまのカラスのブシュンディーの話が信じられるかね？」

医師「自分で納得できるだけのことは信じます。降参してしまえばそれでお終《しま》い、そりゃ、何の悩みもなくなりはしましょう。しかし、私としてはラーマが神の化身などと、どうしても信じられない。先ずバリ（ヴァーリン）（訳註5）を殺したこと。——盗人みたいに木かげに身をかくしてバリを油断させ、そして殺してしまったのですよ。あれは人間のすることで、神のすることではありません」

ギリシュ「先生《ドクター》、あれは神さまだけがお出来になることだと思いますよ」

医師「それから、シーターを追放（訳註6）したこと」

ギリシュ「先生、それだって神だから出来たことですよ。人間にはできないことです」

〔サイエンス――大聖者《マハープルシャ》の言葉〕

イシャン「(医師に)――あなたはなぜ、アヴァターラをお認めにならないのですか? いまおっしゃったでしょう。神は形を有するが故に、様々の相形《すがた》をおつくりになった。また、神は無形なるが故に、心(目にみえぬ精神作用)をおつくりになったと。つい今、おっしゃったではありませんか、神においてはあらゆることが可能だと」

聖ラーマクリシュナ「アッハッハッハ、アハハ……。神は化身してこの世に現れることが可能である、なんていう文句は、この人たちのサイエンスの本には書いてないのさ! だもの、どうして信じられる?(一同大笑)

まあ、話を一つお聞き。――ある人が友だちに言った――『大変だよ! ○○区で家が一軒ボンボン燃えて焼け落ちるのを見てきた』友だちはイギリス式の教育を受けた人だった。『ちょっと待ってくれ、新聞を見てみるから――』といって、やおら新聞に隅から隅まで目を通した。火事のことはどこにも出ていない。そこで友だちにこう言ったとさ――『君の言うことは信じられないね。だって、新聞にはそんなこと書いてないもの。君の見間違いだよ』」(一同爆笑)

ギリシュ「(医師に)――あなたは、クリシュナが神であることは認めるでしょう。ただの人間だと言わせませんよ。デーモン・オア・ゴッドとしなければなりません」

〔無邪気と神信心〕

聖ラーマクリシュナ「無邪気でない人は、そう簡単に神が信じられないものだ。世間知のあるところからは、神は千万里も遠いところにいなさる。俗知恵から、いろんな疑いやいろんな種類のホコリ

（訳註５）バリ（ヴァーリン）はキシュキンダー国の王様で、スグリーヴァの兄であったが攻撃性が強く、敵を追いかけて洞窟に入ったまま出てこなかった。兄が死んだと思ったスグリーヴァは民衆や大臣たちから王になるよう促されて即位する。洞窟から出てきたバリは激怒し、スグリーヴァを追放し、彼の妻まで奪った。兄のバリを恐れつつも正義を貫こうとするスグリーヴァは山の上からラーマの姿を見つけ、ただならぬ御方と認め家臣のハヌマーンを使いにやる。シーターの行方を捜していたラーマも、スグリーヴァの協力を得るよう助言を受けていたのだ。ラーマは事情を聞いてバリを倒すことを約束する。スグリーヴァは兄バリに決闘を挑み、二人が激しく闘っている最中にラーマが放った矢に当たりバリは息絶える。瀕死の中でバリは、身を隠して矢を放ったラーマの非を問うたが、ラーマは、神々が王として人間の姿をとって現れ、不正なことを犯した者に刑罰を与える。それに服した者は清浄となって天国に行くのだ、と諭《さと》した。

（訳註６）シーターの追放――この話は『ラーマーヤナ』からの引用。ランカー（スリランカ）の魔王ラーヴァナはラーマの后《きさき》シーターの美しさに惹かれ、自分のものにしようと誘拐するが、ラーマと弟のラクシュマナはラーヴァナを倒しシーターを取り戻す。ラーマが、長い間誘拐されていたシーターの貞節を疑ったので、シーターは絶望のあまり、燃える炎のなかに入って死のうとするが、火の神（アグニ）によってシーターの貞節は証明される。しかし、シーターの貞節を疑問に思い民衆が動揺したので、ラーマはシーターの潔白を知っていながら、民衆の不安を鎮めるためにシーターを追放した。

が出てくる。——学問ボコリとか、財産ボコリとかね。まあ、でもこの人(医師)は、無邪気なところがあるよ」

ギリシュ「(医師に)「先生！　いかがですか？　曲った心で智慧は獲《え》られますでしょうか？」

医師「フン！　時によって出来ますよ！」

聖ラーマクリシュナ「ケーシャブ・センは無邪気《すなお》な人だったねえ！　いつか南神寺《ドッキネーショル》にきたとき、無料接待所に午すぎの四時ころ行ってみて、こう言うんだよ、——『えーと、いつ乞食に飯を施すのですか？』(その時間はとっくに過ぎていた)

神への信心が増えるほど智識も深くなる。何のかのと選《よ》り好《ごの》みして馬草《マグサ》を食べる牛はチビチビしか乳を出さない。草ッ葉でもモミガラでもワラでも、出されたものは何でもワサワサ食べる牛はドクドクと豊かに乳を出す（一同笑う）。

子供みたいに信じなければ、神に触れることはできない。母親が、『この人はお前の兄さんだよ』と言えば十六アナ(百%)、自分の兄さんだと信じ込む。母親が、『この部屋にはオバケがいるから入っちゃだめ！』と言うと十六アナ(百%)、この部屋にはオバケがいると信じ込む。こんなふうに、子供のような信じ方をごらんになると、神さまはお慈悲を下さる。世間並みのことを考えていたんじゃ神さまには触れないよ」

医師「(信者たちに)——しかし、そんなふうにして飼《か》い葉《ば》を食わせて乳をたくさん出させるのはよくありませんよ。私のところでも一頭、そんなふうな飼い方をしていましたら、しまいに私はひどい病気になりましてね、何が原因だろう？　とよく考えてみました。さんざ調べてみた結果、その牛のミルクが原因であると結論せざるを得ませんでしたよ！　すっかり健康を害してしまって、ラクナウ（インド北部）へ転地療養に行かなければならなかった。あれこれ計算すると、一万二千ルピーほどの損害でした！（一同爆笑）

何が原因でどうなる、ということはとてもハッキリ言明できることではない。パイクパラ（高級住宅地の一つ）で七ヶ月になる女の子が病気になって——百日ゼキでしたが、私が診察に行きました。どうしても病因がつかめませんでした。最後にこれが原因らしいとわかったことは、ロバが雨でズブ濡れになって、そのロバの乳をその子に飲ませていた、ということ——」（一同笑う）

聖ラーマクリシュナ「やーれ、やれ！　じゃ、わたしが馬車にのってタマリンドの樹の下を通ると、口がスッぱくなるのと同じ理屈かい！」（一同笑う）

医師「アハハハ……。まだありますよ。船長がひどい頭痛を訴えた。すると船医は汽船のどてッ腹に膏薬《こうやく》を貼ったそうです」（一同笑う）

〔サードゥと交わること、および感覚欲を捨てること〕

聖ラーマクリシュナ「（医師に）——いつもサードゥと関わりを持っていることが大事《だいじ》なんだ。病気は慢性になっているんだからね。サードゥたちが教えてくれることを実行しなけりゃいけない。ただ話をきいているだけじゃどうにもなるまい？　薬を飲むことも大事だが、食事にうんと注意しなけ

1885年10月22日(木)

りゃ。どうしても食事療法が必要だ」

医師「その食事療法ということが、一番肝心なのです」

聖ラーマクリシュナ「医者に三通りある。上医と中医と下医だ。医者が来て脈をみて薬を渡し、『これを飲みなさい』と言って帰る。下医は、それから病人が薬を飲んだがどうか聞きもしない。中医は、病人をなだめたりすかしたりして服薬の必要なことを説明する。『さあ、この薬を飲まないと治らないよ。私があんたの病気に一番いいようにこの薬を処方したんですよ』と言ってね。もし病人がどうしても薬を飲まないのを見て、胸ぐらをヒザで抑《おさ》えつけて、ぶん殴ってでも無理矢理飲ませる。こういう医者が上医だ」

医師「胸ぐらを抑えつけてまで、ムリに飲ませなくてもいい薬もありましてね。ホメオパシーのような——」

聖ラーマクリシュナ「上医が患者の胸ぐらを抑えつけても、ちっとも心配ない。

医者と同じこと、教師にも三通りある。宗教上のことを教えても、その後の弟子の様子にちっとも注意しない。——これが下師だ。弟子のためを思って何度も何度もていねいに教えて、内容を何とかして分からせようとし、愛情こめて導く。——これが中師。弟子がどうしても教えを守らないと見ると力尽くでも従《つ》いてこさせる。——これを上師というんだよ」

〈婦人とサンニヤーシン——サンニヤーシンのきびしい戒律〉

「(医師に向かって)――サンニヤーシンは女と金をすっかり捨てる。婦人の絵を見てもいけない。女というものは何に似てるか知ってるかい？　うまい漬け物《アーチャール》さ！　タマリンドの――。心で思っただけでツバがわいてくる。目の前に置いちゃどうしようもない。

でも、これはあなたがたの場合ではないよ――サンニヤーシンの場合だ。あなた方は女たちの間で暮らしていてもいいが、できるだけ女に執着しないことだ。そして時々、誰もいない静かな処へ行って、ひとりで神を想うことだ。そこには誰も寄せつけちゃいけない！　神に信心、信仰が持てるようになれば、おおかたは無執着になってこの世に住めるようになる。一人か二人子供ができたら、夫婦は兄妹のようにして暮らすことだ。そしていつも神に祈るんだよ、どうぞ、肉欲に心が引かれませんように――。どうぞ、もう子供を生まなくてもすみますように――、と」

ギリシュ「(医師に向かって微笑《ほほえ》みながら)――さて先生、もうここに来られてから三、四時間も経ちましたが――。あなたの患者さんをこんなに放っておいてもいいのですか？」

医師「あーあ、今さら医者だとか患者だとか！　パラマハンサのおかげですべてはパーになりましたよ！」(一同笑う)

聖ラーマクリシュナ「ね、カルマナーシャ(活動の終わり)という河があるんだよ。その河に入るのは大そう危険なんだ。そこに入るとカルマナーシャになってしまう――その人は二度と再び、どんな仕事もできないんだよ」(医師はじめ一同笑う)

医師「(校長、ギリシュはじめ、他の信者たちに向かって)――皆さん、私はあなた方の仲間に入りましたよ。医者としてそうしたほうが病人のためになるから——そういう考えからでは全くないのです！ もし身内の仲間だと思って下さるなら、私はもうあなた方のものです」

聖ラーマクリシュナ「(医師に)——無条件の信仰というのがあってね、そういう信仰を持てばとてもすばらしいことだ。プラフラーダはその無条件の信仰を持っていたよ。そういう信仰者は、こう言って祈るんだ——『神さま！ 私は財産も名誉も、快楽や幸福も何も要《い》りません！ ただ、あなたの蓮華の御足に清い信仰がもてますように——』と」

医師「はい……。 カーリーの神像の前で人びとが祈っているのを見ると——内心は欲だけですね。——仕事を見つけて下さい、病気を治して下さいとか、そのほかいろいろ。

(タクールに向かって)——病気になったのですから、人と話をなすってはいけません。ただし、私が来た場合は、私とだけ話をして下さい」(一同大笑)

聖ラーマクリシュナ「この病気を治しておくれ。あの御方の名前を称えたり讃歌をうたったりできないもの」

医師「瞑想《ディヤーナ》するだけでいいではありませんか」

聖ラーマクリシュナ「あんなこと言って！ わたしが一本調子のことばかりで満足すると思ってるのかい？ わたしは、いろんなふうに料理して魚を食べたいんだよ。汁煮にしたり、カレーに入れたり、酢漬けにしたり、油で揚げたりしてさ！ わたしは(あの御方を)礼拝《プージャ》したり、称名《ジャパ》したり、瞑想したり、讃歌をうたったり、称名しながら踊ったり、いろんなやり方であの御方を味わいたいのさ」

医師「私も同感です」

〔アヴァターラを信じないことは誤りか？〕

聖ラーマクリシュナ「あんたの息子のアムリタはアヴァターラを信じない。ちっともかまわないさ。神は無形だと信じていても神にふれることができるよ。もちろん、形ある神を信じていてもあの御方にふれることができる。あの御方を信じることと任せること、この二つが必要なんだ。人間はもともと無智なものだし、間違いをするものなんだ。一シーア（一リットル）の水かめに四シーア（四リットル）の牛乳が入れられやしないんだ。それぞれのまわり合わせで、どんな道でもいいから一生懸命になってあの御方に呼びかけることだよ。あの御方はわたしらの魂の奥に宿っていなさる導き手なんだから、心の底から呼びかければ必ず聞いて下さるとも。一生懸命に、形ある神を信じる道でもいい、無形の神を信じる道でもいい、とにかく誠を込めて祈っていれば、きっとあの御方をつかむことができるよ。

砂糖のころもがかかっているロティは、正面からかぶりついても、横っちょからかじっても、ちゃんと甘い味がするからね。あんたの息子のアムリタはとてもいい青年だ」（訳註、ロティ――小麦粉をこねて伸ばして焼いたものでチャパティと同等のもの）

医師「彼はあなたの弟子です」

聖ラーマクリシュナ「（医師に向かって）――ハハハ……、わたしに弟子はいないよ。わたしが皆の弟子なんだ！　みんな神さまの息子、みんなが神さまの召使いなんだ。わたしも神さまの息子で、わたしも神さまの召使いだ。

月の叔父《おじ》さん（訳註7）はみんなの叔父さん――」

そこに居合わせた人はみな、心から喜んで笑っていた。

（訳注7）月の叔父《おじ》さん――ベンガル地方では母親の兄弟は甥や姪をとても可愛がり優しくて甘えられる存在で甥や姪に対して影響力が強い。月も人に対して優しくて影響力も強いので、母親方の叔父さんは月に譬《たと》えられる。

第三章　シャームプクルの家でサルカル医師たちと共に

一八八五年十月二十三日（金）

1885年10月23日(金)

シャームプクルの家でサルカル医師、ナレンドラ、シャシー、シャラト、校長、ギリシュたちと共に

以前の話――神狂状態のとき――クティの後ろを通った時に体が護摩《ホーマ》の火のように燃え上がったこと――パドマローチャンの信念と彼の死

タクール、聖ラーマクリシュナは、シャームプクルの家に病気治療のために来ておられて、信者たちにとりまかれて坐っていらっしゃる。今日は満月の日。一八八五年十月二十三日、金曜日。時間は十時ころ。タクールは校長を相手に話をしていらっしゃる。

校長がタクールの足にソックスを履《は》かせている。

聖ラーマクリシュナ「(ニコニコしながら)――毛のスカーフを切って足に履《は》いてはダメかね？　きっとあったかくて具合がいいと思うよ」(校長笑う)

昨日《きのう》、木曜日の夜、タクールはサルカル医師といろいろ話をなさった。そのことを話題にして、タクールは面白そうに笑いながら校長におっしゃるのである。

「昨日《きのう》はどれだけ、〝トゥフ、トゥフ（あなた）〟と言ったことか！」

タクールは昨日、こういう話もなさった――「人間には〝三つの苦悩〟(訳註1)があるのに、それでも、『お陰さまでうまくいっております』などと言っている。曲がったトゲで手を傷つけ、血がドクドク出ているのに――『いいえ、私の手はなんでもありません』などと言う。智慧の火でそのトゲを焼き切らなければならないのに――」

若いナレンがこの話を思い出してこう言った――「昨日おっしゃった曲がったトゲの話、とてもいいと思いました！　智慧の火で焼き切れという……」

聖ラーマクリシュナ「わたしは、それとそっくりの状態になったことがあるんだよ。クティの後ろの方を通っていた時、体が護摩《ホーマ》の火のように燃え上がった！　パドマローチャンが、『あなたの経験を、集会で皆にお伝えしますよ！』と言ったが、その後まもなく死んでしまってね――」

十一時ころ、モニはタクールの病状を報告するためにサルカル医師の家に行った。

医師はタクールの病状を聞きながらも、昨夜の話について非常な関心を示し、モニに何かと話をした。

医師「私は昨日、さんざ〝トゥフ、トゥフ〟と鳴かされましたよ。あんな上手な糸梳《す》き職人にかかっちゃねえ！　ハッハッハッ……」

（訳註1）三つの苦悩――自然現象から受ける苦悩、他人や動物から受ける苦悩、精神的な要因から生ずる苦悩。

1885年10月23日(金)

モニ「その通り。ああいうグルの手に落ちなければ、我執はなくなりません」

昨日は信仰の話もずい分なさいましたよ！ ――信仰は女の人みたいに、奥の部屋まで行ける」

医師「それも実に適切な表現だ。しかし、やはり智識を無視するわけにはいきませんからねえ」

モニ「大覚者様《パラマハンサ・デーヴァ》はそうはおっしゃいませんよ。あのかたは、智識《ジュニャーナ》と信仰《バクティ》と二つとも重視していらっしゃるのです――つまり無形の神と有形の神を。あのかたはこうおっしゃるのですよ――信仰の力で無限水がところどころ氷になる。また智識の太陽が昇れば、氷は溶けて元の水なると。つまり、信仰のヨーガで有形の神を、智識のヨーガで無形の神を、というわけです。

それから、ご覧になったと思いますが、あのかたは神の身近にいらっしゃって、直接お会いになり、いつも話をしておられるのです。幼い男の子のように、『マー、とても痛いんだよ！』などと訴えていらっしゃるのですよ。

それからオブザベーション（観察）のすごいこと！ 博物館で動物の化石をご覧になったとき、すぐそれを聖者との交わりの重要性に振りかえてしまわれた！〝石のそばにずーっとあったから石になったんだよ。だから聖者のそばから離れないようにしていれば、いやでも聖者になる〟と」

医師「イシャンさんは昨日、アヴァターラ、アヴァターラとばかりおっしゃってでしたね。アヴァターラなんて！ 人間を神と呼ぶなんて！」

モニ「あの方々が信じていらっしゃることにインターフィア（干渉）する必要はないでしょう？」

医師「ええ、まあそうですがね」

モニ「それから、あの話には笑ってしまいましたねえ！　——ある人が家の焼けるのを見てきたが、それが新聞に出ていないので、友だちがどうしても信じなかった……」

医師は沈黙していた。——多分、タクールが、『あんたのサイエンスの本にはアヴァターラのことがのっていないから、アヴァターラはないと言うんだろう！』とおっしゃったのを思い出しているのだろう。

十二時になった。サルカル医師はモニをうながして馬車に乗った。他の患者を往診したあと、最後に聖ラーマクリシュナのところへ行くつもりなのだ。医師は先日、ギリシュの招待で〝ブッダの生涯〟の芝居を見物したが、馬車のなかでモニにこう話した。——「ブッダを慈悲の権化《アヴァターラ》と言えばいいのに、なぜヴィシュヌの化身と言うのだろう？」

医師はモニをヘデュアの四つ辻で降ろしてくれるらしい。

タクールの大覚《パラマハンサ》の境地——一面に喜びの靄《もや》——至誠大実母《バガヴァティー》がお姿を見せて言う〝さあ見て、手品だよ！〟

三時。タクールのそばに一、二の信者が坐っている。タクールは、「医者はいつ来る？」とか、「いま何時だい？」とか、何度も、何度も、子供のように我慢性なく、そばの者に聞いていらっしゃる。

医師は今日、夕方来る予定になっているのだ。

突然、タクールは子供に変化したようになられた。枕をひざの上に抱きかかえて、ママゴト遊びの

1885年10月23日(金)

母親のように、枕を愛撫しながら乳を飲ませる仕草《しぐさ》をなさっているようだ! 恍惚《こうこつ》として無邪気な笑いをたたえ——奇妙な具合に下衣《カポル》をまとっていらっしゃる!

モニはじめ信者たちはびっくりして、ただ、ただ、その様子に目を奪われていた。間もなく平常に戻られた。食事の時間が来たので、タクールはシュジのパヤス(小麦の粗粉に牛乳と砂糖を入れて粥《かゆ》にしたもの)を少し召し上がった。

それからモニひとりを相手に、秘密の話をして下さった。

聖ラーマクリシュナ「(モニひとりに)——つい今、前三昧のなかで何を見たと思う? シオルに行く道に三、四クロシュ(10~13㎞四方)も草原が広がっているところがある。その草っ原に、わたしは独りでいたんだよ! そこで一人の十五、六才くらいのパラマハンサを見た。ほら、前に五聖樹《パンチャバティ》の杜で見たのとそっくりな人をね!

あたり一面、喜びが靄《もや》のように立ちこめていた! その中から十三、四の少年が浮かび出てきて顔がはっきり見えた! プールナの顔だった。二人とも真っ裸なのさ! ——それから二人は草原を楽しそうに駆け回ったり、ふざけて遊んだりしたよ!

走ったあとでプールナは喉が渇いた。そしてコップで水を飲んだ。残りをわたしに持ってきた。わたしが、『バーイ(兄弟)、お前の残りなぞ、飲まないよ』と言うと、彼は笑いながら行って、コップを洗って新しい水をくんで持ってきた」

〔恐ろしいカーリーが見せる手品〕

タクールは再び三昧に入られた。もとに戻られるとまた、モニを相手にお話しになる——

「また境地が変わってきてね！　——プラサード（供物のお下がり）を食べることはおしまいになった！　実在《サティア》と虚仮《ミティア》が一つになってしまった！　——それから今、何を見たかわかるかい？　神の姿だ！　至聖大実母《バガヴァティー》のお姿だよ！　——胎《はら》のなかに子供がいて——それを産み落としては、またそれを呑みこむ。口のなかに入るとそれが無くなってしまう！　わたしに教えているんだよ——すべては〝空〟だと！

大実母《マー》はわたしにこう言っているようだった——『ほら！　ほら！　よくごらん、手品だよ！　ほら！』」

モニはタクールの言葉を思い出していた。——「手品師だけがそこにいるので、手品の見せ物はみんな錯覚なんだよ」

〔神通力はよくない——霊格の低い連中が求めるもの〕

聖ラーマクリシュナ「それはそうと、プールナを引っぱろうとしたのにうまくいかなかったのはなぜだろう？　あれで、少しばかり自信が減ったよ！」

モニ「そういうことは、一種の神通力でございましょう」

聖ラーマクリシュナ「そうだ、全くの神通力だ！」

モニ「ほら、アダル・センの家から南神村《ドッキネーショル》に帰る途中、馬車のなかで瓶が割れたのを覚えていらっしゃいますか？　誰かが、『何か悪いことでも起こるのでしょうか？　透視してみて下さいまし』と申しましたら、あなた様はこうお答えでした。『悪いことが起こるかどうか透視するなんて――そういうことはみな、神通力に属することだよ！　わたしはそんなものに関係ない』と」

聖ラーマクリシュナ「体のどこかが悪い子供を、ハリ称名をしている人たちのそばの地面に寝かせておく――悪いところを治すためだがね――こういうものも神通力をたのんでのことだ。うんと霊格の低い連中が、病気治しのためだけに神に祈るんだよ」

1885年10月23日(金)

完全智――肉体と真我は別――自らの口からあふれる甘露

夕暮れになった。タクールは病床に坐って大実母を想い、御名を称《とな》えていらっしゃる。大ぜいの信者たちがそばに静かに控えている。

間もなくサルカル医師が到着した。部屋には、ラトゥ、シャシー、シャラト、若いナレン、パルトゥ、ブパティ、ギリシュ等、大ぜいの信者たちが来ている。ギリシュといっしょに、スター劇場《シアター》のラムタラン氏が来ていた。歌をうたう予定らしい。

医師「(タクールに)――昨夜の三時頃、あなたのことが心配で眠れませんでしたよ。雨が降っていたもんですから、この部屋の戸や窓がちゃんと閉めてあるかどうか、それがまた気になりましてね！」

タクールはやさしいまなざしを医師におくって、満足そうに、「そうかい」とおっしゃった。

聖ラーマクリシュナ「身体《からだ》がある間はその世話をしなけりゃならん。

でもね、わたしには全く別なふうに見えるんだ。女と金に引かれる心が無くなったら、身体《からだ》と真我《アートマン》とは全く別々なものだということがハッキリわかる。ココナッツの実の水気がすっかり乾ききってしまったら、殻と種とは別々になってしまう。そうなるとココナッツに種のあることがはっきりわかるようになる。トポ、トポと音がするからね。刀《かたな》と鞘《さや》のようなものだ。刀と鞘とは別々だからね。そういうワケだから、身体の病気を治して下さいと、あの御方にお願いする気がどうしても起こらないんだよ」

ギリシュ「学者《パンディット》のシャシャダルが言っておりましたね。『あなた様は三昧のときに心を身体の方に集中なされば、必ず病気は治るでしょうに――』と。

この方は前三昧のとき、身体というものがブヨブヨした肉の塊以外の何ものでもないことをご覧になったのです」

〔以前の話――博物館でガイコツを見たこと――具合が悪いときの祈り〕

聖ラーマクリシュナ「だいぶ前のことだが、身体の具合が大そう悪くてね――カーリー堂で大実母《マー》の前に坐っていた――お祈りしようと思っていたんだよ！　ところが、どうしてもうまく言葉が出てこない。やっとのことで、『マー、わたしの病気のことでお願いしろと、フリダイが言うから……』とつぶやいただけで、それ以上のことが言えない。そのときふと、アジア協会の博物館のことを思い出した。あそこには人間のガイコツを太い紐でところどころ結《ゆ》わえつけて飾ってあるんだよ。それで

1885年10月23日(金)

自然にこう口に出た――『マー、わたしはあんたの名をもっと称《とな》えて讃《たた》えていたいから、この体をも少しシッカリ紐で結《ゆ》わえておいておくれ、あそこに飾ってあったガイコツのように!』神通力で病気を治すなんて、とんでもないこッた!

さいしょにフリダイがこう言ったんだあの当時《ころ》はフリダイの言う通りにさせられていたんだね――『マーのところへ行って、いろんな力を与えていただくようにお願いしなさい』と。そうしようと思ってカーリー堂に行ったら、三十すぎの後家が腰巻きをまくってボロン、ボロンと糞《くそ》をたれていた。とたんに心の底から腹が立ったよ、神通力をつけてもらえなどと言ったフリダイにね」

〔ラムタラン氏の歌――タクールの前三昧〕

こんどはラムタラン氏の歌になった――

私のかわいいこのヴィーナ
心をこめてやさしく弾けば
絃《いと》は私の心をくんで
こよなく甘い声を出す
高すぎもせず、低すぎもせず
音律《しらべ》の川は百筋の

美しい流れに溢れ出す
私の愛しいヴィーナの糸は
ゆるめすぎては音が出ず
きつく締《し》めればプツンと切れる

医師「(ギリシュに)――これはみな、オリジナルなものですか?」
ギリシュ「いえ、これはエドウィン・アーノルド(訳註2)からの思索です」
次にラムタランは、戯曲〝ブッダの生涯〟のなかに出てくる歌をうたった――

われら何処より何処へいくか?
安息はいつ、何処にあるのか知らず

(訳註2) エドウィン・アーノルド(1832~1904)――一八三二年にイギリスで生まれた詩人、随筆家、仏教・東洋思想研究家。世界で初めて『バガヴァッド・ギーター』の翻訳を行った。また、ブッダの生涯と思想を詩の形式で『アジアの光』にまとめ、このヒンディー語訳はマハートマー・ガンジーも愛読した。日本にも招かれ、日本中を旅して、「地上で、天国あるいは極楽にもっとも近づいている国だ」と絶賛した。前妻と死別していたエドウィンは、日本滞在中に、日本人女性、黒川玉《くろかわたま》と再婚している。晩年は仏教に関する翻訳を数多く手がけ、自らもスリランカで仏教徒となっている。

1885年10月23日(金)

また戻りきて、泣き笑う輪廻の輪
いつまで廻るこの空《むな》しき営み!
覚《さ》めよ! 汝ら肉の眼はあけども
浅き夢に眠り痴《し》れたり…
覚めよ! 無明の夢を砕けよ!
いつの日この夢を砕くのか?

重く深く危きこの暗黒《やみ》を
滅ぼし光明《ひかり》を放つ御方(ブッダ)よ
君をおきてほかに道なし
君が足もとにわれ救いを求む

この歌をきいておられるうちに、タクールは前三昧状態になられた。
ラムタランは再び歌う。

叫び、荒び、うめく、この世の嵐――

〔太陽神を見たこと〕

この歌が終わると、タクールはこうおっしゃった。「これは、これは！　甘くて柔らかいパヤス（乳粥）のあとで、苦《にが》い煎じ薬が出た！

――暗黒《やみ》を滅ぼし光明《ひかり》を放つ御方――と歌っていたとき、わたしは輝く太陽をありありと見ていたんだよ。その御方が出ると、闇が消えてすべての人々がその御方の足もとに逃げこんだ」

ラムタランは再び歌った。

大実母《はは》よ、愚かなるものの救い主
　罪を滅ぼし給う御方よ
そのなかにサットヴァ、ラジャス、タマスの
　三つの性《グナ》をたたえて、すべてを
創り、育て、滅し給う御方
　無限相にして無相なる
すべてのすべてなる完《まった》き御方
　　　　　　　　　　一八八五年十一月六日に全訳あり
悟りも迷いもみんなどこかへ行って
　シャーマ・プージャもできそうにない！

1885年10月23日(金)

どうしても心がいうことをきかぬ
チッ、チッ、何ということだろう

この歌をきくと、タクールはまた前三昧になられた。

お前の足もとにひと抱えもの
赤いバラを供《あ》げたは誰だろう

若いナレンはじめ信者たちの法悦――出家と在家の義務

歌は終わった。信者たちの多くは法悦に恍然《うっとり》となっている。声も立てずに坐ったままだ。若いナレンは深い瞑想に入っている。木の切り株みたいになって坐っている。

聖ラーマクリシュナ「(若いナレンを指して、医師に)――あれは、ほんとに純粋なんだ! 世俗の知恵なんか、一カケラもついていない」

医師は若いナレンの方を見ている。まだ瞑想がつづいている。

マノモハン「(医師に笑いながら)――あなたの息子さんのことを話していらっしゃいましたよ。(タクールが)『息子が手に入ったら、親父の方には用はない』って、あっはっはっはっは」

医師「それ、ごらん！　だから私は言うんですよ——あなた方は子供の方にばかり気をとられて、もっと大事なことを忘れていると！（即ち、宇宙神《イーシュワラ》をそっちのけにして、〝神の化身《アヴァターラ》〟に夢中になっていること）」

聖ラーマクリシュナ「ハハハ……。親父はいらないなんて——そんなこと言わないよ」

医師「わかっていますよ！　それくらいのことはおっしゃらなければならないでしょうとも！」

聖ラーマクリシュナ「あんたの息子はとても素直だから——。いつかシャンブーが顔を真っ赤にして言っていたよ——『素直な気持ちで祈れば、あの御方は必ず聞きとどけて下さる』と。なぜわたしが、少年たちをこんなに愛するのかわかるかい？　あれたちは混ざりもののない牛乳だから、ほんの少し火を通しただけで神前に供えられる。

水の混ざった牛乳は、長いこと煮沸しなくちゃならん。たくさんの薪《まき》がいるよ。

少年たちは新しい鍋のようなものでね——きれいな器だ。安心して牛乳を入れておける。かれらに智識を教えると、またたく間に霊性が目覚める。世間ずれした人たちの場合は、そうはいかない。ヨーグルトなんかを作って汚れたまんまの鍋に牛乳をいれておくと、酸っぱくなる恐れがあるよ！

あんたの息子にはまだ俗知恵がない——女と金で汚れていない」

医師「父親の稼ぎで生活しているからですよ！　自分で生活費を稼ぐようになっても世間ずれしないかどうか、見たいものだ！」

1885年10月23日(金)

〔出家と〝女〟を捨てること——出家と〝金〟を捨てること〕

聖ラーマクリシュナ「そりゃそうだ、その通りだ。だがね、あの御方は世間並みの常識からははるか遠くに離れていなさるが、それを捨てたら掌《てのひら》のなかにある。(サルカル医師とドゥカリ医師に向かって)——女と金を捨てろというのは、あなた方に対して言っているんじゃありませんよ。あなた方は心で捨てていればよろしい。だからわたしは、ゴスワミー(ヴィシュヌ派の説教師)たちにこう言っているんだ——『あんた方はどうして、〝捨てろ、捨てろ〟と説教するんだね? 捨てたら困るよ。シャーマスンダラ(クリシュナ)のお祭が出来なくなるじゃないか!』とね。

出家《サンニャーシン》の場合は、ほんとに捨てなけりゃいけない。女の絵さえ見てはいけない。出家にとっては女は毒だ。少なくとも十ハト(5m)以上は離れていなけりゃならん。もしどうしてもそれができない場合は、必ず一ハト(50㎝)は離れているんだ。どんなに信心深い女性とでも、あまり話をしてはいけない。

出家の住む場所は、女の顔を見ないですむところか、ごくたまにしか女が見えないところを選ぶんだよ。

金《かね》も、出家にとっては毒だ。金をそばにおいておくと、必ず心配や我執が出てきて、肉体の歓楽《よろこび》を求めたくなったり、怒りっぽくなったりする。ラジャス性が増してくる。それに、ラジャス性が出てくれば影が形に沿うようにタマス性があらわれてくるものだ。だから出家は金にさわってはいけない。女と金は神を忘れさせるからね」

〔医師への教訓――金の正しい使い方――在家の場合は妻と暮らす〕

「在家のあんたたちは、金で食べ物や家族の着るものを買ったり、住む場所を用意したり、家の神様を祀ったりする。それから、修行者《サードゥ》や信者たちにサービスしたりすることだ。

使うべきところに使わずに、やたら貯めこもうとするのは間違いだ。蜂は大変な苦労をして巣を作るが、人が来てアッという間に壊してしまう」

医師「全く、誰のために貯めているんでしょうねえ。グータラ息子のためなんですよ！」

聖ラーマクリシュナ「そう、グータラ息子！　それに、あばずれの女房！　浮気してるかも知れないのに！　浮気の相手に、亭主の時計や首飾りをやってるかも知れないよ！

でもまあ、あんた方の場合は、女と全くかかわりを持たんというワケにはいかんだろう。奥さんといっしょに暮らしていても差し支えないよ。だが子供ができた後は、兄妹のようにして暮らすことだ。女と金に執着しているから、知識誇り、金誇り、地位誇りが出てくるんだよ」

サルカル医師への教訓――〝我執高慢がよろしからず〟〝明知の私〟はよい――それで人を導く

聖ラーマクリシュナ「我執高慢が無くならないと、智慧は得られない。高いところには水はたまらない。低いところには四方八方から水がジャンジャン流れ込んでくる」
医師「しかし、凹地《くぼち》にはたしかに四方から水が流れこんできますが、良い水も悪い水もおかまいな

1885年10月23日(金)

しに入ってきますよ。泥水も下水の水も――。だが、山の頂上にも凹地はあります。例えばナイニタールやマーナサローワル(訳註3)。そこですと、空から降ってきた清浄《きれい》な水だけがたまります」

聖ラーマクリシュナ「空からの水だけか。――いいねえ！」

医師「それから、その高いところの水が、四方に流れていくという次第です」

聖ラーマクリシュナ「ハッハッハ。ある人がシッダ・マントラ（くりかえし唱えていることによって完全解脱に達するという真言《マントラ》）を手にいれた。彼は山のてっぺんに上がって、大声で叫んだそうだ。『オーイ、みんな！　この真言《マントラ》を唱《とな》えると神様をつかめるぞーッ』」

医師「はあ……」

聖ラーマクリシュナ「だがね、こうなんだよ。神を求めて命がけになると、一時《いっとき》、良い水も汚い水もおかまいなしになる。あの御方のことを知りたくて、時には秀れた人のところに行ったり、時にはあまり感心しない人のところに行ったりする。だがね、あの御方が護ってくださるから、汚い水を飲んでも腹をこわさない。そして、あの御方が真の智識を与えてくださった暁《あかつき》には、どれが良い水か、どれが悪い水か、すっかりわかるようになる。

あんたの言うように、高い山の上にも凹地がある場合もあるよ。けれども、〝醜悪我〟という山の上には決して凹地なぞありゃしない。〝明知我〟や〝信仰我〟の山なら、空からの清浄《きれい》な水がたまる場所がある。

高いところの水は四方に流れて行くというのは、ほんとうだ。〝明知我〟という山からは智識の水が流れてゆく。

あの御方の許可がなければ、人を導くことは出来ないよ。シャンカラ大師《アーチャーリヤ》は完全智に達したあと、〝明知我〟を残しておきなすった——人びとを導くためにね。あの御方をつかみもせぬうちに、（宗教の）講演だの講義だのするなんて！　あんなことをして、人のためになるとでも思ってるのかねえ？」

〔以前の話——サマーデャイーの講演——ナンダンバガンのブラフマ協会を訪れたこと〕

「ナンダンバガンのブラフマ協会の集会に行ったことがある。礼拝式が終わったあとで、指導者が高い壇の上にあがって説教をするんだ。ナニ、ちゃんと家で書いたものを持って来ているのさ。読む前に、先ず一わたり、場内を見まわすんだよ。瞑想の時間のときも、この人はちょいちょい目をあけて皆を見まわしているんだ！

神を見たことのない人が宗教上の話をすると、見当外れのことばかり言う。ひょッと正しいことを少し言ったかと思えば、もう次はおかしなことを言う。

サマーデャイーが講演をしていた。こう言うんだ——『神は心と言葉を超えたもので——無味乾燥

（訳註3）　ナイニタールとマーナサローワル——ナイニタールはインド北部ウッタラカンド州、標高二千mの高地にあるエメラルド色の水をたたえた湖。マーナサローワルは中国チベット自治区カイラス山のそばにあり、世界で最も高所にある湖で水の透明度が非常に高い。

なものである。よろしく諸君は、愛と信仰の甘露水を彼に注いで礼拝供養にはげむべきだ』と。見なさい！　不滅の甘露そのもの、大歓喜そのものである御方をつかまえてこんなことを言っている。こんな講演が何になる？　こんなことで人を導けるとでも思ってるのかね？

ある人が言った――『私の叔父《おじ》さんのところには牛小屋いっぱいの馬がいる』と。牛小屋に馬だって！（一同笑う）それで、馬がいないということがよくわかるんだ」

医師「はっはっはっは、牛もいないんでしょうよ」（一同笑う）

深い法悦の恍惚《こうこつ》状態に入っていた信者たちも、みな平常に戻っていた。信者たちを見まわしながら、医師は何かしら上機嫌である。

医師は「この人は誰？」「このかたは？」とさかんに校長に質問する。校長はそれに答えて――パルトゥ、若いナレン、ブパティ、シャラト、シャシーたち、年若い信者たちを医師に紹介した。シャシー(原典註)のときに、「この青年は、学士の資格をとるところです」と説明しかけたが、医師はあまり関心がないようだった。

聖ラーマクリシュナ「（医師に）――ほら、ほら！　校長先生の言うことをよく聞きなさいよ」

医師はこんどは注意してシャシーのことを聞いた。

聖ラーマクリシュナ「（医師に、校長を指して）――この人は学校に来ている少年たちを、ほんとによく導いて下さるんだよ」

医師「私もそのことは、よく人から聞いております」

聖ラーマクリシュナ「不思議だねえ！　わたしは無学文盲なのに、高い教育を受けた人たちがここへやってくる。まったく不思議だ！　神さまのお遊びだとしか言いようがないね！」

今日は満月《コジャガリー・プールニマ》（訳註４）の日である。夜の九時。医師は六時ころから来てここに坐りこんでいる。そして一部始終を聞き眺めている。

ギリシュ「（医師に）——ときに先生、これは一体どういうことでしょうね？　ここに来るつもりはなかったのに、誰か目に見えぬものに引かれるようにしてやってくる——私もそうなものですから、こんなこと申し上げるのですがね！」

医師「さあ、そんな感じも別にしませんがねえ！　しかし、ハートのことはハートだけが知っている。（タクールに向かって）——今さら、こんなことを言う必要もありませんがねえ」

（原典註）シャシー（後のスワミ・ラーマクリシュナーナンダ）が初めて聖ラーマクリシュナに会ったのは一八八四年のこと。

（訳註４）コジャガリー・プールニマ——ドゥルガー祭（ヴィジャヤ・ダシャミー）が終わってから最初の満月を指す。コジャガリーは〝起きているのは誰か〟という意味合いで、新月から始まったヴィジャヤ・ダシャミーが終わって最初の満月の夜に、瞑想するなどして神の恵みを受けるのはとても恩寵があるとされている。プールニマは満月のこと。

第四章　ナレンドラ、サルカル医師はじめ、信者たちと共に

1885年10月24日(土)

一八八五年十月二十四日（土）

シャームプクルの家でナレンドラ、サルカル医師はじめ、信者たちと共に

サルカル医師と比較宗教(Comparative Religion)

タクール、聖ラーマクリシュナは、ナレンドラ、マヒマーチャラン、校長、サルカル医師はじめ信者たちと共に、シャームプクルの家の二階の部屋で坐っていらっしゃる。時間は午後一時頃。一八八五年十月二十四日、カルティク月九日。

聖ラーマクリシュナ「あんたのこの治療法（ホメオパシー）はなかなかいいね」

医師「同種療法（ホメオパシー）は、病状を必ず医学書と照合しながら行うのです。西洋音楽のように楽譜にしたがって歌うわけです。ギリシュ・ゴーシュは何処にいます？　いえ、何、昨日《きのう》彼はずっと起きていたものですからね」

聖ラーマクリシュナ「ところで、わたしは前三昧のとき、大麻酒《シッディ》を飲んだような具合になるんだが、これはどういうわけだろうね？」

医師「（校長に）――神経中枢の働きが抑止されるから、それで無感覚になって足もヨロヨロするの

です。ありったけのエネルギーが脳の方に行ってしまいますからね。この神経系が生命を成立させているのです。えり首のところにありましてね——延髄と言いますが。ここを傷つけられると、ほとんど生命を維持してゆくことは出来ません」

マヒマー・チャクラバルティ氏がスシュムナーの管を通るクンダリニーの話をはじめた——「脊髄の中にスシュムナーの管が精妙な相《かたち》で存在しているのです——目には見えませんがね。マハーデーヴァ（シヴァ）がおっしゃったことです」

医師「マハーデーヴァは完成した人間を検査したのですよ。一方、ヨーロッパ人たちは胎児から完成期に至るあらゆる段階を調べているのです！　比較歴史を学ぶ方がいいですね。サンタル（中部インドの部族）の歴史を調べていきますとね、カーリーというのはサンタルの一女性だったということがわかります——剛勇無双の女戦士だったのです（一同笑う）。

笑っちゃいけません。それから、比較解剖学がどんなに人類に益しているかお聞きなさい。はじめ、膵臓《すいぞう》液と胆汁の作用の相違がわかりませんでした。後にクロード・バーナードがウサギの胃や肝臓を解剖して試験した結果、胆汁の作用と膵液の作用が違うということを発見したのです。人間より下等な動物たちの生理作用も、観察することが大事だということになるのですよ。人間だけを見ていてもうまくないのです。これと同じ理由で、比較宗教が特に人類にとって有益だと思いますよ！

このかた（大覚者様《パラマハンサ・デーヴァ》）のおっしゃる言葉が、我々の心に深く感銘を与えるのはなぜでしょう？　このかたはいろんな宗教の真理を体験してこられたからです。ヒンドゥー教、イスラム教、キリスト教、

1885年10月24日(土)

シャクティ派、ヴィシュヌ派と——みんなご自分で修行してその真髄を体得されたのです。蜜蜂がいろんな花から蜜を集めてきた場合に、最も上等な蜜ができるのです」

校長「(医師に)——マヒマーさんはサイエンスの本もずい分読んでおられますよ」

医師「ハッハッハッハ、それは、それは……。マックス・ミューラーの〝宗教の科学〟を、ですか?」

マヒマー「(聖ラーマクリシュナに向かって)——あなた様のご病気を、医学博士方はどうすることができるというのですか? あなた様が病気になられたと聞いたとき、医者たちの高慢を増すことになりはしないかと私は心配いたしました」(訳註、医者たちの高慢——聖ラーマクリシュナの病気を治療したことからくる高慢)

聖ラーマクリシュナ「この人はとてもいいお医者さんだよ。それにとても賢明な人だ」

マヒマー「おっしゃる通りです。この方は大きな汽船、私どもは皆、小舟でしょう」

サルカル医師は合掌して、謙遜《けんそん》して頭を下げた。

マヒマー「でも、タクールのところへ来ればどの人もみな同じですよ」

タクールはナレンドラに向かって歌をうたうようにとおっしゃった。

ナレンドラの歌——

君こそわが生涯の北極星
この世の道なき海の上に

わが船は再び迷うことなし

◇　◇

我執に狂いしわが心、際限《きり》なき欲は次つぎと

◇　◇

無限にしてこの壮麗なる
大宇宙はただ、君の御手わざ！
あまたの美しき　遠近《おちこち》の世界は
君あそび給う　よろこびの家

◇　◇

大いなる獅子の座につき給う宇宙の父は
三千世界の歌を聞きて楽しみ給う
地球に生まれし吾《われ》も小《ち》さき声で歌いつつ
父の宮居の戸口までたどり着きぬ
われ何も欲せず、ただ君にまみえたし
父よ！　願わくば、わが歌をききたまえ
太陽と月たちの間に坐りて
われ声をかぎりに君を讃えん

1885年10月24日(土)

◇　◇

ああ、王たちの大王よ、私に会って下さい！
お慈悲です！　私に目をおとめ下さい
あなたのなつかしい足もとにこの命を供えます
世間という名の炉の火に焼け焦げた命を
私の心はさまざまな罪に汚れはて
幻影の網に捕らえられて息も絶えだえ
慈悲深い御方よ、甘露の雨で私を清め
消えかかった魂を活き返らせて下さい

◇　◇

ハリの甘き酒を飲みて
わが心よ、酔いしれよ！
地に転び伏し、泣き泣きて
ハリ、ハリと呼びとなえよ！

聖ラーマクリシュナ「それから、〝在りとしあらゆるものは、すべて君！〟を！」
医師「アハー！」

歌は終わった。医師は感動して、身動きもせず坐っている。しばらくして医師は、心からの敬愛の情を体全体に表わして合掌し、タクールに言った――「それでは、今日はこれでおいとま致します。明日また参りましょう」

聖ラーマクリシュナ「ちょっと待っておくれ！　ギリシュ・ゴーシュを迎えにやったから――。（マヒマーを指して）この人はとても学問のある人だが、ハリ称名のときは踊りなさるんだよ。ちっとも高ぶったところがないんだ。コンナガルまで来てくれてね――わたしらがあそこに行くからと言って。それに、この人はとても自由な身分なんだよ。金持ちで、誰にも雇われていない。（ナレンドラを指して）これはどうだね？」

医師「実に立派な青年です！」

聖ラーマクリシュナ「（二人の信者を指して）それから、この人は……」

医師「アハー！」

マヒマー「インド哲学を学ばないうちは、哲学を勉強したなどと言えません。サーンキャの二十四の宇宙原理をヨーロッパ人は知らないのですからね――おそらく、理解できないでしょう」

聖ラーマクリシュナ「ハハハ……。三つの道のことは？」

マヒマー「サットの道――つまり智識の道。チットの道――ヨーガです、カルマ・ヨーガ。これに人生の四段階における働きと義務が含まれています。それからアーナンダの道――信仰と愛の道。あなた様の中にこの三つの道全部が表現されています。あなた様こそ、この三つの道をことごとく我々にお示し下さるのです！」

聖ラーマクリシュナ（笑いながら）「わたしが何を言うって？　ジャナカ王がしゃべって、シュカデーヴァは聞き手！」（訳註――これはマヒマーが雄弁に語った説明に対しての言葉）

サルカル医師は帰って行った。

1885年10月24日（土）

〔日が暮れてからの三昧――ニティヤゴパールとナレンドラ――ジャパを通じての見神〕

日がとっぷり暮れて月が出た。今日は満月の次の土曜日。カルティク月九日。タクールは三昧にお入りになった！　お立ちになったままである。ニティヤゴパールが、信愛《バクティ》で溢《あふ》れんばかりの表情をしてそばに立っている。

やがてタクールはお坐りになった。ニティヤゴパールがお足をさすっている。デベンドラ、カリパダはじめ、大ぜいの信者たちがそばに坐っている。

聖ラーマクリシュナ「（デベンドラたちに）――いま、わたしの心にこういうことが思い浮かんだよ。ニティヤゴパールの今の状態は、いずれ変わるだろうと。――あれの心が全部、わたしのところへ来るようになる――わたしの中にいなさるあの御方のところにね。

ナレンドラを見たかい？　あれの心はスッカリわたしのところに来ているんだよ！」

大部分の信者たちは家に帰った。タクールは立っておられ、一人の信者にジャパのことを話していらっしゃる。

「ジャパというのは、誰もいない静かなところで声を出さずに神の名をくりかえし念ずることだよ。一心に称名しているうちに――ジャパしているうちにあの御方のお相《すがた》が見えてくる――あの御方に会えるようになる。岸にくさりでつながれている丸太がガンガーの水の中に沈んでいる。くさりの目を一つ一つたどりながら水の中に入り、そのまま、又くさりにつかまりながら進んで行くと、最後には丸太にさわることができる！　ちょうどそんなふうにして、ジャパをしながらだんだんと心が深く沈み、ついには至聖なる御方に会えるんだよ」

カリパダ「（笑いながら信者たちに向かって）――私たちのお師匠さまは大へんな御方なんですよ！（お師匠さまのところに来る人は）ジャパも瞑想も、そのほかの苦行のようなものも必要ないんですよ！　はっはっはっは」

そのとき、タクールは突然こうおっしゃった――「これ（喉の痛み）が、つらくてねえ」

タクールの喉の病気のことである。デベンドラはこう言う――「そんなことおっしゃっても、もう騙《だま》されませんよ」デベンドラは、タクールが信者たちの目をくらますために病気に見せかけていらっしゃる、と思っているのだ。

信者たちは帰った。夜は数人の若い信者たちが交替でここに泊まることになっている。今日は校長も泊まる予定だ。

第五章　信者たちやサルカル医師との楽しい会話

一八八五年十月二十五日（日）

聖ラーマクリシュナとヴィジャイ、ナレンドラ、校長、サルカル医師たちとの楽しい会話

タクールの病状報告のため校長は医師のところに

今日は日曜日、カルティク月十日、黒分二日目。一八八五年十月二十五日。聖ラーマクリシュナはカルカッタのシャームプクルにある家にずっと住んでいらっしゃる。喉のガンを治療するためである。このごろはサルカル医師にみてもらっておられる。

医師のところに大覚者様《パラマハンサ・デーヴァ》の病状を報告に行くのが、この頃の校長の日課になっている。今朝も六時頃来て、ごあいさつしてから校長はタクールにおたずねした。

「お体の具合はいかがでございましょうか？」

聖ラーマクリシュナはお返事下さった。

「医者に言っておくれ。明け方近くに、口のなかに水がいっぱいあふれてきて咳が出たと——。それから、水浴びしてもいいかどうか聞いてくれ」

七時少し過ぎに校長は医師に会って、このことを報告した。医師の昔の先生と、友人たちが二、三人、部屋に同席していた。医師は年老いた先生にこう言った――「先生！　夜中の三時ころから大覚者《パラマハンサ》のことが気になって、眠れなかったのですよ。まだ大覚者《パラマハンサ》が私の心のなかにいるのです」（一同笑う）

友人の一人が医師に言った――「先生、あの大覚者《パラマハンサ》のことを神の化身《アヴァターラ》だと言ってる人が何人もおりますが……。あなたは毎日お会いになっていらっしゃるのですから、いかがですか、あなたはどうお思いになりますか？」

医師「アズ　マン　アイ　ハブ　ザ　グレイティスト　リガード　フォー　ヒム（As man I have the greatest regard for him.『私は一個の人間として、最高の敬意を払っています』）」

校長「（医師の友人に）――サルカル先生はあのかたを、それは、それは、ご親切に診《み》て下さるのですよ」

医師「〝親切〟とおっしゃるのか！」

校長「いえ、その、私共がそう感じているので――。大覚者様《パラマハンサ・デーヴァ》に対してではありません」

医師「そんなことぐらいで片付けられては不満ですなあ。だいたい、あなた方はご存知ないだろうが、損をしているんですよ。毎日、毎日、三人位の患者を診ないであそこにかけつけるんですよ。次の日に、こちらからその患者の家に行くのですが、招かれないのに行くのだから診察料をとるわけにはいきません――自分で勝手に行っておいて、お金を請求するなんてできますか？」

マヒマー・チャクラバルティ氏のことが話題になった。昨日の土曜日、医師がタクールの診療に行ったとき、チャクラバルティ氏が来ていたのである。医師の方を見ながら氏は、タクールにこんなことを申し上げた——「先生、あなた様は医者の高慢をつけあがらせるためにご病気になられたようなものです」

校長「(医師に)マヒマー・チャクラバルティは以前、こちらであなたの医学に関する科学の講義があったとき、聴講に来ていたのですよ」

医師「そうでしたか? しかし彼は、まことにタマス的だなあ! おわかりでしたか、私は彼を〝ゴッズローワー サード(God's Lower Third.)——神の低いほうの三番目〟としてあいさつしたのが? 神のなかには全部(サットヴァ、ラジャス、タマス)あるわけですね。彼の言ったあの言葉、マークなさいましたか? 『あなた様は、医者の我執高慢をつけあがらせるために病気におなりになったのだ』……」

校長「マヒマー・チャクラバルティは信じ込んでいるのですよ。その気になれば、大覚者様《パラマハンサ・デーヴァ》はご自分で病気を治すことがお出来になると——」

医師「オー! そんなことができるのでしょうか? 自分で病気を治すなどと! 我々医者が、あれはガンだと断定しているんですよ! 我々だってどうしても治すことができないのですよ! あのかたは、この病気のことを何一つご存知ない、それなのにどうして治せるのですか! (友人に向かって)——おわかりでしょう、あの病気は決して治らない。しかし、この人たちは皆して心をこめて看病しているのです!」

聖ラーマクリシュナ、お世話の者と共に

校長は、タクールのところへ来てくれるように医師に頼んで帰宅した。食事その他をすませてから、午後三時ごろタクールのところに来て、午前中の医師との会話を話しておきかせした。

校長「今日の医師には、私は全く参ってしまいました」

聖ラーマクリシュナ「何があったんだい？」

校長「『あなた様は、医者どもの高慢をつけあがらせるためにわざとご病気になられたのです』という昨日《きのう》のあの言葉を、ちゃんと聞きとめておられましてね……」

聖ラーマクリシュナ「誰が言ったっけ？」

校長「マヒマー・チャクラバルティです」

聖ラーマクリシュナ「それで？」

校長「それで、マヒマー・チャクラバルティのことを〝神の低いほうの三番目（タマス性）〟だと言うのです。とにかく現在では先生は、〝神にはすべてのグナが含まれている〟ということは認めたのですが——。（タクール笑う）

それから私に、こう言われました。夜中の三時ごろ目がさめて、大覚者《パラマハンサ》のことばかり思っていたと。私が行って話をしていた八時ころも、『まだここに大覚者《パラマハンサ》がいる』と申されました」

聖ラーマクリシュナ「アッハッハッハ、そうかい。あれはイギリス式の教育を受けた人だから、わ

たしのことを瞑想しろだなんて、とてもこちらから言えたもんじゃない。それなのに自分からそれを実行したとはねえ、アハハハ……」

校長「それから、アズ　マン　アイ　ハブ　ザ　グレイティスト　リガード　フォー　ヒム（As man I have the greatest regard for him.）と言いました。『私はあのかたを神の化身だとは思わないが、一個の人間として最高の敬意を払っている』という意味でございます」

聖ラーマクリシュナ「それから、何か別の話をしたかい？」

校長「私が、『今日は、ご病人のところへのご都合は、いかがなもんでしょうか？』と聞きますと、『行くに決まってるでしょう。私が自分で行ってちゃんといたしますから！』（タクール笑う）それから、こうおっしゃいましたよ。『私が毎日、どれだけ損をしているか、あなた方にはわからないだろうな——毎日、二、三人の往診に行けてないんですよ』と」

ヴィジャイたちと愛の至福《プレーマーナンダ》のひととき

間もなく、ヴィジャイ・クリシュナ・ゴスワミーが大覚者様に会いに来た。いっしょに数人のブラフマ協会員が来た。ヴィジャイはかなり長い間、ダッカに行っていた。現在、西の方の聖地をめぐり歩いて、最近カルカッタに着いたばかりである。部屋に入ると、彼は床に額《ぬか》ずいてタクールを拝した。大ぜいの信者たちが来ている——ナレンドラ、マヒマー・チャクラバルティ、ナヴァゴパール、ブパティ、ラトゥ、校長、若いナレン、等々。

マヒマー「（ヴィジャイに向かって）――先生、聖地巡礼なすったり、いろいろな地方を旅行してこられたそうですね、ぜひその話をきかせて下さい」

ヴィジャイ「何を話せばいいやら！　今、現在、私が坐っているところにすべてがある、ということがはっきりわかるのです。あちこちうろつきまわるのはムダなこと！　ある場所は、こちら（タクール）を十六アナとして、一アナか二アナの値打ち――。ところによっては、せいぜい四アナくらいでしょうか。ここここそ、まるまる十六アナの場所なんですよ！」

マヒマー「まったくその通りです。そしてあちこち歩かせるのもこの方、一つ所に落ち着かせるのもこの方なのですよ」

聖ラーマクリシュナ「（ナレンドラに）見ろ、ヴィジャイの境地を――。徴《しる》しがまったく変わっただろう。もっと深くなっているんだ。わたしは首筋と額を見て覚者かどうかを見分ける。そこを見れば、パラマハンサかそうでないかがよく分かる。

マヒマー「（ヴィジャイに）――先生！　お食事の量が減りましたでしょう？」

ヴィジャイ「うん、どうもそうらしい。（聖ラーマクリシュナに）――あなた様の病気のことを聞きまして参上いたしました。それに、ダッカから……」

聖ラーマクリシュナ「何だって？」

ヴィジャイは何とも返事をしない。しばらくの間黙っていた。やがて……。

ヴィジャイ「この御方がわからせて下さらないかぎり、自分でこの御方を理解するには大変な力がいる。ここここそ十六アナだ」

聖ラーマクリシュナ「いつか、ケダル(原典註1)が言っていたっけ――『他の場所では食べ物がとれない。ここへ来ると満腹になる!』と」

マヒマー「満腹ですって? 溢れ出ますよ」

ヴィジャイ「(合掌して聖ラーマクリシュナに向かい)――あなた様がどなたであるか、私にははっきりわかりました! おっしゃって下さる必要はございません!」

聖ラーマクリシュナ「(恍然《うっとり》として)もしそう思うなら、そう思っていていいよ」

ヴィジャイ「わかりました」

こういって彼は、タクールの足もとに身を投げ出し、自分の胸にタクールのお足をかきいだいた。この間タクールは、完全に神意識に没入して、彫像のように身動きもせず坐っておられた。

この神聖な愛の光景を見ていた信者たちは、ある者は感涙《かんるい》の声をあげ、ある者は神への讃詞を思わず知らず口にのぼせている。各人、それぞれの思いでタクールのお姿を凝視している。ある人はタクールを最上最尊の信仰者として、またある人はすぐれたサードゥとして、またある人は人間の姿をとられた神の化身《アヴァターラ》として――。

マヒマーチャランは涙にぬれた目をして歌った――

見よ、見よ、聖なる愛の権化

――そして時々、ブラフマンを見ているかのような様子で口ずさんだ――「トゥリヤン　サッチダーナンダン　ドヴァイタアドヴァイタヴィヴァルジタム（『一も多も超えて至高なるサッチダーナンダに溶け入る』）」

ナヴァゴパールは泣いていた。

こんどは、もう一人の信者ブパティが歌った――

聖なるかな　無相にして無限相なる一者
極みなく高く　極みなく深しブラフマン
君は真理の光、愛の鉱山《やま》、常楽の住地《ところ》
様々の宇宙のおもしろき色相《いろかたち》は
測りがたき君の心の美と豊饒《ゆたかさ》の表現
大いなる詩人、本源なる詩人よ！
君の想いに合わせて
日と月は昇り、また沈むなり

（原典註１）ケダル＝ケダルナート・チャトジェー氏は長期間、役職のためダッカに住んでいた。神の話になるとすぐ涙ぐむほどのすぐれた信仰者だった。家はハリサハールにあった。

1885年10月25日(日)

足は黄金《こがね》の小《ち》さき文字、また雲は味わい深く
虚空の終わりなき頁《ページ》に妙なる詩をつづる
六つの季節はめぐりて天地と声を併せ
壮麗なる讃歌を絶えまなく唱《うた》い奏《かな》でる
花々は君の可愛さ、静かなる水は平安《やすけ》さ
雷鳴とどろきわたり君の厳しさを語る
底もなき君の心を　ああ我ら知り得ず
生々世々《しょうじょうせぜ》ひたすらに君を渇仰《あお》ぎ瞑想す
いく百万の太陽と月と星々は
歓喜にふるえつつ君の御足を礼拝し
人類はその御業《みわざ》を眼のあたりにして
あふれる喜びの涙はあまたの大河となる
神々と天使と人は一つとなりて
永遠なる大楽の住地《さと》を礼拝したてまつる
希《ねが》わくは恵み給え、智慧と愛と信と幸福《さち》を
希わくは護り給え、御足もとなる完《まった》きかくれ家に

六つの季節——春、夏、雨季、秋、霜期、冬

ブパティはまた歌った——

超越意識《チダーナンダ》の海に愛の喜び波立ちて
大いなる歓喜、甘露したたる遊戯《リーラー》の
うつくしさ　たとえんかたなし
さまざまの楽しき想いは次つぎに
新しく、また新しく波とおこりてまたくだけ散りゆく
ああハリよ、ハリ、ハリ、ハリ、ハリ！
いと深きヨーガにすべては一《ひとつ》となり
時間と空間の区別《へだたり》あとかたもなし
今ここに喜び勇みて両手をかかげ
わが心よ、いざハリの名をうたえ！

◇　◇

悩みも、恐れも、正義も、義務も
血統《ちすじ》も、身分も、夢と消えうせ
おおハリよ、私は何処にいるのか？
身も心もそっくり盗んで

1885年10月25日(日)

友よ、私を見捨てるつもりか？
ああ何故どうして此処へ来たのか
果てしない愛の海の岸辺に――
私のあわれな胸は、天の情熱《あい》に縁《ふち》まで満され
さて、これからどうなることやら――
プレーマーダースは笑う――
〃聞け、世の人びとよ
これこそ神への新しき道
心配するな、恐れるな〃

長いこと経った後で、タクールはこの世の意識をとり戻された。

〔ブラフマンの智識と不思議な計算――神の化身《アヴァターラ》の必要性〕

聖ラーマクリシュナ「（校長に向かって）――いま、何だか妙な具合になってしまって――。恥ずかしいよ。何だかモノに憑《つ》かれたようになって、自分が自分でなくなったようなんだ。

そのあとで、数の勘定もはっきりできなくなって、ためしに数えてみると、1、7、8、なんて……」

ナレンドラ「すべては〃一つ〃ですからね！」

聖ラーマクリシュナ「いや、一つも二つもないんだ（原典註2）！」

マヒマー「おっしゃる通り！　ドヴァイタアドヴァイタヴィヴァルジタム（一も多も超える）」

聖ラーマクリシュナ「計算なんて腐ってしまう！　学問を通じてあの御方に触れることなど、出来やしないよ。あの御方はお経や聖典――ヴェーダ、プラーナ、タントラ、そういうものを超えている。手に一冊でも書物を持っていたら、その人はたとえ智者でもラージャリシ（外見は王様のように壮麗な見神者）と呼ばれる。ブラフマリシ（常にブラフマンに住している見神者）は外見には何の徴《しる》しもない。聖典の役目はどういうものか、わかるかい？　ある人が五シャル（4.5kg）のサンデシュと下衣《カポル》を一枚送ってくれるようにと、手紙を書いた。受けとった人はそれを読んで、五シャルのサンデシュと下衣《カポル》一枚ということをしっかり心に留《と》めておいて、手紙は捨ててしまった！　もう手紙に用はないだろう？

ヴィジャイ「サンデシュは、たしかに送ってきました！」

聖ラーマクリシュナ「神は人間の体をまとってこの世に化身して来なさる。あの御方はあらゆるところに、あらゆる生物のなかにいらっしゃるのは事実だ。しかし、化身してこなければ、人間の期待に沿うことができないんだよ――必要を満たすことができないんだよ。わかるかな？　牛のどこをさ

（原典註2）一つも二つもないんだ――The Absolute as distinguished from the Relative.（絶対なるものは相対からは区別される）

わってもたしかに牛にさわったことになるんだ。角にさわっただけでも牛にさわったにはちがいない。だが、一番大事な牛乳は乳房から出てくる」（一同笑う）

マヒマー「牛乳が飲みたい場合、牛の角に口を当ててみてもどうにもなりません。乳房を吸わなければだめです」（一同笑う）

ヴィジャイ「しかし、生まれたての仔牛は、はじめのうち母牛の体をあちこちねぶって乳房を探します」

聖ラーマクリシュナ「アッハッハッハァ。仔牛がそうやっているのを見て、誰かが乳房のところに口をもっていってやるさ」（一同笑う）

信者たちと愛の至福《プレーマーナンダ》

1885年10月25日（日）

こんな話をしているところへ、サルカル医師がタクールの病気を治療するためやってきた。彼は部屋に入るなりこう言った――「昨夜は三時ころから目がさめて、あなたのことばかり心配していましたよ。カゼをひかないかと思って――。それからいろんなことを考えておりましたよ、あなたについて」

聖ラーマクリシュナ「咳が出て、喉が痛かった。明け方、口いっぱいに水がたまって、トゲでも刺さったような感じだったよ」

医師「そのことはみな、朝方、報告を受けました」

マヒマーチャランが、インド中あちこち旅行したときの話をした。「セイロンでは笑っている人が見当たらなかった」と言うと医師が、「もしそれが事実なら、調べてみなければなりませんね」と答えたので一同は大笑いした。

〔商売としての医者について〕

医療の仕事についての話になった。

聖ラーマクリシュナ「(医師に)――医者という職業は、大そう高級な尊敬すべき仕事だとたいていの人は思っている。気の毒な病人がいたら、金を受けとらずに治療してやるようなら、そりゃ偉い人だ。仕事も立派だ。だがね、どんな場合でも必ず金を受けとってこういう仕事をつづけていると、人はだんだん冷酷になっていくものだよ。商売だとばかり割り切って、金儲けのために人のウンコの色をながめたり検査していじくったりするのは、どう考えても卑しい下等な仕事だね」

医師「その通り、そんなことばかりするなら、そりゃ下等な仕事だと言えるでしょう。まあ、あなたのところへ来て、偉そうなことを言ってみても始まりませんが――」

聖ラーマクリシュナ「うん、でも、利己的な気持ちなしに、人に奉仕する気構えで医者の仕事をするなら、そりゃもう大したものさ、とてもいい仕事だ。

とにかく、どんな仕事をしていようと、世間で暮らす人達にとってはサードゥと親しく交わることがとても大事なんだ。神に信仰をもっていれば、自然とサードゥのところを探して行くようになる。たとえばさ、大麻吸いは大麻吸いとばかり付き合いたがる。大麻を吸わない人に会うとうつむいてコソコソ行ってしまったり、隠れたりする！　ところが大麻吸いに会うと、初対面でも百年の知己《ちき》に会ったような喜びようだ――抱きついたりして！（一同笑う）それからハゲタカはハゲタカ同志寄り合って住んでいる」

1885年10月25日(日)

〔サードゥは生類全体に対して慈悲心を持つ〕
医師「それから、ハゲタカはカラスを恐れて逃げます。人間ばかりでなく、生き物全部に対して仕えるべきだと、私は主張しているのですよ。私はよく、スズメに粉を撒《ま》いて食べさせてやるんです。粉をこねて小さな粒にしましてね、地面に撒《ま》いておくと、屋根に群がっているスズメがやってきてついばむのですよ」
聖ラーマクリシュナ「ワァ！　そりゃたいしたものだ。生き物に食べものをやるのはサードゥの仕事だ。サードゥたちはよく、アリンコに砂糖をまいてやったりするよ」
医師「今日は歌はないのですか？」
聖ラーマクリシュナ「（ナレンドラに）――一つ歌っておくれよ」
ナレンドラはタンプーラ（弦楽器）にあわせて歌った。ほかの楽器も誰かが弾いて伴奏した。

ああ美しきかな　君の御名《おんな》
弱く貧しきものたちの避難所《かくれが》

甘露の雨の如くふりそそぐ
わが耳に快《あま》き命の恋人よ！

わが宝はただ一つ、君の御名
とこしえの楽しき住処《すみか》よ
そを歌いたたえるものは
滅びざる命とならん

重く深きわが胸の苦悩《なやみ》を
たちまちに消し滅《ほろ》ぼすは
蜜のごとく甘い君の名
わが心の主《あるじ》よ、至福の御名よ！

ナレンドラは又、うたった。

大実母《マー》よ、梵女神《ブラフママイー》よ、私を狂わせておくれ
智慧分別にもう用はない

1885年10月25日(日)

あなたの愛の酒で酔わせておくれ
マーよ、信者の心を盗むおかたよ
あなたの愛の海に沈めておくれ

この世はあなたの気狂い病院
笑う人あり泣く人もあり
喜びに我を忘れて踊る人あり
イエスもモーゼもチャイタニヤも
マーよ、愛の悦びに酔いしれた
この恵まれた仲間に入れておくれ

天に仲間が集まり楽しい祭
互いに師となり弟子となる
マーよ、この貧しいプレーマーダースにも
あなたの慈悲《あい》を恵んでおくれ

歌が終わったとき、そこには再び驚くべき光景が展開された。部屋じゅうの人たちは、法悦に酔って狂ったようになっている。学者は学者的威厳をかなぐり捨てて突っ立ち、「大実母《マー》よ、我を狂わせておくれ、智慧分別に用はない」とうわ言のように言っている。ヴィジャイが真っ先に座から立ち上がって、法悦に恍惚《こうこつ》としている。その次が聖ラーマクリシュナ――。治る見込みのない病気のこともすっかり忘れ果てたご様子。タクールの正面に坐っていた医師も立ち上がった。医者も患者も我を忘れている。若いナレンもほとんど三昧状態、ラトゥもそれと同じ様子。科学を学んだはずの医師が、驚いた様子で霊妙不可思議な光景を見ているのだ。みんなが外界の意識をなくし、息もせず、身じろぎもせずに法悦境にひたっているのを――。やがて、その状態が少しゆるむと、ある者は泣き出し、ある者は笑いだした。関係のない人が見たら、酔っ払いの集まりのように見えたにちがいない。

信者たちと共に――聖ラーマクリシュナと怒りの克服

このことの後で、みな再び席についた。夜八時ころになっていた。会話がまたつづいた。

聖ラーマクリシュナ「(医師に)――今の法悦境を見て、あんたたちのサイエンスではどう説明するね？　何もかもお芝居だと思うかい？」

医師「(聖ラーマクリシュナに向かって)こんなに大ぜいの人が一度にああなったのですから、ナチュラルなものだと思いますね。わざとあんなフリをしていたとは思われません。(ナレンドラに)――君が、〝大実母《マー》よ、私を狂わせておくれ、智慧分別にもう用はない〟と歌ったとき、私は自分自身をどうにもできなくなってねえ、あやうく、とび上がるところだった。やっとの思いでセーブしたんですよ。感情を表に現しちゃいかん、と自分に言いきかせて――」
聖ラーマクリシュナ「(医師に)――あんたは、ビクともゆるがぬスメール山のようだったよ、アッハッハッハ(一同笑う)。あんたは深い深い魂の人だ。ルーパやサナータナ(二人ともチャイタニヤの秀れた弟子)の心に起こったことは、誰も気が付かないからね。小さな水たまりに象が入ると四方八方に水が撥《は》ね返る。だが、深く大きい湖に象が入っても、水が飛び散るようなことはない。ロクに気付く人もいないくらいだ。シュリー・マティー(ラーダー)が友だちにこう言った。『あなたたちはクリシュナと別れてずい分泣いたわね。それなのにまあ、見てちょうだい、私のハートの固いこと、目には涙一滴出やしない』すると、ヴリンダがこう答えた。『友よ、あなたの目に涙が浮かばぬのは深いワケのあること――。あなたの胸には、別れの悲しさでいつも火が燃えているから、目に涙が出ようとすると胸の火の熱ですぐ蒸発してしまうのよ!』と」
医師「誰だって、口ではあなたにかないませんよ、ハッハハッハ」
いろいろな話が出た。聖ラーマクリシュナは初めて霊的経験をしたころのことを話された。また如何《いか》にして、情欲や怒りなどを克服するかということを話された。
医師「あなたが法悦に恍惚《こうこつ》として地べたに倒れていたとき、悪いやつがブーツで蹴とばした、という話をいつか聞きました」
聖ラーマクリシュナ「きっと、校長から聞いたんだろう。やつはカーリーガートのチャンドラ・ハルダーだ。シェジョさんとこへよく来ていた男だよ。わたしは、神さまの愛に我を忘れて暗い土間に倒れていたんだ。チャンドラ・ハルダーは、わたしがワザとそんなふりをして、シェジョさんの歓心を買おうとしていると思ったんだね。やつは土間に下りてきて、長靴で何度もわたしを蹴りつけた。体にアザがついてしまったよ。みんなはシェジョさんに言いつけに行くといってきかなかったが、わたしはそうさせなかった」

医師「それも又、神の遊びです。そういう事件を起こさせて、〝怒り〟をいかにして克服するかということ、そして、〝他人をゆるすこと〟を人びとは学ぶでしょう」

〔ヴィジャイとナレンドラがタクールの霊姿を見たこと〕

この間にも、タクールの面前でヴィジャイと他の信者たちが様々なことを話し合っていた。

ヴィジャイ「誰か一人、いつも私といっしょにいて下さるんですよ。そして、遠くにいても、どこで何が起こっているのか、知らせて下さるのです」

ナレンドラ「ガーディアン・エンジェル（守護天使）のようですね」

ヴィジャイ「ダッカで、このかた（タクール）にお会いしましたよ！　ちゃんとお体にもさわってみました！」

聖ラーマクリシュナ「アッハッハッハッハ。そりゃ、ほかの人だろうさ！」

ナレンドラ「僕もこのかたを何度も見ましたよ！（ヴィジャイに）――だから、あなたの言葉を信じられないなどとは、どうしても言えないんです！」

第六章　シャームプクルの家において信者たちと

一八八五年十月二十六日（月）

シャームプクルの家における聖ラーマクリシュナと信者たち

聖ラーマクリシュナ、ギリシュ、校長、若いナレン、カーリー、シャラト、ラカール、サルカル医師他、信者たちと共に

今日はアッシン月黒分三日目、月曜日。カルティク月十一日——一八八五年十月二十六日。大聖大覚者様《シュリーシュリー・パラマハンサ・デーヴァ》はカルカッタのシャームプクルにある家に療養のためご滞在中である。サルカル医師が治療にあたっている。ほとんど毎日のように診察に来るのだが、その上、タクールの病状を一々報告するために、始終、誰かが医師のもとに通っている。

涼しい季節である。数日前から秋のドゥルガー・プージャが始まっていた。この大祭の日々を、聖ラーマクリシュナの弟子グループは、悲喜こもごもの気持ちで過ごした。師の君の難病が喉《のど》のガンであると診断されてから三ヶ月——。サルカル医師はじめ医者たちは、この病気は不治であるということを皆にほのめかしていた。これを聞いた弟子たちは、一人ひとりかくれて泣いていた。いまシャームプクルの家にいらっしゃる師を、弟子たちは命がけの熱心さで看病しているのだった。ナレンドラ

たち世俗の欲を捨てた若い弟子たちは、この重大な目的のために、〝女と金を捨てる〟というハシゴを既に一段一段のぼりつつあった。

これほどの病気だというのに、人々は次から次へと三々五々連れ立ってタクールに会いに来る。――聖ラーマクリシュナのおそばに来さえすれば、たちまち心は平安になり、喜びでいっぱいになるのだ。まったくの無辺際の恵みの大海だ！　その慈悲心には限りもなく、どんな人とでも話をして下さり、そのことによって彼らに真の幸福を与えて下さるのである。遂に医者たち、ことにサルカル医師は、人と会話することを全面的に禁止した。しかし彼自身は、一日におよそ六、七時間もタクールのそばに坐っているのであった。――「人と話をしてはいけません。ただし、私とだけはして下さい」

聖ラーマクリシュナの不滅の言葉、甘露の宝雨を飲んで、医師は得も言われぬ心の喜びに浸って帰って行くのである。それで、こんなに長時間腰を落ち着けているのだ。

校長は、午前十時ころ医師にタクールの病状を報告するために行くことになっており、聖ラーマクリシュナとお話ししていた。

聖ラーマクリシュナ「（校長に）――とても楽になったよ。とても具合がいいんだ。アッチャ、薬のせいかな？　それならこれを続けたらいいね」

校長「私が先生のところにまいりまして、全部報告いたします。どのようにすれば一番よいか、言って下さいますでしょう」

聖ラーマクリシュナ「なあ、プールナ（原典註１）がここ二、三日見えないようだが、どうしたんだろう。気になってしようがないよ」

校長「カーリーさん、どうかプールナをさそって連れてきて下さいよ」

カーリー「すぐ行ってきましょう」

聖ラーマクリシュナ「(校長に)医者の息子はいい青年だね! いちど来るように言っておくれ」

校長と医師の会話

校長が医師のところに行くと、医師は二、三人の友人と部屋にいた。

医師「(校長に)つい今しがた、あなたのことを話していたんですよ。十時ころ来ると言っておられたので、一時間半ばかりもここで待っていました。(タクールは)どんなご様子か、どうなすったのかと心配していたのです。

(友人に)お、あの歌をうたってくれ給えよ」

友人は歌った――

主の御名をうたえよ命尽きる日まで
まばゆき光は全世界にあまねく
愛の蜜と乳ながれて諸人《もろびと》歓喜す
そのやさしさ思えば身はふるえ言葉も出ず

かの恵みに悲しみ全て一瞬に消え失《う》す
上は大空、下は地の果て、深き海の底まで
窮極《きわみ》はどこか、限界《はて》はどこかと
ああ、我らはいつも常に探し求める
意識《れい》の住家《すみか》、無智の宮居、永遠に目覚《ざ》めたる
かの清浄無垢なるものに会えば
我らの悲苦はあとかたもなく消ゆ

医師「（校長に）――いい歌だと思いませんか？　ここのところはどうです？
〝上は大空、下は地の果て、深き海の底まで
窮極《きわみ》はどこか、限界《はて》はどこかと
ああ、我らはいつも常に探し求める〟」
校長「そこがすばらしいですね！　無限に対する思いがよく表れています」
医師「（愛情をこめて）――だいぶ時間がおそくなりましたが、食事はおすみでしたか？　私はいつも十時ころにすませてから仕事にかかるのです。そうしないと調子がわるいものですからね。いつか

（原典註１）プールナ・チャンドラの年令は、この時、十四、五才。

1885年10月26日(月)

皆さん方(タクールの信者たち)に食事をさしあげたいと、常々考えているのですが——」

校長「それはありがたいことです、先生」

医師「ここがよろしいですか、それともあそこの方が? ご都合のいい方をおっしゃって下さい」

校長「どちらでも結構です。私どもみんな、大喜びでごちそうになりますよ」

こんどは大実母カーリーのことが話題に上った。

医師「カーリーは、サンタル族(インドの部族)の女性なんですよ」

校長は吹き出した。

校長「いったい、どこにそんなことが書いてあったんです?」

医師「何となく、そんなふうに耳に入ってきたんですよ」(校長笑う)

前の日、ヴィジャイ氏はじめ大勢の信者たちが霊的興奮のため恍惚《こうこつ》状態になった。医師もそこに居合わせた。そのことが話題になった。

医師「霊的恍惚、たしかに見ましたがね——。しかし、ああいうことも度が過ぎるとよくないんじゃありませんか?」

校長「大覚者様《パラマハンサ・デーヴァ》がおっしゃるには、神を想って興奮したり恍惚状態になるのは、〝し過ぎる〟ということはないとのことです。決して害になるようなことはないとおっしゃるのです。宝玉のかがやきのようなもので、それは心を明るくし、身体に安らぎをあたえるだけで、決して焼けることはないと——」

医師「宝玉の光か……。それは“Reflected Light”（反射された光）だ！」
校長「それから、不死の湖に沈んだら人間は死なない、ともおっしゃいました。神は不死の湖なのです。そこに沈んだら害になるどころか、人間は不死になるのです。ま、もちろん、神を信じている場合ですが――」
医師「フーム、そりゃそうですな」
医師は馬車に乗った。三、四軒、患者をまわってから大覚者様《パラマハンサ・デーヴァ》のところに行く予定だ。馬車のなかで医師と校長がまた話をした。医師は、マヒマー・チャクラバルティ氏の高慢さについて、さかんに言及する。
校長「大覚者様《パラマハンサ・デーヴァ》のところによく来ていますからね。たとえ、今のところ少し我執高慢があったにしても、すぐになくなりますよ。タクールのお傍に坐っていたら、いつのまにか人間の我執高慢は逃げ出してしまいます。コナゴナになってしまいますよ。何故なら、あのかたにはそういうものがこれっぽっちもないんですから――。虚栄とか誇りとかいうものが全くない場所にくると、我執高慢はいたたまれなくなって逃げだすのです。あの有名なヴィディヤサーガル先生でさえ、タクールに対して実にへり下った丁重な姿勢でしたよ。大覚者様《パラマハンサ・デーヴァ》が会いにいらしたのです――バドゥルバガンの先生のお宅へ。おいとまなすったのは夜の九時ころでしたが、ヴィディヤサーガル先生は書斎からずーっとついてきて、自分で灯《あか》りをもって馬車にお乗せしたのです。それに、お別れのときは合掌してお見送りしていました」

1885年10月26日(月)

医師「ははあ、それで、あのかたのことをヴィディヤサーガル先生はどう思いましたか?」

校長「あの日はとても尊敬しておられました。しかし、後日話し合ってみましたところ、いわゆるヴィシュヌ派の人たちが霊的恍惚《バーヴァ》といっている状態をあまり好んでおらず、どちらかといえば批判的でしたよ。あなたと同じようなご意見です」

医師「手を合わせたり、人の足に額をつけたり、私はそういう種類のことは好みませんのでね。頭も足も、私にとっちゃ同じことなんだから——。でもまあ、足に特別な意義を感じている人は、お好きなようにすりゃいいでしょう」

校長「あなたは、法悦とか霊的恍惚《バーヴァ》などというものがあまりお好きではない。大覚者様《パラマハンサ・デーヴァ》がときどきあなたのことを、〝奥行きの深い魂〟だとおっしゃるのを、多分気付いていらっしゃるでしょう。昨日もこうおっしゃったでしょう——『小さな池に象が入ったら水が四方八方に飛び散って大へんな騒ぎになるが、大きな深い湖にならさ象が入ってもロクなさざ波も立たない』と。深い魂は、霊的興奮の象が入っても何事も表面には表れないのです。あのかたはあなたのことを、〝深い魂〟だとおっしゃるのですよ」

医師「"I don't deserve the Compliment."(私はそんなお言葉に値するような人間じゃありません)。結局のところ、霊的恍惚とは何ですか? フィーリングです。信仰、そのほかにもいろいろなフィーリングがあるが、ある人はそれを抑制し、ある人は抑制できない」

校長「説明が出来る人もあり、出来ない人もある。しかし先生、バーヴァとかバクティとかいうものは、一種独特のものでしたね。ステッビングのダーウィニズムに関する本があなたの書棚にありましたが——ステッビングはこう書いております。人間の心というのは、それが進化の結果にせよ、神の特別の設計で創ったものにせよ、とにかくすばらしいものだと。彼はまた、〝光の法則〟を使って非常によい説明を加えています——“Whether you know the undulatory theory of light or not, light in either case is equally wonderful.”（光の波動説を知るも知らずも、いずれも等しく、光は素晴らしきものである）」

医師「フー。それにステッビングはダーウィニズムも認めているし、また神をも認めている」

そして、聖ラーマクリシュナのことが話題になった。

医師「あのかた（タクールのこと）は、カーリーを拝んでいらっしゃるんですね」

校長「あのかたの〝カーリー〟は、また一種独特の意味を持っているのです。ヴェーダで至上梵といっているものを、あのかたはカーリーと呼んでおられるのですよ。イスラム教徒がアッラーとして拝むもの、クリスチャンがゴッドとして拝むもの、それをあのかたはカーリーと呼んでいらっしゃる。あのかたはあれこれ多くの神をご覧にならず、ただ一つだけご覧になる。古代のブラフマンの智者《ジュニャーニー》たちがブラフマンと呼ぶもの、ヨーギーたちがアートマンと呼んでいるもの、信仰者たちが至聖《バガヴァン》と呼んでいるもの、それを大覚者様《パラマハンサ・デーヴァ》はカーリーと呼んでいらっしゃるのです。

あのかたに聞いた話ですが——ある人のところに染桶があって、染料が溶かしてある。誰かが布を染めたくなると、その人のところに行って染めてもらう。その人は、『あんた、何色に染めたいのかね？』

と聞く。緑色に染めたいと言えば、その布を桶に入れて、『さァ、緑色に染まったから持ってお行き――』と言う。赤い色に染めたいと言えば、同じ桶につけて赤く染めてくれる。青い色も黄色も同じこと。この不思議な現象を見て一人がこう言いました。『ご主人《バーブ》、私は何色に染めていただきましょうかね。そうだ、あなたの染めたい色に染めて下さい』と。

ちょうどこんなふうに、大覚者様《パラマハンサ・デーヴァ》のなかにはすべての宗教的理想と心情があって――あらゆる宗教や宗派の人たちがあのかたのところへ行くと、心の平安と喜びを得られるのです。誰もあのかたの深い境地を理解できやしませんよ」

医師「それは感心しないなあ。――"All things to all men, although St. Paul says it."(『すべてのものをすべての人に』と、聖パウロは言っていますが)」

校長「大覚者様《パラマハンサ・デーヴァ》の境涯を完全に理解することなど、誰ができますか? あのかたがおっしゃったことですが、専門の糸商人でなければ四十番の糸と四十一番の糸とを見分けることができないし、画家でなければ画家の芸術がどの程度のものが評価できないのです。大覚者様《パラマハンサ・デーヴァ》の境地は、キリストぐらいでなければじゅうぶんに理解できないと思いますよ。大覚者様《パラマハンサ・デーヴァ》のあの深い境地は、たぶん、キリストの言ったあの言葉に相当するのではないでしょうか――"Be perfect as your Father in heaven is perfect."(『汝らの天の父の全《まった》きが如く、汝らも全《まった》かれ』《マタイによる福音書 5章48節》)」

医師「アッチャ、あのかたの病気の看護について、あなた方はどんなふうにしているのですか?」

校長「今のところは、毎日一人ずつ年配の人たちがお世話しております。ギリシュさん、バブラムさん、バララムさん、スレンドラさん、ナヴァゴパールさん、カーリーさん――こういった人たちが交替に当番を受け持って下さるのです」

信者たちと共に――学問だけではどうにもならぬ

こんな話をしているうちに、大聖《シュリーシュリー》タクール大覚者様《パラマハンサ・デーヴァ》が病気治療をしておられるシャームプクルの家の前に医師たちの乗った馬車は着いた。午後の一時であった。タクールは二階の部屋に坐っておられる。大ぜいの信者たちが来ていた。そのなかにギリシュ・ゴーシュ、若いナレン、シャラトたちもいる。みな一様に、その偉大なるヨーギー、常に喜びに満ちた聖者《マハープルシャ》の方に視線を向けている。まるで蛇使いに呪文をかけられたヘビのような様子で坐っていた。花婿に従っていく行列のように、嬉々《きき》とした雰囲気でもある。医師と校長は部屋に入ってあいさつをし、席についた。

医師を見ると、タクールはうれしそうに笑い声をたてながらおっしゃる――「今日はとっても具合がいいよ」

そして又、信者たちと神に関する話が続けられた。

〔以前の話――ラムナラヤン医師――バンキムの話〕

聖ラーマクリシュナ「ただ学問をしただけじゃ、どうにもならんよ。識別心と離欲の気持ちがなけりゃね。わたしは神の蓮華の御足のことを想っていると、一種の決まった状態になるんだ。着ている

1885年10月26日(月)

下衣《カポル》が下に落っこちてしまって、何かが足先から頭のてっぺんに向かって、スルスルと上がっていく感じがする。そうなると、あらゆるものが雑草みたいに見えてくる。識別心もなく、神を愛する心もない学者を見ると、ワラクズが一本、そこにあるような気になるんだよ。

いつかラムナラヤン医師と議論をしていたら、とつぜん、いま言ったような気分になってね、こう口走ってしまった——『何を言ってるんだい？ あれこれ口で説明したって、神さまのことがわかるかい！ あの御方の創造のことが——。あんたにはちっともわかっちゃいないんだよ。つまらん俗物が！』わたしの様子を見て、彼は泣き出したよ。そして、わたしの足をさすっていた」

医師「ラムナラヤン医師はヒンドゥー教徒ですからねえ！ 花だの、白檀だのと、しょっちゅうおっしゃる！ 正真正銘のヒンドゥー教徒ですよ」

(校長、内心で思う——サルカル医師は、〝自分は宗教における礼拝儀礼の如きものには何の関心もない〟ということ言っているのだ！)

聖ラーマクリシュナ「(医師に)——バンキム(原典註2)はあんたたちの仲間の学者だろう。いちど会ったよ。わたしが、『人間の義務は何だと思う？』と質問したら、こうだ。『食べること、眠ること、それから女とセックスすること』これを聞いて、わたしは何か知らん、無性に嫌悪感を感じてね、こう言ってやったよ——『あなたの言っていることは、そりゃ何だい！ 見下げ果てた人だ。毎日、朝から晩まで考えたりしたりしていることが口から出てくるものだ。ダイコンを食べたらダイコンのゲップが出る』まあ、そのあとで、神さまの話をいろいろしたがね。そこでキールタンがあって、わたしは踊ったよ。するとバンキムが、『先生、私どもの家にぜひ一度おいで下さい』と言うから、『それは神の思《おぼし》召《め》し――』と答えておいた。すると又、『私どものところにも信者たちがおりますから、会ってやって下さい』と言う。わたしは大笑いしながらこう言ったよ。『どういう種類の信者だね？　ゴパーラ、ゴパーラと呼ぶ、ああいう種類の人たちかい？』」

医師「その、〝ゴパーラ、ゴパーラ〟というのはどういうことですか？」

聖ラーマクリシュナ「（笑いながら）――金細工の店があってね。主人は大へん熱心なヴィシュヌ派信者ということで――首には数珠輪をかけ、額には赤い印、手には称名用の数珠をいつも持っている。皆はこの店にせっせとやってきた。ここの店は信心深い人がやっているのだから、決してゴマかしたりウソを言ったりしないだろう、と思ってね。一かたまりのお客が入ってくると、使用人の一人が、『ケーシャブ、ケーシャブ』と言う。もう一人の使用人がちょっと間をおいて、『ゴパール！　ゴパール！』と言う。またしばらくすると、別の使用人が、『ハリ、ハリ』と言った。またそのあとで店の

（原典註2）バンキム・チャンドラ・チョットパッダエ（1838～1894）――カルカッタ、ベネトラ地区に住む有名な作家。ベンガル語で『バンデ・マタラム』を書いている。聖ラーマクリシュナは、熱心な信者の一人であるアダル・センの家で、彼に一度（一八八四年十二月六日）会っている。以下、編集者による補足――『バンデ・マタラム（母なる大地に敬意を表す）』は彼が一八七五年に書いた詩で、後にタゴールにより作曲され、インド独立の気運が高まる中、愛国歌として歌われ、独立後、国歌の有力候補にまでなった。彼がベンガル語で書いた小説『アーノンド・マト（喜悦の寺院）／邦訳あり』の中でも詠《よ》まれている。

誰かが、『ハラ、ハラ』と言った。もちろん、これはみな神さまの名だから、お客たちは単純に、〝この店の人はみな、何て立派な信心深い人たちだろう〟と感心していた。だが、本当のところどういうことだかわかるかい？　実はね、〝ケーシャブ！　ケーシャブ！〟と言ったのは、『この連中はどういう人たちだろう？（エショブ、ケ）』という意味。〝ゴパール！　ゴパール！〟は、『私が見たところ、せいぜい牛飼いの仲間だ（ゴルル、パロ）』（一同笑う）〝ハリ、ハリ〟は、『牛飼いなら、ふんだくってやれ（ホロン、コリ）』ということ。ハッハッハ。そして〝ハラ！　ハラ！〟は、『じゃあ、ふんだくろう、ふんだくろう、たかが牛飼いなんだから！』という意味だったんだよ。アハハ……。

シェジョさんに連れられてある場所へ行った。大ぜいの学者たちがわたしと議論しに来ていた。知っての通り、わたしゃイロハも知らぬ子どもだからね！（一同大笑）

みんな、わたしの様子をよく観察していた。それから、会話がすんでからこう言ったよ──『先生！あなたの言葉をきいて、私どもはよくわかりましたよ。今までしてきた学問が、まことにつまらぬものだということが──今、はっきり理解しました。神のお恵みがあれば智識に欠けるところがなくなり、愚かだったものは賢明になり、ろくに口もきけなかった者も滔々《とうとう》としゃべるようになるんですね！』

だから、いつもわたしが言うだろう。本を読んだだけでは立派な学者《パンディット》にはなれないと──」

〔以前の話──最初の三昧──神の実感──サラスワティーが無学な者の喉《のど》で話される〕

「そうとも、あの御方のお恵みがあれば、智識に不足などあるかい？　ごらん、わたしはロクに字も読めぬ子どもみたいなものだ、ナンにも知らないよ。だのにこういうことをしゃべるのは、いったい誰なんだろうね？　神の智慧のお倉は、いくら出しても減らない。郷里に穀物商がいてね、〝ラメ・ラム、ラメ・ラム〟なんて言いながら穀物を量《はか》る。一人が量ると、後ろにいる人が次から次へと穀物の山を手元に押し出す。後ろにいる人はそれが役目なんだ。わたしの話もそれと同じで、話すそばから次々と後《あと》が出てくる。マーが無限の智識蔵《ぐら》から、際限《きり》もなく出して下さるんだよ！

子供のころ、あの御方の存在をありありと実感したんだ。十一のときだったよ。野原で、何というものを見たことだろう！　みんなは、わたしが気絶していて何の感覚もなかった、と言っているがね。あの日からわたしは、すっかり皆とは別の人間になってしまったんだよ。自分のなかにもう一人、誰かいるのがわかるようになった！　お寺で参拝していると、手が神像の方よりも自分の頭の方によけいに来て、そこにお花を供えたりしたものさ！　わたしといっしょにいた青年が、わたしのそばに寄らなくなった。『あんたの顔に光があって、あまり近よると恐《こわ》いんだ』とよく言っていた」

FREE WILL OR GOD'S WILL?（『自由意思？　それとも神の意志？』）

ヤントラールーダーニ　マーヤヤー（『神の現象《マーヤー》によって機械の上に乗せられて』）

——ギーター 18・61——

聖ラーマクリシュナ「わたしはホントに、無学文盲で何一つ知りゃしない。それなのにこういう話

1885年10月26日(月)

をするのは、いったい誰だろう？　わたしはいつも言っているよ——『マー、わたしは道具、あんたが使い手。わたしは部屋、あんたが住み手。わたしは車、あんたが御者だ』と。させる通りにわたしはする、言わせる通りにわたしは言う。動かす通りにわたしは動く。ナハン、ナハン（我に非ず、我に非ず）、トゥフ、トゥフ（あなた、あなた）。すべてはあの御方の栄光、わたしはただの道具！　シュリー・マティー（ラーダー）が自分の純潔の証《あか》しにと、千も口のついた水がめに水をいっぱい入れて頭にのせて運んだ。ところが水はただの一滴もこぼれなかった。皆は口をきわめて誉《ほ》めそやした。いまだかつて、これほど純情貞潔な女性はなかっただろう、と言って。するとラーダーは、『あなた方、どうしてわたしなんかを誉《ほ》めるのですか。クリシュナを誉《ほ》め讃《たた》えて下さい！　クリシュナ万才！　わたしはあの御方の侍女にすぎません』

　あの境地のときに、わたしはヴィジャイの胸に足をのっけた。あれほど尊敬しているヴィジャイの胸に、あろうことか足をのっけたんだよ！　このこと、どう思う？」

医師「以後、お気をつけになればよろしいでしょう」

聖ラーマクリシュナ「（合掌して）——どうすりゃいい？　あの境地になると、外の意識がなくなってしまうんだもの！　何をどうしたのか、ナンにもわからないんだよ」

医師「お気をつけになるべきです。合掌したからってどうなるものでもありませんよ」

聖ラーマクリシュナ「あのときにわたしが、何かできると思っているのかい？　——それにしてもあんたは、わたしのあの境地をどう思っているんだい？　もし、ワザとそんなフリをしているんだ、などと思っているなら、あんたの勉強したサイエンスとかマイエンスとかいうものは、実にくだらんものに相違《ちがい》ないよ」

医師「先生、あなたがそんなフリをしているんだと私が思っていたなら、こんなにしげしげとここに来るでしょうかね？　何もかもおっぽり出してここに来ているんですよ。ほかの患者の家にもロクに行かないで、ここに来て六時間も七時間も坐りこんでいるのを、よくご存知でしょうが……」

〔私は戦わない――バガヴァッド・ギーター――神がなさっているだけでアルジュナはただの道具〕

聖ラーマクリシュナ「シェジョさんにも言ったことがある――あんたみたいな金持ちがわたしを尊敬するようになったから、わたしが恩義を受けたと思っているなら大間違いだよ！　あんたが尊敬してくれようとくれまいと、わたしにとっちゃどうということもないんだ。――まあ、だがね、人間が何をするかは、神さまのお許しあってのことだ。神の力の前では、人間はワラくずみたいなものさ！」

医師「あなたは、どこかの漁師(訳註1)があなたを〔神の化身《アヴァターラ》と〕認めていたから、わたしもあなたを認めているとでも思っているのですか？　しかし、あなたを尊敬しているのはたしかです。あなたを一個の人間として……」

聖ラーマクリシュナ「認めてくれなんて、一度でも頼んだかい？」

（訳註1）漁師――シェジョさん＝マトゥール氏のことで、低い漁師のカーストに属していた。

1885年10月26日(月)

ギリシュ「このかたが、あなたに認めろとおっしゃったのですか？」

医師「（タクールに）いったい、何を言ってるんですか？――それも神さまの思召しですか？」

聖ラーマクリシュナ「ほかに仕様がないじゃないか！　神の力の前で、人間は何ができる？　アルジュナがクルクシェートラの戦場でこう言った――『私は戦えません。同族を殺すことはできません』すると聖クリシュナは、こうおっしゃった――『アルジュナよ、戦え。戦うのがお前のもって生まれた運命なのだ』そして、聖クリシュナは戦士の死骸がるいるいと横たわっている戦場の有様を透視させて下すった。（原典註3）

シーク教徒が寺に来たことがある。その連中も言っていたよ――『アスワッタの木の葉が風でそよぐのも神の思召し。神の意志がなくては木の葉一枚だって動かない！』」

〔Liberty or Necessity?（自由意志か必然か？）――Influence of Motives（行動を起こさせる気持ち）〕

医師「もしすべてが神の思召しなら、じゃあ、あなたは、なぜこんなにしゃべるのですか？　なぜ、ほかの人に智識を与えようとしてしゃべるのですか？」

聖ラーマクリシュナ「あの御方がしゃべらせるから、こうしてしゃべっているのさ。〝わたしは道具、あの御方が使い手〟だもの」

医師「自分を〝道具〟と言うなら、黙っていてください。あらゆる人が神、なんでしょうから――」

ギリシュ「（医師に）――あなた、どうお考えになろうとご勝手ですが……。実際のところ、神がさせるから、我々はするんですよ！　〝A single step against the Almighty will.〟（全能者の意志に逆らって、たとえ一歩でも動けるか?・）」

医師「あの御方がFree Will（自由意志）を人間に与えて下すったんですよ。私がしようと思えば、神を想うこともできる。また、しようと思わなければ、想わないでもすむ」

ギリシュ「あなたが神を想ったり、あるいは世間でよい仕事をなさる。しかしそれは、あなたがなさっているのではない。それをしたいという気持ちがさせているのです」

医師「どうしてですか？　私はそれを自分の義務だと思ってするのです」

ギリシュ「それも、あなたがそれをすることを好むから、なさるのです」

医師「子供が火事で焼け死にそうになっている——それを助けに行くのは義務だと感じるからで……」

ギリシュ「子供を助けることに喜びを感じるから、火の中にとびこむのですよ。〝喜び〟があなたをその行動にかりたてるのです。おつまみにつられて酒を飲むようなものです」（一同笑う）

（原典註3）〝マヤイヴァイテー　ニハターハ　プールヴァム　エーヴァ　ニミッタ・アーットラン　バヴァ　サッヴァサーチン〟『わたしは既に彼らの死を決定したのだ　弓の名手（アルジュナ）よ　ただ〝戦う道具〟となれ』
——ギーター11・33——

1885年10月26日(月)

〔知る——信じる——喜び——この三つが行動の原動力〕

聖ラーマクリシュナ「何か事をするには、一つの信念が必要だ。そして、それを思うことによって喜びを感じるようになり、そしてはじめて、人は何か行動を起こすんだよ。この地面の下に金貨のつまったカメがある——これを知る、ほんとにあるんだと信じる、これが先ず第一に必要なことだ。そのカメのことを思うと、嬉しくてワクワクする。それから、実際に土を掘るんだ。掘っていくうちに、カチンと音がする。その嬉しさ！　やがてカメの端《はし》が見えてくる。ますます嬉しくなる。こういうふうにして喜びがだんだん増してくるばかりだ。

寺のベランダで、いつか立って見ていたらね——サードゥが大麻を吸う支度をしていたが、その顔つきの嬉しそうだったこと！」

医師「しかし火は、ヒート(熱)も出すし、ライト(光)も出します。光では、たしかに周囲《あたり》が明るくなりますが、熱は体を焦《こ》がすでしょう。義務を行うにあたっては、喜びばかりでなく、苦痛だって伴いますよ！」

校長「(ギリシュに)——〝腹に食物が入れば、施し主から少々打たれても背中は我慢する〟という諺《ことわざ》がありますからね。苦しみの中にも喜びがあります」

ギリシュ「(医師に)義務とは砂漠のように乾いたものです」

医師「なぜです?」

ギリシュ「そして、喜びのオアシスがある」(一同笑う)

校長「けっこう。さて、また、おつまみのために人は酒を好む、という論点に戻りました」

ギリシュ「(医師に)――義務を行うことは喜びであるはずです。そうでなければ、なぜするのですか?」

医師「心のインクリネーション(傾向、習性)ですよ」

校長「(ギリシュに)――その習性が心をひきずりまわすのです(一同笑う)。傾向とか習性とかの強制力を言いだしたら、Free Will(自由意志)なんて!」

医師「私は、人間の意志が完全にFree(自由)だとは言えませんよ。牛が縄でつながれている。その縄の長さの範囲における自由です。縄をひっぱろうとすれば、また……」

〔聖ラーマクリシュナとFree Will(自由意志)〕

聖ラーマクリシュナ「その話はジャドゥ・マリックもしていたが……。(若いナレンに)――イギリスの本にでも書いてあるのかい?

(医師に)――〝神がすべてを為《な》し給う。あの御方が使い手で私は道具〟――ね、この信念が不動のものになったら、その人は生前解脱者《ジーヴァン・ムクタ》だ。〝あなたの仕事をあなたがするに、人は『私』がすると言う〟――どんな具合のものかわかるかい? ヴェーダーンタに一ついい説明があるよ。鍋で料理をする。ジャガイモやナスなんかも米にまぜてある。しばらくして火が通ってくると、イモ、ナス、米、みんな跳《は》ね上がり出す。すると、そいつらはウヌボレて、『私は動いている! 私は飛び上がっている!』

1885年10月26日(月)

と思う。小さな子供はそれを見て、イモやナスは生きているからあんなふうに飛び上がっているんだ、と思う。いくらか大きくなって知恵がついてくると、イモやナスや米は生きているんじゃない、自分で飛びはねているんじゃない、鍋の下に火が燃えているから、あんなふうに動くのだ、燃えている薪を除《と》ってしまえば動かないんだ、ということがわかってくる。人間の〝私が為《す》るのだ〟というウヌボレは、無知無明のせいだよ。神様の力であらゆるものに力があるんだからね。燃えている薪をとってしまえば、何もかも黙る。あやつり人形は人形使いの手であやつられて見事に踊っているが、手から離れると、もうちっとも動かない！

神を見ないうちは——あの智慧の宝玉に触らぬうちは、自分が行動者だと錯覚しているんだよ。私は善いことをしている、私は悪いことをしている——こんな差別の感じがするんだ。この差別感がつまり、あの御方の創造現象《マーヤー》なんだ。マーヤーの世界で暮らすために与えてくだすったものなんだよ。明知のマーヤーに従って正道を行けば、あの御方をつかむことができる。つかんで、対面して、マーヤーの向う岸に渡ることができるのさ。あの御方ただひとりが行動者《カルター》であって、〝私〟は人形か道具にすぎない……。この不動の信念があるもの、それこそ生前解脱者《ジーヴァン・ムクタ》だ。この話は、ケーシャブ・センにもしたがね」

ギリシュ「(医師に) Free Will(自由意思)があるということが、どうしてわかるんですか?」

医師「Reason(推理判断)によってではありません。——"I feel it!"(私はそう感じるのです!)」

ギリシュ「"Then I and others feel it to be the reverse."(では、私共一同は、その逆に感じるのです)」

（皆笑う）

医師「義務のなかに二つの要素があります。一つは、〝しなければならない〟という気持ち、二つめは、〝喜びの感じ〟。しかし、はじめから喜び勇んでするわけではない。子どもの頃に見たんですが、お寺の役僧が神様にお供えしたサンデシュ（ミルク菓子）に蟻《あり》がたかってくるので心配になっていました。役僧は、初めからサンデシュのことを思って喜ぶことが出来ないんですよ（皆笑う）。まずは、この蟻をどうしたものかと心配していたんです」

校長、内心で思う——義務を行っている最中とか、行い終わった後で幸福感にひたれるかどうかは判定し難い。喜びの感情の力で仕事をするのが、果たして Free Will（自由意思）だろうか？

無条件の信仰——以前の話——タクールの〝神の召使い〟

聖ラーマクリシュナ「この人（医師）の言いなすったことは、無条件の愛慕というんだよ。マヘンドラ・サルカルに対して、私は何も求めない——何も頼むつもりはない。ただマヘンドラ・サルカルに会うのが好きだから会うんだ——これが無条件の愛慕だ。でもそれによって、すこし喜んだからっていいじゃないか？

アハリヤー（訳註２）はこう言った——『ラーマよ！　私はこんど豚の子として生まれてもちっともかまいません。ただし、あなたの蓮華の足に対する清い信仰を持ちつづけていられますように——。それ以外になんの望みはありません』

1885年10月26日(月)

ラーヴァナを滅ぼすことを思い出させるために、ナーラダはアヨーディヤの都にラーマに会いに行った。彼はラーマとシーターがならんでいるところを見て、讃詞を献じた。ラーマは満足してこう言った——『ナーラダ！　よく言ってくれた。私は満足したよ。何か願い事をしなさい。叶えてあげよう』するとナーラダは申し上げた。『ラーマよ！　もし私に願い事を聞いて下さるなら、ぜひ、これをお叶え下さい。あなたの蓮華の御足に、純粋な信仰を持ちつづけていられますように——。それからもう一つ、あなたの世にも魅惑的なマーヤーに迷わされませんように——』ラーマが、『そのほかに何か望め』と言うとナーラダは、『ほかには何もありません。あなたの蓮華の御足に、純粋な信仰を持ちつづけていられますように——ただ、それだけを……』と答えた。

この人はそうなんだよ。神を求めるだけで、ほかに財産や名誉や、五官の楽しみなんか何も願わない。これがシュダバクティ(純粋な信仰)と呼ばれているものだ。楽しみが少しあったからって、これは世俗の楽しみじゃない。信仰の愛の喜びなんだからね。シャンブーが言っていたが——そのころ、あの人の家によく行ったんだが——『あなたはよくここに来るが、ただ私としゃべるのが楽しいから、それで来なさるんだね』と。——ああいった楽しみもあるしね。

でも、その上の境地があるんだよ！　子供のように歩きまわるんだ——別にどうという目的もなしに。たまにバッタでもつかまえたりして……。

(信者たちに向かって)このお人(医師)の気持ちがわかるかね？　神に祈るとしたら——『神よ、我に正しい意志を与え給え。不正なことへわずかでも心が傾かぬように』——という心境なんだよ。

わたしにもそういう心境のときがあったよ。自分を神の召使いだというつもりでね。マー、マーいって泣くものだから、みんなが見物していたもんだ。そんなとき、ある人がわたしを試すためと、そればかりじゃなく、わたしの気狂いじみた行いを直してやろうという気で一人の売春婦を連れてきてわたしの部屋に入れた――きれいな、パッチリした目の女だったよ。わたしゃ、〝マー、マー〟と大声でよばわりながら部屋から飛び出してハラダリ（タクールの年上のいとこ）に、『兄さん、誰か部屋のなかにいるよ、行ってみておくれ』と言った。ハラダリにも、ほかのいろんな人たちにも、みんなに告げてまわった。あの心境の時分は、いつも、マー、マーと泣き泣きつぶやいていたものさ。『マー！護っておくれ！　わたしを汚さないでおくれ。真理から一歩も心が出ないようにしておくれ』（医師に）――あんたの心の態度はとてもいいんだよ。ほんとの信仰の気持ち、召使いの気持ちだ」

〔世のためとつまらない人間《ジーヴァ》――無私の仕事と純粋サットヴァ性〕

「純粋なサットヴァ性になれば、その人は神のことばかり想ってほかのことには何も興味がなくなる。人によっては前生から受け継いだカルマで、この世に生まれたときから純粋なサットヴァ性を具《そな》えて

（訳註２）アハリヤー――ガウタマ仙の美しい妻。インドラ神と不貞を働いたために呪いをかけられたが、ラーマ王子に会えば呪いは解けるという条件に救われて呪いは解け、以後、ガウタマ仙の貞節な妻として暮らした――『ラーマーヤナ 第一巻48～49章』より

いる。そうでなくても、欲を無くして何事もするように努力すれば、やがて純粋サットヴァ性を身につけることができる。ラジャス性の混じったサットヴァは、いろんな方面に積極的になって、世のため人のためになろう、などという一種のウヌボレ心が生じてくる。世のためになるなんていうことは、つまらない人間《ジーヴァ》にとっては大そう難しいことなんだよ。でも、他人に奉仕しようという気持ちで、欲のない仕事をすることはいいだろう。それは、無私、無欲の仕事だからね。そういうふうにしようと努力するのは、大そういいことだ。でも、みんなに出来ることじゃない——とにかく難しいから。あらゆる人が仕事をしなけりゃならない。なかで、一人、二人が仕事から離れることができる。そして純粋サットヴァをもつようになった人も、ホンの一人、二人だ。この無私の仕事をつづけることによって、ラジャスの混じったサットヴァ性がだんだん純粋なサットヴァ性に変化してくるんだよ。純粋サットヴァ性になれば、神さまのお恵みで見神できる。一般の人は純粋サットヴァ性の境地を理解することができない。ヘムがわたしにこう言ったよ——「どうですか、大先生！　この世で名をあげることこそ、人生の目的でしょうが、え？」

第七章　ナレンドラ、サルカル、ギリシュたちと楽しい会話

一八八五年十月二十七日（火）

聖ラーマクリシュナ、シャームプクルの家にて、ナレンドラ、サルカル医師、ギリシュ・ゴーシュたちと楽しい会話

なぜ病に？——ナレンドラに対して出家のための教訓

タクールはシャームプクルの家でナレンドラたちと坐っていらっしゃる。午前十時。今日は一八八五年十月二十七日、火曜日。アッシン黒分四日目、カルティク月十二日。

タクールはナレンドラや校長たちと話しておられる。

ナレンドラ「あの医者は昨日、いったいどうしたというのでしょう」

一人の信者「魚はかかったのですが、糸が切れてしまったという次第です」

聖ラーマクリシュナ「ハッハッハッハ。でも針を呑み込んでいるから、いまに死んで浮いてくるよ」

ナレンドラはちょっと中座して外に出た。すぐ戻ってくるだろう。タクールは校長とプールナのことについてお話になる。

聖ラーマクリシュナ「お前には言うが——皆には聞かせやしないが、プラクリティ（女性）になると、

プルシャ（神）を抱いてキスしたい、という気持ちになるんだよ」
校長「いろいろな遊びがありますから――。あなた様の場合は病気まで遊びで……。この病気になられてから、また新しい信者たちが次々と来るようになりました」
聖ラーマクリシュナ「ブパティが言ってたよ。病気にならないでこうして借家住まいをしていたら、皆は何と言ったでしょう、とね、ハハハハハ。――ところで、医者はどうしたろうねえ？」
校長「一方では召使いという気持ちもあって――『私は召使い、あなた（神）はご主人』とも言うのですが、またこんなことも言ったりして――『でもなぜ、神を人間にあてはめるのだろう？』」
聖ラーマクリシュナ「見ていてごらんよ！　今日、医者のところへ行くかい？」
校長「ご容態を報告した方がよければ参りますが……」
聖ラーマクリシュナ「バンキムというあの少年、どう思う？　もしここに来られなければ、お前が行ってここの様子を話してやったらいい。――きっと心が目覚めるよ」（訳註――ここで登場するバンキムは文豪のバンキム・チャンドラ・チョットパッダエとは別の人物）

〔初めに世渡りか？　それとも神か？――ケーシャブとナレンドラへの助言〕

ナレンドラが戻ってきてそばに坐った。ナレンドラは父親の死後、多忙困難をきわめていた。母親と弟たちがいて、彼らを養わなければならなくなったのだ。その上、法律の試験を受けるための勉強もしている。最近は、ヴィディヤサーガルの経営するボウバザールの学校で、数ヶ月間教鞭をとっていた。何らかの方法を講じて、家の経済状態をととのえて気づかいのないようにしたいと、ただそればかり気にしてあれこれ努力しているのが現状である。

タクールはナレンドラの境遇を、何もかもよくご存知であった。彼の方をやさしくいたわるように見つめていらっしゃる。

聖ラーマクリシュナ「(校長に)アッチャ、いつかケーシャブ・センにも言ったんだがね――『ヤドリッチャー・バーヴァ(求めずして入ってくるもので満足すべきだ――ギーター4・22)』と。貴族の家の息子は自分で食べることの心配をしなくてすむ。毎月、十分な手当が支給されるからね。だが、ナレンドラはとても高い霊階に属しているのに、そうならないのはなぜだろうね? 至聖《かみ》さまに心を全部捧げてしまえば、必要なものは何でも間に合うようにして下さるよ!」

校長「そうでございますとも。きっと、まだその時期ではないのだと思います」

聖ラーマクリシュナ「でも強い離欲が起これば、ゼニ勘定など全くできない筈だ。『うちのことに何の心配もないようにしてやろう。そのあとで修行しよう』――こんな心は、強い離欲の場合は起きない筈だがねえ、ハハハハハ。ある説教師がレクチャーのなかでこんなこと言っていた――『もし一万ルピーあればその利息で食べることができるから、何の心配もなく神を求めることができます』と。

ケーシャブもそれに似たようなことを言った。『先生! ある人が生活に心配のないだけの不動産を持って管理しながら神のことを考えていたとしても――それでよろしいでしょう? 何も責められることはないでしょう?』

わたしはこう答えたよ――『強い離欲の心が起これば、世間は恐ろしく深い井戸のように見えるし、身内の人間は毒ヘビのように見えてくるものだ。そうなったら金を貯めようの、土地を管理しようのなどという計算は、夢にも頭に浮かんでこない。神だけが真実在で、ほかのものはみな仮のものだ。――だのに、神のことより俗世間のことを思っているとはね!

一人の女が大変な悲しみようだ。先ず初めに、自分の鼻輪を外してから落ちないように服のへりに結びつけておいてから、『アア! 何てひどい目に遭《あ》ったんでしょう!』そう言って涙をポロポロこぼしたが、なーに、泣いている間もちゃーんと鼻輪が壊れないように気をつけていたのさ」

みんなは愉快そうに笑った。

ナレンドラは今しがたのタクールの話を聞いていて、矢にでも当たったようにごろりとそこに横たわった。校長は彼の心のうちを見透《みす》かして――。

校長「(ナレンドラに) あれ、どうしました? 寝転んだりして――。ハハハハハ」

聖ラーマクリシュナ「(校長に、笑いながら)――そりゃあ又、『私が身内の義兄《にい》さんと寝てさえ死ぬほど恥ずかしいのに、知らない男と寝る女たちは、いったいどうしているのかしら?』なんて言うのと同じだね、アハハハハハ」

校長自身、世間並みの生活をしているのだから、タクールの今の話を聞いて恥じ入って当然なのだ。自分のことは棚に上げて、他人(ナレンドラ)のことをあげつらうとは! タクールはこのことをおっしゃったのだ。――一人の女性が夫の兄と不義なことをしているのに、自分のことにはさして気が咎《とが》めず、ほかの不道徳な女たちのことばかり批判する。『義兄《にい》さんは身内の人なのに、それでも死ぬほど恥ずかしい』などと言って……。

1885年10月27日(火)

〔自分で稼いだお金や他人にへつらってもらったお金には執着が強い〕

階下《した》で一人のヴィシュヌ派信者が歌をうたっていた。タクールはそれをお聞きになって、ことのほかお喜びだ。「あの人にいくらかお金をやってくれ」とおっしゃった。信者の一人が心付けをやりに行った。「やったかい?」とタクールがお聞きになったので一人が、「はい、〇〇さんが二パイサあげました」と答えた。

タクール「雇われて稼いだ金なんだろう――さんざ苦労したあげく手に入れた金だ。それでも、四アナくらいはやるかと思ったが……」(訳註――一アナ=四パイサ)

〔電気について――バグチー氏が描いた六本腕姿のチャイタニヤの絵――ラーマの絵――以前の話――南神寺《ドッキネーショル》での長い髪のサードゥの話〕

若いナレンが道具を持ってきて、電気の性質をご覧にいれると言っていた。今日、その約束を実行するらしい。

午後二時。――タクールは信者たちにとりまかれて坐っていらっしゃる。アトゥールが友だちの裁判官を連れてきている。シクダルパラ出身の有名な画家、バグチーが来た。彼は何枚かの画をタクールに献上した。

タクールは大喜びで絵を見ていらっしゃる。六本腕の神像の絵をごらんになって、そばの信者たちに、「ほーら、すごいねえ！」とおっしゃった。

信者に見せるためにアハリヤーが石にされた絵を、もう一度持ってくるように言われた。そこにラーマが描かれているのを見て、大そうお喜びになった。

バグチー氏は女のように髪を長くしている。タクールはそれを見ておっしゃる。「ずーっと前に南神寺《ドッキネーショル》に出家が一人来たが、その人の髪は九ハト（４ｍ）もあったよ。ラーダー、ラーダーといって称名していたっけ。飾りっ気のない人だった」

しばらくしてからナレンドラが歌をうたった。どれもこれも、離欲を歌ったものばかりだった。タクールが先ほど、強い離欲の話や出家の心得などについてお話しなったので、きっとナレンドラは大いに刺激されたのだろう。

ナレンドラの歌——

一、主よ、わが日は空しく過ぎゆく
　希望の道を夜も日も見つめ暮らして
　…………

二、わが奥の闇ふかくとも
　奥なるマーは常にめざめて
　…………

三、ああ恵み深い主よ、わが魂の黒蜂が
　あなたの蓮華の御足の甘い蜜に
　もし浸りつづけていられぬならば
　この人生に何の幸福《よろこび》も見いだせない
　…………

1885年10月27日(火)

讃神歌《バジャン》の喜び——三昧《サマーディ》の状態

夕方の五時半。サルカル医師が来て、タクールの脈をみてから薬をさしあげた。病状の話がすみ、タクールが薬を飲み終わられると医師は、「じゃあ、シャームさんと話をなすって下さい。私はこれで失礼します」と言った。

聖ラーマクリシュナともう一人の信者が、「歌を聞いていったらどうですか」とすすめた。

医師「あなた、またピョンピョン跳ねまわるんですか。興奮を抑えなくちゃいけませんよ」
医師は坐り直した。ナレンドラが甘美な声で歌いはじめた。タンプーラ（弦楽器）とムリダンガ（両面太鼓）の美しい伴奏も加わった。

一、無限にしてこの壮麗なる
大宇宙はただ君の御手細工《みてわざ》
無数の美しき、遠近《おちこち》の世界は
君あそび給う　喜びの家

千万の星はダイヤと黄金《こがね》の
きらめきわたる君の首飾り
あまたの月とあまたの太陽は
終わりなくあざなう君の腰帯

地の幸、海の幸あふれる地球は
豊かなるかな君の御蔵《おんくら》
くりかえし、くりかえし賞め讃えん

1885年10月27日(火)

おお、自在神《シヴァ》よ、君の宇宙よ！
二、深い闇のなかに、大実母《はは》よ
あなたの形なき美はきらめく
故にヨーギーたちは山の洞穴に入りて禅定《めいそう》す
果てなき闇に抱かれて大涅槃の波にのり
甘し芳《かぐわ》しき平安は長く絶え間なく流れゆく
〝終わりなき時《えいえん》〟の姿をとり、黒玄の衣を着けて
三昧の聖所に独坐するは誰か？
おお大実母よ、無畏なる御足の蓮華より
愛は電光のごとくかがやき
うるわしき霊顔声高らかに笑い給う

医師は校長の肘《ひじ》をついて言った——「It is dangerous to him.（この歌はタクールのためによくない、興奮すると病気にさわるから）」

聖ラーマクリシュナは校長にお聞きになる——「何て言ったんだい？」校長は、「先生が、あなた様が前三昧《バーヴァ・サマーディ》になると体によくないので心配しておられるのです」と答えた。こう言っているうちに、

もうタクールは恍惚《こうこつ》としてこられ、医師の顔をボーッと見ながら手を合わせてこうおっしゃる――「いや、いや、バーヴァにはならないよ?」そうおっしゃるうちにも、次第に深い三昧に入られてしまった。体は不動、まばたきもなさらぬ、もちろん無言のまま――。木の人形のように坐っていらっしゃる！　外界の意識は全くない！　心も、知性も、我念も、すべて内に奥深く向けておられるのである。これはもう人間ではない。ナレンドラの甘美な声で歌はつづく――

おお！　これは何とたとえようもない
麗《うるわ》しくも輝く顔容《かんばせ》を見たことか！
今日、この賤《まず》しい家にわがたましいの
御主人様がお入りあそばし
愛の泉がほとばしり八方にあふれる
聞かせて下さい！　愛しい御主人様
どんな財宝《たから》をあなたに賜《おく》りましょうか?
私のハートと命をおとり下さい、さあ、あなた
この上なにを差し上げられましょうか
さあ、私のすべてをおとり下さい、あなた
わが心の、わが魂の御主人様！

1885年10月27日(火)

◇　◇

ああ恵み深い主よ、わが魂の黒蜂が
あなたの蓮華の御足の甘い蜜に
もし浸りつづけていられないなら
この人生に何の幸福《よろこび》も見出せない

あなたという至尊の宝玉を
あこがれ求めることもしないで
もしこの世に財宝《たから》の山を築いたとて
それが何の益になりましょう

あどけなく愛らしい幼な児の顔も
あなたの月の面差《おもざ》しの影が
もしそこに映っていないなら
私は見たいとは思いません

白金《しろがね》に輝く月の光も
私にとっては闇花と同じ
もしあなたの愛の月が
わが心の空に昇らないなら

貞節な妻の愛のなかにも
そこにあなたの愛の宝石が
もしはめこまれていないなら
まことの清さではありません

ああ主よ、鋭い牙に裂かれたように
私はいつも悶え苦しむ
もし愚かな迷いに意《こころ》みだれて
あなたを疑うそのたびごとに

このうえ何を申しましょうか
主よ、わが胸にかがやく

あなたは私の心の宝玉
あなたはとこしえの歓喜《よろこび》の家

1885年10月27日(火)

〝貞節な妻の愛のなかにも〟という文句を聞いたとき、医師の眼は涙でいっぱいになり――「ああ！ああ！」と叫んだ。

ナレンドラは再び歌った――

その愛をわがものとする日はいつか――
願いすべて満たされ、ハリの名呼べば涙あふれ
無明の闇に消えて、この世の獄舎《おり》は解壊《こわ》れる
完智の玉に触れて、鉄の体は黄金となり
神のほか何も無き宇宙を見て、信の道に転び伏す
徳行も義務もなく、身分血統の誇り消え
恐れ、恥、危惧も無く、悪癖、自慢の念去り
信者の足の塵を身に着けて、離欲の布袋を持ち
ヤムナー河の愛の水を、両手にすくって飲む
愛に酔いしれ、笑い、泣き、サッチダーナンダの海に泳ぐ

永遠の歓喜に浸るその日は――ああ、いつの日か！

智《ジュニャーナ》と覚智《ヴィジュニャーナ》の識別、見ブラフマン

そのうちに、タクール、聖ラーマクリシュナは外部意識を取りもどされた。ナレンドラの歌もちょうど終わったところである。タクールはお話をはじめられた。学者も愚者も、子供から成人した男女に至るまで、上下あらゆるクラスの人々を魅了するいつものお話を――。

部屋中の人々はシーンとしている！　そしてみな、タクールのお顔を凝視している。あの難病はどこにいってしまったのだろう？　咲いたばかりの蓮の花のような、いかにも楽しげなお顔――天上の光が中から輝き出している。さて、タクールは医師を名指しで呼んでこうおっしゃる――「恥ずかしいなんて気持ちは捨てておしまい。神さまの名をとなえるのがどうして恥ずかしい？　恥ずかしい、憎らしい、恐ろしい――この三つがあっちゃいけない。『私はこれほどの人間なんだ。ハリ、ハリ言いながら踊るなんてことができるか？　相当な人たちの耳に入ったら、私は何と言われるだろう？〝やれやれ、医者がハリ、ハリ、言って踊っているとは――〟なんて言われたら恥ずかしい話だ！』こんな気持ちは捨てておしまいよ」

医師「そんなことありませんよ。人が何と言おうと、私はちっとも気になりません」

聖ラーマクリシュナ「いいや、すごくあるよ（一同笑う）。

なあ、智と無智を超えると、あの御方のことがよくわかるようになるんだよ。いろんな智識がありすぎるのは無智ということだ。学識を誇ること、これも無智。一なる神がありとあらゆるものに宿っていなさる――これを確実に理解することがほんとうの智識だ。あの御方を特別親しく知ることを覚智というんだ。足にトゲが刺さったとき、そのトゲを抜くためにもう一つのトゲを用意する。刺さったトゲを抜いた後でこの二つとも捨てる。はじめに無智のトゲを除くために智識のトゲをもってこなけりゃならぬ。用がすんだら智と無智を両方とも捨てなけりゃいけないのだ。だって、あの御方は智と無智を超えたところにいなさるんだもの。ラクシュマナがラーマに言っただろう。『ラーマ！　不思議なことがあるもの！　これほど偉大な智者であるヴァシシュタ様《デーヴァ》が、息子を亡くしたからといってこうまで嘆き悲しむとは！』するとラーマは言ったね。『弟よ、智のあるものは無智もある。一つのことに知るものはいろいろなことも知る。光の感じがあるものは闇の感じもある』ブラフマンは智と無智の彼方、罪と徳の彼方、正と不正の彼方、浄と不浄の彼方にある」

こうおっしゃって聖ラーマクリシュナはラームプラサードの歌を口ずさまれた。

カーリー、カルパタルの樹のもとに
心よ、行って四つの生命の実をつもう
…………
〝浄〟と〝不浄〟の二人の妻と

楽しく　いっしょに寝るのは　いつか
……………
善と悪　二匹の雌山羊は
〝無意味〟の杭に　結びつけ
……………

一八八三年十一月二十八日に全訳あり

〔ブラフマンの性《さが》と相《すがた》は言葉と心では到達できない〕

シャーム・ボース「二つのトゲを捨てたあとには、何があるのですか？」

聖ラーマクリシュナ「ニティヤ・シュッダ・ボッダ・ルーパム（サンスクリット『常に清らかな意識の姿』）。それをあんたにどうやってわからせたらいいのかねえ？　誰かに『いいギー（バター）はどんな味がする？』と聞かれたら、何て答えたらいいだろう？　せいぜい『いいギー（バター）のような味がする』としか言えないじゃないかね？　一人の少女が夫持ちの友だちに聞いた。『あんた、旦那さんとはどんな喜びがあるの？』すると、聞かれた女はこう答えた。『それはねえ、あんたも夫を持てばちゃんとわかるようになりますよ。夫のないあんたには、今それをどうやって説明したらいいか、私はとてもできない』」

プラーナにある話だが、大実母《バガヴァティー》がヒマラヤ王の娘として生まれたとき、父王にさまざまな相《すがた》をお示しなった。ギリ王はそれを全部見てから大実母に言った。『マーよ、ヴェーダにブラフマンのことが

1885年10月27日（火）

書いてあるが、こんどは私にそのブラフマンを見せておくれ』すると、マーは答えた。『ババ（お父様）、もしブラフマンが見たかったら、サードゥのもとに始終行かなくては――』

ブラフマンはどんなものか――口ではとても言えない。ある人はこう言った――『あらゆるものは食い散らしの残りカスになっているが、ブラフマンだけはそうじゃない』と。この意味はね、ヴェーダやプラーナ、タントラといった聖典は、みな口で説明されたから食べ残しカスだ。しかし、ブラフマンはどういうものか、今まで誰も口で説明できたものはいない。ブラフマンは今まで食いカスにならずにすんでいる！

サッチダーナンダと交接《まじわ》る歓喜がどんなものか、口では言えない。経験したものだけがわかることだ」

学者の自惚れ――罪と徳

タクール、聖ラーマクリシュナは再びサルカル医師におっしゃる。

「ね、我執高慢がなくならなくては、真実《ほんと》の智慧は生まれないよ。

私の解脱はいつのこと

それ、その〝私〟が消えたとき

〝私〟と〝私のもの〟――この二つが無智というものだ。〝あなた（神）〟と〝あなたのもの〟、この二つが智慧だ。真の信仰者《バクタ》は、神よ、あなたが行為者、あなたがすべてをなさっておられる。私はただの道具。〝あなた〟のさせる通りにする。すべては〝あなた〟の財産、あなたのご威光、あなたの世界。家も家族もあなたのもの。私のものは何一つない。私は召使い。あなたの命令通りにするのが私の仕事。

本みたいなものを、ちょいと読みだすと人はとたんに高慢になる。カー・タクール（カーリークリシュナ・タゴール）と神様の話をしたことがあるがね。話の途中であの人は、『あ、そういうことは皆知っている』と言うんだ。わたしはこう言ってやったよ。『デリーに行った人が、私はデリーに行った、私はデリーに行った、とそこらじゅうに告《ふ》れてまわるかね？　ほんとの紳士が、私は紳士だ、私は紳士だ、と言うかね？』と」

シャーム・ボース「でも、カー・タクールはあなた様のことを大そう尊敬していらっしゃいますよ」

聖ラーマクリシュナ「おやおや、そりゃ光栄だね！　南神村《ドッキネーショル》のカーリー寺に掃除女が一人いるが、まあ頭の高いこと高いこと！　宝石飾りを一つ二つ身につけているのが原因らしいんだ。道で一人、二人、その女を追いこして行ったら大声で、『ちょっと、どいてよ！』掃除婦でさえこの有様なんだから、ほかの連中のことは推《お》して知るべしさ！」

シャーム・ボース「先生！　罪には罰《むくい》がありますが、すべてのことは神がなさるというのに、これはどういうことでしょう？」

1885年10月27日(火)

聖ラーマクリシュナ「あんたは金貸しみたいな頭の人だね!」

ナレンドラ「金貸しのような頭、というのはつまり、Calculating(打算的)だということですよ!」

聖ラーマクリシュナ「こら、このバカ息子、マンゴーを食べないか! 庭に何百本の木があるか、何千本の枝があるか、何万枚の葉っぱがついているか、そんな勘定が何の役に立つ? お前はマンゴーを食べに来たんだから食べて行くことだ。(シャーム・ボースに)——あんたはね、神様を探すために人間としてこの世に生まれてきたんだよ。神の蓮華の御足にどうすれば信仰を持てるようになるか、そのことに努力しなさい。あれやこれや考えてどうなると言うんだい? (英語の発音で)フィロジョフィー(哲学)とかを議論していて何か得るものがあるかね? コップ一杯の酒で酔えるというのに、酒屋の店にどれだけ酒がおいてあるかくわしく調査することが、あんたにとって必要なのかい?」

医師「まして、神の酒はInfinite(無限)ですからね! これで終わりというところがないのです」

聖ラーマクリシュナ「(シャーム・ボースに)——そして、神さまに代理権を委譲しなさいよ。あの御方に、みんなお願いしてしまうんだよ。申し分のない立派な人にみんなお願いしてしまえば、そのお方は悪いようにするはずがないだろ? 罪にバチをあてるかどうかなんてことは、あの御方がお決めになることだ」

医師「神の意図は神のみぞ知る! 人間があれこれ推量してもムダというものです。あの御方は我々の計算を超えたお方ですからね」

聖ラーマクリシュナ「(シャーム・ボースに)——あんた方はそうなんだ。カルカッタの連中は何かといえば、『神は不公平だ。だって、ある人には幸福な環境を与え、ある人には惨めな状態に放っておく』
バカな奴らは、神さまも自分たちと同じような気持ちなんだろうと思っているのさ！」

〔名誉を得ることが人生の目的か？〕
ヘムがよく南神寺《ドッキネーショル》に来てね。わたしに会いさえすればこんなことを言うんだ。『これは、これは、お上人！　この世で一つだけ値打ちのあるものは――名誉じゃありませんか？　神をつかむことが人生の目的という人たちは、ほんのわずかでしょうが？』」

粗大（肉体）、精妙（幽体）、原因、大原因

シャーム・ボース「よく言われている精妙体（幽体）というものを、誰かハッキリ見せてくれる人がいますか？　粗大体から精妙体が出て行くところを、誰か見せてくれる人がいるのですか？」
聖ラーマクリシュナ「神のほんとうの信者は、そんなことをする気には全くなれないよ。どこかのバカが認めようと認めまいと、ちっとも気にならないよ！　誰か有名な人を感心させて、自分のところにつないでおこうなんて考えは、これっぽっちもありゃしないんだ」
シャーム・ボース「アッチャ、粗大体や精妙体はどういうふうに違うのですか？」
聖ラーマクリシュナ「五元素でできているのが粗大体だ。心とか、知性とか、我念、意識、こういうものでできているが精妙体。至聖なるものの歓びを感じたり、それと楽しもうとする体が原因体だ。

タントラで言っている〝バガヴァティー体《タヌ》〟だ。この三つを超越しているのが〝大原因（超越）〟で、これは口では説明できない」

1885年10月27日(火)

〔修行の必要――神への信仰だけが要《かなめ》〕

「聞いただけでどうなる？　何か実行しろ。お神酒《みき》、お神酒《みき》と口でとなえたところでどうにもなるまい？　それで酔えるかね？　お神酒《みき》を体に塗りたくっても酔いやしないだろう？　少しでも飲まなけりゃだめなんだよ。これは四十一番手の糸、これは四十番手の糸と、商売人でもない人が見分けられるかい？　糸商人をしている人は、どんな番手《ナンバー》の糸だって簡単に見分けられる！　だから、修行をしなさいと言うんだよ。そうすれば、粗大、精妙、原因《カーラナ》、大原因《マハーカーラナ》のちがいがみんなわかるようになる。そして神に祈るときは、あの御方の蓮華の御足に清い信仰を持てるように、それだけを祈ることだ。

アハリヤーを呪いから解いてやった後でラーマは、『何か願い事があるなら叶えてあげよう』と言った。するとアハリヤーはこう言った。『ラーマ！　もし願いを叶えてくれるのなら、この願いを叶えて下さい。私はこのあと豚の仔に生まれても一向にかまいません。でも、ラーマ！　どうかあなたの蓮華の御足に、私の心がいつもおりますように――』

わたしはマーに、『ただ一つ、信仰を下さい』とだけお願いしたよ。マーの蓮華の御足に花を供えて、手を合わせてこう言ったんだ――『マー、さあ、あなたの無智と智識を持っていって、わたしに清い信仰をおくれ。さあ、あなたの清浄と不浄を持っていって、わたしに清い信仰をおくれ。さあ、あなたの罪と徳を持っていって、わたしに清い信仰をおくれ。さあ、あなたの善と悪を持っていって、わたしに清い信仰をおくれ。さあ、あなたの正義《ダルマ》と不正《アダルマ》を持っていって、わたしに清い信仰をおくれ。

ダルマというのは、慈善行為のようないい行いのことだ。ダルマを持っているとアダルマもついてまわる。徳、徳、とかついでいると、罪もいっしょにくっついてくる。智識《ジュニャーナ》を持っていると無智《アジュニャーナ》もついてくる。同じように、浄と不浄、光と闇の関係も一つのものの表と裏だ。それから、一という観念があれば多もある。いいという感じを持てば悪いという感じもある。

豚の肉を食べていても、神の蓮華の御足に信仰を持っていれば、その人は祝福された人だ。ハヴィシャを食べていても、もし世間のことに執着していたら……」（訳註、ハヴィシャー──特別の米を炊いたご飯に、決められた種類の野菜を茹でたものを添えた食事で、神聖な食べ物とされている）

医師「下等な人間ですとも！　ちょっと一言いわせて下さい。──ブッダは豚の肉を食べました。豚肉を食べてお腹を悪くしました！　その苦痛をまぎらすためにアヘンを常用しました。ニルヴァーナというのは何のことかわかりますか？　アヘンを飲んで中毒して外の意識がない状態──これがニルヴァーナといわれているものなんです！」

ブッダ様のニルヴァーナについてこんな説明を聞いた一同は、バカバカしさに笑い出してしまった。会話はつづいた。

1885年10月27日(火)

在家と無私の行為――神智学

聖ラーマクリシュナ「(シャーム・ボースに)――世間で暮らしていながらいいことをする。それでかまわないよ。でも、神の蓮華の足にいつも心をおくようにして、無欲で何でも仕事をすることだ。ほら、この場合を考えてごらん。誰かが背中にオデキをでかしたとする。何でもないような顔して、人と普通に話したり仕事をしたりしているが、心は四六時中背中のオデキの方に向いている。それから、不貞な女のように暮らすことだ。心はいつもいい人の方に向いているが、そ知らぬ顔で家事万端やっている。(医師に)――わかるかい?」

医師「そういう経験がありませんから、わかりようがないですよ」

シャーム・ボース「わかっているくせに!」(一同笑う)

聖ラーマクリシュナ「アッハッハッハ……医者商売を長いことやっていらっしゃるくせに! そうでしょ?」(一同大笑)

シャーム・ボース「先生、神智協会《テオソフィ》のことをどう思われますか?」

聖ラーマクリシュナ「まあ一般的に言うと、弟子をたくさん集めようとするような連中は低い霊階の人間だ。それから霊能力とか神通力のようなものをひけらかしたり、欲しがったりする人も低い霊階だよ。ガンジス河を歩いて渡ってみたり、遠くの国の人が言ったことを聞きとって話してきかせるとか、そういう力。こういう人たちが神に純粋な信仰を持つのは、とても難しいことなんだよ」

シャーム・ボース「でも、彼等（神智協会員）はヒンドゥー教を世界に再確認させようと努力しておりますよ」

聖ラーマクリシュナ「わたしは、その人たちのことをよく知らないんだよ」

シャーム・ボース「死後、個霊はどこへ行くか——月世界へ行ったり、様々の星の世界へ行ったり、そういうことを神智協会《テオソフィ》では教えてくれるのです」

聖ラーマクリシュナ「そういうこともあるか知らん。わたしの気持ちはどういう状態だか知ってるかい？　ハヌマーンにある人が、『今日はどんな日柄でしょうか？』と聞いたらハヌマーンはこう答えた。『私は日の吉凶も、星占いのことも何も知らない。ただ、ラーマのことばかり考えている』わたしもハヌマーンとまったく同じさ」

シャーム・ボース「彼等は、マハートマー（超人）の存在を断言しています。あなた様は信じますか？」

聖ラーマクリシュナ「わたしの言っていることをあんたが信じなさるなら、アルと言いましょう。でも、そういう話は、今はやめとこう。わたしの身体の具合がもっといいときに、また来て下さい。あんたの心が平安になるような方法が見つかると思うよ——もし、わたしを信じるならば、だが……。わたしはお金も受けとらないし、着るものも受けとらない。寄付のようなものも集めない。だから、こんなにワンサと人が押しかけてくるのさ！（一同大笑）

（医師に）——こう言っても怒らないでおくれよ。あんたはもうたくさんしたはずだ。——金のこと、名誉のこと、それから講演——こんどは心を何日か神様にあずけてごらんよ。そして、ここにときどきおいで。神様の話を聞くと刺激されるから！」

まもなく、医師は暇《いとま》を告げて席を立った。ちょうどそのとき、ギリシュ・チャンドラ・ゴーシュ氏が来て、タクールの御足の塵をいただいてから坐った。医師は彼を見ると、内心のうれしさをかくしきれぬ様子でまた坐りこんだ。

医師「私がいる間中、この人は来ないんだから！　帰ろうとして立ち上がると部屋に入ってきてお坐りになる！」（一同爆笑）

ギリシュと医師は、Science Association（科学《サイエンス》協会）の話をはじめた。

聖ラーマクリシュナ「いつか、そこへ連れていってくれないか？」

医師「あそこへいらっしゃったら、あなたはすぐ気絶してしまいますよ——神の壮大な事業を見て……」

聖ラーマクリシュナ「ホントかい？」

師《グル》の礼拝《プージャ》

医師「（ギリシュに）何をしてもかまわないが、but do not worship him as God.（でも、彼を神として拝んではいけません）それが、こんなに善い人の頭を狂わせるようなことになるんじゃないですかね？」
ギリシュ「じゃ、どうするんですか？　先生。この世の海、この疑問だらけの海を渡らせて下さる

1885年10月27日(火)

御方に対して、ほかにどんな態度を取れとおっしゃるのですか？　このかたのウンコを、普通のウンコと同一視できると思いますか？」

医師「ウンコなど、別にどうということもありませんよ。私だってちっともイヤだと思いません。いつかだって、ある商人の子が診察室に来たんですが、そこで排便してしまいましたね！　部屋にいた人は皆、鼻を布でおおったんですよ！　私は平気でその子のそばに三十分も坐っていましたが、鼻に布なんか当てませんでしたよ。掃除人が汚物桶を頭にのせてそばを通っても、鼻にハンカチなぞあてがったりしません。私は掃除人と自分の間に差異を認めませんから、イヤがる気持ちが起きないのです。私が、このかたの足のチリをつまむことができないとでもお思いか？――さあ、見て下さい」(と言って、聖ラーマクリシュナの足のホコリをつまみ上げる)

ギリシュ「天使たちは、このめでたき光景を祝福したまうべし」

医師「足の塵をとったのが、どうしてそんなに大したことなんですか！　私は誰のでも手にとってごらんにいれる。――さあ、ください！　さあ、そちらの方！」(と言って、その辺にいる人の足のチリをつまむ)

ナレンドラ「(医師に)――このかたを私たちは、〝神のような人〟だと思っているのです。どういうことかおわかりですか？　植物界と動物界には、時として、そこにあるものが植物か動物か判別し難いような一つのポイントがあります。それと同様に、Man-world(人間界)とGod-world(神界)と、この二つの間にも、それが人間か神か正確に断言することができない一つの段階があるのです」

医師「おやおや、神に関することは類推を許されませんよ」

ナレンドラ「僕はGod（神）とは言いません。God like man（神のような人）と言っているのです」

医師「そういう種類のことについては、できるだけ自分の感情を抑えなくてはいけないよ。口に出すのはよくない。——私の気持ちは誰にもわかってもらえないのです。My best friends(よい友だち)でさえ、私のことをガンコで冷酷な人間だと思っているんですからねえ。あなた方は私を靴で蹴とばして、この部屋から叩き出したい気持ちなんでしょう!」

聖ラーマクリシュナ「トンデモナイ! みんなあんたのこと、大好きなんだよ! あんたがここへ来るというんで、一張羅《いっちょうら》を着こんで集まってきているんだよ」

ギリシュ「Everyone has the greatest respect for you.(皆が、あなたを最高に敬っております)」

医師「私の息子、私の家内でさえ私のことを思いやりのない男だと——。ええ、無理もないのです。私は自分の感情を表にあらわしませんから、そのせいなのですが——」

ギリシュ「じゃあ先生! あなたのことを理解してもらえないんだったら——at least out of pity for your friends(せめて同情心からでも、友人に対しては)ご自分の心の扉を開いたらいかがでしょう! それがいいと思いますよ」

医師「何と言えばいいかなあ! あなた方よりもっと私のfeeling(感情)はworked up(高ぶりやすい)んだがなあ。(ナレンドラに)——I shed tears in solitude(私はたった一人で泣くことがあるんです)」

〔偉大なる魂と衆生の罪を受けること——アヴァターラたちとナレンドラ〕

医師「(聖ラーマクリシュナに)——いいですか、あなたは霊的興奮状態になると人の体に足をのせるが、あれはよくありませんよ！」

聖ラーマクリシュナ「わたしは何もわからないんだよ。誰の体に足をのっけているものやら……」

医師「あれはよくない、ということはわかっているのでしょう？」

聖ラーマクリシュナ「わたしの法悦境がどんなものだか、どうやったら説明できるだろうね。それがすんだ後でわたしが思うのは、病気の原因はあのせいじゃないか、ということさ！　神さまの想いに浸ると、わたしは気狂いのようになる。気狂いみたいな状態ですることだからどうしようもないだろう？」

医師「このかたは、私の言うことをお認めになった。He expresses regret for what he does.（自分の行いに、非を認めていらっしゃる）このかたはそれが、sinful（よくないこと）だと感じていらっしゃる」

聖ラーマクリシュナ「(ナレンドラに)——お前はホントに賢いんだから、お前、お言いよ。この人に分からせておやりよ」

ギリシュ「(医師に)——先生！　あなたは誤解していらっしゃる。このかたは、そのこと（他人の体に足をのせること）を後悔なんかしていらっしゃいませんよ。このかたの体は清浄そのもので、罪のシミ一つないのですから——。衆生に祝福を与えるために、体におさわりになるのです。彼等の罪をご自分で引きうけたために病気になられたのかも知れない、とさえ時々思っておられるのですよ。あなたがもし腹痛になったとき、夜遅くまで起きていて読書していたことを後悔なさいませんか？　じゃ、夜遅くまで勉強したことが悪いことなんですか？　そりゃあ病気になったら後悔するかも知れない。しかし、それだからといって人びとによかれと祝福して体にさわったことを、悪かったなぞと思ってはいらっしゃいませんよ！」

医師「(当惑して、ギリシュに向かって)——どうも一本やられたらしい。さあ、足のチリを下さい。(と言って、ギリシュの足のホコリをつまむ)

(ナレンドラに向かって)——誰が何と言おうと、his intellectual power（ギリシュの知性）を認めなけりゃ……」

ナレンドラ「(医師に)——それから、もう一つの事実を直視して下さい。一つのScientific discovery（科学的発見）のために、あなたはご自分の一生を捧げてこられた。体の健康などには目もくれずにね。しかし、神を知ることこそgrandest of all sciences（科学の神髄）であり、そのためにこのかたはhealth risk（生命の危機）さえ、気にもされなかったのではないでしょうか？」

医師「religious reformer（宗教改革者）になったほどの人、つまり、Jesus（イエス）、チャイタニヤ、ブッダ、モハメッドなどはみな、我執高慢のかたまりです——自分の言うことだけが正しいのだ！と言うのです。何たることか！」

ギリシュ「(医師に)——先生、あなたも同罪ですよ！　彼等の我執高慢を批難なさるが、あなたも彼らと同じことをしているとは思いませんか」

医師はついに黙ってしまった。

ナレンドラ「(医師に) ── We offer to him Worship bordering on Divine Worship. (私たちは彼に、神への礼拝とほぼ同様の礼拝を捧げます)」

タクール、聖ラーマクリシュナは、大喜びで子供のように笑っておられた。

第八章　シャームプクルの家で信者たちと共に

1885年10月29日(木)

一八八五年十月二十九日（木）

聖ラーマクリシュナ、シャームプクルの家で信者たちと共に

医者と校長――肝心なものは何か？

今日は木曜日、アッシン黒分六日目。一八八五年十月二十九日、午前十時。タクールは病気のため、カルカッタ市内シャームプクルにずっと滞在しておられる。治療にあたっているサルカル医師の家はシャンカリトラにある。いま医師は、タクール、聖ラーマクリシュナの弟子の一人と話をしている。彼はタクールの病状を報告するために、毎日午前中に医師のもとを訪れるのである。

医師「ほら、ビハリー・バドゥリ先生のひとつ話！　ゲーテの霊魂（幽体を指す）が肉体から出ていくのを、当のゲーテが見ていた、という話！　不思議なことですねえ！」

校長「大覚者様《パラマハンサ・デーヴァ》がいつもおっしゃるように、そういう話は私どもに必要なんでしょうか？　我々がこの世に生まれたのは、神の蓮華の御足に対する信仰を養うためです。タクールがおっしゃるには、ある人がマンゴーを食べるために庭にやって来た。ところが彼は紙と鉛筆を持ってきて、庭の木が何本あるか、枝が何本あるか、葉が何枚あるか、くわしく調べたり書きつけたりしはじめた。庭番の人

が彼に、『あなた、何をしているんですか？　何しにここに来たのですか？』と聞くと彼は、『いま、木や枝や葉の数を調べています――実はマンゴーを食べに来たんです！』庭番は、『マンゴーを食べに来たのなら、余計なことをしないでマンゴーを食べて下さいよ。そんなものを数えていてどうするんです？』」

医師「大覚者《パラマハンサ》は一番肝心なものをとり出すことができたのだ、と私は見ていますよ」

やがて医師は、彼の同種療法《ホメオパシー》の病院に関する話を長々としはじめた。――どれだけの患者が毎日来るか、そのリストを見せてくれた。それから、初めのうちはサルザー先生はじめ他の開業医たちが口をきわめて自分を悪く言い、いろいろな月刊誌に反対記事を書いたりした、という話まで聞かせてくれた。

医師は校長をうながして馬車に乗った。数件の患者の家に往診に行くのである。はじめにチョルバガン、次にマータガシャ小路、次にパトゥリヤガート。往診を全部すませてから聖ラーマクリシュナのところへ行くのだ。医師はパトリヤガートでタゴール家に寄り、そこで少し引き止められた。馬車に戻るとまた話をしはじめた。

医師「ここのご主人と、大覚者《パラマハンサ》の話をしましたよ。テオソフィ（神智学協会）のこともオルコット大佐の話も出ました。大覚者《パラマハンサ》は、ここのご主人に腹を立てていらっしゃる！　なぜだか知っていますか？　ここのご主人が、『私は何でも知っている』と言ったからなんですよ」

校長「いいえ、どうして腹を立てたりなさるでしょうか。ただ私の聞いたところによると、一度お

1885年10月29日(木)

会いになって、大覚者様《パラマハンサ・デーヴァ》は神のことについていろいろおっしゃったそうです。そのときここのご主人が、『そう、そのことはみな知っています』とおっしゃったらしい……」

医師「ここのご主人は、科学《サイエンス》協会に三万二千五百タカも寄付されたんですよ」

馬車は進み、ブラバザールの方に戻る道筋だ。医師はタクールの看病のことについて話しはじめた。

医師「あなた方、あのかたを南神村《ドッキネーショル》にお返しする気があるのですか?」

校長「ありません。そうすると、我々信者たちが大そう不便になりますから——。カルカッタにいて下されば、毎日往来《ゆきき》できますからね——毎日お会いできます」

医師「そうすると、ずい分費用がかかるでしょう」

校長「信者たちはそのことは何も気にしておりません。ただ、看病ができさえすればいいと思って、それればかりに気をつかっているのです。どこにおられても費用は同じことですから——。あちらに行かれたら、我々はとても毎日行くことができませんからね」

聖ラーマクリシュナ、サルカル医師、バドゥリ医師ほか、信者たちと共に

〔サルカル医師、バドゥリ、ドゥカリ、若いナレン、校長、シャーム・ボース〕

医師と校長はシャームプクルの二階家に到着した。この家には表側にベランダのついた部屋が二つある。一つは東西に、もう一つは南北に長い部屋だ。その初めの部屋に彼等が入っていくと、タクールはバドゥリ医師やその他大勢の信者たちにとりまかれて、ニコニコしながら坐っておられた。

サルカル医師はタクールの脈をとり、病気の様子をよく診《み》た。それが終わると、やがて会話は例によって神さまのことに……。

バドゥリ医師「わかりますか、すべての現象は夢のようなものなのです」

サルカル医師「すべてがディリュージョン（幻影、夢、妄想）？　それでは、いったい誰のディリュージョンで、何故《なぜ》ディリュージョンなんですか？　もしみながディリュージョンだと知っていたら、何のためにしゃべったりするのですか？

I cannot believe that God is real and creation is unreal.（神は真実在で、神の創造物は虚仮《こけ》・夢幻《むげん》、こんなことは私には信じられない）」

〔ソーハムと召使いの態度——智識《ジュニャーナ》と信仰《バクティ》〕

聖ラーマクリシュナ「だからさ、こういうのが良い態度なんだよ——神は主人、私は召使い、と。身体《からだ》がホントに実在《あ》ると感じている間は、どうしてもワタシとアンタがあるんだから、その境地では自分は神の召使いだと思っていればいいんだ。その境地で、〝それ《神》は我なり（ソーハム）〟なぞと言ってはいけない。

わかるかい？　片隅から眺めても、真ん中から眺めても、同じ部屋を眺めているんだよ」

バドゥリ「（医師に向かって）——私たちの言ったことはみな、ヴェーダーンタにありますよ。科学ばかりでなく、少しは経典、聖典の類《たぐい》を勉強なすったら如何《いかが》ですか」

1885年10月29日（木）

医師「なぜです？　この方（タクール）は聖典を勉強してこんなに賢明になられたのですか？　この方自身、そうではない、と言っておられますよ。（タクールに）――聖典を読まなければダメなんですか？」

聖ラーマクリシュナ「けれどねえ、わたしゃどれほど聞いたことかねえ！」

医師「ただ聞くだけでは誤解するおそれがあります。あなたは、ただ聞いただけではない」

また他の話も出て、会話はつづいた。

〔あの人は気狂いだ――自分の足の塵をとらせること〕

聖ラーマクリシュナ「（医師に）――あんたはわたしのことを、『あの人は気狂いだ』と言ったそうだね。（校長たちを指して）だからこれたちは、あなたのところへ行きたがらないんだよ」

医師「（校長の方をチラリと見て）まあ、そんなこと――。しかし、高慢だということは言いましたよ。あなたは自分の足の塵を他人《ひと》に平気でとらせるが、ありゃどういうわけです？」

校長「そうしないと、皆が泣くんですよ」

医師「彼等は心得ちがいをしています。――教えてやる必要があります」

校長「どうしてでしょうか？　あらゆるところにナーラーヤナが在《いま》すでしょう？」

医師「それには異議ありませんよ。すべての人に対してそうすればいいのです」

校長「神が非常に多くあらわれている個人があるのですよ！　水はあらゆる場所に含有されていま

すが、しかし、池、川、海にすこぶる多くあらわれているでしょう。あなたは大科学者ファラデーを尊敬するのと同じだけ、なりたてホヤホヤの Bachelor of Science（理学士）を尊敬なさいますか？」

医師「その意見には私も賛成です。でもタクール（＝God）と呼ぶのはいかがなものでしょう」

校長「我々がお互いに挨拶するのは何故《なぜ》ですか？　すべての人が胸の奥にナーラーヤナを宿しているからですよ。あなたはそのことがよくわかっていないし、また、考えてもおられないのですよ」

聖ラーマクリシュナ「（医師に）――あるものには特別によくあらわれているんだよ。これはあんたにも話したと思うが、太陽の光線は地面にも反射しているし、樹にも、鏡にも反射する。でも、鏡が他のものよりよけいに反射するよ。よく見てごらん、プラフラーダのような信者と、ここにいる信者たちと同じかい？　プラフラーダは身も魂もすべてをあの御方に捧げていたんだよ！」

医師は沈黙していた。そこにいた一同も沈黙していた。

聖ラーマクリシュナ「（医師に）――ね、あんたはこちら（自分を指す）に惹《ひ》かれている。あんた、わたしに言ったじゃないか。あなたが好きだって――」

〔聖ラーマクリシュナと世俗の人――あなたは欲張りで女好きで傲慢〕

医師「あなたは Child of Nature（自然の子）だ。それでそう言ったのです。人があなたの足に触って礼拝する――ああいうことは、あなたにとって良くないですよ。私はいつも思っているんです。こんなに善良な人を、皆がよってたかって害《スポイル》しているとね。ケーシャブ・センにも追従者たちがそういう種類のことをしましたね、まあ聞いてください――」

聖ラーマクリシュナ「あんたの言うことを聞けって？　あんたは欲張りで、女好きで、傲慢だよ！」

バドゥリ「（サルカル医師に）――つまり、あなたは人間《ジーヴァ》の特質を具えている、ということですよ。人間《ジーヴァ》というものの一般的特質がそうなんです。金が欲しい、名誉が欲しい、女が欲しい、そして自己中心的――それが人間《ジーヴァ》というものですよ」

医師「そういうふうにおっしゃるのでしたら、私はあなたの喉の病気を診療するだけで帰りましょう。ほかのことに用はありませんから。お話し合いをするのでしたら、私は自分で正しいと思うことを言うだけです」

みんな、押し黙ってしまった。

1885年10月29日（木）

〔否定と肯定――三種類の信仰者〕

しばらくするとタクールは、再びバドゥリ医師を相手に話をはじめられた。

聖ラーマクリシュナ「わかるかい？　この人（サルカル医師）は現在のところ、〝これではない《ネーティ》、これでもない《ネーティ》〟と打ち消しの道を進んでいるんだよ。神は人間ではない、この世界とは関係ない、創造ともかかわりない、というふうにね。だが、もっともっと先に進むと、こんどはすべてを肯定するようになる。

バナナ(訳註1)の木の外鞘《かわ》をむいていくと、木髄《しん》になる。

外鞘《かわ》と木髄《しん》とは全く別のものさ。外鞘《かわ》は木髄《しん》じゃないし木髄《しん》は外鞘《かわ》じゃない。でも最後に人は気付くんだ――外鞘《かわ》あっての木髄《しん》、木髄《しん》あっての外鞘《かわ》だ、と。

（サルカル医師に）信仰者には三種類あってね、下信の人、中信の人、上信の人と――。下信の人は、神ははるか遠い空の彼方にいて、創造物と神とは全く別のものだ、と言う。中信の人は、神は内なる導き手《アンタルヤーミン》、と言う。神はわが胸の奥深くに在《いま》す。――心の中に神を見るんだ。上信の人は、神は見るもの全てになっておられる。神こそ二十四の原理になっていなさるのだ、と見る。その人にとっては、下も上もあらゆるところが神ばかり。

あんた、ギーターとバーガヴァタとヴェーダーンタを読んでごらん――そうすりゃきっと、みんなわかるから！

創造物の中に神さまは在《い》ないかい？」

医師「いいえ、あらゆるところにいらっしゃいます。だから、探すということができないのです」

間もなく、別の話題に移った。タクール、聖ラーマクリシュナは絶えず霊的な興奮状態になり、それが病気を進行させるのではないか、ということについて――。

医師「（タクールに）――興奮を抑えなけりゃいけませんよ。私でさえとても興奮するんですからね、

（訳註1）バナナは高く大きくなるが木ではなく草の仲間で、幹に見える部分の何層にもなっている堅い外鞘《かわ》を剝《む》いていくと中に柔らかい木髄《しん》があり、でんぷんを多く含んでいて食用にされる。

1885年10月29日(木)

あなた方よりずっとたくさん踊れるくらいですよ」
若いナレン「興奮がもっと強くなったらどうなさいますか? ハハハハハ」
医師「Controlling Power(抑制力)も強くなるよ」
聖ラーマクリシュナと校長「そうはおっしゃいますが……」
校長「霊的興奮状態になったらどうなるか、あなた、おっしゃることができますか?」
間もなく、ゼニカネの話になった。
聖ラーマクリシュナ「(医師に)——わたしはカネのことを全然考えたこともないよ。わかるかい? え? そういうフリをしているんじゃないんだよ!」
医師「私だって考えたことありませんよ。まして、あなたはねえ! 金庫は開けっ放しです」
聖ラーマクリシュナ「そういえば、ジャドゥ・マリックもときどきボンヤリするねえ——食事の席に坐っても、ときどきウワの空になって、いいものでも悪いものでもおかまいなしに食べるんだ。——誰かが、『それは食べない方がいいですよ。それはよくないですよ』と注意したりすると、『アーッ、これが悪いって? ほんとかね! エーッ?』なんて言うんだ」
タクールは、神を想うあまりの忘我の状態と、俗事に気をつかいすぎての忘我の状態とは全く質がちがう、ということをそれとなくおっしゃったのだろうか?
また、信者たちの方を眺めながら、医師を指してタクールはおっしゃる——「ホラ、物がよく煮えるとやわらかくなる。この人は大そう固かったが、今は内部《なか》の方から少しずつやわらかくなってきた」

医師「煮えると外の方からやわらかくなるんですよ。残念ですが、私は今生ではやわらかくなりそうにありません」（一同笑う）

医師は帰りかけて、またタクールと話をしている。

医師「足の塵をとらせるあいさつを、皆さんに禁止することはできませんか？」

聖ラーマクリシュナ「みんなが、完全なるサッチダーナンダをわかると思うかい？」（訳註２）

医師「それならそれと、きちんと言う必要があるんじゃないですか？」

聖ラーマクリシュナ「それぞれ好みや傾向がちがうし、それに資格がちがうよ」

医師「それは、どういうことですか？」

聖ラーマクリシュナ「好みのちがいがわからないかね？　同じ魚を食べるにしても、人によってカレー煮にしたり、フライにしたり、酢漬けにしたりして食べる。またはしつこいピラフにして食べる人もある。それに、各々《おのおの》の資格（訳註３）がちがう。最初はバナナの木を狙わせる。次がランプの芯。その後で

（訳註２）〝完全なるサッチダーナンダをわかる〟とは、聖ラーマクリシュナのことを完全なるサッチダーナンダであるということがわかるということで、それがわかった人だけがタクールの足の塵をとるのである。

（訳註３）霊性修行の段階が進んで、準備が整って資格を得た人にしか受け取ることが出来ない、または先に進むことが出来ないと言っている。聖ラーマクリシュナの没後、ラーマクリシュナ・ミッションが作られたあと、ホーリー・マザー（サーラダー・デーヴィー）の写真を求めに信者たちが来ても、スワミ・サーラダーナンダはその段階に達した者、その資格のある者にしかそれを与えなかったそうである。

1885年10月29日(木)

飛ぶ鳥——」

〔完全なる神想——サルカル医師とハリバッラブの姿〕

夕方になった。タクールは神想に沈潜しておられる。これほどの病気なのに、すっかりそのことを忘れ去っていらっしゃる。二、三人のごく親しい信者たちがそばに坐って、タクールのお姿を凝視していた。タクールはかなり長い時間、そのままの姿勢でおられた。

タクールは平常に戻られると、すぐそばに坐っていた校長にだけそっとささやかれた。——「ね、〝完全〟に心が溶け込んでいたんだよ！　そのあとで、いろんなことが見えた。医者は——あの人は大丈夫だ、少し日にちがかかるけど——。今はあまりヤイヤイ言い過ぎない方がいい。それからもう一人見た。〝彼も引きよせよう〟という言葉が心に浮かんだ。その人（ハリバッラブ）のことは、後でお前に話すよ」

〔世俗の人への様々な教え〕

シャーム・ボースとドゥカリ医師と、あと二、三人が部屋に入ってきた。こんどはその人たちと会話がはじまる——。

シャーム・ボース「あー、先日おっしゃったあのお言葉、すばらしいですねえ」

聖ラーマクリシュナ「(ニコニコして) どんな話だったかな?」

シャーム・ボース「あれですよ、あれ――智《ジュニャーナ》と無智《アジュニャーナ》の彼方には何があるか」

聖ラーマクリシュナ「大覚《さとり》（ヴィジュニャーナ）だよ、ハハハハハ。いろんな知識を無智《アジュニャーナ》という。すべての中に神がいらっしゃる――これを智《ジュニャーナ》という。神と共に語り、神と身内のように親しく交わる――これを大覚《ヴィジュニャーナ》というんだよ。

木に火の性がある、と知るのが智識《ジュニャーナ》。実際に火を燃やして飯を炊き、腹一杯食べて栄養をつける――これが大覚《ヴィジュニャーナ》だ」

シャーム・ボース「それから、あのトゲの話！　ハッハハッハ」

聖ラーマクリシュナ「アハハハハ、あれか――足にトゲが刺さると、もう一つのトゲを探してくる。そしてそれで刺さったトゲを抜く。抜き終わったら二つとも捨ててしまう。それと同じように、無智のトゲを抜くために智識のトゲを用意しなけりゃならぬ。無智を抜きとった後は、無智も智識も両方とも捨てろ、ということさ。そのときが大覚《ヴィジュニャーナ》だ」

タクールはシャーム・ボースのことを、とても満足に思っていらっしゃる。彼は相当な年寄りで、今はただ、静かに神を想って過ごそうというのが望みだった。大覚者様《パラマハンサ・デーヴァ》のうわさを聞いて、ここにやってきたのである。今日で二度目の訪問だ。

聖ラーマクリシュナ「（シャーム・ボースに）――世間話は一切やめておしまい。神さまの話以外はしゃべらないようにおし。俗物どもを見かけたら、そーっとその場から離れるようにおし。今までずーっと世間で暮らしてきて、みんな頼りにならぬ空しいものだということがよくわかっただろうさ！　神さまだけがほんとにあるんで、ほかのものは皆まぼろしだよ。神さまだけが永遠の実在で、ほかは皆せいぜい二日ばかりのものだよ。世の中なんて何だ？　酸《す》っぱいアムラさ。（訳註4）食べたい気がしても、あれの中に何がある？　かたい皮と種ばかりだろう？　食べたらさっそく腹下《はらくだ》しだ」
シャーム・ボース「はい、その通りです。おっしゃること一つ一つ、ほんとうのことでございます」
聖ラーマクリシュナ「長い間、世間のことをばかりいろいろとやってきたんだ。今になってその騒々しいところで、瞑想だの、神想だの、とても出来やしないよ。誰もいない静かな場所が必要だね。そういうところでないと心が落ち着かない。だから、家から離れたところに瞑想する場所を見つけなさいよ」
シャーム・ボースは何か考えるようにしてしばらく黙っていた。
聖ラーマクリシュナ「ハッハッハッハ、歯もすっかり抜けてしまったのに、今さらドゥルガー供養《プージャ》とは何ごとだね？（一同笑う）。ドゥルガー供養《プージャ》をやめたしまった人が、『なぜ、ドゥルガー供養《プージャ》をやめたんですか？』と聞かれて、『もう歯がなくなってしまったからさ』と答えた。犠牲《いけにえ》に供えた山羊《やぎ》の肉を噛む力がなくなったからだよ」
シャーム・ボース「アー、いいお話ですねえ！」
聖ラーマクリシュナ「この世は砂と砂糖が混じっている。蟻みたいに砂をよけて砂糖を食べなさい。砂糖だけより分けて食べる人は賢明だ。あの御方を想うための静かな場所を用意おし。瞑想の場所を！そうおしよ。わたしも訪ねて行くからさ」

1885年10月29日（木）

一同、しばらく沈黙していた。

シャーム・ボース「先生、再生というのは、ほんとにあるのでしょうか？　また生まれ更《か》わってこなければならないものでしょうか？」

聖ラーマクリシュナ「神さまにお聞きよ――一生懸命に祈って。そうすればあの御方が何でも教えて下さる。ジャドウ・マリックと話をするようになれば、ジャドウ・マリック自身が自分からいろいろ話してくれるよ。家がどこどこに何軒あって、お金や株券がざっとどれくらいあるかなどを。会って話すようになりもしないうちからあれこれ知りたがるのは、正しいやり方じゃないね。先ず第一に神をつかむこと、そのあとで知りたいことは、あの御方がちゃんと知らせて下さる」

シャーム・ボース「先生、この世でさんざ悪いことをした人間でも、神を覚えることができるものでしょうか？」

聖ラーマクリシュナ「身体から離れる前に修行をしたり、それから、修行をしているうちに捨身した人や神様を呼びながら捨身した人の場合、罪なんかがくっつく余地があるかね？　象のことを考えてみなさい。きれいに行水した後でも、放っておくとすぐホコリや泥にまみれてしまう。しかし、象

（訳註４）アムラ〈あむら卵の木〉――スモモのような果実で酸味があり、未熟なうちはチャツネ（ペースト状のソース）にする。熟した実は食べられるが一般的ではない。実の大きさに比べて種がとても大きく食べる部分は少ないので、見かけだけで実のない物、あまり役に立たない物の代名詞のようになっている。

使いが体をきれいに洗ってやってからすぐ小屋にいれておけば、もう汚れることはないだろう」

タクールの難病！　それにもかかわらず、この無際限の慈悲の海である御方は、人間の悩みに同情されて、何とか皆にほんとうの幸福を与えたいものと、日夜考えていらっしゃるのだ。信者たちは、ただ感激するばかりであった。

シャーム・ボースを励まして下さり、畏《おそ》れる必要はないことを請《う》け合って下さった。「神に祈り、神に呼びかけながら脱身《しね》ば、罪などはその人のそばに寄りつくこともできない」

第九章　聖ラーマクリシュナ、シャームプクルの家にて

一八八五年十月三十日（金）

聖ラーマクリシュナ、シャームプクルの家にて

シャームプクルの家で聖ラーマクリシュナと信者たち

一八八五年十月三十日、金曜日。アッシン黒分七日目、カルティク月十五日。聖ラーマクリシュナはシャームプクルに治療のため来ておられる。いま二階の部屋にいらっしゃる。午前九時、校長一人を相手に話をしておられる。やがて校長は、タクールの病状報告のためサルカル先生の邸へ行き、先生と共に再びここに来る予定だ。タクールはひどい病気なのに、ただ信者たちのことばかり思っていらっしゃる！

聖ラーマクリシュナ「(校長にニコニコしながら) 今朝《けさ》、プールナが来たよ。まったく、いい性質だねえ！　マニンドラはプラクリティ(女性的)の態度《バーヴァ》だ。すばらしいね！『チャイタニヤの伝記《チャイタニヤ・チャリターームリタ》』を読んで、あれが理解できたんだなあ――ゴーピーの態度《バーヴァ》、女友達《サキー》の態度《バーヴァ》がね。神はプルシャ（男、精神）で、自分はプラクリティのようなものだということが――」（訳註、チャイタニヤ・チャリタームリタ――平凡社・東洋文庫より「チョイトンノ伝1・2」として邦訳あり）

校長「はい」

プールナは校長のところの生徒で、年令は十五、六才である。タクールはプールナに会いたくてたまらないのだが、彼の家でよこさないのだ。タクールがどんなにこの少年に会いたがっておられたか――。或る晩、南神村《ドッキネーショル》から突然タクールが校長の家におみえになった。校長はやむなくプールナを家から連れ出してきてタクールに会わせた。プールナに、神に対する祈り方やその他、いろいろなことを教えたり話したりなさってから、タクールは南神村《ドッキネーショル》にお帰りになった。

マニンドラも年令は十五、六才である。信者たちは彼のことを〝コカ（赤ちゃん）〟と呼んでいる。この子は至聖《かみ》の名や讃歌を聞くと、恍惚《こうこつ》として踊りだすのである。

医者と校長

午前十時か十時半くらい、サルカル医師の家に校長は来ている。道路に面した二階の応接間のベランダで、医師と校長は椅子に腰かけて話をしている。医師の前に水の入ったガラスの鉢がおいてあって、何やら赤い色の魚が泳いでいる。医師はときどきカルダモン（スパイスになる実）の殻《から》を鉢に入れてやる。また時おり、小麦の粉を錬った小さなかたまりを屋根の上に放り投げてスズメにやっている。校長は観察していた。

医師「（校長に）ハッハッハッハ、ごらんなさい。こいつら（赤い魚）は、私の方ばかりジッと見ていて、カルダモンのカラを投げてやっても、そっちの方を決してふり向かないんですよ。だから私は言うのです――〝ただ信仰《バクティ》だけではいけない。智識《ジュニャーナ》が必要だ〟と（校長笑う）。それからあれ、あのスズメ、私が練り粉を投げてやると飛んで逃げる――恐ろしがっているんですよ。智識がないから信仰もない。食べ物だということがわからないんです」

二人は応接間に入った。四方に書棚があって本がぎっしり詰まっている。医師がちょっと休んでいるので、校長は本を見まわして一冊とりだした。そして、しばらく目を走らせた。キャノン・ファラー著『イエスの生涯』である。

医師は時々、世間話をする。ホメオパシーの病院を始めるにあたって、どんなに苦労が多かったか、それに関係した手紙を読んでみて下さいと言う。――「その手紙はみな、西暦一八七六年の〝カルカッタ・ジャーナル・オブ・メディスン〟に載っていたものです」

医師はホメオパシーに大へんな情熱をもっているようだ。

校長はもう一冊本をとりだした。マンガーの〝ニュー・セオロジー〟である。医師はそれに目をとめた。

医師「マンガーは見事な論法と推理で結論を引き出していますよ。これはね、あんた方はチャイタニヤがこう言った、ブッダがこう言った、イエス・キリストがこう言ったといって簡単に信じるが、そういうのじゃないんですよ」

校長「はっはっはっは、チャイタニヤもブッダもだめ、しかしマンガーを信じる、というわけですか」

医師「何とでもおっしゃい」

校長「誰かを引き合いに出さなければなりませんからね、お互いに――。あなたの場合はマンガー、

1885年10月30日(金)

というわけです」（医師笑う）

医師は馬車に乗り、校長もいっしょに乗りこんだ。馬車はシャームプクルに向けて進んだ。正午近くなっている。二人は話をしながら乗っていた。

バドゥリ医師も時どきタクールに会いに来る。話は彼のことになった。

校長「（笑いながら）――バドゥリはあなたのことを、『石コロから始めなけりゃならん』と言いましたね、ハッハハッハッハ」

医師「どういうことなんでしょう？」

校長「マハートマーとか精妙体《スークシュマ・シャリーラ》というようなものを、あなたが認めないからですよ。バドゥリ先生は多分、神智学徒《テオソフィスト》でしょうね。それにあなたは神の化身の活動も信じておられない。だから、あのかたはフザけて、そんなことを言われたのです。いまあなたが死んだとしたら、人間になんか決して生まれ更《か》わってこない。ほかの生き物、動物や草木にさえも生まれ更《か》わることはできない！　石コロから始め直して、低級な生物からやや高級なものへ何度も何度も生まれ更《か》わったあげく、気の遠くなるような未来に、やっとのことで人間の形に生まれるだろう、ということです」

医師「何てこった！」

校長「それから又、こうです。あなた方のサイエンスの知識は間違った知識だ――移りかわる頼りにならんものだと。彼は例をあげて話しましたよ――『二つの井戸がある。その一つは地下のスプリング（泉）から水が湧いている。二つ目のはスプリングがない。だが雨水がいっぱい溜まっている。

しかし、この二つ目の井戸水は長い日数保《も》たないだろう。あなたのサイエンスの知識もこれと同じ、雨水の溜まった井戸のように、間もなく干上がってしまうだろう』」

医師「（微笑して）――へえ、そうですか」

馬車はコルナワリシ街に着いた。ここでサルカル医師はプラタプ医師を乗せた。彼は昨日もタクールにお目にかかりに来た。

サルカル医師に対する教訓――智者《ジュニャーニー》の瞑想

1885年10月30日(金)

タクールは例の二階の部屋におられる――数人の信者たちと共に。サルカル医師はプラタプ医師と何ごとか話している。やがて――

サルカル医師「（タクールに）また、カシ（ベンガル語で咳）がでますか？（ニッコリ笑って）カーシー（ベナレス）に行くのは大そう善いことです」（一同笑う）

聖ラーマクリシュナ「解脱しちまうよ！　ハハハハ。わたしは解脱《ムクティ》はいらない。信仰《バクティ》がいるんだ」（医師と信者たち笑う）（訳註――カーシーで死んだ者は必ず解脱《ムクティ》を得られると信じられているので、多くのヒンドゥー教徒がこの地で最期を迎えようと願っている）

プラタプ医師はバドゥリ医師の娘ムコだ。タクールはプラタプを見て、義父であるバドゥリ医師のことをおほめになった。

聖ラーマクリシュナ「（プラタプに）アハー、立派なお人柄だねえ！　神を想い、徳を積み、その上、形のない神も形のある神も、みなよく理解して崇《あが》めていなさる」

校長は、あの〝石コロから始め直す〟話がもう一度出ないものかと、内心すこぶる期待していた。彼は低く抑えた声で若いナレンに――タクールのお耳に入るだろうと思って――話しかけた。「石コロから始める話を、バドゥリ医師がなすったのをおぼえているかい？」

聖ラーマクリシュナ「（医師に）――ハッハッハッハ。あんたにどういうことを言ったか知ってるかい？　あんたがここで皆が話していることを何にも信じないから、マヌ期（マヌヴァンタラ）（訳註１）の後、あんたは石コロから進化を始めなけりゃならないだろうって……」（一同笑う）

医師「はっはっはっは。石コロから始まって、気の遠くなるほど沢山生まれかわって、やっと人間なったと思ったらまた此処へきて、またまた石コロからやり直す……」（医師はじめ一同大笑い）

タクールがひどい病気にかかっているにもかかわらず、絶えず霊的な気分にひたり、神に関する話ばかりなさる、このことが話題になった。

プラタプ「昨日も半三昧《バーヴァ》になっていらっしゃいましたね」

聖ラーマクリシュナ「知らず知らずのうちにああなってしまったんだよ。でも、そう強いものじゃ

（訳註１）マヌヴァンタラ――ブラフマー神の一日を十四人の人祖（マヌ）が各々《おのおの》等分して統治しており、一人のマヌが統治する期間を「マヌ期（マヌヴァンタラ）」という。各人祖《マヌ》の統治する期間が、即ち今の宇宙生物進化期に当たり、人間の時間に換算すると３億８４４万８千年に相当する。

ない」

医師「話すことも、精神的に興奮することも、今は体によくないんですがねえ」

聖ラーマクリシュナ「(医師に)――昨日、半三昧になって、あそこであんたを見たよ。あんたは知識の鉱山《やま》で――でもすっかり乾いている。喜びの甘水がない。

(プラタプに)――この人(サルカル医師)がもし神の甘露を味わったら、下から上から一切合切見えるようになりなさる。そしてもう、自分の言うことだけ正しくて、他の人のいうことは正しくない、なんてことは二度と言わなくおなりだ。――それに、人の神経にさわるような言葉をズケズケ言わないようになるよ!」

〔人生の目的――以前の話――ナングタの教え〕

信者たちはみな、押し黙っていた。すると急に、タクール、聖ラーマクリシュナは霊的興奮状態になられて、サルカル医師にこうおっしゃった。

「マヘンドラさん、何で、カネ、カネと騒ぎまわるんだ! 家内、家内! 名誉、名誉! そんなものばかりに気をとられているんだい! みんな投げ捨てて、魂まるごと神さまに捧げてしまえ! あの楽しい経験をしてみろ!」

サルカル医師は黙っていた。一同も沈黙。

聖ラーマクリシュナ「智者《ジュニャーニー》の瞑想について、ナングタがよく話していたっけ。水、水、上も下も果てしない水！　人は魚のように楽しそうに泳いでいる。瞑想を正しくすれば、この様子がアリアリと見える。

無限の大海、果てしない水。そのなかに水がめが浮いている。かめの外も中も水なんだよ。智者はさとる――中も外も、すべてこれ至上我《パラマートマン》と。では、この水がめは何だろう？　かめがあるから、水は二つ――内と外――に分かれて見える。かめがあるから〝私〟を感じる。その〝私〟がなくなると、それがあるだけ――。様子を語ることはできない。

智者の瞑想は、ほかにも似ているものがある。無限の大空に鳥が楽しげに飛び回っている――羽根を思いっきり広げて。純粋意識の大空にアートマンの鳥。この鳥はカゴに入ってはいない。心の大空《チダーカーシャ》に天翔《か》けて、その歓喜《よろこび》は果てしもない。（原典註）

信者たちは感動のあまり言葉もなく、この〝瞑想《ディヤーナ》のヨーガ〟の話を聞いている。少ししてプラタプが口をきった。

プラタプ「（医師に向かって）――よくよく考えてゆけば、すべては影だということがわかります」

医師「影というなら三つの条件が必要だ――太陽と、実体と、影と。実体がなくて影とはいったい

（原典註）P.B. Shelly's 'To a Skylark'（P・B・シェリーの『ひばりに寄せて』）
パーシー・ビッシュ・シェリー（1792～1822）は社会の慣習と不正に反抗し、愛と自由を求めたイギリスのロマン派の詩人。『ひばりに寄せて』は、美しくさえずり高く高く舞い上がるひばりに寄せて、自由と純真への願いを歌った詩。

何ごとです！　それにまた、God real（神のみ真実）、そして、Creation unreal（創造物は真実ではない）とは！　Creation（創造物）も real（真実）ですよ！」

プラタプ「アッチャ、鏡にものが映るように、心という鏡にこの世界が映って見えるのです」

医師「実体《ヴァストゥ》が一つもなかったら、いったい何が映るんですか？」

ナレンドラ「決まっているでしょう。神がその実体ですよ！」

医師は黙っていた。

1885年10月30日（金）

〔世界の意識とサイエンス——神だけが行為者《なさる》〕

聖ラーマクリシュナ「（医師に）あんたは一つ、いいことを言ったよ。霊的恍惚《バーヴァ》は心が神と合一（ヨーガ）の状態になるときだ、なんて——。ほかの人はいままで誰も言わなかった。あんたがはじめて言ったんだ。

シヴァナートがいつか、『あまり神のことを考えすぎると、頭がおかしくなってしまう』と言った。世界の意識そのものに心を集中して無意識になるとはね！〝それ〟は知性そのもの。その知性によって世界は知覚しているというのに、〝それ〟を考えすぎて知性がなくなるとは……。

それからあんたのサイエンス——コレを混ぜればアレになる、アレを混ぜたらコレになる——こんなことばかり考えていたら、それこそ知性がダメになってしまうだろうさ——生命のないものばかり相手にして！」

医師「それによっても、ちゃんと神を見ることができます」

校長「それにしても、やはり人間のなかにこそ最も明らかに神を見ることができるのです。また霊的偉人《マハープルシャ》においては、更に更に明らかです。霊的偉人《マハープルシャ》のなかに、神は最高に顕《あらわ》れているのです」

医師「フム、それはたしかですね」

聖ラーマクリシュナ「あの御方を想いすぎて無意識になるなんて、全く話にもならないよ！　その意識で、無生物まで命あるものに見えるんだし、手足や体が動いているんだ！　体が動くというが、あの御方が動かしていることがわからないんだよ。湯で手をヤケドしたと言うが、湯がヤケドなんかさせるものか。湯のなかにある熱、湯のなかにある火性がヤケドさせたんだ！

鍋でご飯を炊いている。イモとナスも入れてある。火が通ってきて中のものが跳ねだすと、小さい子はイモとナスが自分で踊っている、と言う。下で火が燃えているのが原因だとわからないんだ！　人間どもは、感覚器官が自力で作用しているように言う！　中にあの〝意識そのもの〟があって、動かしていることに気がつかないんだよ！」

医者は帰るため立ち上がった。タクール、聖ラーマクリシュナもお立ちになった。

医師「困ったときの神頼み。人はそんなときになると、〝アナタ、アナタ（神よ、神よ）〟と言うものです。喉がそんなになってしまったのですから、自分でも言われたように――ほら、今は糸梳《す》き職人の手に渡ってしまったんですから、糸梳《す》き職人にそうおっしゃい。あなたが自分で言ったことですよ」

1885年10月30日(金)

聖ラーマクリシュナ「今さら、何を言えばいい?」

医師「どうして言わないんですか? あの御方の膝《ひざ》に抱かれて、膝《ひざ》の上で排泄までしてるんです。病気になったらあの御方に言わなくて、他の誰に言えばいいんですか?」

聖ラーマクリシュナ「ほんと、ほんと。時たま言おうとするんだけど、どうもうまくできないんだよ」

医師「言わなきゃいけないことでしょうか。あの御方は知らないんですか?」

聖ラーマクリシュナ「ハッハッハッハ。あるイスラム教徒がお祈りのとき、『おお、アッラーよ、おお、アッラーよ』と声をかぎりに叫んでいた。そばで聞いていた人がこう言ったとさ。『お前さん、何でそんなに大声だしてアッラーを呼ぶのかね。あの御方は蟻の足輪の音だってお聞きとりになることを知らんのかね』」

〔行者《ヨーギー》の特徴——行者《ヨーギー》は内に向いている——聖者ヴィルヴァマンガル〕

聖ラーマクリシュナ「あの御方に心が合一《ヨーガ》すると、神が大そう間近に見える。自分の胸の中に見える。だが、ここで一つ言っておくがね、このヨーガが進めば進むほど、外界の事物《もの》から心が引きあげてくる。〝バクタ・マーラー〟(訳註2)に一人の信仰者(ヴィルヴァマンガル)の話がでている。彼は情婦のところによく通った。或るとき、大そう夜が更けてからそこに行った。その日は家で父母の法事をしたので、そんなにおそくなったんだよ。法事の供えものを彼女に食べさせようと思って手にもっていた。彼女のことで心がいっぱいなので、どこをどう通っているのか上の空だった。道ばたで一人の行者《ヨーギー》が目をつぶって神を瞑想していた。その行者《ヨーギー》の体にひょいと足をかけてしまった。行者《ヨーギー》は立腹して声を荒げた。『きさま、どこ見てる！　私が神を想っていたのに、体を踏んづけて行くとは何事だ！』すると、その人はこう言った。――『どうぞ、かんべんしてください。でも、一つ質問があります。私は情婦のことを想ってボンヤリしていたのですが、あなた様は神のことを想って、しかも外の出来事もハッキリ感じていらっしゃる！　これは、どういう種類の瞑想ですか⁉』――この人は終《つい》に世間を捨てて専一に神に仕えることになった。彼は情婦にこう言った。――『あんたは私の師《グル》だよ。あんたは私に、どんなふうにして神を恋慕したらいいかを教えてくれた』そして情婦を〝お母さん〟と呼んで、縁を切ってしまった」

医師「それは密教《タントラ》の方式ですね。女を母と呼ぶ……」

〔家住者には人を導く資格はない〕

聖ラーマクリシュナ「ま、話をお聞き――

或る王様がいた。一人の学者について毎日毎日〝バーガヴァタ（・プラーナ）〟を聞いていた。毎日、講義が終わると学者は王様にきくのだった――『王様、おわかりになりましたか？』すると王様

（訳註２）バクタ・マーラー――伝記作家ナーバージー（1573～1643）の作った説話で、多くの信仰者《バクタ》の話が載っている。バクタ・マーラーは『信仰者の花輪』の意味。

も毎日きまった返事をする。――『あんたが先にわからなくちゃ!』学者は毎日、家に帰ると考える――王様はどうして毎日同じことを言うんだろう。私が毎日こんなにハッキリ説明してあげているのに、いつも、〝あんたが先にわからなくちゃ!〟と言う。いったい、どういうつもりなんだろう? この学者はちゃんと修行もしていた。しばらくたって、修行中にハッキリ悟った――神のみ真実在で、ほかはみな、家も家族も財産も、友人も名誉も、すべては非実在《アヴァストゥ》である、と。すると世間のことがみな空しく感じられて、彼は世を捨てる決心をした。家を出ていくとき、或る人に頼んで王様に言ってもらった――『今、私はわかりました』

それからもう一つお聞き。或る人が、バーガヴァタを講義してくれる学者が必要になった。学者に毎日来てもらって、聖なる『バーガヴァタ(・プラーナ)』を聞こう、という気持ちになったのさ。ところが、なかなか学者がみつからない。さんざ探しているところへある人が来て、『とても優秀なバーガヴァタ学者がみつかったよ』と報告した。『そりゃよかった。その方をお連れしてきてください』と返事したら、ある人はこう言う。『でも、ちょっと難点があるんだよ。その人は鋤《すき》をいくつかと去勢牛を何頭かもっていて、一日中、野良仕事をしなくちゃいけないから、なかなかヒマがないらしい』すると、その人はこう言った。『おやおや、鋤や去勢牛をもって忙しがっているバーガヴァタ学者など、おことわりします。私が探しているのは、ヒマがあって、私に神の話を聞かせてくださる人だ』

(医者に)――わかったかい?」

医者は黙っていた。

〔ただの学識と医者〕

聖ラーマクリシュナ「わかるかい、ただの学識だけじゃどうにもならないってことが――。学者たちは沢山沢山いろんなことを知っているし、聞いている――ヴェーダ、プラーナ、タントラ、何でも知っている。しかし、ただ学問として知っているだけじゃ、悟りのタシにはならないよ！識別《ヴィヴェーカ》と離欲《ヴァイラーギャ》が不可欠《ひつよう》なんだ。識別と離欲の精神《こころ》を具えた人の話なら聞くに耐えるがね。世間のことが一番大事だと思っている連中の話なんか、何の役に立つかい！

　ギーターを読んで何がわかる？　ギーターギーターと十回くりかえしてみたらわかるよ。ギーターギーターと言っているうちにターギーターギーになる。世間の、女と金に対する執着をすっかりターギー（捨て）て、神に十六アナ（百パーセント）の信仰を捧げた人こそ、ギーターの核心を理解した人だ。ギーターを全部読む必要はない。〝ターギーターギー〟がほんとにわかれば、それでいいんだ」

　医師「テャーギー（捨離）と言うのなら、〝ギーター〟に接続詞の〝ヤ〟を入れなければ〝テャーギー〟にはなりませんよ！」

　校長「そのことでしたら、ナヴァドヴィープ・ゴスワミーが〝ヤ〟は必要ないとタクールに言われましたよ。タクールがパニハティの大祭に行かれたときに（一八八三年六月十八日）、バガヴァッド・ギーターの話をされたんです。そのときゴスワミーは、タグという語源があって、それがタガになり、そこへ〝イー〟をつけるとターギーになる。〝ターギー〟も〝テャーギー〟も同じだ、と言っていましたよ」

医師「或る人が私にラーダーの意味を教えてくれましたよ。『ラーダーってどういう意味だか知っていますか？　反対に言ってみるとわかります。つまり、〝ダーラー（流れ）、ダーラー〟』（一同大笑）ま、今日のところは、ダーラー（お流れ）ということにしておきましょう」

1885年10月30日（金）

この世の知恵、またはサイエンス

医者は帰った。タクール、聖ラーマクリシュナの近くに校長が坐っていて、二人だけで話している。校長が今日、医者の家に行ったときの話をしているのである。

校長「（聖ラーマクリシュナに）赤い魚にカルダモン（スパイスになる実）の殻《から》をやったり、スズメに練り粉の粒をやったりするのですよ。そしてこう言うのです。『ごらんなさい。魚はカルダモンの殻《から》に見むきもしないで向こうへ行ってしまう！　だから智識《ジュニャーナ》が先ず第一で、信仰《バクティ》はそれからでいいのです。スズメも練り粉の粒を投げてやるとパッと飛び立つ。つまり、智識がないから信仰もない』と」

聖ラーマクリシュナ「ハッハッハッ。その智識というのはこの世の知恵のことだ。連中の言っているサイエンスの知識のことだよ」

校長「それから、こう言いました。『チャイタニヤがこう言った、ブッダがこう言った、イエス・キリストがこう言った、だから信じる——というものではない』と。

孫が一人生まれましてね、先生は嫁さんを大そうほめておられました。『一日中、家のなかに嫁がいることに気付かないほどだ。それほど、うちの嫁は静かで恥ずかしがり屋で……』と言って」

聖ラーマクリシュナ「こちら（自分を指す）のことを考えているよ。だんだん信じるようになるだろう。我執高慢というものはいっぺんにはなくならないさ！　あんなに知識があって、あんなに有名なんだもの！　おカネも持ってるし！　それなのに、こちらの言うことをけなしたりしない」

根元造化力《アディヤシャクティ》の顕現《あらわれ》――常楽《サダーナンダ》

午後五時、タクールは二階の部屋に坐っていらっしゃる。信者たちがとりまいている。皆、黙っている。そのうち、外部の人たちがあの方を見にやって来た。それでも皆、黙ったままである。

校長はタクールのすぐ傍に坐っている。タクールと低い声で一言、二言、思い出したように言葉を交わしていた。タクールは上衣《ジャマ》を着ておられた。校長がお着せしたのである。

聖ラーマクリシュナ「（校長に向かって）ねえ、近ごろはあんまり瞑想する必要がなくなったよ。すぐに不可分《アカンダ》の意識になってしまうんだ。今は見えるだけだよ」

校長は黙っている。部屋は静まり返っている。

しばらくすると、またタクールは校長にひとことおっしゃった。

聖ラーマクリシュナ「アッチャ。ここにいる人たちはみんな、黙って坐って、わたしの方ばかり見ている。しゃべりもせず、歌いもしないのに――。何を見ているんだね？」

タクールはそれとなくおっしゃったのだろうか――神そのものが人間の体をとって現れている場合、これほど人を惹きつけるのだ、信者たちは口もきけずに、吸いよせられるようにこちらを見つづけている！

校長はやおら答えた。──「はい。みんなは今まで、あなた様のお言葉をたくさん聞きました。それで今はただ見ているのです──ほかでは見られないものを──常楽《サダーナンダ》の、幼児のような、我執のない、神の愛に酔っているお姿を！　いつかイシャン・ムクジェーの家にいらして、表側の部屋を歩いておられたとき──私たちもおりましたが、ある人があなた様のことをこう申しました──『こんな常楽の魂《サダーナンダ・プルシャ》を、いままで何処《どこ》ででも見たことがない』と」

校長は再び口をつぐんだ。部屋はまた静まり返った。しばらくして、タクールがまた校長に甘い声で何かおっしゃった。

聖ラーマクリシュナ「アッチャ。あの医者はどんな具合かね？　こちらの話をみんな、よく受けとってるようかね？」

校長「力ある種子《たね》は何処へまかれても、遅かれ早かれ必ず芽を出しましょう。先日のお話、思い出すとおかしくて、おかしくて──」

聖ラーマクリシュナ「何の話だっけ？」

校長「ジャドウ・マリックが食事のとき、どの料理に塩が入っているか、どの料理に塩が抜いてあるか、ぼんやりしていてさっぱりわからなかったというお話です。それほど放心状態だったというわけです！　誰かが、『この料理は塩が抜いてあるんですよ』と注意してあげると、すっとん狂な声を出して、『エ？　エ？　塩が入っていない？』

1885年10月30日（金）

医師にこの話をお聞かせになったのですよ。あのかたが、『私はすぐ、ボンヤリしましてねえ』などと言ったものですから——。あなた様は医師に、ジャドウは俗事をあれこれ考えすぎてボンヤリしていたのであって、神想のためではない、ということをわからせようとなすったのです」

聖ラーマクリシュナ「そのことについて考えるだろうか？」

校長「おわかりになるでしょうとも。でも、あまり用事がありすぎるので、忘れてしまう場合もかなりあるようでございます。今日もいいことを言われましたね。『それはタントラ式の修行法です——女を母と見なすのは……』と」

聖ラーマクリシュナ「わたしゃ、何を話したんだったかな？」

校長「去勢牛を何頭も持っているバーガヴァタ学者の話（タクール笑う）。それから、講義をしてくれる学者に、毎日、『あんたが先にわからなくちゃ！』と言う王様の話（タクール笑う）。

それからギーターのこと。ギーターの核心は——女と金を捨てろ——女と金に執着する心を捨てろ、ということ。医師にあなた様はこうおっしゃいました。『世俗の人が（欲を捨てないで）、人を導いたりできるか？』

これは、あの方にはよく理解できなかったようですね。終《しま》いに、〃ダーラー、ダーラー〃などと言ってごまかしていました」

タクールは信者たちのことをいつも考えていらっしゃる。——少年信者のプールナのこと、同じくマニンドラのこと。タクールはマニンドラに、プールナのところへ行って話をするようにとおっしゃった。

1885年10月30日(金)

聖ラーダー、聖クリシュナの定義について——すべてが可能——永遠《ニティヤ》と変化《リーラー》

夕暮れになった。タクール、聖ラーマクリシュナのお部屋に明かりが灯《とも》された。数人の信者とタクールに会いにきた人たちは、タクールからやや離れて坐っている。タクールは心を奥に向けて、お話をなさらない。ほかの人々もみな神の想いにふけり、部屋の中は静まり返っている。

間もなくナレンドラが友人を一人連れてやってきた。ナレンドラは友人を紹介した。——「この方は僕の友人で、数冊の著書があります。『キランマイー』(太陽の光のように輝く女性)』を書いた方です」『キランマイー』の作者はタクールにあいさつをして座についた。タクールは彼と話をなさる——。

ナレンドラ「この方は、ラーダー・クリシュナのことも書いておられるのですよ」

聖ラーマクリシュナ「(作家に向かって)どんなこと書いてるの? 聞かせておくれよ」

作家「ラーダー・クリシュナこそ至高のブラフマンであり、オームの精髄でありました。あのラーダー・クリシュナである至高のブラフマンから大《マハー》ヴィシュヌが、大《マハー》ヴィシュヌからプルシャとプラクリティ——つまり、シヴァとドゥルガーが生まれたのです」

聖ラーマクリシュナ「すてきだ! クリシュナの養父、ナンダ・ゴーシュは絶対・永遠《ニティヤ》なるラーダーを見た。聖愛《プレーマ》なるラーダーはブリンダーヴァンでクリシュナと遊《リーラー》びなすった。チャンドラヴァリーは愛欲《カーマ》のラーダーだった。

愛欲《カーマ》のラーダーと聖愛《プレーマ》なるラーダー。——それがもっと進むと絶対・永遠《ニティヤ》なるラーダーになる。タ

マネギの皮をむくとき、先ず固い赤い皮、次がうすいピンクの皮、そのあとが白くなってもう皮がむけなくなる。あれが絶対・永遠《ニティヤ》なるラーダーの姿で、そこまでいくともう、〝ネーティ、ネーティ〟の分別は止まってしまう！（訳註――インドのタマネギは日本のものと少し異なる）

永遠・絶対《ニティヤ》のラーダー・クリシュナ、それから相対活動《リーラー》のラーダー・クリシュナ。この二つは太陽と光線のようなものだ。永遠・絶対《ニティヤ》が太陽自身《そのもの》、相対活動《リーラー》が太陽の光線。

純粋な神の信者は時にはニティヤに住み、時にはリーラーに住む。ニティヤである御方がリーラーするんだ。あるのは一つ、二つでも多でもない」

作家「ところで、〝ブリンダーヴァンのクリシュナ〟とか、〝マトゥラーのクリシュナ〟（訳註３）とか言っているのは、どういうものなのでしょうか？」

聖ラーマクリシュナ「それは、ゴスワミー（ヴィシュヌ派の説教師）たちの意見なんだよ。西の方の学者たちはそういうことは言わないんだよ。彼らにとってはクリシュナ一人だけ、ラーダーは認めない。ドゥワラカのクリシュナだけを認めている」

作家「とにかく私は、ラーダー・クリシュナこそ至上梵《パラブラフマン》だと思っています」

（訳註３）〝ブリンダーヴァンのクリシュナ〟とはブリンダーヴァンでラーダーや牛飼い乙女《ゴーピー》たちと遊び戯《たわむ》れているクリシュナの姿で、〝マトゥラーのクリシュナ〟とはマトゥラーやドゥワラカでの王様としてクリシュナの姿で、ここではラーダーは登場しない。

聖ラーマクリシュナ「それでいいんだよ！　けれど、あの御方は何でもお出来になるだろう？　あの御方こそ無形の神であり、有形の神なんだ。あの御方こそ〝個《スヴァラート》〟であり、〝普遍《ヴァラート》〟だ。あの御方こそブラフマン、あの御方こそシャクティだ！

あの御方には終わりがない。あの御方にとってはあらゆることが可能なんだよ。トンビやタカがどんなに高く飛んでも大空に突き当たることはできない。ブラフマンとはどんなものか教えろと言われても説明できるものか。〝ソレ〟と直接《じかに》会った人でも、口で言える筈がないよ。ギーはどんな味かと聞かれたら、ギーはギーの味だとしか言いようがないだろう。ブラフマンはブラフマンのようだとしか、ほかに何とも説明のしようがない」（訳註、ギー――一度発酵させた乳からつくったバターで独特の風味がある）

第一〇章　ハリバッラブ、ナレンドラ、ミスラたちと共に

1885年10月31日(土)

一八八五年十月三十一日(土)

シャームプクルの家で――ハリバッラブ、ナレンドラ、ミスラなどの信者たちと共に

バララム氏のためを思う――従兄《いとこ》のハリバッラブ

聖ラーマクリシュナは病気治療のため、シャームプクルの家に信者たちと住んでいらっしゃる。今日は土曜日。アッシン黒分八日目。カルティク月十六日。西暦一八八五年十月三十一日、午前九時。此処に信者たちは昼も夜も詰めかけている――タクールの看病のために！　しかしまだ、俗世を捨てた人はいない。

バララム家は家族こぞってタクールを信じ、お仕えしている。彼の家は、先祖代々信仰家の血筋である。父親はある年配に達すると、独りでブリンダーヴァンに住むようになった――大聖シャームスンダラを祀ったお堂を建立し、そこにいるのである。彼の従兄《いとこ》、ハリバッラブ・ボース氏はじめ、ほかの家族もみなヴィシュヌ派だ。

ハリバッラブはカタック(オリッサ州)の首席弁護士である。大覚者様《パラマハンサ・デーヴァ》のところにバララムが出入

りして――ことに家族の婦人たちもいっしょにいるのを聞いて、それが気に入らないのである。『まあ、お会いしてごらん』とバララムは言っていた。――『あんた、あの方に一度会ってごらん。そうしてから何とでも言いなさい！』というわけで、ハリバッラブは今日、ここに来たのである。彼はタクールに会って、大へん尊敬した態度であいさつをした。

聖ラーマクリシュナ「どうしたらよくなるかなあ！――あんたさんも、これはヒドイ病気だと思うかい？」

ハリバッラブ「は、それは医者たちが申し上げることでございましょう」

聖ラーマクリシュナ「女たちもわたしの足からチリをとっていく。きっと、わたしのなかにあの御方（神）がいなさると思っているんだろう――わたしゃ、そう思って見ている」

ハリバッラブ「あなた様はサードゥでいらっしゃいます！　皆があなた様にごあいさついたしましても、それが当然でございましょう？」

聖ラーマクリシュナ「そりゃ、ドゥルヴァとか、プラフラーダとか、ナーラダ、カピラのようなサードゥならいいさ、わたしなんか……。あんたさん、また来て下さいよ」

ハリバッラブ「はあ、私どもは引きよせられてまいります。あなた様がおっしゃいませんでも……」

ハリバッラブは帰るにあたって、あいさつをするのにタクールの足のチリをいただこうとする。タクールは足を隠して、そうさせまいとなさる。しかしハリバッラブをよけることはできなくて、彼は無理矢理お足のチリをいただいた。

ハリバッラブは立ち上がった。タクールは彼に敬意を表して、やはりお立ちになった。そして、こうおっしゃる――「バララムががっかりしているから、わたしも行こうとは思っているんだが――。行って、あんたたちに会おうと――。でも、ちょっと気になるんだよ！　あんたらがバララムに、『この人を招《よ》んだのは誰だ？』と言わないかと思って――」

ハリバッラブ「そんなこと、誰が申しますものですか。そんなお気づかいは全く必要ないことでございます」

1885年10月31日（土）

ハリバッラブは帰った。

聖ラーマクリシュナ「（校長に）――信仰のある人だ。そうでなけりゃ、どうして無理矢理足のチリをとっていくなんてことをする？

あのこと、お前さんに言ったね――『半三昧のとき、医者ともう一人の人を見た』と。あれがその人だよ。だから来たんだよ」（訳註――一八八五年十月二十九日参照）

校長「さようでございますか。たしかにあの人は信仰家です」

聖ラーマクリシュナ「正直な人だね！」

タクールの病状報告のため、校長はシャンカリトラのサルカル医師の家に行った。医師は今日もまた、タクールの診察に来るだろう。

医師は、タクールとマヒマーチャランのことを話した。

医師「ねえ、あのかた（マヒマー）はあの本を持ってきて下さらんのですよ――私に見せてくれるといっておられた本を！　催促したら、すっかり忘れていたんだそうです。そういうこともあるでしょうよ。私だってよく物忘れをするから――」

校長「あのかたは博識ですねえ」

医師「それなのにあの状態とは！」

タクールに関して、医師はこう言った――「ただ信仰をもっているだけではどうしようもないでしょう――智識がなかったら」

校長「どうしてですか？　タクールはこうおっしゃいましたよ。智識のあとでホントの信仰だって……。しかし、あのかたのおっしゃる智識、信仰と、あなた方の考えておられる智識、信仰とはずいぶんちがいますがね。あのかたが、『智識の後、信仰だ』とおっしゃる意味は、真理の智識を得たあとの信仰、ブラフマンをさとったあとの信仰――至聖《かみ》を知ったあと信仰をもつ、ということです。あなたがたの言われる智識は、Sense, Knowledge――つまり五官の感覚を通して得られる知識のことですからね。前者（真理の智識）は not verifiable by our standard――ふつうの感覚を通して得た知識からでは正しく理解できないのです。でも、後者（五官の感覚を通して得た知識）は verifiable――立証出来ます」

医師はそれには答えず、アヴァターラに関する話を始めた。

医師「今さらアヴァターラだの何だのと、どういうことです？　足のチリをとったりして！」

1885年10月31日（土）

校長「なぜでしょう、あなただっておっしゃったではありませんか。――臨床試験中に神の創造を見て恍惚《こうこつ》とする――人間のことをよく観察するとうっとりしてしまうと。それなら、なぜ神に頭を下げてはいけないのですか。人間の胸のなかに神はいますのですから――。ヒンドゥー教ではあらゆるものにナーラーヤナ（神）を見ます！　このことについて、あなたはあまりご存じではないと思いますね。あらゆるものに神が宿っておられるのなら、あのかたを拝んでも不思議はないでしょう？

大覚者様《パラマハンサ・デーヴァ》はおっしゃいました――『あるものには、他のものより余計にあの御方が表れている――太陽光線が他のものより水と鏡によく反射するように。水分はどこにでもあるが、川や池、湖に集まって顕れている』と。我々は神に合掌するのであって、人間の肉体にではありません。God is God――not, man is God.（神が神なのです。人が神なのではありません）。

あの御方は reasoning（一般的思考法）で理解できはしない。――すべては〝信〟にかかっている。タクールはそうおっしゃるのです」

今日、医師は校長に著書――Physiological Basis of Psychology（心理学における生理上の基礎）を一冊贈《おく》ってくれた。――はじめの頁《ページ》に〝as a token of brotherly regards（親愛をこめて尊敬のしるしとして）〟と書いて――。

聖ラーマクリシュナとイエス・キリスト――聖ラーマクリシュナにキリストの顕現《あらわれ》

タクールは信者たちと坐っていらっしゃる。午前十一時。ミスラという名のキリスト教徒《クリスチャン》と話をしておられる。ミスラは三十五才くらいである。彼はクリスチャンの家系のもとに生まれた。上に洋服を着て、その下に黄土色《ゲルア》の下衣《カポル》を召している。今はすっかり俗世を捨てている。生誕地は西部である。兄弟の一人が結婚式をあげた日に、二人の兄弟が亡くなった。その日以来、彼は俗界を離れたのだった。クエーカー教徒（プロテスタントの一派）である。

ミスラ「すべてのものに宿り給うのはラーマのみ」

聖ラーマクリシュナは若いナレンに静かにおっしゃる――もちろんミスラにも聞こえるように。

――「ひとりのラーマに、百もの名前があるんだよ。キリスト教徒《クリスチャン》がゴッドと呼んでいる御方を、ヒンドゥー教徒はラーマとかクリシュナ、またはイーシュワラ（神）と呼んでいるんだ。貯水池《いけ》にたくさんの水汲場《ガート》がある。一つの水汲場《ガート》でヒンドゥーたちは水を飲みジャル――イーシュワラと言う。キリスト教徒は別の水汲場《ガート》から汲んで飲みウォーター、つまりゴッドとかイエスとか言う。イスラム教徒はまたちがう水汲場《ガート》から飲んでパニ、つまりアッラーと言うんだよ」

ミスラ「イエスはマリヤの息子ではありません。神そのものなのです。（信者たちに向かって）――このかた（タクール）は、今こうしていらっしゃいますが、神ご自身なんですよ。

あなた方は、このかたのことがよくわかっておられんようですな。私は以前にも、（霊眼を通して）このかたをお見かけしました――いまはこうして直接お会いしていますが。お見かけしたのはある人の別荘で、このかたは高くしたお席に坐っておいでした。床の上にもう一人坐っておられて――その方はさほど霊格の高い方ではありませんでした。

この国には四人の神の門番がいらっしゃる。ボンベイ地方にトゥカラーム。(訳註1)カシミールにロバート・マイケル。ここベンガルにはこの方。――それからもっと東に、もう一人いらっしゃいます」

聖ラーマクリシュナ「あんた、何か（霊的に）見えるのかい？」

ミスラ「はい。家にいた時分から、よく光が見えたものです。その後、イエスにお会いしました。そのお姿といったら！――あの美しさに比べたら女の美しさなんか！」

しばらくするとミスラは、信者たちと話をしながら上着をぬいで、なかに着ている黄土色《ゲルア》の下衣を見せた。（訳註――黄土色《ゲルア》の下衣を見せることで、自分が全てを放棄していることを表したものと思われる）

タクールはベランダからこちらに来られておっしゃる――「このかたが、英雄のような姿で立っているのを見たよ」

こうおっしゃって、タクールは三昧にお入りになった。西を向いて、立ったままの三昧である。

少し解けると、ミスラを眺めながら笑っていらっしゃる。

まだお立ちになったままだ。恍惚《こうこつ》としてミスラの手をにぎり、笑っておられる。そして、「あんたの求めているものは、きっと手に入るよ」とおっしゃった。

タクールはイエスの精神状態になられたのだ！　この御方とイエスは同一人物なのか？

ミスラ「（合掌して）――私はあの日以来、心も命も肉体も、すべてあなた様に捧げております！」

タクールはまた、恍惚《こうこつ》としてお笑いになった。

タクールは座におつきになった。ミスラは信者たちに、自分の過去の経歴をみんな話してきかせた。結婚式の日に天蓋が落下してきて、二人の兄弟が死んだときの様子も話した。

聖ラーマクリシュナはミスラをもてなすようにと、信者たちにおっしゃった。

〔ナレンドラ、サルカル医師たちと楽しいキールタン〕

サルカル医師が来た。医師を見るとタクールはまた三昧になられた。すこし解けるとタクールは、恍惚《こうこつ》とした様子でおっしゃる——「神に酔った《カーラナーナンダ》あとサッチダーナンダ、原因《カーラナ》の原因《カーラナ》！」

医師「はい！」

聖ラーマクリシュナ「無意識じゃないよ」

医師は、タクールが神に陶酔されたのだと理解したらしい。それでこう答えた。——「いえ、あなたは実に意識がハッキリしていますよ！」

タクールはニッコリ笑って、歌の文句を口ずさまれた。

われ飲むは、この世の酒ならず
永遠に芳《かぐわ》しき　神の甘露酒《うまさけ》

（訳註1）トゥカラーム——十七世紀の詩人でキールタンをしながら信仰《バクティ》を広めた。

1885年10月31日(土)

大実母《マー》カーリーに栄えあれと
御名をとなえたたえて
身も心も歓喜《よろこび》に酔いしれたり
わが師より賜《たまわ》りし教えに
わが情熱をそそぎて醸《かも》す智の酒の
もゆる壺より飲みて
わが心　しとど酔いたり
根本真言《ムーラ・マントラ》はカーリーの御名
念ずれば清浄なり　身も心も
神の酒を飲みて
生命の四つの実を獲《と》れとプラサード歌いぬ

この歌をきいて、医師はほとんど前三昧状態にまでなってしまった。タクールもまたいちだんと深い法悦境に入られたようだ。そして医師のひざに足をおのせになった。少したって意識が平常に戻ると、タクールは足を医師のひざから引っこめてこうおっしゃった――「ウホ！　あんたは何てすごいことを言ったんだろう！　あの御方のヒザに抱かれているんだから、あの御方に病気のことを言わないで誰に言えばいいんだ。――頼まなけりゃいけないなら、あの御方に頼もう！」

こうおっしゃると、タクールの両眼からは涙があふれ出した。

再び前三昧に！　その状態で医師におっしゃる――「あんたはとても純粋だ。さもなけりゃ、足をのっけることはできないんだよ！」

それから――「〝ラーマの甘露を味わった人だけの心の平安！〟世間のことが何だ？　なかに何があるんだ？　金、名誉、五官の歓び――このなかに何があるんだ？　〝ラーマを知らずして、どうして自分を知ることが出来ようか〟」

ひどい病気なのに、絶えず霊的興奮をされるタクールを見て、信者たちは心配でたまらない。タクールはおっしゃる――「あの歌を誰か歌ってくれたら、もう静かにしているよ――〝ハリの甘露の酒《あまい》〟を」

別の部屋にいたナレンドラが呼ばれて、神々しい声でこの歌をうたった。

ハリの香《かぐわ》しく甘き酒飲みて、わが心よ、酔いしれよ
ハリ、ハリと呼びつつ地に転《まろ》び伏して泣け
ハリの名の大いなるひびき天にとどろかせ
ハリの名となえつつ両手あげて踊れ
ハリの名をすべての人に分かち与えよ
ハリの愛の甘き喜びの海で日も夜も泳ぎ
ハリの名うたえば高き望み叶い、低き欲ほろぶ！

1885年10月31日(土)

聖ラーマクリシュナ「それから、あれは？　〝さとりの海に愛の波起こりて〟」

ナレンドラは歌った——

超越意識《さとり》の海に　愛の波起こりて
大いなる歓喜《よろこび》　甘露したたる遊戯の
美しさ　譬《たと》えんかたなし

いと深き禅定《ヨーガ》に全ては一つとなりて
時間と空間の隔差《へだて》はあとかたもなく消え去りぬ
今ここに、喜び勇みて、両の手を高くかかげて
わが心よ、いざ唱え　ハリ、ハリと称えて

◇　　◇

清浄《きよら》なるハリを想えば
わがこころ甘くとろけて
光まぶしく美しき姿に

わが魂《たま》はすいよせられぬ
永久《とわ》に若々《あたら》しきその顔容《かんばせ》に
百万の月も恥じらうばかり
電光《いなづま》とかがやく光に
身は震《ふる》え　髪は逆立つ

胸に咲く蓮華の花に
かの君の御足いただき
平安《やすら》けく愛の眼をもて
超越意識《さとり》の海に浸り泳がん

医師は集中して聞いていた。歌が終わると、「〝さとりの海に愛の波起こりて〟これは、いいですねえ！」と言った。医師が喜んでいるのを見て、タクールはおっしゃる――「息子が父親に言った。お父さん、（酒を）ちょっと味わってみて、そのあとで、『飲むのはよせ』と言うなら、私は飲まずにおりましょう。すると父親は一口飲んでこう言ったとさ――『お前が飲まずにいるのは一向に差し支えないが、私はやめるつもりはないよ』（医師や皆笑う）

つい先だって、大実母《マー》が二人の人を見せて下すった。医者はそのうちの一人だよ。とてもいっぱい智識が詰まっていたが——みんなカラカラに乾いていた。（医師に向かって）ハッハッハ、でもいずれそのうち、うるおいがでてくるさ」

医師は沈黙していた。

第一一章　シャームプクルの家における聖ラーマクリシュナ

一八八五年十一月六日（金）

シャームプクルの家における聖ラーマクリシュナ

カーリー・プージャの日に信者たちと共に

聖ラーマクリシュナは、シャームプクルの家の二階の南側の部屋で立っていらっしゃる。午前九時。タクールは新しい衣服を召して、額に白檀《サンダル》の粉で赤い印をつけておられる。

校長はタクールの言いつけで、シッデーシュワリー寺(訳註)のカーリー女神《マー》にお供えしたプラサード（供物）を持ってきていた。そのプラサードをうやうやしくタクールは手にとって、立ったまま少しいただき、いくらか頭の上にのせていらっしゃる。プラサードをいただくときには履き物をお脱ぎになった。そして校長に、「結構なプラサードだね」とおっしゃった。

今日は金曜日。アッシン新月《アマヴァーシャ》。一八八五年十一月六日。カーリー・プージャの日。

タクールは校長にお会いになって、ターンタニヤのシッデーシュワリー・カーリー女神《マー》に花とココナッツと砂糖とサンデシュを供えて、朝方お詣りに行かせた。校長はガンガーで沐浴をしてから、裸足でタクールのところにプラサードをお持ちしたのである。

タクールはもう一つ、校長に言いつけてあった。ラームプラサードとカマラカーンタの詩《うた》の本を買ってくることだ。サルカル医師にあげるらしい。

校長「この本、持ってまいりました。ラームプラサードと、カマラカーンタの詩《うた》の本でございます」

聖ラーマクリシュナ「この詩《うた》をみんな、（医師の心のなかに）たたき込んでやるんだよ」

詩——

わが心は君（神）を求めて
闇の部屋を手さぐりて狂いあがく
すべてを忘れるほどの愛なくして
どうして君をつかめよう

（訳註）シッデーシュワリー寺——カルカッタ、ターンタニヤにあるシッデーシュワリー（カーリー女神）を祀った寺院でカーリーバリとも言う。一八〇三年にシャンカル・ゴーシュが建立《こんりゅう》し、彼の曾孫《ひまご》がスボドゥ・ゴーシュで後のスワミ・スボダーナンダ。この寺院には聖ラーマクリシュナやヴィヴェーカーナンダも何度か訪れている。ケーシャブ・センの病気平癒を祈って、青ココナッツと砂糖をお供えしたのはこの寺院のシッデーシュワリー・カーリー女神《マー》である（一八八二年二月二十六日、四月二日『不滅の言葉《コタムリト》』参照）。マヘンドラ・グプタ（校長）の家はこの寺院から１kmほど北に位置している。

1885年11月6日(金)

詩——

カーリーの性相を知るは誰ぞ
六派の哲学はるかに及ばず

詩——

心よ、耕す術を知れ
人間という名の未墾の土地を

詩——

さあ心よ、歩いて行こう
カーリーという願望成就《カルパタル》の樹の下で
四つの生命の実をつもうよ

四つの生命の実——正義《ダルマ》、富《アルタ》、愛《カーマ》、解脱《モクシャ》

校長「それがよろしうございます」
タクールは校長といっしょに、部屋の中を歩いていらっしゃる。こんどはスリッパを履いて——。ひどい病気なのに、ニコニコしておられる。
聖ラーマクリシュナ「それから、あの歌もいいね！——〝この世はまぼろしの館《やかた》〟それから、〝この世はゆかいな運動場《あそびごや》！　兄弟よ、ゆかいな市場で笑い転げる！〟」

校長「そうでございますね」

タクールは突然、何かに驚いたようにビクリとなさった。急いでスリッパを脱ぎ、ジーッと静かに立っていらっしゃる。そして完全な三昧にお入りになった！　今日は宇宙の大実母のお祭り――それでこんなに頻繁に三昧に入られるのだ！　かなりたってから、深く息を吐いて、興奮を抑えるのに苦労していらっしゃるようだ。

カーリー・プージャの日に信者たちと共に

タクールは例の二階の部屋で、信者たちにとりまかれて坐っていらっしゃる。午前十時、ベッドの上で枕によりかかって坐っておられるタクールのまわりに、信者たちがいる。ラム、ラカール、ニランジャン、カリパダ、校長はじめ、大ぜいの信者たちだ。タクールの甥のフリダイ・ムクジェーの話が出ている――

聖ラーマクリシュナ「(ラムたちに)――フリダイは今でもまだ、土地、土地といってさわいでいるんだよ。カーリー寺院にいた時分には、『肩掛けを下さい、さもないと訴えますよ』なんて言ったこともある。

マーが彼を追い出してくれたんだよ。人が来ればカネの話ばかりしていてね。彼がもしずっとわたしのそばにいたら、今来てるような人たちは誰も寄りつかなかったにちがいない。マーが追っ払って

1885年11月6日(金)

くれたんだ。

〝R〟も同じようになってきた――不平ばっかり言って。馬車でわたしの供をするのを渋ったり――。ほかの若い人たちがわたしのところに来るとうるさそうにして――。彼等に会おうと思ってカルカッタに行くと、いつもわたしにこう言うんだ。『あの連中は出家するだろうと思って、会いに行くんでしょう!』何か飲み物や食べ物を若い人たちに出したいと思えば気をつかって、『お前、先に食べて、それから連中に出してやり――』と言わなきゃならない。そばにいるのも、そう長くはないな、と感じていた。

マーに言ったよ。――『マー、〝R〟をフリダイみたいに遠くにやらないでおくれ。そうしたらそのあとで、ブリンダーヴァンに行くという話になった。

〝R〟がもしここにずっといたら、こんな若者たちがここに集まりゃしなかったよ。〝R〟がブリンダーヴァンに行ってしまってから、若い人たちが大ぜい来るようになったんだ」

〝R〟といわれた人「(うやうやしい態度で)――そんなつもりではなかったのですが……」

ラム(ダッタ)「君自身よりタクールの方が、ずっとよく君の心を知っておられるとは思いませんか?」

〝R〟「…………」(無言)

聖ラーマクリシュナ「(〝R〟に向かって)――お前、どうしてあんなふうだったんだ。わたしはお前のことを息子だと思って愛しているんだよ! もう何も言うな。今はもう、あんな態度がなくなったからね。

会話のあとで信者たちが別室に行ったあと、タクールは〝R〟を呼びよせてこうおっしゃった。「わたしの言ったこと、気にしているのかい?」

〝R〟「いいえ。平気です」

タクールは校長におっしゃった。――「今日はカーリー・プージャだから、ここでも何かお祭りの用意をしたほうがいい。みんなに相談しておくれ。(護摩《ホーマ》用の)黄麻の枝をもってくるとか――」

校長は応接間に行って、みんなにこのことを話した。カリパダはじめ数人の信者たちがお祭りの準備にとりかかった。

二時ころ、医師がタクールの診察に来た。今日はニーラマニ教授が医師についてきた。タクールのそばには大ぜいの信者たちが坐っている。ギリシュ、カリパダ、ニランジャン、ラカール、コカ(マニンドラ)、ラトゥ、校長、その他。タクールは始終ニコニコしながら、医師と病状のことや薬のことをお話しになったあと、「あんたのために、この本を用意しておいたよ」とおっしゃって、校長が持参した二冊の詩の本を医師にお渡しになった。

医師が何か歌って聞かせてほしいと言ったので、校長ともう一人の信者がタクールにたのまれてラームプラサードの歌をうたった。

詩――

わが心は君(神)を求めて

1885年11月6日(金)

闇の部屋を手さぐりて狂いあがく
すべてを忘れるほどの愛なくして
どうして君をつかめよう

詩——
カーリーの性相を知るは誰ぞ
六派の哲学はるかに及ばず

詩——
心よ、耕す術《すべ》を知れ
人間という名の未墾の土地を

詩——
さあ心よ、歩いて行こう
カーリーという願望成就《カルパタル》の樹の下で
四つの生命の実をつもうよ

医師はギリシュに言った――「あなたの、あの歌はいいですね。ヴィーナの歌――〝ブッダの生涯〟の」
タクールの合図でギリシュとカリパダの二人が合唱をする――

歌――
私のかわいいこのヴィーナ
心をこめてやさしく弾けば
絃《いと》は私の心をくんで
こよなく甘い声を出す
高くもなくて低くなく
音律《しらべ》の流れは美しく
百すじの川とあふれ出す
私のいとしいヴィーナの絃《いと》は
ゆるめすぎては音が出ず
きつくしめると二つに切れる

歌――
われら　何処より何処へ行くか

1885年11月6日(金)

安息《やすらぎ》はいつ何処《どこ》にあるのか知らず
また戻りきて　泣き笑う輪廻の輪
終わりはなきか、この空《むな》しき営み！

覚《さ》めよ！　汝ら肉の眼は開けども
浅き夢に眠り痴《し》れたり！
覚《さ》めよ！　無明の夢を砕けよ！

重く深く危きこの暗黒《やみ》を
滅し尽くして光明を放つ
覚者《ブッダ》よ、君をおきて他に道なし
君が御足もとに　われら救いを求む

歌——

ニタイよ、しっかりつかんでおくれ
わたしは今にも死にそうだ
わたしは皆にハリの名を与え

ニタイ——ニティヤーナンダ＝チャイタニヤの兄

ごらん、愛の河に波が立ち
ニタイよ、心の奥の悲しみを
どこぞに捨てるひまもなく
衆生《みんな》の悲苦《なやみ》を救おうと
愛の奔流に流されゆく

歌――

命をこめてハリの名となえ
マダイもジャガイも来て踊れ
なぐったなど忘れてしまえ
ハリの名となえて踊ろよ兄弟

歌――

ラーダーの愛をとっていけ
愛の大潮が流れてゆくよ
さあ欲しいだけ持ってゆけ
ラーダーの望みはすべての人に

マダイ、ジャガイ――共にチャイタニヤに救われたならず者

1885年11月6日(金)

愛を分けたい配りたい
ラーダーの愛でハリの名うたえ
愛に命はかきまわされて
愛の波動《うねり》で命は踊る
ラーダーの愛でハリの名うたえ
さあ、さあ、さあ、さあ、さあ歌え！

歌を聞いているうちに、二、三人の信者は恍惚《こうこつ》となってしまった。――コカ（マニンドラ）も、ラトゥも！　ラトゥはニランジャンのわきに坐っていた。歌が終わると、医師はまたタクールと話しはじめた。昨日、プラタプ・マズンダール医師がタクールに、〝ナクス・ボミカ〟という薬を処方してくれていた。サルカル医師はそのことを聞いて腹を立てている。
医師「私がまだ死んでもいないのに、〝ナクス・ボミカ〟とは……」
聖ラーマクリシュナ「ハッハハッハ、あんたの無明《アヴィディヤー》が死にゃあいい！」
医師「私はアヴィディヤーなんか、持っていたことはありませんよ」
医師は〝無明《アヴィディヤー》〟のことを、〝情婦《アヴィディヤー》〟と解釈しているらしかった。
聖ラーマクリシュナ「アハハハハ。ちがうよ！　出家の場合は、無明《アヴィディヤー》の母が死んで識別《ヴィヴェーカ》という子が産まれるんだ。無明《アヴィディヤー》の母が死ぬと穢《けが》れから喪《も》に服《ふく》すだろう。だから、出家に触れてはいけない、と言われているんだ」

ハリバッラブが部屋に入ってきた。タクールは、「あなたを見ると、嬉しくなるよ」とおっしゃった。ハリバッラブは非常に物腰《ものごし》の低い人だ。マットをよけて、ただの床の上に坐ってタクールを扇いでいる。彼はカタックの政府付き弁護士である。（訳註、カタック——カルカッタの南西、約370㎞のオリッサ州の都市）そばにニーラマニ教授が坐っている。タクールは教授に敬意を表して、こうおっしゃった。——「ホントに、今日はわたしにとって大そうな日だ」しばらくたって、医師と友人のニーラマニ教授はいとまを告げた。ハリバッラブも帰った。帰りしなに、「私はまた参ります」と言った。

宇宙の母——カーリーの祭り《プージャ》

秋の新月《アマヴァーシャ》の日、夜の七時。二階の部屋にカーリー・プージャの用意が出来上がった。さまざまな種類の花。白檀《サンダル》の粉、ビルヴァの葉、赤いハイビスカス、パヤス（乳粥）やほかにいろいろの甘いもの……。信者たちはタクールの前に運んだ。タクールは坐っていらっしゃる。信者たちはタクールのまわりに輪になって坐った。シャラト、シャシー、ラム、ギリシュ、チュニラル、校長、ラカール、ニランジャン、若いナレン、ビハリーたち大ぜいいる。

タクールが、「お香を——」とおっしゃった。間もなく、タクールは宇宙の大実母に用意してあるもの全部をお供えした。校長がそばに坐っている。彼の方を見てタクールは、「みんなで少し瞑想しよう」とおっしゃった。一同はひととき瞑想を行った。

1885年11月6日(金)

次に、ギリシュが美しい花輪をタクールの足もとに捧げた。校長も香りの強い花を捧げた。そのあとでラカールが、つづいてラムはじめ信者一同が、次々と花を捧げた。

ニランジャンはタクールの足もとに花を捧げて、〝ブラフママイー、ブラフママイー〟と言いながら床にひれ伏し、お足に額をつけて拝した。

信者たちは声をそろえて、〝ジャイ・マー！　ジャイ・マー！〟ととなえた。

そうこうしているうちに、タクール、聖ラーマクリシュナは三昧境になられた。なんという光景だろう！　信者たちはタクールの驚くべき変容を見ていた。光かがやく相貌！　両手をかざして、恐れを除き祝福を与える仕草（施無畏《せむい》の印相《しるし》）をしておられる。微動だになさらず、外界の意識は全くなくされて！　北向きに坐っていらっしゃる。宇宙の大実母ご自身が、タクールの中に顕《あらわ》れていらっしゃるのだ！

一同は声を呑んで、この霊妙な除災招福施無畏《せむい》の大実母の、活《い》きたお姿を凝視している。

こんどは信者一同で讃詞《スタヴ》を奉呈する。一人が先導して、次に皆が声を合わせてうたうのだ。

ギリシュが先ず歌う――

おお、雷雲に走る稲妻のように眩《まばゆ》い姿は誰か

おお、真紅の蓮のような足を絶対神《シヴァ》の胸にのせた女は

その足爪は夜、満月とかがやき
昼は日輪と燃えて世界を照らす
時には艶《あで》やかにやさしく衆生《われら》に笑みかけ
時には恐ろしき哮笑《たけわら》いを虚空にひびかせて
地上の最も強き者をも脅《おびや》かす

再び——

宇宙の大実母、弱き者たちの救い主
罪を滅したもう御方よ
そのなかにサットヴァ、ラジャス、タマスの三性をたたえて
すべてを創り、育て、壊し
無限相にして無相なる完き御方よ
あなたこそカーリー、またターラーであり
あなたこそ至尊の自然女性原理《プラクリティ》
あなたこそ魚《マツヤ》、亀《クールマ》、野猪《ヴィラーハ》、その他すべての化身《アヴァターラ》
あなたこそ、地、水、火、風、空、すべてを妊《はら》む大いなる母——

1885年11月6日(金)

サーンキャ、パタンジャリ、ミーマーンサー、ニヤーヤの哲学は
ひたすらにあなたを探し求めて学び、瞑想する
ヴァイシェーシカ、ヴェーダーンタ派もつまずき、手さぐりして
あなたを探しつづけたが、しかもついに見つけられない
無限定《しばられず》、終わりなく、始めもなきあなたは
信者を愛《いつく》しんで様々な形相《すがた》を現し
過去、現在、未来の世界に常在してすべての恐怖を除く
形ある神を求めるものには人格神として
形なき神を好ものには無相の大原理《じつざい》として――
光輝くブラフマンのみ認めるものたちもいるが
それすら大実母よ、あなた以外の何ものでもない
各人は自らの器量に応じた理想像をつくり
それぞれにそれを無上の真理と仰ぐ
それらの彼方にある超越者
過去、現在、未来に常在遍照せる不可説の大原因
すべてのすべてなるあなた、わたしの大実母よ

こんどはビハリーが先導する——

マーよ、死骸の上に坐っておいでのシャーマよ
私の切なる願いをお聞きとどけ下さい
臨終《いまわ》の際、下半身が水に浸されるとき
どうぞ私の胸にお姿を見せて下さい
そうすれば私は心の中で森や林に行き
真紅のハイビスカスの花をたくさん集めて
信仰の白檀香をたっぷりと添えて
あなたの蓮華の御足もとに置きましょう

次に校長が何人かの信者たちと共に——

歌——
すべてはあなたの御意のまま
あなたはしたいようにする
あなたの仕事をあなたがするに

ヒンドゥー教では人が死ぬと下半身を聖なる川に浸す習慣がある

1885年11月6日(金)

人は〝私〟がするという

象を泥沼につないでおいて
ちんばを峯にのぼらせる
完全智《さとり》を与える人もあり
俗世に溺らす人もある

私は道具であなたが使い手
わたしは住居《すまい》であなたが住み手
私が馬車ならあなたは馭者よ
あなたの行かせる方に行く

歌――
この世のことは大実母《おかあさま》
あなたの恵みですべて成り
山とそびえる障害も
とけてきれいに流される

あなたは吉祥至福の館《やかた》
すべてをめでたくしてくれる
何故それなのに行く先を
むなしく思い悩むのか

歌――
よろこびに満ちあふれる大実母よ
つたなき我等の幸福《さち》を奪うな
……………………

歌――
深い暗闇のなかにこそ、大実母《マー》よ
あなたの形なき美はきらめく
……………………

タクールは、三昧が解けて平常になられた。そして、次の歌をうたうようにとおっしゃった。

1885年11月6日(金)

歌――

甘露の美酒に酔いたもうシャーマは
時には歌い、時にはふざけ
…………………

これが終わると、タクールはまた次の歌をお命じになった。

歌――

よろこびに我を忘れて
シヴァとあそびたわむれる大実母《はは》は
美酒飲みてゆらりゆらりと
よろめけど倒れたまわず
…………………

タクールは信者たちを喜ばせるために、パヤス(乳粥)を少々お口にもっていかれた。しかし、またまた霊的興奮に圧倒されて、外の意識をなくしてしまわれた!

間もなく信者たちは、タクールを拝してからお供え物《プラサード》を下げて応接間に行った。そして、みんなそろって和気あいあいとして、楽しくにぎやかにプラサードをいただいた。夜九時、タクールが、「夜になってからスレンドラの家で今日カーリー・プージャがあるから、みんな、お招《まね》きにあずかるように——」と言ってよこされた。

信者たちは嬉々としてシムラ街のスレンドラ家に行った。スレンドラは心から歓迎の意を表して、一同を二階の応接間に案内した。家中、お祭りの気分に充ち満ちている。歌うものあり、楽器をならすものもあり、皆、お祭りの楽しさを十二分に味わっている。

スレンドラの家でプラサードのごちそうをいただいて信者たちが各々の家に帰ったころは、もう夜中の二時頃であった。

第一二章　コシポールの別荘で信者たちと共に

1885年12月23日(水)

一八八五年十二月二十三日(水)

コシポールの別荘でナレンドラはじめ信者たちと共に

恵みの海の聖ラーマクリシュナ——校長、ニランジャン、バヴァナート

聖ラーマクリシュナは、信者たちといっしょにコシポールに住んでいらっしゃる。お病気は非常に重いのだが——お心にかけることは唯一つ——信者たちをどうしたら真の幸福に導いてやれるか、ということ。一日中、誰彼《だれかれ》と信者たちのことを考えていらっしゃる。

去る十二月十一日、金曜日、オグロハヨン二十七日、白分五日目の日に、タクールはシャームプクルの家からこのコシポールの美しい別荘(訳註1)にお移りになった。今日で十二日になる。

このころには、タクールの信者たちはほとんど集まった。西暦一八八一年から信者たちはタクールのもとに集まってきた。一八八四年の暮れにはシャシー(後のラーマクリシュナーナンダ師)とシャラト(後のサーラダーナンダ師)がタクールにお会いした。大学の試験がすんで一八八五年の中頃から、彼等は毎日のように来ている。一八八四年の九月、スター劇場《シアター》のギリシュ・ゴーシュ氏がタクールにお会いしたが、三ヶ月後、つまり十二月のはじめころから、彼もまたタクールのもとに始終出入

りするようになった。一八八四年十二月の終りころ、サーラダ（後のトリグナティターナンダ師）が南神村《ドッキネーショル》でタクールにお会いした。スボドゥ（後のスボダーナンダ師）とクシーロドは一八八五年八月にタクールに始めてお会いした。

今日の朝は愛の洪水だ。タクールはニランジャンにおっしゃる――「お前はわたしのお父さんだ。ヒザの上に坐るよ」（292ページ訳註4）カリパダの胸にさわって――「（霊に）目覚めろ！」そして、彼のアゴをいとおしそうになぜながらおっしゃる――「心の底から神を求めている人か、まじめに毎日勤行をしている人は、きっと此処に来ることになっている」

朝方、二人の婦人信者にも大へんなお恵みを下さった。三昧に入られて、彼女たちの胸を足でさわられたのである。二人は涙をボロボロ流して、一人は声をあげて泣きだした。――「まあ、何という慈悲深いかたでしょう！」まさに、愛の洪水である！　シンティのゴパール（訳註2）をも祝福してやりたいか

（訳註1）コシポールの別荘――五エーカー（二万㎡）の土地に果樹や花の樹が沢山植えられていて、その中に美しい家が建っている。一階に三部屋、二階に二部屋あり、タクールは二階中央の広間をお使いになり、左隣の部屋は看病する人たちが使う。広間の右隣にはバルコニーがあり、タクールはときどきそこへ出て坐ったり歩いたりなさる。タクールの居室の真下にある広間と右の部屋は信者たちが使い、左端の部屋は大聖母《シュリー・シュリー・マー》（ホーリー・マザー）の居間にあてられている。広い敷地には数個の離れ屋があり、二つの池、散歩道があった。若い信者たちは次々とコシポールに来て住みついている――タクールのお世話をするためである。ほとんどのものはまだ、ときどき家に往来している。家族を持った信者たちは、毎日のように通って来て夜おそくまでいる。

らと、「ゴパールを呼んで連れてこい」とおっしゃった。

1885年12月23日(水)

今日は水曜日、ポウシュ九日、オグロハヨン黒分二日目。一八八五年十二月二十三日、夕方。タクールは宇宙の大実母を想っていらっしゃる。

やがて、タクールは何とも言いようのない甘いお声で、一、二の信者たちと話をはじめられた。部屋にはカーリー、チュニラル、校長、ナヴァゴパール、シャシー、ニランジャンたちがいる。

聖ラーマクリシュナ「(校長に)腰掛けを一つ買ってきてくれないか——ここ(タクールのこと)のためにね。いくらくらいだろうね?」

校長「はあ、二タカから三タカくらいのものでございましょう」

聖ラーマクリシュナ「水壺台が十二アナくらいなのに、腰掛けがどうしてそんなにするんだろうね?」

校長「そんなに高くないと思いますが……。そのくらいで収《おさ》まるでしょう!」

聖ラーマクリシュナ「そうだ、明日はまた木曜日で午後おそくになるとエンギが悪い。お前、三時前に来られないかい?」(訳註——木曜日の午後のことを〝バール・バラ〟と言って、インドでは今でも木曜日の午後にどこかに出発するのは縁起が悪いとされている)

校長「はい、そういたします」

〔タクール、聖ラーマクリシュナはアヴァターラか?——病気の秘密な目的〕

聖ラーマクリシュナ「（校長に）――ねえ、この病気はいつ治るんだろうね？」
校長「かなりひどいようでございますから、――日数はかかりましょうけれど……」
聖ラーマクリシュナ「何日くらい？」
校長「五、六ヵ月はかかるのでは……」
タクールは、幼い子供のようにガマンができなくなって――「ナンだって？　どうして？」
校長「はい、その、すっかりよくなるには、と……」
聖ラーマクリシュナ「だからさ。ねえ、こんなに神々しい姿を見たり、法悦境《バーヴァ》や三昧に入ったりするのに！　どうしてこんな病気になったんだろうね？」
校長「お苦しいのはよくわかりますが……。これには深い目的《わけ》があるのだと思います」
聖ラーマクリシュナ「どんなワケさ？」
校長「あなた様の境地がお変わりになるのです。――無形の神の方に向かっていらっしゃるのです。〝明知の私〟までも無くそうとしていらっしゃるのです」
聖ラーマクリシュナ「ウン。人を導くことも、どうやら終わるらしくて――もう何も言えなくなってきた。何もかもラーマに見える。ときどき、この先、誰に教えなけりゃならないんだろう？　と思

（訳註２）シンティのゴパール――ゴパール・チャンドラ・ゴーシュ（1828～1909）、年長のゴパールとも呼ばれ、この時57才。後のスワミ・アドヴァイターナンダ。

うことがあるよ。まあ、見てごらんよ――この家を借りてから、どんなにいろんな信者たちが来ることか――。

クリシュナプラサンナ・センやシャシャダルのように看板《サインボード》なんか立てることはない――〝何時から講演《レクチャー》があります！〟なんて」（タクールと校長笑う）

校長「それからもう一つの目的は、人びとをフルイにかけることです。五年苦行しても達せられない境地に、ここへ来て数日の間に信者たちは達しております。修行の点においても、愛と信仰においても――」

聖ラーマクリシュナ「ウーン、そりゃたしかだねえ！　けど、ニランジャンは家に帰ったりする。（ニランジャンに）――お前、言ってみろ、どんなふうに思っているんだ？」

ニランジャン「はい。以前には〝好き〟という程度でしたけれど――でも今は、あなた様なしには生きていかれません！」

校長「私は先日、この青年たちが実にすぐれた人たちだということをはっきり悟りました！」

聖ラーマクリシュナ「どこで？」

校長「はい、シャームプクルの家で、隅の方に立って皆の様子を見ておりました。そして、この青年たちの一人一人が、どれほどの障害を乗り越えてあの家に来ているかということが、しみじみわかったのでございます――あなた様にお仕えするために」

1885年12月23日（水）

〔三昧境――すばらしい境地――無形の神――内輪の信者の選別〕

校長の話を聞きながら、タクールは前三昧になられた。しばらくの静寂――そして入三昧！

恍惚《こうこつ》が退《ひ》くと、タクールは校長におっしゃった――「見たよ、形ある神がみな形を無くして行くのを！　もっともっと今見たことを聞かせてやりたいが、それが言えないんだよ。

そうか、あの形なき神に向かって行く――あれは、わたしがそうなっていくためだろうか。どう思う？」

校長「（驚いて）――そうかも知れません！」

聖ラーマクリシュナ「今でも、その無相のサッチダーナンダが見えているんだよ……。でも、大へんな苦労をして気分を抑えているんだ。

〝人を選ぶ〟とお前は言ったが、その通りだよ。わたしがこの病気になったことで、誰が内輪の人か、誰が外の人かわかってくる。世間から離れてここへ来て住んでいる人たちは、内輪の人だ。時たま来て、『お加減はいかがですか？』と聞いていくのは外の人だ。

バヴァナートの様子を見たかい？　シャームプクルに花ムコみたいに着飾ってやってきた。『いかがですか？』と聞いて、その後一度も顔を見せない！　ナレンドラのためにわたしはあんな態度をとってきたんだが（ナレンドラがバヴァナートと仲良しだったので）、バヴァナートに対しては心が向かないんだ」

1885年12月23日(水)

タクールの口からあふれ出た甘露の言葉――聖ラーマクリシュナは何者?――告白

アーフス　トヴァーム　リシャヤハ　サルヴェー　デーヴァルシル　ナーラダス　タター
アシトー　デーヴァロー　ヴァーサハ　スヴァヤン　チャイヴァ　ブラヴィーシ　メー
『ナーラダ　アシタ　デーヴァラ　そしてヴィヤーサ等の大聖者たちは皆
あなたに関するこの真実を認めました　そして今　あなた自身がそれを宣言された』
――ギーター10・13――

聖ラーマクリシュナ「(校長に)――あの御方が信者のために人間の体をとってこの世に来なさる場合、信者たちもいっしょに従《つ》いて来るんだよ。そのなかには内輪の人になる人もあり、外まわりの人になる人もある。またある人達は必要な物質《もの》をくれる役目にまわる。

十か十一の頃、郷里でヴィシャラクシ女神にお詣りに行こうとして草ッ原を横切っているとき、はじめてこの状態(霊的経験)になった。何ともすばらしい光景だったよ!――外の意識がすっかり無くなっていた!

二十二、三のころ南神村《ドッキネーショル》のカーリー堂で、『お前、アクシャラになるか?』という声をきいた。――アクシャラって何のことだかわからない! ハラダリに聞いたら、『クシャラが普通の人間のことで、アクシャラというのは大覚者《パラマハンサ》のことだ』と言った。

寺で献灯《アーラティ》の時間がくると、クティの屋根に上がっては大声で叫んだものさ――『オーイ、どこかにいる信者たち、こっちィ来ーい！　俗人どもにとりまかれて、わたしは死にそうだよーッ！』イングリッシュマン（英国式の教育を受けた人たち）に話したら、あいつらは、『それはみんな、心の迷いだよ！』と言った。だから、それからは静かにしていた。でも今になってみたら、それがみんなホントになっているじゃないか！　信者たちもみんな集まってきている！

それから、世話をしてくれる人を五人見たよ。最初はシェジョさん（マトゥール氏）、次がシャンブー・マリック――彼には会ったことがなかったんだが、半三昧のとき、色の白い頭に小さい帽子をのっけた人を見た。それからだいぶ経ってシャンブーに会ったら、そのことを思い出した。――〝これが、あの半三昧のとき見た人だ！〟と。あとの三人の世話人はまだハッキリしない。でもみんな、肌の色の白い人たちだ。スレンドラがそのうちの一人じゃないかという感じがしている。

あの境地になったときは、わたしとそっくりな人がわたしのなかに入ってきて、イダー、ピンガラー、スシュムナーの管をいやというほど揺さぶった！　六つのチャクラの蓮を一つ一つ舌でねぶっていく。すると下を向いている蓮の花が上を向いて立つ。最後にサハスラーラの蓮がすっかり開くんだ。

どんな人がここにやってくるか、前もって見えたものさ！　この目で――半三昧でじゃなく――チャイタニヤ様の神々《デーヴァ》のサンキールタンが、バニヤン樹のところからバクル樹の方へ行列していくのを見た。そんなふうにしてバララムも見たし、お前も見たようだった。チュニラルとお前は、ここに始終出入りしていることで目覚めてきたんだよ。シャシーとシャラトは、わたしの見たところによると、イエス・キリストのところにいた人だ。

バニヤン樹の下に、男の子が一人いるのを見た。フリダイに話すと、『じゃあ、あなたに子供が一人できるということですよ』と言う。『わたしにとっては、女はみな母親だ！ わたしに子供ができる筈がないだろう?』と言っておいたが、あの子はラカールだったよ。

マーに頼んだよ――〝こういう境地にしておくのなら、たれか一人金持ちをよこしておくれ〟――そうしたらシェジョ(訳註3)さんが来て、十四年も世話してくれた。ほんとにいろいろしてくれた！ 別に倉庫をこさえてくれたり――サードゥたちにサービスするためのね。馬車やカゴも、何でも頼めばすぐ用立ててくれた。バラモンの尼さん（ヨーゲーシュワリーのこと）は彼のことを、プラタプ・ルドラだと言った。（訳註、プラタプ・ルドラ――オリッサの王でチャイタニヤの熱心な信者。師に奉仕した）

ヴィジャイはこの姿（タクール）を、（霊視で）見たそうだよ。これはどう思う？ ヴィジャイは、『今ここであなたにさわっているように、そのときもあなたにさわりましたよ』と言っている。

ノト（ラトゥ）は、全部で三十一人の信者がいると勘定している。あんまり多くはないね。でもヴィジャイとケダルを通して、あと何人かが信者になろうとしている。

これも半三昧のとき見たんだが、最後にわたしはパヤス（乳粥）を食べていかなくてはならない！

この病気になってから、家内（大聖母《シュリー・シュリー・マー》）がパヤスをつくって食べさせてくれたとき、泣いたよ――『これがパヤスを食べるということなのか！ こんなに痛みがあるというのに……』と言って」

（訳註3）シェジョさん——シェジョは三番目のという意味で、ラースマニ家の三女、カルナーマイーの婿《むこ》マトゥール氏を指す。カルナーマイーの死後、四女のジャガダンバの婿《むこ》となった。マトゥール氏は一八五八年から一八七一年までタクールに奉仕し、一八七一年七月十四日に亡くなった。

（訳註4）カリパダ・ゴーシュ（1849～1905）――カリパダは大酒飲みで知られており、信者たちのあいだでは、同じく酒飲みで自分勝手だったギリシュとあわせて、チャイタニヤによって改心させられた悪党の名をとって〝ジャガイ、マダイ〟と呼ばれていたが、この十二月二十三日を境に酒を飲むことをやめたばかりか、世俗のことに対する興味まで失い、カリパダは人が変わったのだった。その劇的な変化は聖ラーマクリシュナの信者たちに大きな感銘を与えることになった。カリパダが初めてタクールに会ったのは一八八四年で、友人のギリシュ・ゴーシュに連れられてやって来た。聖ラーマクリシュナはカリパダを見て、「十二年間、妻を苦しめた男がやって来た」と言った。遡《さかのぼ》ること十二年前、家族に金を渡さず大酒飲みだったカリパダの性分を直してもらおうと、妻のヴィシュヌ・プリヤンギニ・デーヴィーは聖ラーマクリシュナを訪ねた。タクールはホーリー・マザーのところにおやりになり、ホーリー・マザーはベルの葉に聖ラーマクリシュナの御名を書いて渡し、師の御名を唱えるよう告げられた。それをヴィシュヌ・プリヤンギニ・デーヴィーはずっと守り続けた。初めて会った日に、タクールはカリパダに「お前、何かほしいものがあるかい?」と尋ねた。カリパダは、「酒を少しばかり……」と答え、タクールは、「ここにあるのはとても強い酒だ。皆が耐えられるわけではない。これを一度でも味わったら、他の酒なんか飲めなくなるよ。お前、この酒を飲む準備が出来ているかい?」と尋ねた。カリパダは少し考えて、「はい、私を一生酔わせてくれる酒をください」と言うとタクールは彼に触れた。とたん彼は泣き出した。次にタクールに会ったときには大胆にもこう言った。「師よ、あなたは救い主です。どうか私の命をお救いください」タクールはカリパダに舌を出すように言ってマントラを書いた。それでもカリパダは満足せず、「私がこの世を去るとき、あなたが救世主となって、左手に光を、右手に私をもって連れて行ってください」と言うと、タクールは、「お前の願いを叶えてあげるよ」と慈悲深い声で答えられた。その言葉通り、カリパダが息を引き取るとき、右手を上げたのだった。

第一三章　コシポールの別荘で信者たちと共に

1886年1月4日(月)

一八八六年一月四日（月）

コシポールの別荘で信者たちと共に

神を求めてナレンドラ、夢中になる

タクール、聖ラーマクリシュナは、コシポールの別荘の二階のいつもの部屋に坐っていらっしゃる。南神村《ドッキネーショル》のカーリー寺からラム・チャトジェー氏がタクールの病気見舞いに来た。そのことを校長と話しておられる——「あそこ、南神村《ドッキネーショル》は今、とても寒いだろうね？」

今日はポウシュ二十一日、月曜日、黒分十四日目。一八八六年一月四日。午後四時を打ったところ。ナレンドラが来てそばに坐った。タクールは彼の方を時々眺めては、嬉しそうにお笑いになる。——弟子を思う愛情が噴《ふ》きこぼれているかのようだ。そしてまた、手真似でモニに知らせて下さるのだった——「ナレンドラは泣いていたんだよ！」タクールは少し黙っておられた。そしてまた、モニに身真似で——「家《うち》から泣きながらここまで来たんだよ！」と知らせて下さった。

みんな黙っていた。今度はナレンドラが口をきった。

ナレンドラ「あそこに今日、行こうと思っています」

聖ラーマクリシュナ「何処《どこ》へさ？」
ナレンドラ「南神村《ドッキネーショル》へ――ベルの樹台《タラ》へ。あそこで聖火《ドゥニ》を燃やそうと思うのです」
聖ラーマクリシュナ「いや、あいつら（寺の北側に隣接している火薬庫の番人）がさせてくれないよ。五聖樹《パンチャバティ》の杜の方がずっといい。大勢のサードゥたちが瞑想や称名をしたところだから――。でも、とても寒いし、真っ暗だし……」
みんな、黙っていた。それからタクールがおっしゃる――
聖ラーマクリシュナ「（ナレンドラに向かって笑顔で）――勉強しないのかい？」
ナレンドラ「（タクールとモニの方を見ながら）――今まで勉強したことをすっかり忘れてしまう薬が手に入ったら、どんなに助かるでしょう！」
部屋にいた（年長の）ゴパール氏が言った。――「私も彼といっしょに行きます」カリパダ（・ゴーシュ）がタクールにブドウを持って来ていた。ブドウの箱がタクールのわきに置いてある。タクールはそのブドウを信者たちに分けて下さる。先にナレンドラに少しあげ、そのあとで残りを信者たちのほうに撒《ま》いてくださった。信者たちはそれをありがたく拾った。（訳註――タクールがブドウを撒いたのはハリルートと言って、祝福として食べ物を撒《ま》くインドの風習）

ナレンドラの烈しい求神と離欲《ヴァイラーギャ》

夕方になるとナレンドラは、下の部屋でタバコを吸いながら、モニに自分の現在の心境――どれほど神を求めているか——を話した。そばには誰もいなかった。
ナレンドラ「（モニに向かって）先週の土曜日、此処で瞑想していたら、突然、胸の中が何とも言えない不思議な気分になりました！」
モニ「クンダリニーが目覚めたのですよ」
ナレンドラ「多分そうでしょう。はっきり感じとれましたから——イダーとピンガラーが。ハズラーに、『胸に手を当ててみてくれ』と言いました。
昨日の日曜日に上に行ってあのかたにお会いし、そのことを全部話しました。
僕は言いました。『みんな、それぞれ悟っています。僕にも少し悟らせて下さい。みんな成功しているのに、僕だけはだめなんですか？』と」
モニ「あのかたは何とおっしゃいました？」
ナレンドラ「こうです——『お前、家のことをちゃんとしてそれから此処へ来れば、すべてうまくいくよ。お前、何を求めているんだね？』」

1886年1月4日（月）

〔聖ラーマクリシュナとヴェーダーンタ——ニティヤとリーラー二つとも受ける〕
「僕は言いました。——『僕の望みは、三日か四日、三昧に入ったままでいることです！　たまに、何か少し食べるに必要な間だけ平常《もと》に戻る、という具合に！』
するとあのかたはこう言うのです——『お前、狭い根性だね！　それよりもっと高い境地があるんだよ。お前、自分で歌っていたじゃないか——〃おんみこそ、すべてのすべて!〃』」

モニ「フーム。あの方がいつも言っておられることですが、三昧から下りてきて見ると、神こそが人間、生き物、世界、あらゆるものになっていらっしゃる。——神の分身《イーシュワラ・コーティ》はこういう境地に達し得るのです。でもあのかたは、一般の人間《ジーヴァ・コーティ》はたとえ三昧境に入り得たとしても、下がってくることは不可能だとおっしゃっていますが……」

ナレンドラ「あのかたは、僕が家のことをちゃんと片付けてくれれば、三昧よりもっと上の境地が得られる、とおっしゃったのです。

今日午前中、家に行ってきました。家族のものはみんな怒ってこう言うのです。——どこをフラフラうろつきまわっているのか?　法律の試験が間近に迫っているのに、ちっとも勉強しないであちこちうろついてばかりいる、と」

モニ「お母さんは何とおっしゃいました?」

ナレンドラ「いえ、母は僕に食べさせるのに大忙しで——鹿の肉があったものですから食べましたけれど——食欲は全くなかった」

モニ「それから?」

ナレンドラ「祖母の家に——そこの書斎で勉強しに行きました。ところが、本をひらくと急に恐ろしくなって——まるで、学問そのものが恐怖すべき対象《もの》でもあるかのような感じでした!　心臓はドキドキするし!　今まであんなに悲痛な思いで泣いたことはありません。

そのあとは本を放り投げて、ただもう走りました！　道を走りつづけました。道のどこかで靴も脱げてしまった！　干し草の山のそばを駆け抜けて——体中干し草だらけになって——僕はもう、ただ走ったんです——コシポールに行く道へと！」

ナレンドラはちょっと黙った。そして又つづける。

ナレンドラ「ヴィヴェーカ・チューダーマニ（訳註）を読んで落ち込んでしまいましたよ！　シャンカラ大師《アーチャーリヤ》はこう言っておられる——次の三つのものは非常なる苦行と幸運によってのみ獲《え》られる。——人間に生まれること。解脱を欲すること。偉大なる魂に庇護《ひご》されること。

思えば自分は、この三つに恵まれている！　多くの苦行の結果——人間に生まれて、多くの苦行の結果——解脱への望みを持つようになり、そして多くの苦行の結果——これほどの偉大な魂のそばに身を寄せることができたのです」

モニ「アハー！」

ナレンドラ「俗世間にはもう興味がない。世間に住んでいる人たちにも関心がなくなった。一人、二人を除いてはね」

ナレンドラは又、沈黙した。ナレンドラの心の中には、強烈な離欲の精神が燃え上がっているのだ！神を求めて命がジタバタしているのだ。ナレンドラは再び話をつづける。

ナレンドラ「（モニに向かって）あなた方は心の平安を得ていらっしゃるけれど、僕の魂には落ち着きがありません。あなたはほんとうに恵まれていらっしゃる！」

1886年1月4日（月）

モニは返答に窮して黙っていた。心の中でタクールが、〝神を求めて居ても立ってもいられないようになると神に会える〟とおっしゃった言葉を思い返していた。日が沈んでからモニは、上の部屋に行った。タクールは眠っておられた。

夜の九時ごろ、タクールのそばにニランジャンとシャシーがいる。タクールは目を覚ましていらっしゃる。そして、ぽつり、ぽつりと、ナレンドラの話をなさっていた。

聖ラーマクリシュナ「ナレンドラの今の状態、実にすばらしいね！　ほら、ナレンドラは前には形ある神を信じていなかったんだよ！　それが今は、魂がアプアプしている！　あれがいつか話したあの状態――ある人が、『どうすれば神にふれることができますか？』と聞いたらグルは、『私といっしょについてこい。どうしたら神にふれられるか教えてやるから――』と言った。そして、池のきわに連

（訳註）ヴィヴェーカ・チューダーマニ――不二一元《アドヴァイタ》論を説いた八世紀のインド最高の哲学者シャンカラの代表作。ヴィヴェーカは〝識別〟、チューダーマニは〝宝玉〟の意。師と弟子との対話の形式をとった五八〇の詩句からなり、師が弟子を解脱へと導く手引き書となっている。ナレンドラが引用したのは詩句三からで以下のとおり――

　そして次に述べられる三つは、非常に稀有なもので
　それらは神の恩寵として与えられるものなのだ
　それは、人間としての誕生、解放を熱望すること
　そして偉大な聖者に師事できることである

（『識別の宝玉』完訳「ヴィヴェーカ・チューダーマニ」美莉亜《みりあ》訳／ブイツーソリューション刊より）

れて行って弟子の頭を水の中に突っこんだ！　しばらくして手を放してやると弟子に聞いた――『どんな具合だった？』弟子は答えた――『今にも死ぬかと思いました！』

神を求めて命がアプアプするようになったら、あの御方に会うのはもういくらもかからない。明け方になれば――東の空に赤みが差してくれば、もうじきお日様が昇ることがわかる」

タクールの病状は、今日とても悪かった。非常にお苦しそうだ。それでもナレンドラのことを手真似で話しておられる。

ナレンドラはこの夜、南神村《ドッキネーショル》に行った。新月《アマヴァーシャ》の深い闇のなかに――。一人、二人の信者がナレンドラといっしょに行った。モニは夜じゅう別荘にいる。夢のなかで彼は、出家たちの集まりのなかで坐っていた。

第13章　コシポールの別荘で信者たちと共に

一八八六年一月五日(火)

信者たちの強い離欲――世俗の生活と地獄の苦しみ

翌日、一月五日、火曜。ポウシュ二十二日。新月《アマヴァーシャ》が長く続いている。朝の四時、タクール、聖ラーマクリシュナはベッドの上に坐ってモニと二人きりで話をしておられる。

聖ラーマクリシュナ「クシーロドがもしガンガーサーガルに巡礼にいくことになったら、お前、毛布を一枚買ってやってくれないかね」

モニ「かしこまりました」

タクールはちょっとの間黙っておられたが、再びおはなしになる。

聖ラーマクリシュナ「ねえ、青年たちにいったい何が起こっているんだろうね? 何人かはプリー(訳註1)に行ってしまうし、――ガンガーサーガル(訳註2)に行くと言ったり! みんな家を捨てて来ているんだよ。ナレンドラをごらん。強い離欲の心が起これば、世間は深い恐ろしい井戸のように感じるし、家族や親戚は毒ヘビみたいに見えてくる」

モニ「おっしゃる通り、世俗の生活はまことに苦労なものでございます!」

聖ラーマクリシュナ「地獄の苦しみさ! 生まれたその時から! わかるだろう、妻や子を持つということがどれほど苦労なものだか！」

モニ「全く、その通りでございます。そして、あなた様が仰せられましたが――あの若者たちはまだ、世俗とは何の関係も持っていない、世間に貸しも借りもない。世俗の貸し借りがあれば、この世にしばられるのだと――」

聖ラーマクリシュナ「ごらんよ、ニランジャンを！〝さあ、お前のものは持っていけ！　さあ、私のものはこっちへよこせ！〟（訳註3）――世間に対してこれだけの気持ちだ！　もうそれ以上、何も関係を持っていない。後ろ髪を引かれるものは、もう何もないんだよ！

女と金、世俗はこれだけだ。金を持てば貯めようという気が起こる。際限《きり》のない話だ」

モニがハッハッと笑い声をたてた。タクールもお笑いになった。

モニ「金を出すときには、よくよく熟慮いたします（二人で大笑い）。でも南神寺《ドッキネーショル》でおっしゃいましたが、三つのグナを超越してから世間に住むと、また話は全然違うということで――」


（訳註1）プリー――クリシュナを祀るジャガンナート寺院のあるオリッサ州東部の都市でヒンドゥー教の四大聖地の一つ。

（訳註2）ガンガーサーガル――ガンジス河がベンガル湾に注ぐ河口でヒンドゥー教の聖地。

（訳註3）ニランジャンの言った言葉は、大家族で親戚との関係が深い当時のインド社会で、血縁関係の煩わしさ――世俗とのつながりにケリをつけるために出た言葉と思われる。

1886年1月5日(火)

聖ラーマクリシュナ「そうさ、子供のようにね」

モニ「はい、しかし、それが非常にむずかしいことなのでございます。大へんな精神力の持ち主でなければ……」

タクールは少し黙っていらっしゃる。

モニ「昨夜遅く、彼等は南神寺《ドッキネーショル》に瞑想に行きました。私は夢を見ました」

聖ラーマクリシュナ「どんな夢を見た？」

モニ「ナレンドラたちが出家になって――聖火《ドゥニ》を燃やして、そのまわりに坐っています。私もその中に坐っているのです。彼等はタバコを吸って、煙をパーッと吐き出しています。すると私が、『大麻《ガンジャ》の臭いがする』と言いました。〈訳註――諸国を歩いている出家たちの多くは、ガンジャ〈インド大麻〉を吸う習慣がある〉

〔出家《サンニャーシン》とは？――タクールの病気と子供の境涯〕

聖ラーマクリシュナ「心の中で捨てればいいんだよ。それができた人も出家《サンニャーシン》と言える」

タクールは黙っておられる。そして又、再びお話しになる――

聖ラーマクリシュナ「だが、自分の欲に火をつけて燃やしてしまわなければいけない。それでこそ出来るんだ」

モニ「ブラバザールから来たマロワリ人たちの学者《せんせい》におっしゃいましたね。『信仰への欲がわたしにはある』と。——信仰を持ちたい、深めたいという欲は、欲のうちに入らないのでございますね？」

聖ラーマクリシュナ「ヒンチャ・シャーク（訳註4）が菜っ葉の仲間に入らないようにね。あれは胆汁の分泌を抑える（肝臓の薬になる）。

アッチャ、あんなに楽しくて恍惚《うっとり》していたのに——あれはみんなどこに行っちまったんだろう？」

モニ「ギーターに三《トリ》グナを超越することが書いてありますが、その境地におなりになったのだと私は思います。サットヴァとラジャスとタマスがそれぞれ自分勝手に発動するが、あなた様はそのどれにも関係しないという状態に——。サットヴァ性からも離れて、関わりをお持ちにならない」

聖ラーマクリシュナ「うん。子供の境涯に置かれているんだね。

アッチャ、今度は体が保《も》たないだろうな？」

タクールとモニは沈黙している。ナレンドラが下から上がってきた。一度、家に帰るのだろう。家のことを片付けてから来るつもりなのだろう。

父親の他界後、彼の家族は大そう困窮していた。——時どき食事にも事欠く有様だったので、ナレンドラだけが家族の頼みの綱だった。ナレンドラが働いて、みんなを食べさせてくれることを期待し

（訳註4）ヒンチャ・シャーク——湿地に生える多年草で和名は沼菊菜《ヌマキクナ》。シャークは葉物野菜全般を指し、食べるとお腹《なか》がゆるくなるが、ヒンチャ・シャークは葉物野菜の仲間ではなく、お腹《なか》がゆるくなることはない。どこにでもあっておいしく、からだにもよい野草である。

ていた。しかし、ナレンドラは法律の試験を受けなかった。今まさに、強烈な離欲の精神に支配されているのだ！　今日は家族のために、何ほどかの準備をするためにカルカッタに行くのだ。友人の一人が、彼に百タカ貸してくれるという話である。その金で三ヵ月ほどの生活費を手当てして、またここへ来るつもりらしい。

ナレンドラ「一度家へ帰ってきます。（モニに）マヒマー・チャクラバルティの家に行くことになっているのですが、あなたもいっしょにいらっしゃいませんか？」

モニには行く意志がない。タクールはモニの方を見ながら、「なぜ？」とナレンドラにお聞きになる。

ナレンドラ「あちらの道を通っていくので、あのかたのところへちょっと寄ってしゃべって行こうと思うのです」

タクールはナレンドラをじっと見つめておられる。

ナレンドラ「ここに来る友人の一人が、僕に百タカ貸して下さるそうです。そのお金で、家の三ヵ月分の生活費にあてるように取り計らってくるつもりです」

タクールは黙っていらっしゃる。そして今度は、モニの方を見ておられる。

モニ「（ナレンドラに）――いや、君、行って来たまえ。私は後にします」

第一四章　コシポールの別荘でナレンドラたちと共に

一八八六年三月十一日(木)

コシポールの別荘でナレンドラたちと共に

ナレンドラに智識《ジュニャーナ》のヨーガと信仰《バクティ》のヨーガに関する教訓

タクール、聖ラーマクリシュナはコシポールの別荘の二階の広間に信者たちといらっしゃる。夜の八時ころ。部屋にはナレンドラ、シャシー、校長、年長のゴパール、シャラトがいる。今日は木曜日、ファルグン月二十八日、ベンガル暦一二九二年、ファルグン月の白分六日目。一八八六年三月十一日。タクールは病床で横になっていらっしゃる。信者たちがそばに坐っている。シャラトは立って扇いでいる。タクールは病気の話をなさる。

聖ラーマクリシュナ「ボラナートのとこへ行けば(マッサージ用の)油をくれるよ。そして、使い方を教えてくれる」

年長のゴパール「それでは明朝、私どもが行っていただいてまいりましょう」

校長「誰か今日、行ける人はいませんか?」

シャシー「私が行けますよ」

第14章　コシポールの別荘でナレンドラたちと共に

聖ラーマクリシュナ「(シャラトを指して)――あれが行けるよ」

やがてシャラトは、南神寺《ドッキネーショル》の書記ボラナート・ムコパッダエのところに油をもらいに出かけた。

タクールは横になっていらっしゃる。信者たちは静かに坐っている。と、タクールは突然起き上がってお坐りになった。ナレンドラを名指して話をはじめられた。

聖ラーマクリシュナ「(ナレンドラに)――ブラフマンは何の汚れもない。そのなかに三つのグナがあるが、ブラフマンは汚されない。

空気のなかにいい匂いや悪い匂いがただよっていても、空気そのものとは関係ない。それと同じことだ。カーシーでシャンカラ大師《アーチャーリヤ》が道を歩いていなすった！　そこへ賤民《チャンダーラ》が肉をかついで通りかかり、ひょっと大師《アーチャーリヤ》にふれてしまった。シャンカラはおっしゃった――『きさま、さわったな！』すると賤民《チャンダーラ》は、『タクール、あなたも私にさわりませんよ！　私もあなたにさわりませんよ！　アートマンは何ものにも汚されません。あなたは、その清浄無垢なアートマンでいらっしゃる』

ブラフマンとマーヤー。智者《ジュニャーニー》はマーヤーを捨てる。

マーヤーはベールのようなものだ。ホラ、ごらん、こうやってタオルをかぶせてしまえばランプの光は見えなくなる」

タクールはタオルをご自分と信者たちの間に垂《た》らせた。そして――「ホラ見ろ、わたしの顔が見えなくなるだろう。

ラームプラサードが言ったように、〝蚊帳《かや》を引きあげ、いざ見よや〟

1886年3月11日(木)

ところが信仰者《バクタ》は、マーヤーを除《の》けてしまわない。マハーマーヤーをお祀《まつ》りして拝む。すべてを明け渡して祈る『マー、ちょっと道をよけて下さい。あなたが道をあけて下さるとブラフマン智が得られますので……』と言って――。目覚めている状態、夢を見ている状態、それから熟睡している状態――この三つの状態を、すべて智者《ジュニャーニー》は一まとめにして片付けてしまう。信仰者《バクタ》はこういう状態をみんな受けいれる。〝私〟がある間はすべてがあるんだから――。

〝私〟がある間は、あの御方がマーヤーにも、生物世界にも、二十四の宇宙原理にも、すべてになっていなさるのだ、と観《み》ているんだよ」

ナレンドラたちは沈黙している。

聖ラーマクリシュナ「マーヤーの理論は〝無味乾燥〟だ。何と言ったか、言ってごらん」

ナレンドラ「無味乾燥」

タクールはナレンドラの手や顔をさわり始められた。さわりながらお話しになる――「これ(ナレンドラの顔や手)はみんな信仰者《バクタ》の特徴《しるし》だ。智者《ジュニャーニー》の特徴はこれとはちがって――顔付きも姿も乾いている。

智者は智識を得てからも、明知現象《ヴィディヤーマーヤー》を持って暮らすことがある。――信仰《バクティ》と、慈悲《ダヤー》と、離欲《ヴァイラーギャ》と――こういうものを持って暮らすことができる。これには二つ目的がある。一つには人々を導き、それから真理の甘露《アムリタ》を味わうためだ。

智者が三昧を経験しても、黙っていたら人を導くことはできない。だからシャンカラ大師《アーチャーリヤ》は〝明知の私〟を残しておきなすった。

それから、神の喜びを味わうために――楽しむために――信仰と信者仲間をもって暮らすんだよ！

この〝明知の私〟、〝信者の私〟は持っていても害はない。〝ナラズ者の（悪い）私〟を持っていると、大そう害になるんだよ。あの御方に会ったあとは子供のような性質になる。〝子供の私〟も、ちっとも害にならない。鏡に映っている顔のようなもので、人の悪口を言ったりしない。燃え切った縄は縄の格好をしてはいるが、プッと吹けばとび散ってしまう。智識の火で自我《アハンカーラ》が燃え尽きているんだ。もう誰も傷付けることはできない。名だけの〝私〟だ。

永遠不変《ニティヤ》に行き着いてから、また戻って変化活動《リーラー》で暮らすんだよ！　あっちの岸へ渡ってみて、またこっちの岸へ来るようにさ。人に教えたり、遊んだり、楽しんだりするためにね」

タクールは実にやさしい声でお話しになって、また少しの間沈黙された。こんどは信者たちに向かって話される――

「体はこんなに病気だけれど、だが、無明《アヴィディヤー》の迷い《マーヤー》は残っていないよ！　見てくれ。わたしはラムラルのことも、家のことも、妻や家族のことも、ちっとも心にない！――カーヤスタ（カーストの一種）のプールナだけが気にかかっている。――彼らのことはちっとも心配してないよ！

あの御方が、（わたしの中に）明知現象《ヴィディヤーマーヤー》を残しておいて下すったのだよ――人びとのために――信者たちのために。

でも、明知現象《ヴィディヤーマーヤー》が残っていると、また此の世に来なくちゃならない。アヴァターラたちは明知現象を残しておくんだよ！　ちょっとした欲があってもこの世に来なけりゃ――何度も何度も戻って来なけりゃいけないんだ。欲が全くなくなったとき、ほんとの解脱だ。しかし信仰者《バクタ》は、それを望まない。もし誰かがカーシー（ベナレス）で死ねば解脱して、もう戻って来なくてもよくなる。智者《ジュニャーニー》は、この解脱が理想なんだよ」

ナレンドラ「先日、僕たちはマヒマー・チャクラバルティのところへ行きました」

聖ラーマクリシュナ「（ニコニコして）それで？」

ナレンドラ「あの人みたいな無味乾燥な智者《ジュニャーニー》は見たことがありません」

聖ラーマクリシュナ「ハッハッハッハ、どういうことだったのさ？」

ナレンドラ「僕たちに歌をうたえと言うんです。ガンガーダルが歌いました――」

シャーマ（クリシュナ）の名を聞いて
息ふき返したラーダーの
目の前に立つは黒い《シャーマ》タマラの樹

……………

そうしたら、彼はこの歌を聞いてこう言うのです。『何だい、この歌は？　愛とか恋とか言うものは好かんね。それに、私のところには妻も子もいるんだよ。なんでこんな歌をうたうんだね？』」

聖ラーマクリシュナ「（校長に）――見てごらん、どんなに恐れているか」

第一五章　コシポールの別荘で親しい信者たちと共に

一八八六年三月十四日（日）

タクール、聖ラーマクリシュナ、コシポールの別荘で親しい信者たちと共に

信者のために人間として化身された聖ラーマクリシュナ

タクール、聖ラーマクリシュナはコシポールの別荘におられる。日が暮れかかっていた。病気のタクールは、二階の広間に北向きになって坐っていらっしゃる。ナレンドラとラカールが二人でお足をさすっている。モニ（校長）はその傍に坐っていた。タクールは手まねで、彼に足をさするようにとおっしゃった。それで、こんどはモニがお足をさすりはじめた。

今日は日曜日。一八八六年三月十四日。チョイトロ月二日。ファルグン白分九日目。先週の日曜日には、タクールの誕生日によせて、この別荘でお祭りをした。去年の誕生祝いは南神村《ドッキネーショル》のカーリー神殿で大そうにぎやかに催されたが、今年はご病気のため信者たちは悲しみに沈んでいるので、お祭りといっても名ばかりのものだった。

信者たちはいつも別荘に来ていて、タクールの看病をしている。大聖母《シュリー・シュリー・マー》も看病のため、夜も昼もなく忙しくしておられる。青年信者たちはおおかた此処に泊まり込んでいる。ナレンドラ、ラカール、

ニランジャン、シャラト、シャシー、バブラム、ヨーギン、カーリー、ラトゥたちである。

年配の信者たちは殆ど毎日のように来て、ときどき泊まって行き、タクールのご容態を尋ねていた。ターラクとシンティのゴパールはずっと泊まっている。若いゴパールも泊まっている。

タクールの病状は、今日も一段と重い。夜更けて白分九日目の月の光を浴びて、庭全体が喜々としているが、タクールの重病を思って、信者たちの胸は月を見ても一向に明るくならない。まるでみんなは、敵軍に包囲された美しい町に住んでいるような具合だ。どこもかしこも静まりかえって、ただ春の風で木の葉のすれあう音が聞こえるばかりである。上の広間でタクールは寝ていらっしゃる。大そうお苦しそうでお眠りにならぬ。一、二人の信者が黙々として傍に坐っている――何かご用があればすぐ動くつもりで。タクールは時おり、うとうとなさるように見える。

このような眠りがマハーヨーガと言われる状態なのか？「ヤスミン　スティトー　ナ　ドゥフケーナ　グルナーピ　ヴィチャーリャテー（『ここに安定すれば、いかなる困難にも動揺せず』――バガヴァッド・ギーター6-22）」これこそ、そのヨーガの状態なのだろうか？

校長はタクールのそばに坐っている。タクールは手まねで、もっと近くに寄るようにとおっしゃる。タクールの苦しそうなご様子を見ると、岩でも溶けてしまいそうだ！　校長に向かって、ゆっくり、ゆっくり、やっとのことでお話しになった。――「お前たちを泣かせまいと思って、こんなに苦しんでいるんだよ。――みんなが、『こんなに苦しむなら体を脱いでしまった方がいい』と言ってくれたら、そしたら脱いじまうんだがねえ！」

1886年3月14日(日)

この言葉を聞いた信者たちは、胸も裂ける思いだった。彼等の父であり、母であり、護り主である御方がこんなことをおっしゃったのだ！　みんな声も立てられずにいた。ある者は心で考えていた——「これが、Crucifixion（キリストの磔刑《たっけい》）というものだ！　——信者のために肉体を犠牲になさるのだ！」と。

真夜中、タクールの病状は一層悪化した！　どうにかする方法はないものか？　知らせの者が一人、カルカッタに向けて送り出された。ウペンドラ医師《カヴィラージ》とナヴァゴパール医師を伴って、ギリシュがこの真夜中にやってきた。（訳註、カヴィラージ——インドの伝統医学アーユルヴェーダの医者）

信者たちはタクールの傍に坐っている。少しお楽になったらしいタクールは、みんなにこうおっしゃる。

「体の病気は、こりゃ仕方ないよ。——五元素（地、水、火、風、虚空）でできた体だもの！」

ギリシュの方を見ておっしゃった——

「たくさん神様の姿が見えるんだよ！　その中に、この（自分の）姿も見えるんだ！」

一八八六年三月十五日（月）

1886年3月15日(月)

三昧《サマーディ》の寺院

次の朝。今日は月曜日、チョイトロ三日、一八八六年三月十五日。午前七時～八時。タクールは少し楽になられたようで、信者たちを相手に静かにゆっくりとひくい声で、ときどき手真似をまぜながら話していらっしゃる。傍にはナレンドラ、ラカール、校長、ラトゥ、シンティのゴパールたちがいる。信者たちは口には出さないが、前夜のひどい病状を思い出しながら、胸もつぶれる思いで黙然と聞いている。

〔タクールの見たもの――神、生物、世界〕

聖ラーマクリシュナ「(校長の方を見ながら信者に)――何を見たと思う？　あの御方がありとあらゆるものなっていなさるんだよ！　人間や動物を見ていると、ちょうどナメシ革で作ったもののようでね、その中で、あの御方が手足や頭を動かしていなさるんだよ！　前にも一度見たことがあるが――蠟《ろう》で出来た家――庭も道も人間も牛も何もかも蠟《ろう》で――何もかも一つの同じモノで出来ているんだ。

そうなんだよ——供犠《いけにえ》の首を刎《は》ねる人も、供犠《いけにえ》になる動物も、供犠《いけにえ》の首を置く屠殺台も、みんなあの御方がなっていなさるんだ！」

衆生の苦しみを憐れんで、自分の肉体を人びとの幸福のために犠牲台《いけにえ》にのぼせている——タクールはこのことをおっしゃったのだろうか？

神自身が、鍛冶屋にも、罪人にも、足枷《あしかせ》にもなっておられる——こうおっしゃるうちにタクールは、強烈な法悦境に引き込まれて嘆声をおあげになった。——「アハー！　アハー！」

そしてまた、例の前三昧境！　タクールの外部意識は消えた。信者たちはなすすべを知らず、押し黙って坐っているばかりだ。

タクールは少し意識が戻られると、またおっしゃった——「今わたしは、ちっとも苦しくない。以前《まえ》とおんなじだよ」

タクールの、この言葉を超越した境地を見て、信者たちは驚いて見ている。ラトゥの方を見ながらタクールはつづけておっしゃる——

「あれ、ラトゥが頭に手をやって坐ってござる。——神さまが頭に手をのせていなさるように見えるよ！」

タクールの信者たちを見る目に、とろけるような愛情が溢れこぼれている。まるで、かわいい赤ン坊でもあやすように、ラカールとナレンドラの頬《ほほ》を撫でていらっしゃる！

1886年3月15日(月)

〔リーラーを終えられるのはなぜか?〕

少したって校長におっしゃった――「体がもう何日か保《も》てば、(何人かの)人の霊性が目覚めるだろうに……」

そして又、沈黙なさった。

タクールは再びお話しになる――「こんどは保《も》たないだろう」

信者たちは、タクールが次に何をおっしゃるかと思って耳をすましている。タクールはお続けになる――「こんどは保《も》たないだろう。バカ正直で頭が悪いのを見て、人が利用するようなことにならないようにね。とにかく、バカで単純だから、相手かまわず何でも与えてしまってはよくないしね!

今の時代の人は、瞑想《ディヤーナ》にも称名にも関心がないし――」

ラカール「(やさしい声で)――もう少し、お体が保つようにお頼み下さい」

聖ラーマクリシュナ「それは、神様の思召《おぼしめ》し次第だ」

ナレンドラ「あなた様の意志と神様の意志は一つになっています」

タクールは何か考えるように少し黙っておられた。

聖ラーマクリシュナ「(ナレンドラ、ラカールはじめ信者たちに)――今さら言ったところでどうなる?

今はもう、一つになっているんだ。義妹《(訳註)》をおそれてシュリー・マティー(ラーダー)はクリシュナにこう言った。――『あなた、私の胸のなかに住んで下さい』と。あとでまた、クリシュナに会いたくてたまらなくなっても――以前なら気狂いのようにあちこち探しまわったのだが――もう二度と探し歩くようなことはしなかった！」

ラカール「（信者たちに向かって、低い声で）――ガウルがアヴァターラだったということを、話していらっしゃいますよ」

秘密の話――タクール、聖ラーマクリシュナとその伴侶たち

信者たちは黙然として坐っていた。タクールは彼等をやさしく見やり、ご自分の胸に手をおいて何かおっしゃるつもりらしい――

聖ラーマクリシュナ「（ナレンドラたちに）――このなかに二人いなさる。一つはあの御方」

信者たちは、次に何をおっしゃるかと耳をそばだてる――

聖ラーマクリシュナ「ひとつはあの御方――もうひとつは信者。その人が腕を折ったりした。その人がこんな病気になっている。わかるかい？」

信者たちは沈黙している。

聖ラーマクリシュナ「いったい誰に話しているんだろう。誰がわかってくれるんだろう」

（訳註）ラーダーはすでに結婚しており、アヤナゴーシャという夫がいた。クリシュナに夢中になって探し廻っているラーダーを見て、義妹はラーダーを叱責していた。

しばらくたってタクールは又、おっしゃった。

「あの御方は人間になって――アヴァターラになって――信者たちといっしょにこの世に来なさる。信者たちはその御方といっしょにこの世から去ってゆく」

ラカール「だから私たちは、あなた様があちらへ戻っていかないようにと祈るのです」

タクールは弱々しくお笑いになった。そして――「吟遊僧《バウル》の一団がとつぜんやってきて、踊ったり歌をうたったりして、また、とつぜん去《い》ってしまう！　来たときも去るときも、誰も気付かなかった」

（タクールと皆、微笑む）

1886年3月15日（月）

しばらく黙っておられて、又、おつづけになった。

「肉体《からだ》を持っていると、苦しみはつきものだ。

ときどきマーに言うんだよ。もう（この世に）来なくてもいいように、って。

でもね、こういうこともあるだろう。よそのうちに招待されてごちそうを食べつけると、自分の家のダール（豆スープ）やご飯がうとましくなる。

それはそれとして、とにかく肉体《からだ》を着ているのは、ただ信者たちのためだけだよ」

タクールは信者たちのお供え物や、信者たちの招待や、信者たちと楽しくあそぶことが大好きなので、このようなことをおっしゃったのだろうか？

〔ナレンドラの智識と信仰――ナレンドラの世俗の放棄〕

タクールはナレンドラをやさしく眺めていらっしゃる。

聖ラーマクリシュナ「（ナレンドラに）――賤民《チャンダーラ》が肉をかついで歩いていた。シャンカラ大師《アーチャーリヤ》がガンガーで沐浴したあと、同じ道を通りかかった。賤民《チャンダーラ》がうっかりして大師《アーチャーリヤ》にさわってしまった。シャンカラは怒って――『その方、この私にさわったな！』と怒鳴りなすった。すると賤民はこう答えた――『タクール、あなたも私に触りません。私もあなたに触りません！　あなた、よく考えて下さい！　あなたは体ですか？　心ですか？　それとも知性があなたですか？　いったい何ですか？　考えてごらんなさい！　清浄真我は何ものにも汚されぬ――サットヴァにもラジャスにもタマスにも。三つのグナのどれにも影響されない筈でしょう。

ブラフマンはどんなものか、空気のように嫌な臭い、いい香り――いろんなものが空気のなかにあるが、空気それ自体はどれにも関わりない」

ナレンドラ「仰せの通りです」

聖ラーマクリシュナ「三グナを超越している。マーヤーを超越している。無明《アヴィディヤー》のマーヤーと明知《ヴィディヤー》のマーヤーの両方を超越しているんだよ。女と金が無明現象《アヴィディヤーマーヤー》、智識《ジュニャーナ》、離欲《ヴァイラーギャ》、信仰《バクティ》――こういうものはみな明知現象《ヴィディヤーマーヤー》だ。シャンカラ大師《アーチャーリヤ》は智識《ジュニャーナ》のマーヤーを残しておきなすった。お前やここにいる人たちがわたしを慕っているのもヴィディヤーマーヤーだよ！

明知現象《ヴィディヤーマーヤー》をつかみながら、あのブラフマン智にたどり着くんだよ。明知現象《ヴィディヤーマーヤー》は階段の最後の一段、二段みたいなもの――もうじき屋上だ。人によっては屋上にのぼった後で、また階段を下りてくる。

1886年3月15日(月)

――真理をつかんだ後でも、〝明知の私〟を残しておく。人びとを導くためにね。それから信仰の喜びを味わうために――信者たちといっしょに楽しく遊ぶために」

ナレンドラはじめ信者たちは黙っている。タクールはこの言葉を通じて、ご自分の境地を話されたのであろうか?

ナレンドラ「僕が俗世間を離れる話をすると、とても怒る人がいるのです」

聖ラーマクリシュナ「(甘い声で)俗世を捨てるのは必要なことだよ」

タクールはご自分の体や手足を指しながらおっしゃる――「一つのものの上にもう一つのものがきたら、先のものはのけなくちゃなるまい? 先のものをのけなけりゃ、もう一つのものを手に入れることは出来ないだろう?」

ナレンドラ「おっしゃる通りです」

聖ラーマクリシュナ「(ナレンドラに、やさしい声で)――あれ(神)ばっかりを見ていたら、ほかのものが見えるかい?」

ナレンドラ「やはり、俗世を捨てるべきでしょうか?」

聖ラーマクリシュナ「だから言ったじゃないか。あればっかりを見たら、ほかのものは見えない筈だと。世間みたいなものが少しでも目に入るかね?

だから、心で捨てろ。ここに来る人たちは、誰も俗人なんかではないよ。まあ、人によってはほんのチョッピリ気が残っているが――女の人といっしょに住むという(ラカールと校長、苦笑する)。

でも、そのこともう終わった」

〔ナレンドラと勇者の態度〕

タクールはナレンドラをやさしく見つめていらっしゃる。見ているうちに、嬉しさでいっぱいになった御様子だ。こんどは信者たちのほうを向いてこうおっしゃった——

「大《たい》したもんだ！」

ナレンドラはタクールの方を見て、笑いながら言った。「何が大《たい》したものなんですか？」

聖ラーマクリシュナ「ハハハハハ。大《たい》した捨て方になってきた、というのさ」

ナレンドラと信者たちは黙ってタクールの方を見つめている。こんどはラカールが口をきった。

ラカール「(タクールに、笑いながら)——ナレンドラはあなた様をとてもよく理解していますよ」

タクールは笑ってこうおっしゃった。「うん、それに、みんなもよく理解してくれるようになったよ！(校長に)ちがうかい？」

校長「その通りでございます」

タクールはナレンドラと校長を見て、それから手指の合図でラカールはじめ信者たちに、この二人に注意を向けさせた。先ず手まねでナレンドラを指して——それから、校長を指された。ラカールがタクールの合図の意味を理解してこう言った。

ラカール「(タクールに)——あははは、あなた様はこうおっしゃりたいのでしょう。ナレンドラ

は英雄の態度、そして、こちらの方は女友達の態度だと――」（タクール、お笑いになる）

ナレンドラ「ハハハハハ。この方（校長）はあまりおしゃべりをなさらない。恥ずかしがり屋でいらっしゃる。それで、そうおっしゃるのでしょう」

聖ラーマクリシュナ「ハハハハハ。そうだ、わたしはどんな態度だね？」

ナレンドラ「英雄、女友達――あらゆる態度をお持ちです」

〔タクール、聖ラーマクリシュナ――いったい誰なのか？〕

タクールはこの言葉をきいて胸が喜びでいっぱいになられたらしく、手を胸にあてがって何か言おうとなさる！

聖ラーマクリシュナ「（ナレンドラたちに）――わかったよ、何でもこのなかから出るんだ」

ナレンドラに目と手の合図で、「わかったか？」とお聞きになる。

ナレンドラ「（何でも出るの意味を）――創造の事物はすべてあなた様の中から！」

聖ラーマクリシュナ「（ラカールに向かって嬉しそうに）――わかっただろう！」

タクールはナレンドラに、何か少し歌ってくれるようにとおっしゃった。ナレンドラはあるサンスクリットの詩を節をつけて歌った。彼の心は離欲の気持ちでいっぱいだ。

人の命のはかなさは

1886年3月15日(月)

蓮《はちす》の花にやどる露
聖者《ひじり》と共にあるときは
世の海わたる船のなか……

ナレンドラが一節か二節うたうと、タクールはすぐ合図をなさった。――「なんだ！　なんだ！　そんなの月並みすぎるよ！」

ナレンドラは歌をかえて、こんどは女友達の気持ちをうたった歌にした――

ねえ、お友達――
人が生まれたり死んだりするのも
いろんな場合があるものね……
ヴラジャの若者はどこかへ去《い》ってしまった
私としてはもう、死ぬほかありません
マーダヴァはいいひと（愛人）といっしょになって
牛飼いの、地味な娘を忘れてしまったの
ねえ、お友達――
あの賢くてやさしい人が

ヴラジャの若者、マーダヴァ、シャーマ、いずれもクリシュナのこと

1886年3月15日(月)

顔かたちの美しさに降参してしまうなんて
いったい誰が想像できたでしょう
私にはとても予想できなかったわ
やっぱり私は馬鹿だったのね……
あのかたの姿を夢中で見つめるばかり
あのかたの足を胸に抱くことばかり考えて
ほかのことに気をまわす余裕がなかったの

ねえ、お友達――
今となっては、ヤムナーの流れに身を投げるか
それとも、いっそひと思いに毒を飲んで……
いやいや、つる草でくびをしめ
若いタマラの木にぶら下がりましょう
だってタマラはあのかたの肌の色にそっくり
ねえ、お友達、それでも死ねなかったら
シャーマ、シャーマ、シャーマって
あのかたの名を死ぬほどとなえて

となえ疲れて死んでしまいましょう

歌を聞いて、タクールも信者たちもうっとりとなってしまった。タクールとラカールは涙を流している。ナレンドラは再び、ヴラジャの牛飼い女《ゴーピー》になった気分で、法悦に酔ったかのようにキールタンの節回しで次の歌をうたった。

お友達――
あなたは私のもの、私のすべて
あなたに何を差し上げたらいいのでしょう
私は身分も財産も才能もない、ただの女だから
あなたに何を差し上げたらいいのかわからない
手にとってはあなたは鏡、頭にとっては花
あなたを花にして私の髪に差しましょう
外から見えないように髪の中にかくしておきます
黒い髪に黒い花《シャーマ》、誰の目にもとまりません
目にとってあなたはさわやかな目薬
口にとっては香ばしい噛みタバコ

いつも目につけ、口で味わっていましょう
体にとってあなたは白檀、首《くび》にとっては首飾り
芳《かぐわ》しい白檀を体にぬって身と心を静めましょう
シャーマの首飾りを首にかけたら
あなたはいつも私の胸に住んでいる
鳥にとってあなたは翼《つばさ》、魚にとっての水
あなたは私という家のご主人
何よりもだいじな尊い宝玉《たから》──

第一六章　コシポールの別荘でナレンドラはじめ信者たちと

一八八六年四月九日（金）

聖ラーマクリシュナ、コシポールの別荘でナレンドラはじめ信者たちと

ブッダとタクール、聖ラーマクリシュナ

聖ラーマクリシュナは信者たちとコシポールの別荘にいらっしゃる。今日は金曜日。午後五時。チョイトロ白分五日目。一八八六年四月九日。

ナレンドラ、カーリー、ニランジャン、校長の四人が下の部屋で話をしている。

ニランジャン「（校長に）――ヴィディヤサーガルが新しい学校をつくるそうじゃありませんか？ナレンドラがそこに勤められるようにすれば……」

ナレンドラ「今さら、ヴィディヤサーガルのところで使われる気はないね！」

ナレンドラはブッダガヤーから帰ってきたばかりである。そこでブッダの像を拝み、その面前で深い瞑想に入ったそうである。ブッダ尊者《デーヴァ》は苦行の末、菩提樹の下で大覚を得られたが、その木のあったところに新しい菩提樹が再び大きく成長していて、その木も見てきたそうである。

カーリー「一日、ガヤーのウメシュさんのお宅でナレンドラが歌をうたったのですよ――ムリダンガ

（卵形の太鼓）の伴奏で、ケヤルやドゥルパダなどを――」（訳註、ケヤル、ドゥルパダ――共に古典的な歌の様式）

聖ラーマクリシュナは二階の広間で、ベッドに坐っておられた。夕方だった。

モニがひとりでタクールを扇いでいると、ラトゥが入ってきて坐った。

聖ラーマクリシュナ「（モニに）――肩衣《チャドル》一枚と、スリッパを一揃い持って来てくれないか」

モニ「かしこまりました」

聖ラーマクリシュナ「（ラトゥに）――肩衣《チャドル》が十アナ、それからスリッパとで――全部でいくらだね？」

ラトゥ「一タカ十アナでございます」

タクールはモニに、値段を書きとめておくようにと手まねで合図をなさった。

ナレンドラが来て坐った。それからラカールとシャシーと、ほか二、三人が来て坐った。タクールはナレンドラに、足を手でさすってくれるようにとおっしゃった。

聖ラーマクリシュナは、手まねでナレンドラにお聞きになる――「何か食べたかい？」

〔ブッダは無神論者か？――有神論と無神論の中間の境涯〕

聖ラーマクリシュナ「（校長に向かって、笑いながら）――（ナレンドラが）あそこ（ブッダガヤー）へ行ってきたんだよ」

校長「（ナレンドラに）――ブッダ尊者《デーヴァ》の教えは、どのようなものですか？」

1886年4月9日（金）

ナレンドラ「修行の結果大覚《さと》られた内容を、あのかたは口で説明することがお出来にならなかったのです。そのために、みんなから無神論者だと言われているのですよ」

聖ラーマクリシュナ「（手まねで）——どうして無神論者なんだい？　無神論者じゃないよ。ただ口で言えなかっただけだ。〝ブッダ〟って何だか知っているかい？　知性そのものに心を集中しつづけて、純粋知性それ自身になった人のことだよ」

ナレンドラ「そうです。それには三階級ありましてね——ブッダ（仏陀）、アルハット（阿羅漢）、ボーディサットヴァ（菩提薩埵）と」

聖ラーマクリシュナ「それもあの御方（神）の遊戯《あそび》だよ——新しいリーラーだ。

どうしてまた、ブッダが無神論者だなんて言われるんだろうね！　自我の本性をさとったところは、〝アル〟と〝ナイ〟との中間の境地なんだよ」

ナレンドラ「（校長に）——それは相反することが会う、という境地です。酸素と水素とで冷たい水ができますが、それと同じ酸素と水素とで酸水素溶接器（Oxyhydrogen-blowpipe）が出来るんです。その境地になると、〝活動〟と〝活動の放棄〟が同時にできるのです。つまり、無私、無執着の活動です。世間一般の人たち——五官の対象に引きずりまわされている人たちは、すべてが〝有《アル》〟と言う。幻象主義の人たちは、すべては〝無《ナイ》〟という。ブッダの境地は、この〝アル〟と〝ナイ〟を超越したところなのです」

聖ラーマクリシュナ「この、〝アル〟と〝ナイ〟とは、プラクリティの性質だ。正真の大実在は、〝アル〟と〝ナイ〟とを離れている」

信者たちはしばらく黙っていた。やがて、タクールがまたお話しになる。

〔ナレンドラとブッダの慈悲と離欲〕

聖ラーマクリシュナ「(ナレンドラに)――それで、ブッダ尊者《デーヴァ》はどんなお考えなんだね？」

ナレンドラ「神が存在するとかしないとか言うことは、一切ブッダは説かれなかったのです。しかし、生涯、慈悲を行じられました。タカが小鳥をつかまえて食べようとしているのを見て、その小鳥を助けるために、ブッダはご自分の体の肉をタカにお与えになりました」

タクール、聖ラーマクリシュナは黙っておられる。ナレンドラは、いよいよ熱をこめてブッダの話をつづける――

ナレンドラ「何という完全な離欲《ヴァイラーギャ》でしょう！　王子だったのに、すべてを棄《す》ててしまった！　これといった財産も権力も持っていない人が棄《す》てるのとワケが違いますよ！

ブッダはニルヴァーナ(涅槃)を得てから、いちど家におかえりになりました。そして、妻や息子や他の王族たちに、離欲を行うようにと熱心にすすめました。何という徹底した離欲の精神をお持ちだったことか！　しかし一方、ヴィヤーサはどうです――シュカ尊者《デーヴァ》が出家しようとするのを止《と》めて、こう言ったのですよ、『息子よ！　世間に住んでいて宗教生活をしろ！』と」

タクールは黙っていらっしゃる。何もおっしゃらぬ。

1886年4月9日（金）

ナレンドラ「シャクティだのファクティだのいうものは、一切ブッダはお認めにならないのです。――ただニルヴァーナ（涅槃）！　何という離欲！　菩提樹の下で瞑想に入られたとき、こうおっしゃいました――〝イヘイヴァ　シュッシャトュ　メ　シャリーラム〟――つまり、『もしニルヴァーナが得られぬなら、わが肉体は此処に枯死すべし！』――この強固な決心！

肉体こそはすべてのワザワイのもと！――これを支配せずして、いったい何ごとができるか！」

シャシー「でも、君は言ったじゃありませんか。肉を食べるとサットヴァ性が養える――我々は肉を食べなけりゃいけない、と」

ナレンドラ「そりゃ、僕は肉を食べているよ。しかし、米だけ食べていても平気だ――しかも塩抜きで」

少し間をおいて、タクール、聖ラーマクリシュナはブッダ尊者《デーヴァ》のことに関して、手まねでお聞きになった。

聖ラーマクリシュナ「それで何かい、ブッダ尊者《デーヴァ》はマゲ（髪の束）を頭にのっけていなすったかい？」

ナレンドラ「いいえ、ルドラークシャ（数珠玉）をびっしりあつめたような感じの頭でした」

聖ラーマクリシュナ「目は？」

ナレンドラ「目は入三昧の表情です」

「聖ラーマクリシュナ、アリアリと神を見る――わたしがソレ」

タクールはまた黙っていらっしゃる。ナレンドラとほかの信者たちは、タクールの方を凝視している。モニが扇いでいる……と突然、ニコッとお笑いになって、又ナレンドラと話しはじめられた。
聖ラーマクリシュナ「(ナレンドラに向かって) ところで、と……此処にはいろんなものがあるね？　レンズ豆のスープからヒナ豆、タマリンドの漬物まで――」
ナレンドラ「あなた様の場合は、あらゆる霊的経験をなさった後で、今、たまたま低い場所に住んでいらっしゃるのです！」
モニ（内心で独り言）――あらゆる経験を経たあげく、いま、神の信者の境涯に！
聖ラーマクリシュナ「誰かが、低いところに引っぱってくるんだよ！」
こうおっしゃると、タクールはモニの手からウチワを受けとられ、また話をおつづけになった。
聖ラーマクリシュナ「このウチワを見ているように、目の前に――じかにアリアリと――わたしは（神を）見たんだよ！　それから見たのは――」
こう話されながら、タクールはご自分の胸に手をあててナレンドラに合図でおっしゃる――「わたしの言ったことがわかるかい？」
ナレンドラ「わかります」
聖ラーマクリシュナ「言えるかい？」
ナレンドラ「よく聞きとれません」
聖ラーマクリシュナは、再び手まねで合図なさった――「見たんだよ。あの御方（神）と、わたしの胸のなかにいるお方は、同じお方だということを――」

ナレンドラ「そうです、そうです。ソーハム、それは我なり」

聖ラーマクリシュナ「けれど、二つを分けるちょっとした線が残っている（信者の私が残っている）――楽しむためにね」

1886年4月9日(金)

ナレンドラ「（校長に）――偉大な魂《マハープルシャ》は大自在を得たあとも、衆生の解脱を助けるためにこの世に留まって――ある程度の我執のごときものを保って――肉体的な苦楽を味わいながら住んでいらっしゃるのですよ。

ちょうど、頭に荷物を載せて運搬する人のようなものです。我々は強制的に働かされているのですが、偉大な魂は自分から喜んで、人の荷物を頭に載せてくださっているのです」

〔聖ラーマクリシュナと師《グル》の恩寵〕

みんなは再び沈黙した。無辺際の慈悲海であられるタクール、聖ラーマクリシュナは、またお話し下さる――

聖ラーマクリシュナ「（ナレンドラや他の信者に向かって）――屋根は見えているんだよ！　けれど屋根に上がるには、大へんな力がいる！」

ナレンドラ「その通りです」

聖ラーマクリシュナ「でも誰かが上がっていれば、縄を下ろして下の人を引っぱり上げてやることができる」

〔聖ラーマクリシュナの五つの三昧〕

「リシケシから来たサードゥが、わたしを見てこう言ったよ――すばらしい！　あなたには三昧の五種がすべて現れている、と。

時には猿のように――体の樹をサルのように、霊気がこの枝あの枝と跳び移りながら上がっていって、最後に三昧になるんだ。

時には魚のように――魚が水のなかを、さも楽しそうにスーイ、スーイと泳いでいるような感じで、霊気が体のなかを動くうちに三昧になる。

時には鳥のように――体の樹に、霊気が鳥のように、枝から枝へサッサッと上がっていく。

時にはアリのように――大霊気《マハーヴァーユ》がアリのように、ジリジリと上がってきて、サハスラーラに達すると三昧になる。

時には蛇のうねりのように――つまり、大霊気がヘビのようにうねりくねり――最後にサハスラーラにいって三昧になる」

ラカール「（信者たちに向かって）――もう、やめましょう。ずい分たくさんお話し下すったから――。お体に障《さわ》りますから――」

第一七章　コシポールの別荘で親しい信者たちと共に

一八八六年四月十二日（月）

コシポールの別荘で親しい信者たちと共に

コシポールの別荘で信者たちと共に

聖ラーマクリシュナは、コシポールの別荘の二階広間で、ベッドの上に坐っておられる。部屋にはシャシーとモニがいる。タクールはモニに、ウチワで扇《あお》ぐようにと合図をなさった。モニは扇ぎはじめる。

午後五時から六時頃、月曜日。チョイトロ月の最後の日。春のドゥルガー女神の祭礼が行われる日である。チョイトロ白分八日目。チョイトロ月三十一日、一八八六年四月十二日。

近所にベンガル暦の一年最後の日を祝う市が立っていた。タクールはちょっとした品物を買わせるために、一人の信者をその市に使いに出された。その信者が戻ってきた。

聖ラーマクリシュナ「どれ、買ってきたものは？」

信者「砂糖菓子が一パイサ、ボンティ(訳註)（野菜包丁）が二パイサ、さじ二パイサ」

聖ラーマクリシュナ「ナイフは？」

信者「二パイサでは売ってくれなかったものですから……」

聖ラーマクリシュナ「(せきたてて)――早く、早く、行ってナイフを買ってきておくれ」

校長は階下《した》を何となく歩いていた。するとナレンドラとターラクがカルカッタから戻ってきた。ギリシュ・ゴーシュの家や、そのほか数ヶ所に行ってきたのである。

ターラク「今日は肉や何かを、たらふく食べてきました」

ナレンドラ「今日は非常に心が低下した。さーて、修行しなくちゃ。

(校長に向かって)――何という Slavery of body,― of mind!(何たる肉体の奴隷根性――心の奴隷根性)体と心が僕のものじゃなくて、誰か別の人のものみたいだ」

日が暮れた。上の部屋をはじめ、あちこちに明かりがついた。タクールはベッドの上に北を向いて坐っていらっしゃる。そして、宇宙の大実母を想っておられる。間もなく遊行者《ファキール》が、タクールの前でアパラーダ・バジャン(懺悔《ざんげ》の祈詞)を朗詠した。この遊行者《ファキール》はバララムの家に仕える聖職者の身内の一人である。

我　生まれし前　母の胎《はら》にて激しい苦しみを味わうも

(訳註)ボンティ――インドで使う包丁は木製の台座から包丁の刃が突き出したように固定されていて、野菜や魚をこの包丁に押しつけて使用する。

生まれし後、あなたの御足に触れもせず、祈ることもせず
幾度もこの世に生まれしが、なおもあなたの許に逃れることも、仕えることもせじ
恐ろしき御方よ　どうか我が罪を許したまえ　　（サンスクリット）

1886年4月12日(月)

部屋にはシャシーとモニのほか、二、三の信者がいた。

祈詞が終わった。聖ラーマクリシュナは心からの尊敬の念を表わして、合掌して頭をお下げになった。

モニはタクールを扇いでいる。タクールは手まねでモニにおっしゃった――「石のお椀を一つ、持ってきておくれ。こう言いながら、石椀の形を指でつくってみせる。一ポー（約250cc）牛乳が入るようなのを、白い石の――」

モニ「かしこまりました」

聖ラーマクリシュナ「ほかの椀で汁を飲むと、何だかみんな生臭いんだよ」

第 17 章　コシポールの別荘で親しい信者たちと共に

一八八六年四月十三日（火）

神の分身《イーシュワラ・コーティ》に業の報い、前生からのカルマの発現はあるか？――ヨーガ・ヴァシシュタ

明けて火曜日、ラーマナヴァミー（ラーマの誕生祭）、ボイシャク一日。一八八六年四月十三日、朝方、タクール、聖ラーマクリシュナは上の部屋のベッドに坐っておられる。八時すぎ。モニは昨夜泊まったので、先ずガンガーで沐浴をすませてから部屋に入り、タクールにごあいさつをした。ラム（・ダッタ）もちょうど来たところで、ごあいさつの後、そのへんに坐った。彼は花の輪飾りをもってきてタクールにさしあげた。信者たちの多くは階下《した》にいる。二、三のものがタクールの部屋にいるだけである。ラムはタクールと話をはじめた。

聖ラーマクリシュナ「（ラムに）――どんなふうに見える？」

ラム「あなた様の中にはすべてが存在します。ただいまはご病気ということで――そのことについてのお話になるのでございますね」

聖ラーマクリシュナは微笑しながら、合図《ジェスチャー》でラムにお聞きになる――「病気の話だって？」

タクールのスリッパが合わなくて足が痛い。それで、ラジェンドラ・ダッタ先生が注文して作ってくるというので、タクールの足の寸法を測った。この履物は現在、ベルール僧院《マト》に祀られ拝まれている。

第17章　コシポールの別荘で親しい信者たちと共に

聖ラーマクリシュナは、こんどはモニに手まねでお聞きになる――「ほら、石のお椀は?」モニはすぐに立ち上がって――さっそく石の椀を買いにカルカッタへ出かけて行こうとする。

聖ラーマクリシュナ「いいよ、いいよ。今でなくても……」

モニ「いいえ、この方々もカルカッタに行かれますので、いっしょに参ります」

モニはジョラシャンコの新市場《ニューバザール》の四つ辻にある店で、白い石椀を一つ買った。ちょうど正午《ひる》ころ、コシポールに戻ってタクールのところへいき、挨拶《プロナーム》をし石碗を献じた。タクールは白い椀を手にとって眺めていらっしゃる。そこへラジェンドラ・ダッタ医師、ギーターを持ったスリナート医師、ラカール・ハルダー氏、そしてあと数名の人が来て座に着いた。部屋にはラカール、シャシー、若いナレンたちがいる。医師たちはタクールの病状をあますところなく聞きとった。

スリナート医師「(友人たちに)――すべてのことは、プラクリティの支配下にあるんだよ。誰も自分のした行為の結果から逃れることはできない!　プラーラブダ(前生からのカルマの発現)だ!」

聖ラーマクリシュナ「どうしてさ。あの御方の名をとなえて、あの御方を想ってあの御方にすべてを明け渡していれば……」

スリナート医師「しかしですね、プラーラブダ・カルマはどうなりますか?――前の生涯で行ったことは」

聖ラーマクリシュナ「そりゃ、いくらかは行為の結果を受けとらなけりゃならんさ。だが、あの御方の名前の力で、大部分は取り消しになる。ある人は前生の行いのために七回生まれるたびにメクラになる筈だった。ところが、その人はガンガーで沐浴して、その功徳で解脱した。その人の目は治らなかったけれど、次の六生は盲《めくら》にならずにすんだ」

スリナート医師「しかし経典には、過去の行為の結果からは誰ものがれることができぬ、と書いてありますが――」

スリナート医師は、タクールと議論するつもりらしい。

聖ラーマクリシュナ「(モニに)お言いよ。神の分身《イーシュワラ・コーティ》と普通の人間とは、全くちがうということを――。イーシュワラ・コーティは罪や過ちとは関係がないんだということを――お言いよ」

モニは黙っていた。そしてラカールに、「君、言って下さい」とたのんだ。

しばらくして、医師たちは帰っていった。タクールはラカール・ハルダー氏と話していらっしゃる。

ハルダー氏「スリナート医師はヴェーダーンタを学んでいまして――ヨーガ・ヴァシシュタ(訳註)の学徒です」

聖ラーマクリシュナ「世俗の生活をしている者が、〝この世はすべて夢だ〟などと思っているのはよくないんだよ」

一人の信者「わたしの知っているカーリーダースという人は――やはりヴェーダーンタの学徒ですが、訴訟ばかりして財産をなくしてしまいました」

聖ラーマクリシュナ「ハッハッハッハ、すべてはマーヤー――けれども、やはり訴訟はしなけりゃ、というわけさ!(ラカールに向かって)――ジャナイのムクジェーは、はじめのころ大きなことばかり言っていたが、終いの頃はよくわかるようになったよ！　体の加減がよかったら、スリナート医師たちとも何か話すんだが――智識の話ばかりしていたとて、智識が得られるわけではないさ」

〔情欲を持たぬ清浄な境涯を思ってタクールの肌毛が逆立つ〕

ハルダー「智識にはさんざ会いました。これからは、少しでも信仰が持てたら救われるのですが――。先日、ある問題を胸に抱いて此処にまいりましたのですが、あなた様がそれを解決して下さいました」

聖ラーマクリシュナ「（熱心に）ナニ？　ナニ？」

ハルダー「はい、この青年（若いナレン）が入って来たとき、『あれは情欲を克服している』とおっしゃいました」

聖ラーマクリシュナ「ホー、そうだったかい。うん、あれ（若いナレン）には、世知の汚れというものがこれっぽっちもないんだよ！　情欲ってどういうものですか、なんて言うんだよ。

（モニに）――手でさわってごらん、わたしの肌毛が逆立っているから！」

情欲をもたぬ清浄な境涯を思って、タクールの体毛は逆立ったのである。情欲のないところに神はいらっしゃる――このことを思うとタクールはすぐに神をお感じになったのであろうか？

（訳註）ヨーガ・ヴァシシュタ――聖仙《リシ》ヴァシシュタがまだ若いラーマに会話形式で教えを説いたヴェーダーンタの聖典

1886年4月13日(火)

ラカール・ハルダーは帰った。

聖ラーマクリシュナは、まだ信者たちと坐っていらっしゃる。一人の気狂い女がタクールに会おうとして、皆をうるさがらせていた。狂女は〝愛人の態度《マドゥラ・バーヴァ》〟をとっているのである。別荘にやってきては皆のスキをねらって、タクールの部屋に走りこむのだ。信者たちはブチさえしたのだが、どうしても止めることができない。

シャシー「あの気狂い女がきたら、突きとばして追い出してやりましょう」

聖ラーマクリシュナ「(慈悲深い声で)いや、いや、来ても出ていくんだから――」

ラカール「はじめのころは、私もいろんな人がタクールのところに来るたびにヤキモチを妬《や》いたものです。でもこの方はお優しく、だんだんと私にわかるように導いて下すった――この良き師は、世界の師であるということをね! この方は、私たち何人かのためにだけこの世に来られたのだろうか?」

シャシー「そういう意味で言ったんじゃありませんよ。タクールはご病気でしょう? それなのに、ご迷惑をかけてはいけないでしょう」

ラカール「迷惑はみんながおかけしています。我々は(霊的に)立派になってから、ここに来ているんだろうか? この方に、私たちはご苦労をかけていないだろうか? ナレンドラたちは初めのころ、どんなふうだった? 議論を吹っかけてばかりいて……」

シャシー「ナレンドラは、口で言ったことはちゃんと実行しますよ」

ラカール「サルカル医師のタクールに対するものの言い方はどうだろう！　よく考えてみれば、あやまちを犯していない人なんか一人もいないんだから――」

聖ラーマクリシュナ「（ラカールにやさしく）――何か食べたかい？」

ラカール「いいえ、まだです。あとでいただきます」

聖ラーマクリシュナは、モニに手まねでお聞きになる――「お前、今日ここで食べていくかい？」

ラカール「（モニに）――ここで食べるようにとおっしゃっているのですよ」

タクールは五つ位の子供のように裸のまま信者たちと坐っていらっしゃる。折も折、気狂い女が階段を上がってきて、部屋の戸口のところに立った。

モニ「（シャシーに、静かな声で）――ごあいさつして帰るように言うとよろしいですよ。ほかには何も言わずに……」

シャシーは狂女を階下におろしてやった。

今日は新年の初めの日なので、女性の信者たちが大勢やってきた。タクールと大聖母《シュリー・シュリー・マー》に新年のごあいさつを申し上げて、来る年を祝福していただくためである。バララム氏の奥さん、マノモハンの奥さん、バグバザールのバラモン婦人等々、大勢の婦人信者たちが来ていた。なかには子供連れで来ている人もある。（訳註、大聖母《シュリー・シュリー・マー》――サーラダー・デーヴィー＝ホーリー・マザー。バグバザールのバラモン婦人――ゴラープ・スンダリー・デーヴィー＝ゴラープ・マー）

彼女たちは、タクールにごあいさつのため階上《うえ》の部屋に行った。何人かの婦人は、タクールの足も

1886年4月13日(火)

とに花やアビール（お祝いのときに振りまく赤い粉）をお供えした。信者の子どもで九つか十の女の子が二人、タクールに歌をうたってお聞かせした――

何処から来て、何処へ行くの
安息《やすらぎ》は何時《いつ》、どこにあるの
輪廻の輪に、又もどって泣き笑い
終わりはないのか、空しい暮らし

歌　ヴィーナに合わせて、ハリ、ハリとうたえ

歌　若い女性（ラーダー）が来たよ、ほら、そこに
クリシュナが来たよ、ほら、そこに
弓のような目をして、竹笛ふいて……

歌　私の舌よ、いつもドゥルガーの名をとなえよ
ドゥルガーのほかに、おまえを救うものがあるか？

聖ラーマクリシュナは手まねでおっしゃる――「とてもいいよ、マー、マーって！」

バグバザールのバラモン婦人（ゴラープ・マー）は子供っぽい性質の人だ。タクールはニコニコしながら、ラカールに向かって合図をなさった――「あの人に歌ってもらえ」バラモン婦人は歌った。信者たちは楽しそうに笑っていた。

　　ハリよ、今日はあなたと遊びましょ
　　ニドゥの森に、ひとりでいるあなたと――

婦人信者たちは階上の部屋を退《さが》って階下におりてきた。

午後――タクールの傍にモニほか、二、三の信者が坐っている。そこへナレンドラが入ってきた。聖ラーマクリシュナがいみじくもおっしゃったように、彼はいつも抜身の刀を下げて歩いているような感じだ。

〔出家の厳しい戒律とナレンドラ〕

ナレンドラは部屋に入ってタクールの傍に坐った。彼はタクールに聞こえるように、「女はつくづく嫌だ」と言う。神をつかむ道中において、女というものはどれほど邪魔になるか、というようなことを語る。聖ラーマクリシュナは何もおっしゃらず、彼の言うことだけを聞いておられる。

1886年4月13日(火)

ナレンドラはつづけて言う——「僕はただ平安《シャーンティ》がほしい。神まで欲しいとは思わない」聖ラーマクリシュナはジーッと彼の顔をみつめていらっしゃる。何もおっしゃらない。ナレンドラはときどき歌うようにとなえている——「サッティヤム、ギャーナントム『(ブラフマンは)真実、智識、無限なり』」

夜の八時。ベッドの上に坐っておられるタクールの正面に、二、三の信者が控えている。スレンドラが、会社が退《ひ》けるとすぐタクールのお見舞いにやってきた。オレンジ四個と花輪を二つ持ってきた。スレンドラは信者たちの方を時々見たり、タクールの方を見たりしている。やがて、胸にたまっていた言葉をすっかり吐き出した。

スレンドラ「(モニたちの方を見ながら)——「会社の仕事を終えてから、すぐ来たんですよ。まったく、二つの舟に足をかけてもどうにもなりませんからねえ。とにかく、会社の仕事だけすまして来たようなわけです。今日はボイシャクの一日《ついたち》で、しかも火曜日でしょう。でも、カーリーガートには行きませんでした。こう思いましてね——〝カーリーであるお方——カーリーを一番よく知っていらっしゃるお方にお会いすれば、それでじゅうぶんだ〟と」(訳註——この日はカーリー参拝に非常に縁起のよい日とされているのだが……)

タクール、聖ラーマクリシュナは、少しお笑いになった。

スレンドラ「グルに会うときやサードゥに会うときは、果物や花を持っていくものだと聞いていましたので、これを持参した次第です。あなた様のために私はお金を使っています——そして至聖《かみ》さまはその心の内をよくご存知なのです。人によっては一パイサ出すのも惜しがるし、そうかと思うと千タカ使っても平気な人もある。至聖《かみ》さまは信者の心の内の信心《バクティ》を見そなわして、それを見てお受け取りになるのでしょう」

タクールは頭を前後に動かして、「お前の言う通りだ」との旨《むね》を彼に合図なさった。スレンドラは再び言う――「昨日は来られなくて……。――大みそかでしたからね。そのかわり、あなた様の写真の前に花をかざりました」

聖ラーマクリシュナはモニに手まねでおっしゃった――「アー、何て信心深いんだろうね！」

スレンドラ「今日は来られましたので、この二つの花輪を持ってきました。四アナでしたよ」

信者たちはほとんど帰って行った。タクールはモニに、「足をさすって、扇いでおくれ」とおっしゃった。

第一八章　コシポールの別荘で信者たちと共に

一八八六年四月十六日（金）

コシポールの別荘で信者たちと共に

コシポールの庭で聖ラーマクリシュナとギリシュと校長

コシポールの別荘の東方《ひがしかた》に、池に下りる階段がある。月が昇った。庭道も樹や草も月の光を浴びている。池から西の方角に二階建ての家がある。二階の部屋に明かりがついていて、池の階段からその光が木製のブラインド越しに見える。あそこで、タクール、聖ラーマクリシュナがベッドの上に坐っていらっしゃるのだ。二、三人の信者が静かにそばに控えていたり、この部屋からあの部屋へと移動したりしている。タクールは病気治療のため、この別荘に来ていらっしゃるのだ。看病のため、信者たちもいっしょに住んでいる。池のところから、階下に三つの明かりが見える。その一つは信者たちの泊まる部屋である。南側の部屋だ。真ん中の明かりは大聖母《シュリー・シュリー・マー》タークラーニー(訳註)（サーラダー・デーヴィー）の部屋からのものである。タクールの看病のため、ここに泊まっていらっしゃるのだ。三番目の明かりは台所からのものだ。これは家の北側にある。二階建ての家の庭の南東隅から道が一本、池の階段まで通じている。その道を通って池まで行くことができるのである。道の両側、ことに南側にはたくさんの果樹や花の木が植えられている。
月は中天に上った。池の階段にギリシュ、校長、ラトゥと、あと一、二の信者が坐っている。そしてタクールのことについて話をしていた。今日は金曜日。西暦一八八六年四月十六日。ベンガル暦一二九三年ボイシャク月四日。チョイトロ白分十三日目。
しばらくして、ギリシュと校長はその道をぶらぶら歩きながら話をしていた——
校長「月の光が美しいですねえ！　想像もできない程の大昔から、大自然はある一定の法則で動いているんですよねえ！」
ギリシュ「どうしてわかりますか？」
校長「自然《プラクリティ》のシステムは不変です（Uniformity of Nature）。しかも科学者たちは、望遠鏡を通して次々と新しい星を発見する。月には山があると言って——それを眺めています」
ギリシュ「はっきり言えるんでしょうか。私にはどうも信じられんなあ……」
校長「どうしてですか？　望遠鏡で、ちゃんと見えるんですよ」
ギリシュ「正しく見ているという証拠はないでしょう。地球と月の間に何かが存在していて、そこを通して光が来るから、そんなふうに見えるのかも知れない」
別荘には、青年たちがタクールのお世話をするために、ずっと泊まりこんでいる。ナレンドラ、ラカー

（訳註、タークラーニー——母、女神を呼ぶことば、タクールの女性形）

ル、ニランジャン、シャラト、シャシー、バブラム、カーリー、ヨーギン、ラトゥたちである。家庭を持っている信者たちは毎日のように来て、時には夜も泊まっていったりしている。今日、ナレンドラとカーリーとタークの三人は、南神村《ドッキネーショル》のカーリー寺の境内に行っている。ナレンドラはそこの五聖樹《パンチャバティ》の杜で神想を行ずるため、連れだって行ったのである。

1886年4月16日(金)

ギリシュや他の信者たちと共に──信者へのタクールの愛情

〔ギリシュ、ラトゥ、校長、バブラム、ニランジャン、ラカール〕

ギリシュ、ラトゥ、校長の三人が二階に上がってみると、タクールはベッドの上に坐っておられた。看護役のシャシーと、あと一、二の信者が部屋にいたが、やがてバブラム、ニランジャン、ラカールたちが入ってきた。

部屋は広い。タクールのベッドの近くには、薬やその他の日用品がいろいろと置いてある。部屋の北側にドアがあって、下から階段を上がって、そのドアから部屋に入るようになっている。そのドアに相対して南側にもドアがあり、そこから南の小屋根に出られるようになっている。その小屋根のところに立って見ると、庭の樹木や月や、さして遠くない大通りなどがよく見える。

信者たちは夜、交替で起きている。蚊帳《かや》を吊《つ》ってタクールを寝かせてから、夜、当番の信者は部屋の東隅にマットを敷いて、横になったり坐ったりして一夜を過ごすのである。病苦のため、タクールは夜も殆どお眠りにならないのだ！　だから当番の信者も坐って、殆ど眠らずにいるのである。

今日、タクールの病状は少しいいようだ。信者たちは入ってくると床に額《ぬか》ずいて師を拝してから、向かい合って坐った。

タクールは明かりを近くにもってくるようにと、校長にお命じになった。タクールはギリシュに向かってやさしくうなずかれた。

聖ラーマクリシュナ「(ギリシュに)――元気かい?(ラトゥに)ギリシュさんにタバコをお出し。それからパーンも――」(訳註、パーン――キンマの葉にびんろうじゅの実を詰めた噛《か》みタバコ)

しばらくして再びおっしゃった――「何か、お茶菓子を持ってきてあげなさい」

ラトゥ「タバコとパーンはお出ししました。飲み物やお菓子は、只今、店に買いに行っております」

タクールは坐っておられる。信者の誰かが、花の輪飾りをいくつか持ってきて差し上げた。タクールはそれをひとつひとつ、ご自分の首におかけになった。胸のなかにいらっしゃるハリに、花を供えてお祀りしておられるおつもりなのだろうか? 信者たちは驚いて見つめていた! すると二つほど首から外して、ギリシュにお与えになった。

タクールは時々、「お茶菓子はまだかい?」とおききになる。

校長はタクールを扇《あお》いでいる。タクールのそばに、信者がさしあげた白檀の扇がおいてあった。タクールはそれを校長に手渡された。校長は、こんどはその扇であおぎつづける。扇《あお》いでいると、タクールは首から花輪を二つはずして校長に下さった。

ラトゥはタクールに、一人の信者(校長)のことについて話していた。彼の七、八才になる息子が

1886年4月16日（金）

一年半ほど前に亡くなったが、その子は父親といっしょの時やキールタンの催された時などに、何回もタクールにお会いしている筈——。

ラトゥ「（タクールに）——夕べ、このかたはお子さんの持っていた本を見ながら、ひどくお泣きになったそうですよ。奥さんも悲嘆にくれて気が触たようになられて、ほかの子供さんたちに当たり散らしたりなさるそうです。それに、このかたが時々こちらに泊まるので、それで又、ひと騒ぎ起こすのだそうです」

タクール、聖ラーマクリシュナはこの不幸の話を聞かれて、非常に心を痛められた様子で黙りこくっておられる。

ギリシュ「アルジュナはあれほどギーターの真理を学んだのに、息子のアビマニユが死ぬと、悲しみのため気絶しました。ですから、このかたがお子さんを亡くして嘆かれるのは、ちっとも不思議じゃありません」

〔俗世において、いかにして神を覚るか〕

ギリシュのためにお茶菓子が出された。ファグの店から買ってきた出来たてのコチュリ（豆のペーストが入った揚げパン）やルチ、その他に甘いものなどが並べられた。バラナゴルのファグの店である。タクールはご自分で先ずその食べものをほんの僅かお取りになって、プラサード（供物のお下がり）になさった。そうしてから、ご自分の手で食べ物をとってギリシュに渡された——「とてもいいコチュりだよ！」

ギリシュはタクールの正面に坐って食べている。飲み物もあげなくては――。タクールのベッドの南東の隅に水瓶《みずがめ》がおいてあって、そこに水がある。ボイシャク月の暑い日だ。タクールは、「ここに、いい水があるよ」とおっしゃる。（訳註――この水瓶は素焼だったので水分が表面から蒸発するので中の水が冷たく保たれる）

タクールの病気は重く、立ち上がる力がもうない。

信者たちは驚いて目をうたぐった。タクールの腰には何もついていない――裸なのだ！　それが幼い子のように、ベッドの上を這うようにいざって――ご自分で水を汲《く》もうとなさるのだ。信者たちは息が止まりそうになった。タクール、聖ラーマクリシュナは水をコップに注《つ》がれた。コップからちょっと手の上に垂《た》らして、冷たいかどうかごらんになった。さほど冷たくない。でも、ほかにこれ以上いい水も見当たらないとお思いになってか、気の進まぬご様子で、その水をギリシュにおやりになった。

ギリシュは出された菓子を食べている。信者たちが周りに坐っている。校長は相変らず扇でタクールを扇ぎつづけている。

ギリシュ「（タクールに）――デベンさんは俗世間を離れるそうです」

タクールは、いつでも話をなさるというわけにはいかない。声を出すのが大変な苦痛だからである。ご自分のくちびるを指でさわりながら、合図でギリシュにおききになった――「家族のものをどうして養うつもりだろう――大丈夫なのかい？」

1886年4月16日(金)

ギリシュ「さあ、それはどうするつもりなのか私はよく存じませんが……」

一同、沈黙していた。ギリシュは菓子を食べ食べ、また話しはじめる――

ギリシュ「そうだ、先生！　どっちがいいものでしょうか。苦しみのあまり世間を捨てるのと、世間にいてあの御方を求めるのと――」

聖ラーマクリシュナ「(校長に)――ギーターを読んだかい？　無執着の心で世間の仕事をすれば、またはすべてが虚仮であると悟って世間に住んでいれば、やがて本当に神を見ることができる。苦しいから世間を離れるのは、霊階の低い人たちだよ。

家庭を持っている智者はどういうものだかわかるかい？　ガラス張りの部屋に住んでいるようなものさ。中も外も、両方ともよく見える」

また、みんな黙ってしまった。

聖ラーマクリシュナ「(校長に)――コチュリが出来立てで、とてもけっこうだよ」

校長「(ギリシュに向かって）ファグの店のものでございますから！　有名な店です」

聖ラーマクリシュナ「有名なんだよ！」

ギリシュ「(食べながら、笑いながら)――ほんとにおいしいコチュリです」

聖ラーマクリシュナ「ルチはやめといて、コチュリをいっぱいお上がり――。(校長に）でもコチュリは、ラジャス性の食べ物なんだよ」

ギリシュは食べながら話し出した。

〔世間の人の心と本当に捨離した人の心との違い〕

ギリシュ「（タクールに）ときに先生、いまの私の心境は非常に高まっているのですが、またすぐ低く下りてしまうのは何故でしょうか？」

聖ラーマクリシュナ「世間に住んでいればそうしたものだよ。時には高くなったり、時には低くなったり――。信仰心が厚くなったり、薄《うす》らいだり――。女と金にかかわりあって暮らしているからそうなるのさ。世間に住んでいる信仰者は、時には神さまの事を想ったりハリの名を唱えたりするが、また時には女と金のことで心がいっぱいになったりもする。普通の蝿みたいなものでね――お菓子の上に止まったかと思えば、腐ったものやウンコの上に止まったりする。

出世間《テャーギー》の人たちは話がちがうよ。あの人たちは女と金からすっかり心を引っ込めて、神の方にだけ向けることができる。ハリの甘露だけを吸っていられる。正真の出家は、神のほかには、どんなものもイヤなんだよ。世間話が出ると立ち上がって去《い》ってしまう。神に関する話だけに耳を傾ける。正真の出家は神の話だけして、ほかのことには口を開こうとしないものだよ。

蜂は花にだけ止まって蜜を吸っている。ほかのものは蜂には興味がないんだよ」

ギリシュは南側の小さな屋根の方に手を洗いに行った。

聖ラーマクリシュナ「（校長に）――神さまへの熱愛が必要なんだよ。神に全心を傾けるためにはね。ずいぶんコチュリを食べたから、今日はもう何にも食べない方がいいと、ギリシュにそうお言い」

1886年4月16日(金)

アヴァターラはヴェーダの規則を超えている――規則に従った礼拝《バクティ》と神の愛に酔いしれた礼拝《バクティ》

ギリシュはテラスから戻ってきて、またタクールの正面に坐りパーンを噛んでいる。

聖ラーマクリシュナ「(ギリシュに)――ラカールたちは、もう何がいいか、何が悪いか、よくわかっている。何が真実で、何が虚仮《うそ》かということを、よく分かって世間に暮らしている。嫁さんもいて子供も生まれたが――みんな虚仮のことだとわかっている。一時的なはかないものだとね。ラカールたちはもう、世間のことに巻き込まれはしないよ。

泥魚みたいなものさ。泥のなかに住んでいても、体にはちっとも泥がつかない!」

ギリシュ「先生、私にはどうもよくわかりません。先生がそうお思いになれば、すべての人を無執着にも、清浄にもお出来になるのです。俗人であろうと出家であろうと、すべての人をよくして下さることができるのですよ! マラヤの風が吹けば、どの木も白檀になるのですから――」

聖ラーマクリシュナ「養分を与えなけりゃ、白檀にはならないよ。シムルの木や何かは、白檀になりゃしないよ」

ギリシュ「そんなこと……」

聖ラーマクリシュナ「それが法則というものさ」

ギリシュ「あなたさまの場合は、すべて天意無法です!」

信者たちは驚いてこの会話をきいていた。校長の扇はときどき動くのを止めている。

聖ラーマクリシュナ「ウン、まァそうかもしれん。信仰の河が洪水になると、まわりの土地は竿の先も見えない程水に浸《つ》かる。神の愛に酔っ払えば、ヴェーダにかいてある規則など守りゃしない。トゥルシーの葉をあつめるときも、ポキポキ枝を折ったりする！　アー、（わたしは）何という境地を通ってきたことだろう！

（校長に向かって）――信仰が身についたら、ほかには何も要《い》らないんだよ！」

校長「はい、よくわかりました」

〔シーターとラーダー――ラーマやクリシュナなど神の化身の様々な態度《バーヴァ》〕

聖ラーマクリシュナ「ある決まった態度を神に対してとらなくてはいけない。化身ラーマのときは、シャーンタ（平安）、ダーシャ（召使）、ヴァッツァリヤ（愛情）、サッキャ（友情）が見られた。化身クリシュナのときにもそれらがあり、このほかにマドゥラ（甘美）の態度も見られた。

ラーダーがマドゥラの態度をとって――リーラー（戯《たわむ》れ）があったね。シーターはただ貞女の見本のような態度をとっていて、リーラー（戯《たわむ》れ）はなかったよ。これらすべて神のリーラーなんだ。違った時代に違った態度《バーヴァ》なんだ」

以前、ヴィジャイに連れられて一人の気狂いじみた女性が南神村《ドッキネーショル》のカーリー寺によく来て、タクールにお聴かせするといって歌をうたったものだった。彼女はカーリーを讃える歌や、ブラフマンにつ

1886年4月16日(金)

いての古典の歌を主に歌った。みんなこの女性のことを、パグリ(狂女)と呼んでいた。タクールがコシポールに移られると、そのパグリも年中やってきては、タクールの部屋に入りこもうとする。信者たちはそれを防ぐために大わらわであった。

聖ラーマクリシュナ「(ギリシュたちに)――あのパグリも〝マドゥラの態度〟だよ。いつか南神寺《ドッキネーショル》に来てね、突然、泣き出した。『どうして泣くんだね?』とわたしが聞いたら、『頭が痛くて――』と答えた(一同笑う)。それからまた来たとき、わたしはごはんを食べていた。突然、『お慈悲をいただけませんでしょうか?』と言った。わたしは気にもとめずに食べていた。すると、『あなた様は、お心で私を突きとばした。なぜです?』と言う。そこでわたしは質問した。『あんたは何の態度をとっているのかね?』すると、『マドゥラの態度なんです!』そこでわたしは、『おや、わたしは母子の態度だ! わたしにとっては女はみんな母親なんだよ!』それでもあのパグリは、『そんなこと私、知りません』と言う。だから、ラムラルを呼んで、『おいラムラル、この人が、心で突きとばしたとか何とか言っているから、聞いてあげてくれ』とたのんだ。あのパグリはまだ、ずっとあの態度をもちつづけているんだね」

ギリシュ「あのパグリは祝福された人だ! 気狂いでも、信者たちに殴られても、とにかく一日中あなた様のことを想っているんですからね! その態度をもちつづけていても、ちっとも害はないじゃありませんか!

先生! 何と申し上げたらいいでしょう! 以前《まえ》に、私はどんな人間でしたろう。それが、あなた様のこと思うようになってから、どんなになったでしょう！　全く、私は怠け者でした。今、その怠け者は神にすっかり支えられて立ち上がりました！　罪もありました。今は自我もうすれて、だいぶ謙遜になりました！　ああ、何て言ったらいいのか！」

信者たちはシーンとしていた。やがて、ラカールはパグリのことを心配しだした。――「憂うつだなあ。あの人があんまりこちらに迷惑をかけるから、あの人自身も辛い思いをしなけりゃならないんだよ」

ニランジャン「（ラカールに）――君には奥さんがあるからそんなふうに思うんだよ。僕たちなら、犠牲《いけにえ》として捧げられるよ」

ラカール「（ムッとして）――よくそんな偉そうなことが言えるね！　彼（タクール）の目の前で！」

〔ギリシュへの教訓――金への執着と金の善用――医者の稼ぎ〕

聖ラーマクリシュナ「（ギリシュへ）――この世は女と金だ。大部分の人たちは、金を体の血のように大事に思っている。しかし、どれほど金を大事にしても、いつか必ず逃げていってしまう。

わたしの郷里では田んぼに畝《うね》をつくる。〝うね〟ってどんなものか知ってるかい？　苦労して田んぼのまわりをすっかり畝《うね》で囲んでおくと、大雨の降ったとき畝《うね》がこわれて田んぼはダメになってしまう。一方だけあけておいて芝草かなにか生《は》やして平らにしておけば、大雨のときよけいな水はそこから流れ出て、泥土だけ残って作物が豊かにみのる。

金を善い方面に使う人たちは神々を祀ったり、サードゥや信者に喜捨したり寄付したりする。それがほんとうにためになる使い方だ。それがほんとうに善い実をゆたかに結ぶ使い方だ。わたしは医者のくれたもの食べる気がしない。あの連中は、人が苦しんでいるところから金を稼いでくるんだもの！　あいつらの金は困っている人の血のかたまりだ！」

こうおっしゃって、タクールは二人の医者の名をあげた。

ギリシュ「ラジェンドラ・ダッタ先生は大そう広い心の持主でしてね、誰からも一パイサも受けとりません。その上、もっぱら慈善に使っております」

第一九章　コシポールでナレンドラたちと共に

一八八六年四月十七日(土)

コシポールでナレンドラたちと共に

聖ラーマクリシュナは、コシポールの別荘で信者たちと共に暮らしていらっしゃる。重い病気にもかかわらず、絶えず信者たちの幸せを願っておられる。今日は土曜日。ボイシャク月五日、チョイトロ白分十四日目。一八八六年四月十七日。満月である。

ここ何日か、ナレンドラは毎日のように南神寺《ドッキネーショル》へ行っている――五聖樹《パンチャバティ》の杜で、神想の修行をしているのである。今日は夕方、そこから戻ってきた。ターラクとカーリーがいっしょである。

夜の八時。月の光を浴び南の風に吹かれて、別荘はまことに美しい。信者たちの多くは階下の部屋で瞑想している。ナレンドラは校長に言った。――「みんな、脱ぎ捨てていますね――(即ち、瞑想することによって心についた不必要なものを捨てているという意味で)」

間もなく校長は二階の広間に上がり、タクールの傍に坐った。タクールは、痰壺《たんつぼ》とタオルを洗ってきてくれるようにと校長におっしゃった。彼は西の池に行き、月の光を利用しながらこの二つを清めてきた。

第19章　コシポールでナレンドラたちと共に

一八八六年四月十八日（日）

コシポールでナレンドラたちと共に

〝恥じらい〟が女にとっての飾り――以前、校長の家を訪ねたこと

翌朝、タクールはモニ（校長）をお呼びになった。彼はガンガーで沐浴をしてからタクールにお会いしたあと、屋上へ上がった。

モニの妻は、息子を亡くした悲しみに打ちひしがれていた。タクールは、彼女をここに連れてきて、何かプラサードを食べさせるようにとモニにおっしゃる。

タクールは仕草で――「ここに来るようにお言い。二日くらい泊まって――赤ん坊も連れてきて、ここでプラサード（お下がり）を食べなさい」

モニ「はあ、有り難うございます。（妻が）神を信仰するようになりましたら、どんなにいいかと思うのでございます」

聖ラーマクリシュナは又、手まねでおっしゃる――「ウンフーン――あまりの悲しみが、信仰を押しのけてしまった。あんなに大きくなっていたんだからね！

クリシュナキショルにバヴァナートくらいの息子が二人あって、ある程度まで教育を受けていたが、それが二人とも死んでしまった。あれほどの智者がねえ！　はじめのころは我慢ができなかった。わたしは幸運だったよ――神さまが子供を授けてくれなくて！

アルジュナだって大変な智者だ――いつもクリシュナといっしょにいて。それでも息子のアビマニユが死んだとき、すっかりまいってしまった！

それはそうと、どうしてキショリーは来ないいんだろう？」

一人の信者「あの人は、毎日ガンジス河に行って沐浴するのでございます」

聖ラーマクリシュナ「でも、どうして此処に来ないいんだろうね？」

信者「来るようにと申しましょう」

聖ラーマクリシュナ「(ラトゥに)――ハリシュはどうして来ないいんだね？」

〔〝恥じらい〟が女にとっての飾り――以前、校長の家を訪ねたこと〕

校長の家の九つか十になる二人の女の子がコシポールの別荘にきて、タクールに歌をうたっておきかせした。〝ドゥルガーの名をとなえよ〟〝わが心の蜂よ　たのしく遊べ〟などである。タクールがシャームプクルのテリ地区にある校長の家を訪問なさったときも(一八八四年八月三十日)この二人の女の子が歌をおきかせした。タクールは歌を聴いて大そうお喜びになった。今日、二階のタクールの部屋でこの二人が歌っている間、信者たちは階下におりて聴いていた。あとで階下に呼んできて、また聴いた。

聖ラーマクリシュナ「(校長に向かって)——お前の娘たちに、あれ以上歌を教えちゃいけないよ。子供が自分ひとりで歌っているのならともかく、人前で歌うようになると、恥じらいがなくなって平気になってしまう。女の子には恥じらう気持ちがとても必要なんだよ」

1886年4月18日(日)

〔タクール、ご自分を拝む——信者にプラサード(花)を下さる〕

タクールの前にある花かごに花と白檀が入れてある。タクールはベッドの上に坐っていらっしゃる。そして、その花と白檀をそなえてご自分を拝んでおられる。花をご自分の頭の上にのせたり、喉にのせたり、胸やおへその上にのせたりしていらっしゃる。

マノモハンがコンナガルから来て、タクールにごあいさつしてから傍に坐った。タクールはまだ、ご自分を拝んでいらっしゃる。お首に花輪をおかけになった。

やがて満足したご様子で、マノモハンにお供えの花を下さった。

校長にも香り高い黄色いチャンパ(キンコウボク)の花を下さった。

ブッダは神の存在を認めたか?　ナレンドラへの教え

九時になった。タクールは校長と話していらっしゃる。部屋にはシャシーもいる。

聖ラーマクリシュナ「(校長に)——ナレンドラとシャシーはどんなこと話していたかね——何を議

諭していたんだい？」

校長「（シャシーに）――君たち、どんな話をしていたんですか？」

シャシー「ニランジャンが言ったんですか？」

聖ラーマクリシュナ「〝神は存在するかしないか〟こういうような話が出たんだろ？」

シャシー「（にっこり笑って）――ナレンドラを呼んできましょうか？」

聖ラーマクリシュナ「呼んどいで――」

ナレンドラが入ってきて坐った。

聖ラーマクリシュナ「（校長に）――お前、何か聞いてごらん。（ナレンに）これ、何を話していたか言ってごらん」

ナレンドラ「どうも腹の具合がわるくて――何もお話しすることはありませんよ」

聖ラーマクリシュナ「腹の具合なんかすぐ治るさ」

校長「（笑いながら）――ブッダの境地はいかがですか？」

ナレンドラ「僕がどこまで達したか、言いましょうか？」

校長「神の存在について、ブッダは何と言っておられるのですか？」

ナレンドラ「何故、神が存在するとおっしゃるのですか？　世界を創造するのは、ほかならぬあなた自身なんですよ！　バークリー（訳註）が何と言っているか、ご存知の筈でしょう！」

校長「ええ。彼はたしかに Their esse is percipii（存在とは知覚されることなり）と言っています。

――The existence of external objects depends upon their perception.（感覚器官が作用している間だけ世界は存在する！)」

〔以前の話――トータプリがタクールに助言したこと――世界は心の内にあり〕

聖ラーマクリシュナ「ナングタがよく言っていたよ。〝世界があるのも消えるのも心次第だ〟って。でもね、〝私〟の感じがある間は、あの御方と〝私〟との関係を、主人と召使いにしておく方がいいんだよ」

ナレンドラ「(校長に)――よくよく考えてみたならば、神が存在するなんてどうして言えますか？しかしその存在を信じているとすれば、主人と召使いの関係を認めなくてはならないでしょう。それを認めたら――まあ、どうしても認めざるを得ないでしょうが――神は慈悲深いということも言い得ます。

あなたは、とかく不幸なことばかりに目を向けていらっしゃるが――どれほどの幸いを与えて下すったかを忘れてはいらっしゃいませんか？　何たる神の恩恵！　三つの実にすばらしいものを我々にお与え下さった――人間に生まれたこと。神を求める熱意。それから、かくも偉大な霊的指導者との交流。人と生まれ、解脱を求め、大師に導かる！」

みな、沈黙していた。

聖ラーマクリシュナ「(ナレンドラに)わたしは実にハッキリと感じるんだよ――わたしの中に、

誰かがいることをね」

ラジェンドラ・ラール・ダッタ先生が入ってきて坐った。ホメオパシー療法でタクールを治療している医者である。薬の話が終わると、タクールは指の合図でマノモハンのことをお指しになった。

ラジェンドラ先生「彼は、私には母方の従兄《いとこ》の息子にあたります」

ナレンドラは階下に降りて行った。一人で歌を口ずさんでいる。

君に会いて、わが悲しみはすべて去り
その美しさに、わがいのちは溶けたり
君ゆえに、七つ世の苦悩《くるしみ》は消え
つたなき我が言葉、君を讃《たた》えんすべもなし

（訳註）バークリー――ジョージ・バークリー（1685～1753）アイルランドの哲学者・聖職者。Esse est percipi（ラテン語）『存在とは知覚されることなり』という基本原則を提唱した。例えば机を叩くと硬さを感じるが、夢の中で机を叩いても硬さを感じることができる。それは〝机そのもの〟を認識したのではなく、〝知覚として〟認識しているからであると説明した。そして、この世界はわたしが知覚する限りにおいて「わたしの心の中に存在する」のであって、存在とは知覚によって得られる観念であり、観念の原因は神であるとし、知覚する精神と神のみを実在と認めた。

ナレンドラは少し、お腹の調子が悪いようだ。彼は校長にこう言った――「愛と信仰の道にいれば肉体に心が戻ってくる。それがなければ、僕はいったい何ものでしょう? 人間でもなく――神々でもなく――喜びもないし、悲しみもない」

1886年4月18日(日)

〔タクールの自拝――スレンドラにプラサードを下さる――スレンドラの奉仕〕

夜の九時。スレンドラはじめ数人の信者たちがタクールに花輪を持ってきて献上した。部屋にはバブラム、スレンドラ、ラトゥ、校長たちがいる。

タクールはスレンドラの持参した花輪をご自分の首におかけになった。信者たちはみな黙って坐っている。タクールはご自分のなかにいらっしゃる御方をお祀りして、礼拝しておられるように見える!

突然、スレンドラに合図をしてお呼びになった。スレンドラがベッドのそばに行くと、ご自分の首におかけになった花輪を外して、お手づから彼の首にかけて下さった!

スレンドラは花輪をおうけして礼拝《プラナーム》した。タクールはまた合図で、足をさすってくれるようにと彼におっしゃる。スレンドラはしばらくの間、タクールの足をおさすりしていた。

〔コシポールの庭で信者たちのキールタン合唱〕

タクールのいらっしゃるお部屋から見ると、西の方角に池が一つある。その池の石段のところで、数人の信者が長太鼓《コール》とシンバル《カルタル》に合わせて歌をうたっている。タクールはラトゥに、そこへ行ってこう言うようにとお命じになった――「お前たち、すこしハリ称名をおし」

校長やバブラムは依然としてタクールの傍に坐っていた。そして、みんなが歌っている。

タクールは歌をきいていらっしゃるうちに、校長とバブラムたちに合図をなさった――「お前たち、下へ行け。あれたちといっしょに歌え。そして、踊るといい」

二人は階下へ降りてキールタンの合唱に加わった。

しばらくすると、またタクールのお使いがきた。「次の句を入れろ」とのお言いつけである。

〝ガウルは踊りも知っている！〟

〝ガウルの気持ちは口では言えぬ！〟

〝私のガウルは双手《もろて》あげて踊る！〟

キールタンは終わった。スレンドラは法悦にさめやらぬ風情でまだ歌っている――

気狂い父さん（シヴァ）　気狂い母さん（カーリー）
私は両親《ふたり》の気狂い息子
母さんの名はシャーマ・カーリー
父さんボボホンとほっぺた叩き
母さん酔っ払ってフラフラと

1886年4月18日(日)

父さんの体にぶっ倒れ
黒髪さんばら振り乱し
真紅の蓮のふたつの足に
数えきれない蜂が飛ぶ
足輪のリンリン鳴るその音を
そう、そう、お聞き、さあ、お聞き

第19章　コシポールでナレンドラたちと共に

一八八六年四月二十一日(水)

ナレンドラと神の実在――バヴァナート、プールナ、スレンドラ

タクール、聖ラーマクリシュナとお目にかかってからヒーラナンダは馬車にのった。馬車のそばにはナレンドラとラカールが立っていて、三人は楽しそうにしゃべっている。時間は十時。ヒーラナンダはまた明日、来るだろう。彼についてのことは、一八八六年四月二十二日の記述にくわしく書いてある。

今日は水曜日。ボイシャク月九日、チョイトロ黒分三日目。一八八六年四月二十一日。ナレンドラは庭の小道をぶらつきながら校長と話している。彼の家では、母親と弟たちが大そう困窮していた。まだ先の見通しもついていない。彼は非常に悩んでいた。

ナレンドラ「ヴィディヤサーガルの学校の仕事は、もう私には必要ありません。ガヤーに行こうと思っているのです。ある地主のところの支配人の口があるのですが……。全く、神もヘチマもないですよね」

モニ「はははは。今はそんなこと言っていても、後になるとちがってきますよ。Scepticism(懐疑論)は、神をさとる道での一つのステージですからね――さまざまなステージを通り越して先へ先

へと進んでいけば、やがて至聖《かみ》に達する――大覚者様《パラマハンサ・デーヴァ》はこう言っておられます」(訳註、モニ――マヘンドラ・グプタが使った仮名の一つ)

ナレンドラ「この樹を見ているように、神を見る人が誰かいるでしょうかねえ?」

モニ「タクールは見ておられますよ」

ナレンドラ「錯覚っていうこともあるでしょう」

モニ「どんな情境で見たにしても、その状態におけるその人にとってはリアリティであり真実です。たとえば夢で公園に行った――少なくとも夢を見ているあいだは、君にとってその公園はリアリティです。しかし境地が変われば――つまり目覚めた状態になると、あれは心のまよいだった、などと感じる! 神を見得る境地――その境地になれば、見神ということはリアリティ(真実)と感じるようになりますよ」

ナレンドラ「僕の必要としているのはトゥルース(真理)なんです。先日、大覚者様《パラマハンサ・デーヴァ》と大議論をしました」

モニ「(笑いながら)ホウ、どんなことになりました?」

ナレンドラ「あのかたが、『わたしのことを神さまだなんて言う人たちがいるよ』とおっしゃるから、僕はこう言いました――『千人がそう言っても、僕は自分でたしかに真実だと確信するまでは、そんなこと申しませんよ』

あのかたは――『何でも、大勢の人が言うことはホントウだよ。それが正義《ダルマ》だよ』とおっしゃる。

僕は、自分で正しいという確信がもてなければ、他人のいうことなんぞに左右されません」
モニ「ハッハッハ……。君の態度はCopernicus（コペルニクス）やBerkeley（バークリー）と同じだね。世界中の人が、〝太陽は動く〟と言っていたが、コペルニクスはきかなかった。――世界中の人が、External World（外界――目で見聞きするこの世界）は存在すると言っているのに、バークリーは承知しなかった。だからLewis（ルイス）はこう言ったのです――Why was not Berkeley a philosophical Copernicus?（バークリーはまさに哲学界のコペルニクスだ）と」
ナレンドラ「〝History of philosophy（哲学史）〟を一冊、下さいませんか？」
校長「誰の？　ルイスの？」
ナレンドラ「いいえ、Ueberweg（ユーベルヴェーク）。ドイツのものも読まなければ――」
モニ「君は、〝目の前にある樹のような具合に神を見る人があるか〟と言いましたね？　じゃ、神が人間の姿をとって君の目の前にきて、〝私は神だ！〟と言ったとしたら、君は信じますか？　君、ラザロの話を知っていますか？　ラザロがあの世に行って、アブラハムに、『私は親類や友人たちに報告してきます。あの世や地獄というものが、ちゃんと存在するということを――』と言ったら、アブラハムはこう答えた。『お前が戻って話したとしても、あの連中が信じると思うかね、そのことを？みんなはきっとこう言うよ――〝どこかのイカサマ師がつまらんことを言っている〟』と。（ルカによる福音書16章19～31節）
タクールはおっしゃいましたよ――『神は頭で考えたってわかるものではない。〝信〟によってのみ

1886年4月21日（水）

み――真実の智識も覚智《さとり》も、見神も交神も、すべては成就する』と」
バヴァナートは結婚していた。生活費を稼がなければならない。彼は校長のところに来てこう言って頼んだ――「ヴィディヤサーガルが新しく学校をつくると聞きましたが……。私も生活費を稼がなければいけないので、学校に何か仕事はありませんか?」

〔ラムラル――プールナの馬車賃――スレンドラのすだれ〕
午後三時―四時。タクールはベッドに横になっていらっしゃる。ラムラルさんがお足をさすっている。そのほか、部屋にはシンティのゴパール（後のスワミ・アドヴァイターナンダ）とモニがいる。ラムラルは今日、南神村《ドッキネーショル》からタクールのお見舞いに来たのである。
タクールはモニに、窓をしめて、それから足をさするようにとおっしゃる。
タクールのご希望で、プールナは貸馬車に乗ってコシポールにお会いしにやってきた。馬車賃はモニが支払うのである。タクールはゴパールに手まねでおききになった――「この方（校長）からお金をいただいたかい?」
ゴパール「はい、頂戴しました」
夜九時。スレンドラとラムたちがカルカッタへ帰る準備をはじめた。
ボイシャク月の日射し――日中はタクールの部屋もひどく暑くなる。それでスレンドラが日よけのすだれを持ってきてくれた。カーテンのようにして窓にぶら下げたら、部屋はきっと涼しくなるだろう。

スレンドラ「どうして今まで、誰も窓にすだれをかけなかったんだろうね？ ――まったく、誰も気がつかないんだからね」

信者の一人「はっはっはっは。みなさんは只今、ブラフマン智の境地なんですよ。〝ソレは我なり（ソーハム）〟――世界は虚仮。いまに、も少し下がって、〝あなたは主人、私は召使い〟という気分になったら、いろんなことに気がついてサービスがよくなるでしょう！」（一同笑う）

第二〇章　聖ラーマクリシュナと信者たち

一八八六年四月二十二日(木)

コシポールの別荘における聖ラーマクリシュナと信者たち

ラカール、シャシー、校長、ナレンドラ、バヴァナート、スレンドラ、ラジェンドラ、サルカル先生

コシポールの別荘。ラカールとシャシーと校長が夕方、庭をぶらぶら歩いている。タクール、聖ラーマクリシュナは病気治療のため、この別荘にずっと滞在していらっしゃる。タクールは二階の部屋におられ、信者たちが看病している。今日は木曜日、聖金曜日《グッド・フライデー》(キリストが十字架にかけられた日)の前日。一八八六年四月二十二日夕方。

校長「あのかた(タクール)は三性《トリグナ》(サットヴァ、ラジャス、タマス)を超越して、まるで子供のようでいらっしゃる」

シャシーとラカール「タクールはご自分で、そう言っていらっしゃいますよ」

ラカール「塔の上にひとりで上がっている人のようですね。そこからいろんなことがわかるし、いろんなものが見える。しかし、誰もそこには行けないし、その人に接触することもできない、というわけです」
校長「こう言っておられますね。〝この境地になると、いつも神を見ることができる〟と——。〝世俗の汁気が全くなくなって、乾き切った木のようにすぐに火がつく〟と——」
シャシー「知性の種類について、チャルに話していらっしゃいました。至聖《かみ》を求め理解する知性が正しい知性であって、金をもうけたり、家を建てたり、代理治安官や弁護士の仕事をする知性は低い知性だと——。それはちょうど薄く水っぽい乳のように、なかに押し米を浸しても軟らかくはなるが、何の風味も栄養も加わらないと——。そうではなくて、神に近づき達するための知性は、濃い上等のコンデンスミルクのようだと——」
校長「アハー！　いいお言葉だ！」
シャシー「苦行者《タパッシー》のカーリー（後のスワミ・アベーダーナンダ）がこう言ったのです——『喜びがどうしたと言うのですか？　ビール人たちはいつも嬉しそうにしています。未開の土人たちは年中、ホーホー言って踊ったり歌ったりしています』」（訳註、ビール人——現パキスタン、シンド州周辺に暮らしている先住民族）
ラカール「そうしたら、タクールはこうおっしゃった——『何言っている？　ブラフマンの喜びと世俗の喜びとが同じものだと思っているのか？　普通の人間は世俗の喜びだけしかわからない。世俗のことに対する執着がすっかりなくならなければ、ブラフマンの喜びは得られないのだ。一方には金や感覚のよろこびがあり、一方には神にふれる喜びがある。この二つが同じものだとでも言うのか？

1886年4月22日(木)

賢者《リシ》たちはこのブラフマンの喜びを味わっていなすったのだ』と」
校長「カーリーはいま、ブッダ尊者《デーヴァ》に心を集中しているので、それで、〝すべての喜びを超越する〟というようなことを言うのだと思うよ」
ラカール「ええ、タクールの前でもブッダ尊者《デーヴァ》の話をしていました。大覚者様《パラマハンサ・デーヴァ》が、『ブッダ尊者《デーヴァ》は神の化身だ。そういう方を標準にできるかい？　あの方が偉大だからあの方の教えも偉大なんだ』とおっしゃった。またカーリーはこう言いましたよ——『すべてはあの御方の力によるのです。あの力から神の喜びも出てくるし、あの力から世俗の喜びも出てくるのです』」
校長「で、タクールは何とおっしゃった？」
ラカール「こうおっしゃいましたよ——『何だって？　子供をこさえる力と、神を覚《さと》る力が同じだって？』」

〔聖ラーマクリシュナと信者たち——女と金こそが最大の障害〕
別荘の二階にある〝広間〟で、タクール、聖ラーマクリシュナは信者たちと坐っておられる。病状がだんだん進むようなので、今日また、マヘンドラ・サルカル先生とラジェンドラ・ダッタ先生が診察にきていた。——何とか治療して、少しでもお楽にさせたいと皆は真剣だ。部屋にはナレンドラ、ラカール、シャシー、スレンドラ、校長、バヴァナート、その他、何人もの信者たちが控えている。
この家はパコパラ家の所有である。家賃は六〇～六五タカ。スレンドラが出費の大部分を受け持ち、家も自分名義で借りていた。青年信者たちはほとんどここに泊まりこんでいる。彼等が一日中タクールの看病をしているのだ。家族持ちの信者たちは毎日のように通ってきて、時々泊まって行く。彼等とて一日中看病をしていたいのだが、皆、仕事にしばられていて、それが叶わぬのである。別荘の費用を支払うために、それぞれが力に応じて分担している。だがほとんどの費用はスレンドラが出しているのだ！　別荘も彼の名義で借りているのである。バラモンの料理人と女中を一人、ずっと雇ってあった。

聖ラーマクリシュナ「（サルカル先生たちの方に向かって）――とても費用がかかるんだよ」

サルカル先生「（信者たちを指しながら）――この人たちがみんな用意していますよ。別荘の費用から何から全部、よろこんで出しています。（タクールに向かって）わかったでしょう。金は必要なものだということが――」

聖ラーマクリシュナ「（ナレンドラに）――何とかお言い」

タクールはナレンドラに答えさせようと思われるのだが、ナレンドラは黙っている。医者がつづけて言った――

医者「金は要《い》るものです。それから女も要《い》る」

ラジェンドラ先生「このかた（タクール）の奥さんが食事をつくっておられるのですよ」

サルカル先生「（タクールに向かって）――よくわかったでしょう？」

聖ラーマクリシュナ「ハ、ハ、ハ、でも、大そう厄介なものだねえ！」

1886年4月22日(木)

サルカル先生「面倒なことがなかったら、誰だってパラマハンサになれますよ」

聖ラーマクリシュナ「女の人に触られると気分がわるくなる。触ったところがズキズキ痛むんだよ。トゲ魚のトゲに刺されたみたいに――」

医者「それはわかります。――しかし、そうしなければやっていけないでしょう?」

聖ラーマクリシュナ「金を手に持つと手がかじかんでしまうんだ! 息がつまってしまうんだ! でも誰か金を明正《ただしく》に使えば――神さまのために使ったり、サードゥや信者たちに奉仕《セヴァ》したり――そうすれば悪くないよ。

女の人とかかわっていくのが現象《マーヤー》の世界なんだよ! そうして神のことを忘れるんだ。宇宙の大実母がこのマーヤーの姿――女の人の姿になって現われていなさる。このことをはっきり知れば、もう二度とマーヤーの世界で暮らそうなどという気が失《う》せるよ。すべての女性が大実母《マー》であることを知れば、明知の世界《ヴィディヤ・サンサーラ》で過ごすことが出来る」

ホメオパシーの薬をのんだので、ここ数日、タクールは少し楽におなりのようである。

ラジェンドラ「この病気がお治りになったら、(あなたは)ホメオパシーの医者にならなければ……。そうでなくては、生まれてきた甲斐がないというものです(一同笑う)。

ナレンドラ「Nothing like leather!(『靴屋にとってはこの世で皮ほど大事なものはない』の意)」

間もなく、医者たちは帰っていった。

聖ラーマクリシュナはなぜ女と金を放棄されたのか

タクールは校長と話していらっしゃる。〝金〟についてのご自分の境地をお話しになるのだ！

聖ラーマクリシュナ「（校長に向かって）あの人たちは、〝女と金がなくてはやっていけない〟と言ったがね、わたしがどんな境地にいるのか、ちっともわからないんだよ。

女の体にちょっと手が触れると、手がたちまちかじかんでしまって、おまけにズキズキ痛むんだ。

もし親しい気持ちになって、誰か女の人のそばにいって話をはじめると、わたしと女の人の間に何か幕のようなものができて、そこから向こうへどうしても進めない。

部屋に独りでいるときに誰か女の人が入ってくると、わたしは突然、子供になってしまう。そして、その女の人を母親だと思ってしまうんだよ」

校長は驚きながら、タクールのベッドの傍に坐ってこの話を聞いていた。ベッドから少し離れたところでナレンドラがバヴァナートと話をしている。バヴァナートは最近結婚して――仕事を探すのに懸命で、なかなかコシポールにきてタクールにお会いするヒマがない。タクール、聖ラーマクリシュナは、バヴァナートのことを大そう心配しておられる――彼が世俗の生活に巻き込まれないかと。バヴァナートの年令は二十三、四才である。

聖ラーマクリシュナ「（ナレンドラに）うんと元気をつけておやり――」

ナレンドラとバヴァナートがタクールの方を向いて微笑んだ。タクールは手まねをしながらバヴァナートに向かっておっしゃる――「勇者になるんだよ。女が泣いても我を忘れちゃいけない。女ってものはすぐ泣くんだから――。ハナをかむときだって泣くんだ！（ナレンドラとバヴァナート笑う）至聖《かみ》に心をしっかり結んでおけ。雄々《おお》しい精神《こころ》の持ち主は、女といっしょに住んでいても決して性交しないよ！　妻とはいつも神さまの話ばかりするものだ」

少したってタクールは、再びバヴァナートに手まねでおっしゃった――「今日はここで飯を食べろ」

バヴァナート「はい、そうさせていただきます。タクール、私は大丈夫ですから、どうぞご心配なく――」

1886年4月22日(木)

スレンドラが入ってきて坐った。ボイシャク月（ベンガル暦の正月）なので、信者たちは毎夕、タクールに花輪をもってきて捧げる。その花輪を、タクールは一つ一つ首におかけになる。スレンドラは黙然と坐っていた。タクールはうれしそうに彼をごらんになって、花輪を二つおあげになった。スレンドラはタクールを拝してから、その花輪を頭で触れて、それから自分の首にかけた。

皆、黙ったまま、タクールの方を見ている。やがて、スレンドラがあいさつをして立ち上がった。帰るつもりなのだろう。帰りしなにバヴァナートを呼んで、窓に竹すだれをかけるようにと言った。夏のさなかで、タクールのいらっしゃる二階の広間は、日中ひどく暑くなる。それでスレンドラは、竹すだれを持ってきたのである。

聖ラーマクリシュナ、コシポールの別荘にてヒーラナンダなどの信者たちと共に

〔タクールの教訓――あるものすべてあなただけ――ナレンドラとヒーラナンダの性格〕

コシポールの別荘の二階の部屋に、タクール、聖ラーマクリシュナは坐っておられる。タクールの前には、ヒーラナンダと校長ほか、二、三の信者が坐っている。ヒーラナンダは友だちを二人連れてきていた。彼はシンド州（現パキスタン）の人である。カルカッタの大学を卒業してからは、ずっと郷里に住んでいた。聖ラーマクリシュナの病気のことを聞いて、お見舞いに来たのである。シンド州はカルカッタから約三五〇〇kmほど離れている。タクールもヒーラナンダに大そう会いたがっておられた。

タクールはヒーラナンダを指でさして、校長に手まねでおっしゃった――「すばらしい青年なんだよ」（訳注――ヒーラナンダは郷里に帰って、シンド・タイムス、シンド・スダルという二つの新聞を発行している有能な青年）

聖ラーマクリシュナ「彼のこと、知っているかい？」

校長「はい……」

聖ラーマクリシュナ「（ヒーラナンダと校長に向かって）――お前たち、二人で何か話をしろ。わたしは聞いているから――」

校長が黙っているのを見て、タクールは校長にお聞きになった――「ナレンドラはいるかい？　あれを呼んで連れておいで」

ナレンドラが上がってきてタクールのそばに坐った。

1886年4月22日(木)

聖ラーマクリシュナ「(ナレンドラとヒーラナンダに) すこし、二人で話をおし――」

ヒーラナンダは黙っている。あれこれ大いにためらったあげく、やっと話しはじめた。

ヒーラナンダ「(ナレンドラに)――あのう……、神の信者が悲しみや苦しみを味わうのは、なぜだと思いますか?」

ヒーラナンダの声音《こえ》は蜜のように甘くやさしい。彼の話しぶりを聞いた人は誰でも、この人の心の中は愛に満ち満ちているということがわかるのだ。

ナレンドラ「The scheme of the universe is devilish! I could have created a better world! (宇宙の摂理ってやつが厄介《ベラボー》なんですよ! 僕ならもっとマシな世界をつくったのになあ!)」

ヒーラナンダ「でも、悲しみや苦しみがなかったら、幸福感も味わえないのではないでしょうか?」

ナレンドラ「I am giving no scheme of the universe but simply my opinion of the present scheme. (私は宇宙の計画を作っているのではありません。ただ、現在の計画への私見を述べただけですが……) しかし、一つのことを信じていれば、すべては解決するのですよ。Our only refuge is in pantheism. (神と世界は同一であるとする汎神論が我々の唯一の避難所です) すべてが神なのだ――この信念ができたらあらゆることは解決しますよ! すべては、ほかならぬ自分自身がしているのです」

ヒーラナンダ「そのことを口で言うのは至ってやさしいのですがねえ……」

ナレンドラは、シャンカラの〝ニルヴァーナ・シャットカム(六連詩)〟を、節をつけて朗詠した。

一、オーム　われ心《マナス》に非《あら》ず、知性《ブッディ》に非ず
　個我《アハンカーラ》、精神《チッタ》に非ず
　また、眼、耳、鼻、舌に非ず
　地、水、火、風、空に非ず
　われは歓喜そのものなる至上意識《チダーナンダ》
　われはシヴァ（絶対者）なり、われはシヴァなり！

二、われは生気《プラーナ》に非ず、五風《パンチャ・ヴァーユ》(訳註1)に非ず
　七要素《サプタ・ダートリ》(訳註2)に非ず、五蔵《パンチャ・コーシャ》(訳註3)に非ず
　舌、手、足に非ず、性器、排泄器に非ず

（訳註1）五風《パンチャ・ヴァーユ》（パンチャ・プラーナ）――プラーナ（出風）、アパーナ（入風）、サマーナ（等風）、ウダーナ（上風）、ヴィヤーナ（介風）

（訳註2）七要素《サプタ・ダートリ》――血、肉、骨、髄、脂肪、消化液、精液など、肉体を構成する七つのもの。

（訳註3）五蔵《パンチャ・コーシャ》――人間の身体は五つ《パンチャ》の蔵《コーシャ》（鞘）『五層の身体』からなっていると考えられている。その五つとは、食べ物より成る〝物質の鞘《アンナマヤ・コーシャ》〟、生気《プラーナ》より成る〝生気の鞘《プラーナマヤ・コーシャ》〟、意識や心より成る〝意の鞘《マノーマヤ・コーシャ》〟、智識や理性より成る〝智識の鞘《ヴィジュニャーナマヤ・コーシャ》〟、喜びより成る〝歓喜の鞘《アーナンダマヤ・コーシャ》〟。

1886年4月22日(木)

われは歓喜そのものなる至上意識《チダーナンダ》
われはシヴァなり、われはシヴァなり!

三、われに嫌厭なく、愛好なく
酔迷なく、羨嫉なし
法《ダルマ》なく、美醜なく、欲縛なく、解脱なし
われは歓喜そのものなる至上意識《チダーナンダ》
われはシヴァなり、われはシヴァなり!

四、われに徳なく、罪なく、喜楽なく、悲苦なし
真言なく、聖地なく、ヴェーダなく、供儀なし
食する行為なく、食する人なく、食する物なし
われは歓喜そのものなる至上意識《チダーナンダ》
われはシヴァなり、われはシヴァなり!

五、われに死なく、恐怖なく、カーストなし
父なく、母なく、誕生もなし

仲間なく、友なく、師なく、弟子なし
われは歓喜そのものなる至上意識《チダーナンダ》
われはシヴァなり、われはシヴァなり！

六、われに能所《のうじょ》の別なく、性《しょう》なく、相《そう》なし
救い主に非ず、自由解脱に非ず
われは感覚を超えて一切処に遍満する
われは歓喜そのものなる至上意識《チダーナンダ》
われはシヴァなり、われはシヴァなり！

註、能所《のうじょ》——主体と客体、する側とされる側

ヒーラナンダ「すばらしいです」
タクール、聖ラーマクリシュナはヒーラナンダに手まねでおっしゃる——「ナレンに何かお言い——」
ヒーラナンダ「一方の隅《すみ》から部屋を眺めるのも、部屋の真ん中に立って部屋を眺めるのも同じことです。〝おお、神よ！　私はあなたの召使い〟——これでも神を感得することができますし、また、〝彼（神）は我〟（ソーハム）——これでもおなじです。一つの戸からだけ部屋に出入りするもよし、いくつもの戸から部屋に出入りするもよしです」
一同は沈黙している。ヒーラナンダはナレンドラに、「何か歌って下さいませんか？」と言った。

1886年4月22日(木)

ナレンドラは節をつけて、カウピーン・パンチャカム(サンスクリット)をうたった。(訳註、カウピーン——ふんどしをまとった人の意で出家修行者《サンニャーシン》を指す。パンチャカム——五連詩)

一、常にヴェーダーンタの哲理《ことば》を楽しみ
托鉢《たくはつ》の食に満ち足りて
悩みなき心で行いゆく
出家《サンニャーシン》こそ真《まさ》に幸いなり

二、樹の下に宿をかり
掌《て》を器として食をとり
身につけるものの美醜を問わず
出家こそ真《まさ》に幸いなり

三、自らのうちなる歓喜《よろこび》に満ちて
五欲はまったく静かなり
日も夜もブラフマンの想いを楽しむ
出家こそ真《まさ》に幸いなり

タクールは、その〝日も夜もブラフマンの想いを楽しむ……〟という句をお聞きになると静かに
──「アハー！」とおっしゃった。そして手まねで、「これがヨーギーのしるしだよ」と示された。
ナレンドラのパンチャカム（五連詩）は終わりに近づく──

四、肉体《からだ》と思想《おもい》の変転を見きわめ
　自己の本性のほか何ものをも見ず
　内も中も外も考えず
　出家こそ真《まさ》に幸いなり

五、清浄なるブラフマンの名をとなえ
　われブラフマンなりと瞑想し
　布施《ほどこし》に生きて自在なる
　出家こそ真《まさ》に幸いなり

ナレンドラはつづけて別の歌をうたった──

1886年4月22日(木)

想え
完全円満にして歓喜そのものなる
形なき大宇宙の根元を——
耳なくして聴き、心なくして思い
舌なくして語り、自らは全現象《すべて》を超越せる
生命の根源《みなもと》なる至上の原理を——

聖ラーマクリシュナ「(ナレンドラに)それから、あれを——〝存在するものすべてあなたなり!〟(ヒンディー語)」
ナレンドラはその歌をうたった——

あなたに私は心をあげた
在《あ》るものすべて　あなただけ
見るものは一つ　あなただけ
あるものすべて　あなたゆえ
すべてのものの　あなたは住み家《か》

あなたの在《いま》さぬところは無い
すべての心にあなた（ハリ）は住んで
あるものすべて　あなただけ

賢者も愚者も　ヒンドゥーもイスラムも
すべてはあなたのお思召し
あるものすべて　あなたゆえ

カアバや（どの宗教の）どの聖地にも
お住みなさるのは　あなただけ
あなたの前では　誰でも敬礼
あなたのすべて　あなたゆえ

天から地まで　地の底までも
目の行くところ　どこどこまでも
あるものすべて　あなただけ

カアバ——イスラム教の聖地メッカのカアバ神殿

1886年4月22日(木)

よく見て私は　よく考えた
あなたに比較《くら》べるものはない
よく考えて　よくわかったことは
あるものすべて　あなただけ

〝すべての心にあなたは住んで……〟という文句を聞いて、タクールはまた手まねでお示しになった——「あの御方は、ひとりひとりの胸のなかにいらっしゃるんだよ。あの御方は、内なる導き手《アンタルヤーミン》なんだよ」

「目の行くところ、どこどこまでも、あるものすべて、あなただけ！」ということばを聞いて、ヒーラナンダはナレンドラに話しかけた。——「すべてはあなた！　今はもう、ただ〝あなた、あなた〟——私ではない〝あなた！〟」

ナレンドラ「Give me one and I will give you a million.（一つのことさえ得たならば、万事はいともやすやすとできる——即ち、一のあとにいくらでも〇がつけられる）——あなたもわたし、わたしもあなた——わたしのほかには何もないんです」

こう言ってナレンドラは〝アシュターヴァクラ・サンヒター《ギーター》〟から数行を朗詠した。一同はシーンとして聞いている。

聖ラーマクリシュナ「（ヒーラナンダに、ナレンドラを指して）——抜身《ぬきみ》の剣を手にもって歩き回っているようだね。

（校長に、ヒーラナンダを指して）――この人は静かだねえ！　蛇使いのそばで、コブラが喉をひろげてジッとしている！」

タクールの真我礼拝《アートマ・プージャ》――校長とヒーラナンダに秘密の話――校長とヒーラナンダと他の信者たち

タクール、聖ラーマクリシュナは、心を内に向けていらっしゃる。そばにはヒーラナンダと校長が坐っている。部屋は至って静かだ。タクールの肉体は、常にたとえようもない苦痛に襲われているのである。信者たちが時々その有様を目撃するときは、まるで自分の胸が引き裂かれるような思いをする。しかし、タクールは皆にそのことを忘れさせて下さるのだ。今も何事もないように、ニコニコして坐っていらっしゃる！

信者たちが花や花輪をもってきていた。タクールは、ご自分の胸のなかのナーラーヤナを拝んでいらっしゃる。花をご自分の頭の上にのせておられる！　それから喉に、胸に、おへそのところにも――。子供が花で遊んでいるように見える。

タクールはいつも言っておられた――「神意識に浸るときは、体のうちに大きな気の流れ《マハーヴァーユ》が下から上にあがっていくように感じる。――その霊気が上がると、神の存在をありありと実感する」と。こんどは校長を相手に話をはじめられた。

1886年4月22日(木)

聖ラーマクリシュナ「(校長に向かって)霊気《ヴァーユ》はいつ上がっていくかわからないんだよ。今は子供の気分だ。だから、こうやっているのさ。何を見ているかわかるかい? 体がね、ちょうど竹人形に着物を着せたような感じで、それが動いているんだ。中に誰かいて、それで動いているんだな。

中身をくり抜いたカボチャみたいでもあるよ。中には世間に対する何の執着も入っていない。中はきれいに、ほんとにきれいサッパリしたものさ。それから……」

タクールは話しつづけるのが非常に苦痛で疲れているように見うけられた。校長は次にタクールが何をおっしゃろうとしているのか、すばやく推察して言った——「それから、中に至聖《かみ》がお見えになるのでございましょう」

聖ラーマクリシュナ「中にも外にも、両方ともに見えているよ。円満完全のサッチダーナンダが! サッチダーナンダだけが鞘《サヤ》(肉体)を支えて、その中にも外にも在《あ》りなさる! このことが見えるんだよ」

校長とヒーラナンダは、この見真《ブラフマ・ダルシャン》(梵)の言《ことば》を聞いている。しばらくして、タクールはまた彼等の方を眺めながらお話しになった。

聖ラーマクリシュナ「(校長とヒーラナンダに向かって)お前たちみんな、骨肉《みうち》だと思っているよ。他人だなんて感じはしない」

〔聖ラーマクリシュナとヨーガの境地——円満完全の覚《さと》り〕

「みんな、ひとつひとつの鞘《さや》が、頭のところが動いている。

あの御方に心がつながっている時は、苦しみから離れているのが（原典註）わかる。

今はもう、一枚の肌皮がサッチダーナンダにかぶさっていて、その端っこの方に喉の痛みが引っかかっている感じだよ」

タクールは再び沈黙された。しばらくすると、また話された。——「物質《もの》の存在《ある》上に霊が溶けこみ、霊の上に物質が溶けこむ。肉体が病むと、自分（私）が病気になったという感じがする」

ヒーラナンダはタクールのおっしゃったことをはっきり理解したくて、熱っぽい目を校長に向けた。それで校長は、ひと言説明をした——「熱湯でヤケドをした場合、湯でヤケドをしたと人は言うけれど、そうではなくて、熱でヤケドをしたということです」

ヒーラナンダ「（タクールに）——お教え下さいませ。神の信者でも、なぜ苦しみをうけるのでしょうか？」

聖ラーマクリシュナ「肉体《からだ》の苦しみだよ（苦しんでいるのは肉体だけだ）」

（原典註）至高最大の宝を獲たことを知って
ここに安定すれば　いかなる困難にも動揺せず
——ギーター６・22——

1886年4月22日(木)

タクールは何をおっしゃろうとするのか、両人は固唾《かたず》をのんで待っていた。

タクールはおっしゃる——「わかったね？」

校長は小声でヒーラナンダに何か言った——

校長「人びとを導くためにですよ——手本なんです。これほどの肉体的苦痛のなかにあって、しかも心は十六アナ(百%)神に帰一している！」

ヒーラナンダ「全く——。ちょうどキリストにおける十字架のようなものですね。でも、どうしてこのかたがこんなに苦しまなければならないのでしょうか。私はそれが不思議です」

校長「それはタクールがおっしゃるように、大実母《マー》の思召《おぼしめ》しです。この場で、あの御方はかくの如く遊戯し給う、ということです」

二人は低い声で静かに語り合っている。タクールはヒーラナンダに合図して何かお聞きになるのだが、彼にはその合図が何のことやらわからない。するとタクールは再び合図を——「この人(校長)、何て言ったんだい？」

ヒーラナンダ「このかたは、『人びとを導くために、タクールが病気になっていらっしゃるのだ』とおっしゃったのでございます」

聖ラーマクリシュナ「そりゃ、勝手な推測だ——そうじゃない。(校長とヒーラナンダに向かって)境涯が変わってきているんだ。誰にでも、〝霊性が目覚めるように……〟というようなことを言うつもりはない。末世の現代は罪があふれていて、それがみんなわたしのところにのしかかってくるからね」
校長「（ヒーラナンダに）――その時期が来なければおっしゃらないのです。霊に目覚める時期の来た人にはおっしゃるのです」

一八八六年四月二十三日（金）

プラヴリッティかニヴリッティか――ヒーラナンダへの教え――ニヴリッティこそよし

ヒーラナンダがタクールのお足をさすっている。そばに校長が坐っている。ラトゥとほか、一、二の信者が時どき部屋に出たり入ったりしている。一八八六年四月二十三日の金曜日。今日は聖金曜日《グッド・フライデー》だ。時間は午後の一時か二時ごろ。ヒーラナンダはここで昼食をいただいた。タクールのたってのご希望でヒーラナンダはここにいるのである。（訳註、聖金曜日――英語ではGood Friday――キリストが十字架にかけられた日で復活祭の前の金曜日）

ヒーラナンダはお足をさすりながらタクールと話している。例によってニコニコしながら、実にやさしい話し方。まるで、子供をなぐさめているようなふうだ。タクールの病気を診《み》るため、医者が始終来ている。

ヒーラナンダ「どうしてそんなに気になさるのですか？　医者を信じて任せておおきになれば、気も静まるでしょうに。あなた様は子供なのですから――」

聖ラーマクリシュナ「（校長に向かって）――どうして医者が信じられる？　サルカル先生は言ったよ――治らないでしょうなって」

ヒーラナンダ「でも、どうしてそんなことを気になさるのですか？　なるようになるだけではありませんか？」

校長「（ヒーラナンダに向かって、耳打ちするようにこっそりと）――タクールはご自分のために心配しておられるのではありませんよ。信者たちのために、体を保《も》たそうとしていらっしゃるのです」

大そう暑い日だ。しかも午《ひる》すぎである。竹すだれが窓にかかっている。ヒーラナンダは立ち上がって、それを具合よくととのえた。タクールはそれを見ていらっしゃる。

聖ラーマクリシュナ「（ヒーラナンダに）――じゃ、パジャマを送っておくれ」

ヒーラナンダが、彼の故郷《くに》で使っているようなパジャマを着ると、とても気分よく過ごすことができると、先ほど言ったのだった。それをタクールはよくおぼえておられて、パジャマを送ってくれるようにとおっしゃったのである。

ヒーラナンダに出された食事は良いものではなかった。米がうまく煮えていなかったのだ。タクールはそのことを聞いて大そう気にされ、何度も何度も彼に、「おやつを食べるかい？」とおっしゃる。こんな重病で発音も思うようにおできにならないのに、何度もそのことをお聞きになるのである。

それからラトゥにまで、「お前たちも、あの米を食べたのかい？」とお聞きになる。

タクールは腰布《カポル》をちゃんとつけていることがお出来にならない。幼な子のように真っ裸になっておられる。ヒーラナンダといっしょに二人のブラフマ協会員が来ていた。そのせいか、タクールは時どき腰布を腰のあたりに引きよせておられる。

聖ラーマクリシュナ「（ヒーラナンダに）――腰布《カポル》をはずしていると、お前たち、ヤバンだと思うだろう?」
ヒーラナンダ「あなた様の場合は、そんなこと何でもありませんでしょう?　あなた様は子供でいらっしゃいましょう?」
聖ラーマクリシュナ「（二人の協会員〈プリヤナート〉を指して）――あの人は、そう思いなさるよ」
やがて、ヒーラナンダはおいとましようとする。彼は一両日カルカッタに滞在して、また郷里のシンド州に帰る予定だ。そこで彼は仕事をしているのである。二つの新聞を発行しているのだ。西暦一八八四年から四年にわたってその仕事をつづけた。新聞の名はシンド・タイムスとシンド・スダール。ヒーラナンダは一八八三年に学士の資格をとった。シンド州の人である。カルカッタで学問を修めた。故ケーシャブ・センと頻繁に会って彼と話をしていた。タクール、聖ラーマクリシュナにお会いするため、カーリー堂をときどき訪れていた。

1886年4月23日（金）

〔ヒーラナンダの試験――プラヴリッティ（外に向かう心）か?　ニヴリッティ（内に向かう心）か?〕
聖ラーマクリシュナ「（ヒーラナンダに）――シンドに帰らないことにしたらどうだい?」
ヒーラナンダ「はっはっは、おやおや!　じゃ、誰が私の仕事をするんでしょうか?　どうしても私がしなくてはならない仕事があるのです」
聖ラーマクリシュナ「月給はいくらだい?」

ヒーラナンダ「はっはっは、この仕事からの収入は少ないのです」
聖ラーマクリシュナ「どれくらい？」
ヒーラナンダはただ笑っている。タクールは再びおっしゃる。
聖ラーマクリシュナ「ここにいればいいじゃないか」
ヒーラナンダは黙っている。
聖ラーマクリシュナ「仕事をして何になる？」
ヒーラナンダ、黙然。
ヒーラナンダはまた少し話をしてから、おいとまを申し上げた。
聖ラーマクリシュナ「こんど、いつ来る？」
ヒーラナンダ「次の月曜にシンドへ発ちますから、月曜の朝、また来てお目にかかります」

校長、ナレンドラ、シャラトたち

校長はタクールのそばに坐っている。ヒーラナンダは、今しがた帰ったばかりだ。
聖ラーマクリシュナ「（校長に）――とてもいい人だ（ヒーラナンダのこと）。そう思わないかい？」
校長「おっしゃる通りでございます。人柄がまことにおだやかで、やさしく……」
聖ラーマクリシュナ「ここからシンドまで、三五〇〇kmあると言っていたよ。そんなに遠いところから会いに来るんだ！」

1886年4月23日(金)

校長「全く、よほどお慕いしていなければできないことございます」

聖ラーマクリシュナ「わたしをシンドに連れていくことを、とても望んでいるんだよ」

校長「それは大へんなことでございましょう。汽車で四、五日はかかる道のりでございますから」

聖ラーマクリシュナ「三つもパスして！」(訳注――大学の三つの課程を修了したこと)

校長「全く」

タクールは少し、お疲れになられた。お休みになるのだろう。

聖ラーマクリシュナ「(校長に)――シャッターを明けて、それからゴザを敷いておくれ」

タクールは窓のシャッターをあけるようにとおっしゃる。それから大そう暑いので、ベッドの上にゴザを敷くようにとおっしゃるのである。

校長がウチワで風を送ってさしあげると、タクールは少しうとうとなすったようである。

聖ラーマクリシュナ「(少しまどろんだ後で校長に)――眠ったのかな？」

校長「はい、少しお休みになりました」

ナレンドラ、シャラト、校長の三人が階下の広間の東側で話をしている。

ナレンドラ「驚いたことだ。こんなに何年も学問したのに、ほとんど何もわかってないとは――。二日ばかりの修行で至聖《かみ》がつかめるなんて、どうして言えるだろう！　至聖《かみ》をつかむということが、そんなに簡単なものか！　(シャラトに)――君は心の平安を得た。校長先生も心の平安を得た。しかし、僕はまだダメだ」

校長「それなら、あなたは牛にまぐさを与えておいて下さい。私が宮殿に行きますから。それとも私が宮殿に行き、あなたが牛にまぐさを与えますか?」（一同笑う）
ナレンドラ「ハッハッハッハ、あの方（聖ラーマクリシュナ）はその話（原典註）も聞いていましたよ。そして笑っておられた」

タクール、聖ラーマクリシュナとナレンドラたち信者の集い

午《ひる》すぎになった。二階の広間には大勢の信者が坐っている。ナレンドラ、シャラト、シャシー、ラトゥ、ニティヤゴパール、ケダル、ギリシュ、ラム、校長、スレシュ等。
まっ先に来たのはニティヤゴパールで、彼はタクールにお会いするや否や、タクールのお足に額をつけて師を拝した。座についてからニティヤゴパールは子供のような口調で、「ケダルさんが来ました」と言った。

（原典註）プラフラーダの逸話《いつわ》――この物語はプラフラーダの生涯からの引用である。プラフラーダの父（魔王ヒラニヤカシプ）はシャンダとアマルカという二人のグルを招いた。魔王は彼らに、なぜ息子のプラフラーダがハリ（クリシュナ）の名をとなえているのか、そのわけを聞きたかったのだった。二人のグルは魔王の面前に出ていくことを恐れた。そして、シャンダはアマルカにこんなことを言った。「私はまぐさを牛に与えているから、あなたが宮殿に行きなさい。それともあなたが宮殿に行っている間に、私が牛にまぐさを与えておきましょうか?」と。（どっちにしてもあなたが宮殿に行けというおかしな話）

1886年4月23日(金)

ケダルがこの前タクールにお会いしてから、もうずい分になる。彼は職務の関係でダッカに住んでいるのだ。そこでタクールの病気のことを耳にし、お見舞いにきたのである。ケダルは部屋に入ると、タクールが信者たちと楽しそうにしておられるのを見た。

ケダルはタクールのお足の塵を額にいただき、うれしそうにその塵をとりあげて皆に福分けをした。信者たちは頭を下げてその塵をいただいた。

シャラトにそれをあげようとしたとき、シャラトはいちはやく自分でタクールのお足の塵をとっていただいた。校長は笑った。タクールも校長の方を見ながらお笑いになった。信者たちは黙って坐っている。タクールは前三昧の恍惚状態にお入りになるご様子だ。ときどき息を強く吐き出して、それを抑えようとしていらっしゃる。ついにケダルに向かって手まねでこうおっしゃった——「ギリシュ・ゴーシュといっしょに議論してみろ」

ギリシュは耳たぶの上をつねりながら——「先生! 耳をつねっているんですよ! 勘弁して下さい。以前はあなたがどういう方かわからなかったのです! だから議論もしましたが——今は全く話が別です」(タクール笑う)(訳註——ベンガル地方では、悪いことをした時のお仕置きとして耳たぶの上をつねる風習がある)

聖ラーマクリシュナはナレンドラを指してケダルにおっしゃった。——「何もかも捨てたんだよ! (信者たちに向かって)——前に、ケダルはナレンドラに言っていたんだよ。今は議論したり批判したりしているが……最後には、ハリの名をとなえて地べたを転げまわるようになります、と。(ナレンドラに）ケダルの足のチリをお取り――」

ケダル「（ナレンドラに）――このかた（タクール）のお足のチリをお取りなさい。それですむことです」

スレンドラは信者たちの後ろの方に離れて坐っていた。タクール、聖ラーマクリシュナは微笑みながら彼の方を眺めておられた。そして、ケダルにこうおっしゃった。――「アー、実にいい人だ！」

ケダルはタクールの内心をよみとって、スレンドラの方へ行って坐った。

スレンドラはちょっと感傷的《おセンチ》なところがある。信者の誰かれが、外部の信者たちのところにこの別荘の費用に充《あ》てる金を寄付してもらいに行ったので、そのために大そう感情を害しているのだ。スレンドラがここの費用の大部分を出しているからである。

スレンドラ「（ケダルに）――こんなサードゥさんたちのそばに、この私が坐れますか！　おまけに誰かは（ナレンドラを指す）すこし前に、出家の衣を着てブッダガヤーにお詣りに行ったのですよ。えらいえらいサードゥにお詣《まい》りにね！」

タクール、聖ラーマクリシュナはスレンドラをなだめようとなさる――「うん、うん、あれらはまだ子どもなんだ。よくわかっていないんだよ」などとおっしゃって……。

スレンドラ「（ケダルに）――お師匠さまが、誰がどんな気持ちでいるかご存知ないとでも……。あのかたは、金が集まったからってお喜びにはならんのです。われわれの気持ちをお喜びになるのです！」

1886年4月23日(金)

タクールはうなずいて、スレンドラの言葉に賛成の意を表された。「気持ちをお喜びになる」という言葉をきいて、ケダルもうれしそうな表情をした。

信者たちは食べ物を持参してきて、タクールの前においてある。タクールは舌の上にほんのすこしおのせになった。そして、食べ物ののせてあるお盆をスレンドラにお渡しになって、皆に分け与えるようにとおっしゃった。

スレンドラはそれを持って階下へいった。お下がり《プラサード》を階下で分けるつもりなのだろう。

聖ラーマクリシュナ「(ケダルに)――お前、よくわからせてやってくれ。階下へ行って、言い合いをしないように気を配っておくれ」

モニ(校長)はウチワで風を送っている。タクールは、「お前も食べるだろう?」とモニをも階下にいって食べるようにとおっしゃった。

日が暮れかかる! ギリシュと校長は池のほとりをぶらついている。

ギリシュ「ああ、あなたはタクールのことを書いているんですって?」

校長「誰がそんなことを言いましたか?」

ギリシュ「とにかく、私はそう聞きましたよ。私にゆずってくれませんか?」

校長「とんでもない。自分で納得がいってからでなくてはお見せできません――それに、あれは自分のために書いているのです。人のためにじゃありません!」

ギリシュ「何をおっしゃる!」

校長「私の肉体が亡くなるとき、読めるでしょう」

〔タクールは無条件の恵みの海――ブラフマ協会のアムリタ氏〕

日が暮れて、タクールの部屋には灯りがついた。ブラフマ協会の会員、アムリタ（・ボース）氏がお見舞いに来た。タクールは彼にとても会いたがっておられたのだ。校長と二、三の信者が坐っている。タクールの前にベル（マツリカ）とジュイ（いずれもジャスミンの一種）の花輪がバナナの葉の上にのせてある。部屋は静まりかえっている。まるで、一人の偉大なヨーギーが音もなくヨーガの瞑想に入っているかのようだ。タクールはときどき花輪を手におとりになる。お首にかけたいようにみえる。

アムリタ「（やさしい声で）――花輪をおかけしましょうか？」

花輪をお首にかけてから、タクールはアムリタと沢山おはなしをなさった。アムリタが帰ろうとする。

聖ラーマクリシュナ「お前、またおいでよ」

アムリタ「はい、ぜひうかがいたいと思っております。遠いものでございますから――それで、始終というわけにはいかないのです」

聖ラーマクリシュナ「おいで。此処から馬車賃を持ってお行き――」

アムリタに対するタクールの限りないやさしさを見て、一同は驚いた。

1886年4月24日(土)

一八八六年四月二十四日（土）

〔タクール、聖ラーマクリシュナと信者の妻子〕

今日は土曜日。四月二十四日。一人の信者が来た。妻と、七才になる息子を連れてきている。一年前、八才になった息子が亡くなって、その悲しみのため妻は気が狂ったようになったのだった。それでタクール、聖ラーマクリシュナは、彼女にときどき自分を訪ねて来るようにとおっしゃって下さった。（訳註、一人の信者――マヘンドラ・グプタが使った仮名の一つ）

夜、大聖母《シュリー・シュリー・マー》（タクールの妻、サーラダーマニ・デーヴィー）が、二階の広間にタクールにお食事をさしあげるため上がってこられた。信者の妻が灯火《あかり》を持ってついて来た。

食事を召し上がりながら、タクールは彼女に、いろいろ家庭についておききになった。そして、いつか数日間ここへきて、大聖母《シュリー・シュリー・マー》といっしょに暮らすようにとおっしゃった。そうすれば、子を失った悲しみがずっと薄らぐだろう。彼女にはまだ乳飲み子の娘が一人いる――のちに大聖母《シュリー・シュリー・マー》はその娘のことを〝マーンマイー〟と呼んでおられた。タクールは手まねで、その赤子も連れてくるようにとおっしゃった。

タクールのお食事の後、信者の妻が食器を下げた。タクールとしばらく話をして、大聖母《シュリー・シュリー・マー》が階下の部屋に行かれるとき、彼女はタクールにごあいさつしていっしょに下がり、おいとまをした。

夜の九時ころ。タクールは信者たちと共にその部屋に坐っておられる。首に花輪をかけていらっしゃる。モニが扇いでいる。

タクールは首から花輪を外して手にお持ちになり、何ごとか独りごとをおっしゃる。そのあとで、その花輪を満足そうな面持ちでモニに下さった。

子を亡くして悲しんでいる信者の妻に、数日間ここへ滞在して大聖母《シュリー・シュリー・マー》と共に暮らすようにとおっしゃったことなどを、モニはすべて聞かせていただいた。

コラム

ホーリー・マザーの絵（口絵）

ブシュパ・チトックラク

私が十八才の時、クリストファー・イシャウッドの「ラーマクリシュナとその信者たち」を読み、この本が私の人生を一変させました。そしてこの日を境に、私は聖ラーマクリシュナとサーラダー・マー（ホーリー・マザー）を信仰するようになりました。

ある日、私が瞑想していると、目の前にある光景が広がりました。小さな子供が走ってきて、恐れなど微塵も感じられない安心しきった様子でサーラダー・マーの膝の上にちょこんと坐ったのです。子供がマーの顔を見、マーもその子を愛《いと》おしく見つめていますが、これは慈愛に満ちあふれた純粋な二人の結びつきを表しています。母親の子に対する愛は、全宇宙における最も純粋で無私の愛だと思います。

マーの後ろに聖ラーマクリシュナの写真が飾られていますが、タクールがマーのハートの中にいるすべての生き物に愛を注ぎ、〝宇宙の母《ジャガット・ジャナニー》〟としてのマーの栄光をたたえ、タクールがいつも背後から見守ってくれていることを表しています。あの子供は愛すべきマーと結ばれている皆さんであり、宇宙の生きとし生けるものすべてであります。それゆえ、この絵はいつも私の心に寄り添ってくれているのです。

第二一章　バラナゴル僧院《マト》

一八八七年二月二十一日（月）

バラナゴル僧院《マト》

ナレンドラ、ラカール他、僧院《マト》の兄弟たちの〝シヴァの夜の誓い〟

バラナゴルの家――ナレンドラ、ラカールたちはシヴァの夜の断食を行っている。二日あとにはタクールの誕生日（この月の白分二日）のおまつりがとり行われることになっている。

バラナゴルの家に彼らが住むようになってから五ヶ月あまりが経った。タクール、聖ラーマクリシュナが永遠の住処に移られてから、まださほどの月日が流れていなかった。ナレンドラ、ラカールをはじめとする信者たちは、強い離欲の気持ちに満たされている。或る日、ラカールの父親がここに来て、ラカールに向かって家に戻ってくれるようにと説得した。その時ラカールはこう言ったものだ――「どうして、わざわざここまでいらっしゃるのですか！　私は此処で幸福に暮らしているのでよ。今後はあなた方が私を忘れ、私もあなた方を忘れることができるよう、祝福して下さい」――このように皆、強い離欲の気持ちに満たされて、終日《ひねもす》、修行に時を過ごしていたのである。目的は一つ――何とかして至聖《かみ》に会いたい。

皆は称名をしたり、瞑想したり、時には経典を読誦したりする。ナレンドラは言うのだ——「ギーターのなかで、至聖《かみ》は無欲無私の行いをせよ、とおっしゃっている。それは、祈りや、称名や、瞑想をすることだ。世間の用事ではない」
今日、ナレンドラは朝早くからカルカッタへ出かけた。家族が巻き込まれている訴訟問題の用事をするためである。法廷で証言をするのだろう。
校長は午前九時ころ僧院《マト》に着いた。居間に入っていったら彼を見たタークは喜んで、シヴァの歌をうたい出した——

タティヤ　タティヤ　夢中で踊る——

ラカールも彼の歌に加わった。そして、歌いながら二人とも踊っている——。この歌はナレンドラが最近つくったものである。

タティヤ　タティヤ　夢中で踊る
ボボボン　ボボボン　頬《ほお》たたき
太鼓《ダマル》ならして　ディム　ディム　ディム
頭蓋骨の首飾りをぶらぶらさせて——

ダマル——シヴァ神の持つ太鼓でデンデン太鼓のように振って鳴らす

三叉《みつまた》の鉾《ほこ》先は火を吐き光る
ドク、ドク、ドク、頂きのたぶさを
月は照らして輝きわたる

三叉の鉾——シヴァ神の象徴的な持ち物
たぶさ——頭頂に集めて束《たば》ねられた髪の毛のことでシヴァ神の髪型

1887年2月21日(月)

僧院《マト》の兄弟たちはみな、断食をしていた。現在この家には、ナレンドラ、ラカール、ニランジャン、シャラト、シャシー、カーリー、バブラム、タークラ、ハリシュ、シンティのゴパール、サーラダ、校長がいる。ヨーギンとラトゥはブリンダーヴァンに行っている。この二人はまだ、この僧院《マト》を見ていない。今日は月曜日、シヴァ・ラートリー、一八八七年二月二十一日。次の土曜日には、シャラト、カーリー、ニランジャン、サーラダたちが大聖ジャガンナータにお詣りするため、プリーに行くことになっている。

シャシーは日夜、タクールにお仕えしている。（訳註——聖ラーマクリシュナの舎利が銅製の容器に納められて、タクールが生きている時と同じように礼拝供養が行われていた）

ご供養が終わった。こんどはシャラトがタンプーラ（伴奏用弦楽器）を手にして、シヴァの歌をうたった。

シヴァ　シャンカラ　ボボボン
カイラスの主、王の中の王

シヴァの太鼓で
奏でるケヤルが響く
首には蛇の首輪《マーラー》
大きな目は赤くなり
頭は美しい三日月が似合う

ケヤル――古典の歌の一つ

第21章　バラナゴル僧院《マト》

ナレンドラが今しがた、カルカッタから戻った。まだ沐浴をすませていない。カーリーがナレンドラに聞いた――「裁判はどんな具合でした?」

ナレンドラはムッとして――「そんなこと、君たちに何の関係もないことだろう?」

ナレンドラは煙草を吸いながら、校長たちと話をした。

「女と金を捨てなくては、どうしようもないですね。女は地獄の入口です。どれ程多くの、いやほとんどの男たちが女の人の支配下にあることか――。シヴァとクリシュナは話がちがいますけれどね。シヴァはシャクティ(妻)を自分の召使いにしてしまわれた。聖クリシュナは、たしかに家庭にいて世間の生活をなさったが、しかし、徹底して無執着でしたね! 実にあっさりとブリンダーヴァンでの生活を捨てましたものねえ!」

ラカール「それに、ドゥワラカも!」(訳註、ドゥワラカ――クリシュナが王位についていた国)

ナレンドラはガンガーで沐浴をすませ、僧院《マト》へ戻ってきた。自分のぬれた服とタオルを手に持っている。サーラダは今まで体中に土をまぶしていたが――入ってきて、ナレンドラに向かってシャスタンガ礼拝《プラナーム》をした。彼もシヴァ・ラートリー(訳註1)の断食をしている。そしてこれからガンガー沐浴に行くところなのだ。ナレンドラはタクールの部屋（聖ラーマクリシュナの舎利を祀ってある礼拝室）に入ってタクールを礼拝し、それからそこへ坐ってしばらくの間、瞑想した。（訳註、シャスタンガ礼拝《プラナーム》――体の八つの箇所＝頭、目、口、胸、へそ、手、膝、足を地につける礼拝。つまり全身を投げだしてする最高の礼拝）

バヴァナートの話が出る。バヴァナートは結婚して、生計のための仕事をしている。ナレンドラは言う――「あいつらは世俗の虫さ！」

午後になった。シヴァ・ラートリーの供養《まつり》の準備がすすんでいる。ベルの小枝とビルヴァの葉が集められた。護摩《ホーマ》を焚《た》くつもりある。

夕方――。シャシーが先ずタクールの部屋に香を焚き、ついでほかの部屋にも香を持っていった。それぞれ神々の絵の前で礼拝し、信愛《バクティ》の念をこめてその名をとなえた。

シュリー・シュリー・グルデーヴァ　南無《ナモー》
シュリー・シュリー・カーリカー　南無《ナモー》
シュリー・ジャガンナータ、スバドラー、バララーム　南無《ナモー》
シュリー・シュリー・チャイタニヤ　南無《ナモー》
シュリー・シュリー・ラーダー・ヴァッラバ　南無《ナモー》

シュリー・ニティヤーナンダ、シュリー・アドヴァイタ、シュリー・バクタ（信者）　南無《ナモー》
シュリー・ゴパーラ、シュリー・シュリー・ヤショーダー　南無《ナモー》
シュリー・ラーマ、シュリー・ラクシュマナ、シュリー・ヴィシュヴァーミトラ（訳註2）　南無《ナモー》

シヴァ礼拝《プージャ》は僧院《マト》のベルの木の下で行われることになっている。今は夜の九時、第一回目の礼拝が行われる。十一時半に第二回目の礼拝。夜のあいだに四回に分けて礼拝が行われる。ナレンドラ、ラカール、シャラト、カーリー、シンティのゴパール等、僧院《マト》の兄弟たちは皆、ベルの木の下の席につ

（訳註1）シヴァ・ラートリー――ラートリーは夜の意で、シヴァ・ラートリーは〝シヴァの夜〟または〝吉兆の夜〟という意味で、新月の前の日（満月から14日目）を指す。ファルグン月（2月中旬～3月中旬）は特にマハー・シヴァ・ラートリーとも言われ一年で最も神聖な日とされる。シヴァ・ラートリーは月が新月に移行する境目であり、このとき欲望が消滅し（月が痩せていくことは欲望が消滅していくこと）、次に満月へと向かうときに解脱への原動力が増大すると信じられているので、この夜に断食をして寝ずに瞑想や讃歌をうたうなどの霊性修行に励むことは大きな功徳があるとされている。

（訳註2）グルデーヴァ――霊性の師（聖ラーマクリシュナ）。カーリカー――カーリー女神の別名。ジャガンナータ――〝世界の主〟の意でヴィシュヌ神＝クリシュナのこと。スバドラー――クリシュナの妹。バララーマ――クリシュナの兄。ラーダー・ヴァッラバ――チャイタニヤと同時代にクリシュナ神への信愛《バクティ》を説いたヴァッラバとその妻ラーダーのことか？　ヴィシュヴァーミトラ――『ラーマーヤナ』に登場する聖仙《リシ》。

1887年2月21日(月)

いた。ブパティと校長も来ている。兄弟たちの中の一人が礼拝《プージャ》の指揮をとった。

カーリーがギーターを朗読する。軍勢の有様――サーンキャ・ヨーガ――カルマ・ヨーガ。朗読をしている途中でときどきナレンドラと話し、議論をする。

カーリー「〝私〟こそがすべてなんです。〝私〟が創造し、維持し、破壊するんです」

ナレンドラ「〝私〟が創造するんだって？　ほかの或る一つの力が、私にさせるんだよ！　この、いろんな仕事を――考えることさえも、その御方がおさせになるんだ」

校長は心の中でつぶやいている――タクールはおっしゃった、私は瞑想している、と感じている間は、アディヤシャクティの支配下にあるのだと！　シャクティを認めなければいけないと。

カーリーはしばらくの間だまって考えていた。やがて又、こう言う――「その仕事とか活動とかいうもの、そんなものはみな幻想だよ！　考えというものさえありはしないんで――そんなこと思っただけでも笑いたくなる」

ナレンドラ「〝それは我なり（ソーハム）〟という場合の〝我〟は、ふつう、私、私と言っている私ではないんだよ。心、肉体、こういうものすべてを取り去ったあとになお残っている、その、私なんだよ」

ギーターの朗読を終えたカーリーは、「平安《シャーンティ》、平安《シャーンティ》、平安《シャーンティ》」と唱えた。

次にナレンドラたち皆は立ち上がり、讃歌をうたい、かつ踊りながらベルの木の周囲を何度も何度もまわる。時どき声を合わせて、「シヴァ・グル！　シヴァ・グル！」と声高にマントラを唱える。

暗い夜だ。黒分十四日目なのである。四方が真っ暗闇！　人も動物も、生きとし生けるもの皆、沈黙している。

赤土色《オレンジ》の衣を着たこの年若い世捨て人たち、信者たちが声を張り上げて――シヴァ・グル！　シヴァ・グル！　この大真言のひびきは、雷雲のようにとどろいて果てしない大空に昇り、全一なるサッチダーナンダの中に溶け入った。

供養祭《プージャ》は終了した。夜が明け初《そ》めようとしている。ナレンドラたちは暁のガンガー沐浴に行った。

朝になった。沐浴をすませた兄弟たちは僧院《マト》のタクールの部屋に行ってタクールにごあいさつし、それから、次々と居間に集まってきた。ナレンドラは新しく美しい黄衣をまとっている。その衣装の美しさは、苦行によって築き上げられた彼の顔と体の気高い美しさ――この世のものとも思われぬ神々しいばかりの気品とよく調和して、まるで全体が光り輝いているようだ！　顔つきは力強く、しかも愛情に満ちている！　完全円満なるサッチダーナンダの大海から、人々に智慧と信仰を教えるために人間の姿をとった一個の泡のようであった。神の化身の活動を助けるために――。皆、彼から目をそらすことが出来なかった。ナレンドラ、この時二十四才。まさに聖チャイタニヤが世を捨てたのと同じ年令であった。

兄弟たちの断食明けの食事にと、前日にバララムが果物や甘いものを届けてきてあった。

ラカールたち、一、二の兄弟と共に、ナレンドラは立ったまま食物を食べはじめる。一口、二口食べると、いかにも嬉しそうに言った――「ドンノ、バララム（祝福されたバララムよ）、ドンノ、バララム！（祝福されたバララムよ！）」皆、大笑いをする。

ナレンドラが子供のようにふざけ始めた。ラスグッラを一つ口に入れると、一とき、三昧に入ったような格好をして立ちつくした！　まばたきもしないで！　その様子を見て一人の兄弟がいそいで進み出て、彼が倒れないように支えるふりをする。（訳註、ラスグッラ――シロップに浸した丸いケーキのようなとても甘い菓子）

しばらくして、ナレンドラはラスグッラを口に含んだまま目を開けて言う――「わたしは……、だ、だいじょうぶ……だョ」皆はどっと笑い出した。（ナレンドラがラーマクリシュナのまねをしたのである）

校長たちにもプラサード（お下がり）のシッディと甘い物が配られた。校長は〝歓喜の市場〟を見ていた。兄弟たちは万歳を叫んだ。（訳註、シッディ――シヴァ神に捧げる飲み物で、気分を高揚させる麻薬性、中毒性の成分を含んでいる）

万歳《ジャイ》、グル、マハーラージ！
万歳《ジャイ》、グル、マハーラージ！

第二三章　聖ラーマクリシュナの最初の僧院《マト》

一八八七年三月二十五日（金）

バラナゴル僧院《マト》

聖ラーマクリシュナの最初の僧院《マト》――ナレンドラたち信者の放棄と修行

タクール、聖ラーマクリシュナがいらっしゃらなくなってから、ナレンドラたち若い信者一同は一ヶ所に集まって暮らしていた。スレンドラの好意で彼らのために、バラナゴルに一軒の家を借りることが出来たのである。その家が、今では僧院《マト》になったのだ。礼拝室で皆は、師、聖ラーマクリシュナに日夜お仕えしている。ナレンドラや信者たちはこう言っている――もう二度と世間には戻らない。タクールが、〝女と金を捨てろ〟とおっしゃったのだから――どうして家に戻れようか！　シャシーが全責任を負って師のお守《も》りをしている。ナレンドラが同胞たちの中心になって、彼らの面倒を見ていた。兄弟たちも喜んで彼に指導してもらっている。ナレンドラは、〝修行をしなければ至聖をつかむことはできない〟と言って、自分が先に立って兄弟たちに様々な修行をさせ始めた。ヴェーダ、プラーナ、およびタントラの教義に従って――まるで、師を見送った悲しみを追い払うためのように、いろんな種類の修行を次々と開始していく。時には誰もいない静かな木蔭で、時にはたった一人で火葬場のど真ん中で、また時にはガンガーの岸辺で修行している。僧院《マト》の中では瞑想室にこもって一人で称名したり、瞑想したりして日を送っていた。また時には兄弟たち全員を集めて、いっしょに喜々としてサンキールタンを歌い、踊る。全員が、また殊《こと》にナレンドラが、神をつかむために熱中になっている。そして時々こう言うのだ——「見神するまで断食する願掛けをしたほうがいいのだろうか？　ああ、どうやったら、あの御方をつかまえられるんだろう？」

タクールの没後、ラトゥ、ターラク、年長のゴパール、この三人はコシポールの家を出たら行く先がなかったので、彼らの名前でスレンドラが現在の僧院《マト》を用意してくれたのだった。スレンドラは言った（訳註1）——「兄弟《みんな》！　君たちは此処でタクールのお守《も》りをしてお住みなさい。私たちも、時々安らぎに来るから……」出家する決心をした若い信者たちはこれを見て、渋々戻った家から頻繁にこの家に出入りしていたが、やがて、もう家には帰らなくなってしまった。ナレンドラ、ラカール、ニランジャン、

（訳註1）一八八六年九月の初め頃、ある日の夕方、スレンドラが自宅の礼拝室で瞑想をしていると、聖ラーマクリシュナが現れて言った——『お前、ここで何やってる。私の子どもたちが、行き場がなくて途方に暮れているんだ。他のことはさておき、お前、彼らの世話をしてくれないか』スレンドラは急いでナレンドラの家に行って、そこにいた弟子たちに——『兄弟《みんな》！　君たちはどこに行くと言うのか——。家を一軒借りようではないか。君たちは此処でタクールのお守《も》りをしてお住みなさい。（在家の）私たちも、時々安らぎに来るから……。毎日を、妻や子どものためだけに過ごせと言うのか——。私はコシポールで、師のためにずい分とお金を用立てました。今度は、みなさんのためにに用立てましょう！』と言った。

1887年3月25日(金)

バブラム、シャラト、シャシー、カーリーたちである。そして間もなく、スボドゥとプラサンナが加わった。ヨーギンとラトゥはブリンダーヴァンに行っていたが、一年後に戻って仲間に加わった。ガンガーダルは始終、この僧院《マト》に来る。彼はナレンドラの姿を見なければ我慢ができないのである。彼は〝ジャヤ、シヴァ、オームカーラ(シヴァ神に栄光あれ)〟という献灯前《アーラティ》の讃詞《スタヴ》を皆にすすめた。彼また、僧院《マト》の兄弟たちは、〝ワッ グルジー キ フォテ(お師匠さまに栄光あれ)〟という賀詞を折にふれて口に出していたが、これもガンガーダルが教えてくれたのである。チベットから戻った後に、彼は僧院《マト》に参加した。タクールのあと二人の信者であるハリとトゥルシーは、ナレンドラと僧院《マト》の兄弟たちに会うため、いつも僧院《マト》に通ってきていた。やがて又、彼らも僧院《マト》に住みつくようになった。

〔ナレンドラの思い出話――聖ラーマクリシュナの愛〕

今日は金曜日。一八八七年三月二十五日。校長はマトの兄弟たちに会いに来ていた。デベンドラも同行した。校長は頻繁にマトを訪れており、時には泊まっていく。先週の土曜にも来て、土、日、月と三日滞在したのである。マトの兄弟たち――殊《こと》にナレンドラは特別に強い離欲の決意をしている。それで校長は、熱心に彼らの様子を見に来るのだ。

夜になった。今夜も校長はここに泊まるつもりである。

日が暮れかけた時、シャシーがやさしい声で神の名を唱えながら礼拝室に灯《あか》りをつけ、香を焚いた。香を各室に祀ってある神像や絵像の前で焚いて、ていねいに礼拝した。

こんどは献灯《アーラティ》である。シャシーが献灯《アーラティ》をする。マトの兄弟たち、校長、デベンドラ、皆一同、合掌して献灯《アーラティ》を拝見しながら、声を合わせて献灯《アーラティ》の讃詞を奉る。――〃ジャヤ、シヴァ、オームカーラ。ブラフマー、ヴィシュヌ、サダーシヴァ（訳註2）！　ハラ、ハラ、ハラ（訳註3）、マハーデーヴァ（訳註4）！〃

ナレンドラと校長の二人が話をしている。ナレンドラは、タクールのところに来るようになって以来の、さまざまな思い出話を校長にして聞かせた。ナレンドラの年令は今、二十四才と二ヶ月である。

ナレンドラ「まだほんの初めの頃、タクールは恍惚とした様子でこうおっしゃいました――『お前、来たね！』と。

そのときぼくは思いました――『不思議だなあ！　この方は、ずっと以前からぼくを知っていらっしゃるようだ』

それから、『お前、何か〃光〃が見えるかい？』とおっしゃる。

私は、『はい、眠りに入る前に、額のところで何か光のようなものがぐるぐる廻っているのです』と答えました」

校長「今でも、見えるのですか？」

（訳註2）サダーシヴァ――「永遠に吉祥なる者」の意でシヴァ神の別名。
（訳註3）ハラ――「破壊者」の意でシヴァ神の別名。
（訳註4）マハーデーヴァ――「偉大な神」の意でシヴァ神の別名。

1887年3月25日(金)

ナレンドラ「以前にはよく見たのですが——。ジャドウ・マリックの別荘で、ある時タクールはぼくにさわって、何かブツブツおっしゃった。ぼくはとたんに気を失ってしまいましてね! そのときのショックは、一ヶ月も消えませんでしたよ!

ぼくが結婚するかもしれない、という話を聞かれたときは、マー・カーリーの足をつかまえて泣いていらっしゃいました。泣きながらマーにこう言って——『マー、みんなひっくり返しておくれ。ナレンドラが沈まないように!』

父が亡くなって、母や弟たちが食べるのにも困っていた頃、ある日、アンナダ・グハといっしょに行って、あのかたにお会いしました。

あのかたはアンナダ・グハに向かって、『ナレンドラのお父さんが死んで家族はとても困っているから、友だちが皆で助けてやれば、とてもいいんだがね……』とおっしゃった。

アンナダがいなくなってから、ぼくはあのかたにこっぴどく叱言《こごと》をいいました——『何だってあなたは彼に、あんなことをおっしゃったのですか?』って。

あのかたは、ぼくに叱られて泣き出した。泣き泣きこうおっしゃるのです。『ああ、お前のためなら、一軒、一軒、乞食《こつじき》することさえできるよ』

あのかたは愛で、ぼくたちを皆支配してしまったんですね。あなたはどうお思いになりますか?」

校長「まったくその通りです。無私、無辺際の愛でしたね」

ナレンドラ「ぼくに、たった一人でいたときに、あのかたは或ることをおっしゃったのですが……。この話は、他の誰にも話さないで下さいね」

校長「話しませんよ――で、どんなお話だったのですか？」

ナレンドラ「『わたし自身は、神通力をつかうことはできない。お前を通してなら使えるが、どうだい？』と、おっしゃるのです。ぼくは、『いいえ、いけません』と答えました。

ぼくはいつも、タクールのお言葉を笑い飛ばしていました。そのことは、タクールからお聞きでしょう。神の姿を見た、ということもぼくは、『そんなのは、あなたの錯覚ですよ。見たような気がしただけですよ』なんて言って――。

あのかたはおっしゃいました――『でもさ、わたしはよく客室《クティ》の屋根に上がって叫んだものだよ。〝オーイ、信者たちー、何処《どこ》にいるー、早く来ーい。お前たちの顔を見ないと、わたしは死んでしまうよー〟ッて。マーが言ったんだもの、信者たちが集まってくるよッて。――ごらん、その通りになったじゃないか』

そう言われると、ぼくも返す言葉がなくて黙っていましたが……」

〔ナレンドラは無形の神に属する――ナレンドラの〝我〟〕

「ある日、部屋の戸をぴったり閉めて、デベンドラさんとギリシュさんにぼくのことをこうおっしゃいました――『この子に、自分が何者なのかを明かしてしまったら、もう肉体を持ちつづけることは止めるだろうよ』と」

1887年3月25日(金)

校長「ええ、その話は聞きました。私どもにも、その話は何べんもおしゃいましたよ。コシポールの家にいるとき一度、君はあの境地(無分別三昧《ニルヴィカルパ・サマーディ》)に入ったでしょう?」

ナレンドラ「あの境地で、〝ぼくの体は無いのだ〟と悟りました。ただ顔だけ見えたのです。タクールは階上《うえ》の部屋におられて——ぼくは、その下の部屋でそうなったんですよ！　ぼくは泣き出して——ぼくはどうなったんだ！　って言いながら……。ゴパール兄さんが階上にかけ上がってタクールに、『ナレンドラが泣いています』って報《し》らせました。(訳註、ゴパール兄さん——ゴパール・チャンドラ・ゴーシュ、後のスワミ・アドヴァイターナンダ。この時49才で年長《ブロ》のゴパールとも呼ばれていた)

あのかたにお目にかかると、『これでよくわかったろう。カギはわたしのところに置いとくよ！』とおっしゃった。ぼくは、『ぼくはどうなってしまったんですか?』って言いました。

あのかたは、他の信者たちの方を向いてこうおっしゃいました。『これは、自分の正体を知ったら肉体を捨ててしまうだろう。わたしが忘れさせたままにしておいた』と。

ある日のこと、『お前、もし望めば、胸の中にクリシュナを見ることができるぞ』と、おっしゃいました。ぼくは、『クリシュナなんて信じませんよ』と申し上げて……。(二人で笑う)

それから、一つのことに気付きました——ある場所や物、それから人を見ると、以前に、前の生涯ででも見たことがあるように感じられるのです。何だかとても親しく、懐かしくね！　アムハールスト通りのシャラトの家に行ったら、すぐさまぼくはこう言った——『この家、ぼくはすっかり知っているよ！　廊下も、部屋々々も、昔からよく知ってる』

ぼくは自分の心に任せてしたいようにしてきた。でも、タクールは何も文句をおっしゃらなかった。ぼくがサーラーダン・ブラフマ協会のメンバーになったこと、ご存知でしょう？」

校長「ええ、知っていますよ」

ナレンドラ「あのかたは、あそこに女の人たちが出入りするのをご存知でした。女の人がいるところで瞑想はできませんから、その点で、あの協会のことをタクールは非難しておられました。けれど、ぼくには一言も、何もおっしゃらないのですよ！　ある日、ただこれだけおっしゃった――『ラカールには、お前があの協会に入っていることを言うなよ。言えば、あれも行きたがるかも知れないから――』って」

校長「君の場合は、心の力が非常に強い。だから、タクールは自由にさせておられたのです」

ナレンドラ「さんざ苦しみ悩んだあげくの果てに、現在の心境に達したのですよ。校長先生《マスタル・マハーシャイ》、あなたは苦しみ悩みを経験していらっしゃらないから――ぼくが思うのに、人間は苦悩を通りこさなければResignation（捨離）できません――Absolute Dependence on God.（神への全託）

アッチャー、そう…………こんなに、我《エゴ》がなく、穏やかで、謙虚で……。ぼくはどうすれば謙虚になれるでしょうか、教えて下さいませんか？」

校長「タクールがおっしゃったでしょう。君の〝我《が》〟について――誰の我《が》だ？　と」

ナレンドラ「どういう意味ですか？」

校長「つまり……。ラーダーに向かってあるとき一人の友だちが、『あんたが我《が》を張ることは、クリシュナをけなすことになるのよ』と言った。すると、もう一人の友だちがこう応酬しました。『ええ、そりゃラーダーは我を張ったことはたしかよ。でも、この〝我〟は？　つまり、〝クリシュナは私の夫〟〝そういう〝我〟——。クリシュナこそが、この〝我〟をラーダーのなかに置いたのです』と。タクールのお言葉の意味はね、神こそが、この〝我〟を君の中に置かれたのだ。たくさんの仕事をさせるためにね！」

1887年3月25日（金）

ナレンドラ「そして、ぼくは公言しますよ。ぼくにはもう、悲しみも苦しみも無い！　と」
校長「ハハハ……。どうぞ、お希《のぞ》みなら、大いに声高らかに公言なさい！」（二人で大笑い）
こんどは、ほかの信者たちのことが話題になった。ヴィジャイ・ゴスワミー、その他——。
ナレンドラ「あのかたはヴィジャイのことを、『扉を叩いている』とおっしゃいましたよ」
校長「つまり、部屋の中にまだ入ることができないでいる、ということですか。でも、シャームプクルの家で、ヴィジャイ・ゴスワミーはタクールにこう申し上げましたよ。『私はダッカで、あなた様を、このお姿でお会いしました。このお体そのままで——』と。君もそこにいた筈ですね」
ナレンドラ「デベンドラさん、ラムさん、この人たちは世間を捨てるでしょう——そうなるよう非常に努力していますから。ラムさんは privately（こっそりと）こう言いましたよ——〝二年後に世間を捨てる〟と」
校長「二年後に？　子供たちの生活に心配がないようにしてから、というわけですか？」
ナレンドラ「それに、現在の家を貸して、もっと小さな家を買うつもりらしいですよ。娘の結婚や何かのことは親戚の人たちが世話してくれるのでしょう」

校長「（ニティヤ）ゴパールはとてもいい境地になっているようですね、ちがいますか？」

ナレンドラ「どんな境地だとおっしゃるんですか！」

校長「とても気分が高揚していて、ハリ称名をすると涙をボロボロこぼして！　毛も逆立って！」

ナレンドラ「興奮しさえすればエライ人になるんですか！　カーリー、シャラト、シャシー、サーラダたちの方が（ニティヤ）ゴパールより、よっぽどエライですよ！　彼らの離欲、立派ですよ！（ニティヤ）ゴパールはタクールのことを信じているんでしょうかねえ？」

校長「たしかに、タクールはこうおっしゃいました。彼はここの人間ではない（親しい信者の仲間ではない）と。でも、タクールを深く信じて尊敬している様子を、私は見ましたがねえ」

ナレンドラ「どんなことをご覧になったのですか？」

校長「私が南神村《ドッキネーショル》のお寺に行き始めた頃のことですが、ひとしきりお話が終わって信者たちがお部屋の外に出ました。そこで私が見たのですが――（ニティヤ）ゴパールが庭の路《みち》にひざまずいて合掌していました――タクールがそこに立っておられて……。とても月の明るい夜でしたよ。タクールのお部屋の真北にあるベランダの、すぐ向こうのレンガ粉を敷いた赤い道でした。そこにはほかに誰もいなかった。（ニティヤ）ゴパールが全霊を挙げて頼っていて、タクールは彼を励ましていらっしゃるように見えましたがね」

ナレンドラ「ぼくは、そんな情景を見たことはありません」

1887年3月25日(金)

校長「それに、タクールは時どきおっしゃっていた――〝あれは覚者《パラマハンサ》の境涯だ〟と。でも、こういうこともよく憶えています。タクールが彼に、女の信者たちのところに出入りするのを注意しておられたのを――。何度も何度も警告していらっしゃいましたよ」

ナレンドラ「タクールはぼくにはこうおっしゃった。『彼が覚者《パラマハンサ》の境地なら、金のことなんか問題にしないはずなんだがなあ！』って。それから、こうもおっしゃったっけ――『彼はここの人ではないよ。わたしの身内の人なら、始終ここへ出入りするはずだ』って。

タクールは××氏《バーブ》におこっていましたよ。いつも（ニティヤ）ゴパールといっしょにいて、タクールのところにあまり来なかったんですよ。

とにかく、ぼくにはこう言っておられました。『ゴパールはシッダだが――ホタット・シッダだよ。あれはここの人じゃない。もしわたしの身内なら、あれに会いたくてわたしが泣かない筈がないだろう？』と。（訳註、シッダ――成就者、悟りを得た人。ホタット――突然、ひょっこり）

彼のことを〝ニティヤーナンダの生まれ変わりだ〟と公言している人たちもいます。しかし、タクールは何度おっしゃったことか――〝わたしこそがアドヴァイタ――チャイタニヤ――ニティヤーナンダの三人が(訳註5)いっしょになったものだ〟と」

（訳註5）アドヴァイタはチャイタニヤよりだいぶ年上で後に彼の弟子になった人物。ニティヤーナンダはニタイとも呼ばれ、一説ではチャイタニヤの兄とも言われる人物。チャイタニヤを含めた三人をチャイタニヤ派では尊師（プラブ）と呼んでいる。

一八八七年四月八日（金）

タクール、ナレンドラに人々を指導するよう指示

僧院《マト》の苦行者《タパッシー》カーリーの部屋に二人の信者が坐っている。一人は出家、もう一人は在家の人。両方とも年の頃は二十四、五才。二人は何か話していた。そこへ校長が入ってきた。彼は僧院《マト》に三日ほど滞在するつもりである。

今日は四月八日、金曜日、聖金曜日《グッド・フライデー》、朝の八時ころ。校長は先ず礼拝室に行ってタクールを礼拝した。それからナレンドラ、ラカール、その他の信者たちに顔を見せてから前述の部屋に入って坐りこみ、両人にあいさつして話を聞きはじめた。この在家の信者は世を捨てたがっている。ところが出家した方は彼に向かって、〝そういうことはするな〟と説得している。（訳註、聖金曜日――英語ではGood Friday――キリストが十字架にかけられた日で復活祭の前の金曜日）

出家「残っている仕事をやりたまえ。も少しのことで終わるんだから――。

ある人が、『地獄へ落ちるぞ』と言われた。その人は一人の友だちに、『地獄ってどんな場所だろう？』と聞いた。友だちはチョークで地面に地獄の絵を描いた。その絵が出来上がるや否や、その人は絵の上を転げまわって、それからこう言った――『これで私はもう、地獄へ行ってきた』と」

在家「私は世間というものが、どうも好きになれないんだよ。ああ、いいなあ、君たちは！」

出家「あんなこと言って！　出たけりゃ出たらいい——何ごとも経験だと思って気楽にすればいいんだよ」

九時過ぎ、シャシーは礼拝室で礼拝供養《プージャ》を行なった。

十一時頃、マトの兄弟たちは順次にガンガー沐浴をすませて来た。沐浴のあとにさっぱりした衣服をつけて一人ずつ礼拝室へ行き、タクールを礼拝してからしばらく瞑想する。

タクールにお供えしたあと、マトの兄弟たちは皆で坐ってお下がりの食べ物をいただいた。校長もいっしょにいただいた。

日が暮れた。香を焚いた後、献灯《アーラティ》が行われた。広間にラカール、シャシー、年長のゴパール、およびハリシュが坐っている。校長もいる。ラカールが、「タクールに供える食べ物にはよく注意するように——」と言った。

ラカール「(シャシーはじめ一同に) ある日のこと、私はタクールの軽食を、あのかたが召し上がる前にうっかり食べてしまった。タクールはそれを見て、こうおっしゃったよ——『お前の方を見ることもできない。なぜそんな行ないをしたんだ！』と。私は泣き出してしまった……」

年長のゴパール「私もコシポールの家で、タクールの召し上がり物の上で、つい大きな呼吸《いき》をしてしまった。するとあのかたは、『この食べ物はもういいよ』とおっしゃいました」

校長とナレンドラとはベランダでぶらぶら歩き、いろんなことを思い出していろんな話をしてい

1887年4月8日(金)

る――

ナレンドラ「ぼくときたら、一切何も信じようとしなかった。――ご存知でしょう?」

校長「何を? 神の形や何かのことですか?」

ナレンドラ「あの方がいろいろおっしゃることを、はじめのうちはほとんど信じようとしなかったのですよ。ある日タクールに、『じゃ、何故《なぜ》ここに来るんだい?』と言われてしまいました。ぼくはその時こう答えました――『あなたに会うために来るんです。話を聞きにくるのではありません』と」

校長「で、あの方は何とおっしゃいました?」

ナレンドラ「とても喜んでおられましたよ」

第22章　聖ラーマクリシュナの最初の僧院《マト》

一八八七年四月九日（土）

翌日、一八八七年四月九日、土曜日。タクールにお供えしたあとで、僧院《マト》の兄弟たちはお下がり《プラサード》をいただいて、少し休息している。ナレンドラと校長は、僧院《マト》の西側にある庭の一本の樹の下に坐って話をしている。他には誰もいない。ナレンドラはタクールにお会いした後のさまざまの出来ごとを語った。ナレンドラは二十四才、校長は三十二才。

校長「最初にお会いした日のことは、よく憶えているでしょう?」

ナレンドラ「南神村《ドッキネーショル》のカーリー寺でした。あのかたの部屋でです。その日、ぼくは二つ歌をうたったのです。この歌——

歌　心よ、いざ自らの住家《すみか》に行かむ
この国は外っ国《とくに》、異国の装いして
何故《なぜ》あてどなく　さまよい歩くか
周囲《まわり》の五元素と生きものたちは
すべてこれ汝のものに非ず
他者《よそもの》に眼眩《まなこくら》みて

何故《なぜ》、自ら忘れ果てしか

心よ、真理《まこと》の道を登り行け
愛の灯《ひ》を常にかかげて
その旅の費《つい》えとなる財宝《たから》として
たゆまず積めよ陰《ひそ》かなる徳
道ゆく人を待ち伏せて襲うは
貪欲、愚痴という名の強盗
その災難《わざわい》を防ぐためには
平静《サーマ》、抑制《ヤマ》という名の護衛を連れよ

旅人の休息宿《オアシス》は聖者の足下《もと》
心やすらかに手足をのばし
もし行先に疑いあれば
宿のあるじに案内《あない》を頼め
もし道中に何か恐れあれば
命をこめて主の御名を呼べ

抑制《ヤマ》——ヨーガの禁戒（ヤマ）＝非暴力《アヒンサー》、正直《サティヤ》、
不盗《アステーヤ》、禁欲《ブラフマチャリヤ》、不貪《アパリグラハ》

主は道の大王、この上なく強き支配者
死の国の王（ヤマ）もその前にひれ伏す

1887年4月9日（土）

歌

主よ、ああ、わが日々は空しく過ぎゆく
希望の道を日も夜も見つめて――
君は三界の主《あるじ》、われは地上のあわれな乞食
わが胸に来りて住み給えとは
恐れ多く口に出《いだ》せず――
ただ胸の賤《しず》が家《や》の戸は
常に開け放してあれば
ねがわくは慈悲《めぐみ》もて一度なりとも
入りましてわが渇仰《かわき》をうるおし給え

校長「歌を聞いて、タクールは何とおっしゃいました？」
ナレンドラ「恍惚となってしまって、ラムさんたちに質問なさいましたよ――『この子は誰だい？ ああ、なんてすばらしい歌だろう！』そしてぼくに、又来るようにとおっしゃいました」
校長「その次には、どこでお目にかかったのですか？」

ナレンドラ「その次はラージモハンの家でした。その次にはまた南神村《ドッキネーショル》で——。その時には前三昧状態でぼくのことをすごく讃《ほ》めはじめて——『ナーラーヤナ、あんたはわたしのために肉を纏《まと》って来てくれた！』とまで……。
でもこんな話、誰にもしゃべらないで下さいよ」
校長「で、そのほかにどんなことを？」
ナレンドラ「お前は、わたしのために肉体を纏《まと》って来たんだ。わたしはマーに言っていたんだよ——『マー、わたしはどうすればいいんだい！　誰と話をすればいいんだい？　マー、女と金を捨てた純粋な信者が来ないのなら、どうやってこの世で生きてたらいいんだい！』それから、こうおっしゃった——『お前は夜中に来て、わたしを起こして、それからわたしにこう言った——ぼく、来ましたよ、と』でも、ぼくにはまったく憶えのないことなんです。カルカッタの家でぐっすり眠っていたんですから……」
校長「つまり、君は同時にそこに居たのも確かであり、居なかったのも確か——。ちょうど、神が形を現わすのもほんとで、形が無いのも真実、というのと同じことですよ！」
ナレンドラ「でも、このこと、誰にも話さないで下さいよ」
〔ナレンドラに人々を指導するようにとの命令〕
ナレンドラ「コシポールで、あのかたは力をぼくにお移しになりました」

1887年4月9日(土)

校長「コシポールの庭の樹の下で、聖火を燃やして坐っていた時ですか?」

ナレンドラ「ええ、カーリーに、『ぼくの手をつかんでみてくれ』と言いました。カーリーは、『君にさわったら、ぼくの体に電気ショックのようなものを感じた』と言いましたよ。

このことも、誰にも話さないで下さいね。約束して下さい」

校長「君に力をお移しになったのは、特別な目的があったからですよ。君を通じて、たくさんの仕事ができるでしょう。ある日、紙切れに書いておっしゃいましたよ――『ナレンが皆に教えるだろう』と」

ナレンドラ「でも、ぼくは申し上げました――『ぼくは、そういうことは致しません』と。するとあのかたは、『お前の骨がするんだ』とおっしゃって――。シャラトのことをぼくに任せていらっしゃいました。彼は現在《いま》、夢中になって神を求めています。彼のクンダリニーは目覚めましたよ」

校長「木の葉が貯《た》まらないようにしないと――。タクールがよくおっしゃったのを憶えているでしょう――〝池の中で魚は穴をつくる。そこで休むためだ。だがその穴に木の葉が入って貯《た》まると、魚はその穴に行かなくなる〟と」

〔ナレンドラは絶対者に属する〕

ナレンドラ「ぼくのことを、〝ナーラーヤナ〟だとよくおっしゃいました」

校長「君のことを〝ナーラーヤナ〟だとおっしゃったのは、私もよく知っています」

ナレンドラ「ご病気の時、用を足した後の洗い水を、ぼくがお手に注ぐのをお許しにならなかった……。

コシポールでこうおっしゃった――『カギはわたしのところに置いてある。あれは自分のことがわかったら、肉体を捨てるだろう』と」

校長「君が、例《あ》の境地になったときでしょう?」

ナレンドラ「あの時は自分の体が無くなって、ただ頭だけあるように感じました。そのころ、家で法律の勉強をしていたんです――試験を受けるために。その時突然、いったい自分は何をしているんだろう！　と思いましてね……」

校長「そのときタクールは、コシポールにいらっしゃったわけでしょう?」

ナレンドラ「そうです。気狂いみたいになって家をとび出して！　あのかたは、『お前、どうしてほしいんだ?』とお聞きになった。ぼくは、『三昧《サマーディ》に入ったままでいたいのです』と答えた。するとあのかたは、『ケチなことを言うな！　三昧を超えて行け！　三昧なんて小さい、小さい』」

校長「ははあ……。あのかたはよくおっしゃいましたね――智《ジュニャーナ》の上が大智《ヴィジュニャーナ》（覚智）だと。屋根に上ってから階段を上ったり下ったりする……」

ナレンドラ「カーリーが〝智識、智識〟と言うから、ぼくが叱るんです。先に信仰を熟させろ！　それから智識だろう！

それから――これはターラク兄《バーブ》に南神村《ドッキネーショル》でおっしゃったことですが――『法悦や信仰が究極ではない』と」

校長「ほかに、君のことについてどんなことをおっしゃったか、聞かせて下さいよ！」

1887年4月9日(土)

ナレンドラ「ぼくが、『神の姿とか何とか、あなたがごらんになるものはみな、心の迷いですよ、一種の錯覚なんです』と申し上げた時、あのかたはマーのところへとんで行って、マーにこう質問なさった――『マー、ナレンドラがわたしの見るものはマチガイだと言ったよ。今までマーが見せてくれたものは、本当にウソなのかい?』と。ぼくの言うことを信用していて下さったんですねえ! あとでぼくにおっしゃいましたが――『マーは、〝あれはみんなホントのことだ〟と言ったぞ!』って――。よくこう言われたのを憶えています。胸に手を当てながら、『お前の歌を聞いていると、この中に住んでいなさる御方が蛇みたいにシューッとうなって、カマ首をもたげてジーッと聞き入るんだよ!』

でも校長先生、あのかたはぼくのことをこんなふうにいろいろおっしゃったけれど、いったい、ぼくが何をしとげたというんでしょうね!」

校長「現在《いま》はシヴァの境地で、金銭《かね》に手をふれることができない。タクールのお話、おぼえているでしょう?」

ナレンドラ「何ですか? おっしゃってみて下さい」

校長「役者がシヴァの扮装をしていた。訪問した家で、主人が一ルピー出して与えようとした。ところが役者は手にふれようともしない! 帰ってその扮装を脱いで手足を洗ってから、さっきの家に戻り一ルピーを要求した。家族の人たちが、『さっき出したとき、なぜ受けとらなかったのですか?』と聞くと、役者は、『あの時はシヴァの扮装をしていましたので――出家ですから――金銭にふれることはできません』と答えた」

この話を聞いたナレンドラは長いこと笑っていた。

校長「君は、今は医者の役柄をしているんですよ。皆から頼られて、皆の責任を負わされている。君は僧院《マト》の兄弟たちを一人前にしなければならないのです」

ナレンドラ「ぼくたちのやっている修行や何かは、みんなタクールのお言葉に従ってやっているのですよ。それなのに、奇妙なことにラムさんは、修行についていろいろと批判なさる。ラムさんは、『あの方に会っているんだ。それなのになぜ今さら修行なんか……』と、こうおっしゃって――」

校長「自分の信じている通りにすればいいんじゃないですか？　みんな――」

ナレンドラ「あのかたが、ぼくたちに修行をしろとおっしゃったのです」

ナレンドラは、タクールの愛情についてまた校長に語った。

ナレンドラ「ぼくのことで、どれ程マーに頼んで下さったことか。（父が亡くなって）食べるにも事欠いた時、家がほんとに困ってしまって――あの時、ぼくのためにマーに金をお頼みになりました」

校長「知っています。いつか君から聞きました」

ナレンドラ「お金は手に入らなかった。あのかたはおっしゃいました。『マーがこう言いなすった。かれは質素な食べ物と質素な衣服を手に入れる。米と豆が食べられる』と――。

ほんとに、どれほど愛してくださったことか――。でも、ちょっとでもぼくの心に不純なものが入り込むと、すぐお分かりになるんですよ！　アンナダといっしょに歩き回っていたころは、あんまり良くない人たちとも時々つきあいました。そんな時あのかたのところへ行くと、ぼくの手で差し上げたものは決して召し上がりませんでした。いくらか手をお上げになるのですが、それっきり、お口まで持っていけないのです。ご病気の時でしたが、お口まで持っていって、それがお口の中に入らなかった。『お前、まだデキていない』とおっしゃって。

時々、ものすごく懐疑的になってしまいましてね。バブラムの家にいたとき、すべては〝無〟だ、と感じました。神とか何とかいうものも、まったくナイのだ、と」

校長「タクールがよく言っておられましたが――あのかたも、そういった心境に時々なったものだと」

二人は沈黙した。やがて、校長が口をきった――「君たちは恵まれている！　一日中あのかたのことを想っていられて！」

ナレンドラが言う――「どうして？　神に会えないなら肉体を捨てたい、という境地《ところ》まで行っているんでしょうかねえ？」

夜になっていた。ニランジャンが今しがた、プリーから帰ってきたところだ。僧院《マト》の兄弟たちと校長は大喜びだ。彼はプリー旅行の経過報告をし始めた。ニランジャンの年令は現在二十五、六才――。

夕べの献灯《アーラティ》がすんでから瞑想をする人もいる。ニランジャンが帰ったので、広間に大勢集まって坐り、楽しい会話が始まった。夜の九時過ぎ、シャシーがタクールに食事を供え、そしてお寝かせした。

僧院《マト》の兄弟たちはニランジャンを囲んで夜の食事をとった。食べ物はルティ、野菜少々、それに糖蜜を少し、それからタクールにお供えしたシュジのパヤスをほんの少しずつ――。（訳註、シュジ――荒く挽《ひ》いた穀物の粉。パヤス――穀物に牛乳と砂糖を入れて粥《かゆ》にしたもの）

第二三章　聖ラーマクリシュナ、信者たちのハートの中に

一八八七年五月七日（土）

聖ラーマクリシュナ、信者たちのハートの中に

ラーマクリシュナの最初の僧院《マト》とナレンドラたちの修行と強烈な離欲

今日はボイシャク月の満月の日。一八八七年五月七日、土曜日の午後。ナレンドラが校長と話をしている。カルカッタのグルプラサード、チョウドリー通りにある一軒の家（校長の自宅）の階下の部屋の長椅子の上に二人は坐っている。

その前、モニはその部屋で、『ベニスの商人（シェイクスピア作）』『コーマス（ジョン・ミルトン作）』および、ブラッキーの『セルフ・カルチャー』を読んでいた。学校で教えるので、その下準備をしていたのである。（訳註、モニ――マヘンドラ・グプタが使った仮名の一つ）

タクール、聖ラーマクリシュナが信者たちを限りない大海に投げ入れてご自分の居場所にお帰りになってから、数ヵ月が過ぎた。タクール、聖ラーマクリシュナのお世話をした、未婚の、或いは既婚の信者たちは愛情で結ばれ、もう離れることはできない。突然、馬車の御者がいなくなり恐れてしまっ

たが、分け御霊《みたま》であるお互いの顔を見つめながら過ごしていた。もうお互いの顔を見ないでは生きていくことはできない。他の人と顔を合わせることさえも苦痛なのだ。あの御方の話のほかは、何もかもが嫌なのだ。みんなは思う――もうあの御方に会うことはできないのだろうか？　あの御方はおっしゃったではないか――「熱心に呼べば、心の底から呼べば、神様はお姿を見せてくださる」と。おっしゃったではないか――「心底から呼べば絶対に聞いてくださる」と。人気《ひとけ》のないところではあの喜びの権化《ごんげ》であるお姿が目に浮かんでくる。そして目的もなく一人で泣きながら道をさまよい歩く。だからタクールは、モニにおっしゃったのだろう――「お前たちは泣きながら路頭に迷うだろう。だから肉体を捨てるのが少し苦しいんだよ！」ある者は思う――「あの御方が去ってしまったのに、まだ私は生きている。この偽《いつわ》りの世俗にまだいなくてはいけないなんて！　この肉体を捨てようと思えばできることなのに、そんなこともできない！」

若い信者たちはコシポールの別荘に寝泊まりし、日夜お世話に明け暮れていた。あの御方がお隠れになってから、いやいやながら機械仕掛けの人形のように各自の家に帰っていった。タクールは誰にも外見ではサンニヤーシンとしての印（黄衣《ゲルア》などの服装）を着るように、また名字を使うことを放棄するように指示されたことはなかった。タクールがお隠れになった後も何日かは、彼らは、ダッタ、ゴーシュ、チャクラバルティ、ゴーシャルなどの名字を使って人々に紹介していた。けれどタクールは、内面では彼らを放棄の人にさせていかれたのだった。

二、三人の信者には帰る家がなかった。スレンドラは、「兄弟よ、君たちはどこに行くんだい？　どこか住む処《ところ》を見つけよう。君たちがそこに住んで、我々も安らげる場所が一ヵ所欲しい。そうじゃなかったら、世俗でこんなふうに日夜どうやって過ごせばいいんだい。君たちはそこに住めばいい。私はタクールの御用《セヴァ》のためにコシポールの別荘に少しだけだがご奉仕さし上げていた。当面はそれで家賃はすむだろう」と彼らに言った。スレンドラは、最初の一、二ヵ月はひと月当たり三十タカ負担してくれていた。だんだんと他の兄弟たちが集まって来て、五十タカ、六十タカになっていった。最終的には百タカまで負担してくれた。バラナゴルに家が借りられて、家賃と税金で十一タカ、バラモンの料理人の給料が六タカ、残りは米や豆などの出費に充てられた。年長のゴパール、ラトゥ、タークには帰る家がない。若いゴパールは初め、コシポールの別荘からタクールの使われた物をこの家に持ってきた。コシポールの別荘で雇われていたバラモンの料理人シャシーも一緒にやって来た。夜はシャラトが来て泊まっていった。ターラクはブリンダーヴァンに行っていた。何日か後には彼も来て仲間に加わった。

ナレンドラ、シャラト、シャシー、バブラム、ニランジャン、カーリーたちは最初のころ、時々は家に帰っていた。ラカール、ラトゥ、ヨーギン、そしてカーリーはちょうどこの頃ブリンダーヴァンへ行っていた。カーリーは一ヵ月内に、ラカールは数ヵ月後かに、ヨーギンは一年後に帰って来た。

何日か後には、ナレンドラ、ラカール、ニランジャン、シャラト、シャシー、バブラム、ヨーギン、カーリー、ラトゥが住みついた。そしてもう家には戻らなかった。次第にプラサンナとスボドゥも住むようになった。ガンガーダルとハリもあとで仲間に加わった。

祝福されたスレンドラよ！　この最初の僧院《マト》は、あなたの手によって創られたのです！

あなたの清い願いでこの修行の場《アーシュラム》ができたのです！　タクール、聖ラーマクリシュナは、彼の尊いマントラ――〝女と金の放棄〟――である生きた権化を創造されるためにあなたを道具としてお使いになったのです。独身で放棄の人、純粋な魂であるナレンドラたち信者によって、またもう一度、永遠《サナータナ》なるヒンドゥーの宗教《ダルマ》を人間の前に顕わしてくださったのです。

兄弟よ、あなたへの借りを誰が忘れるでしょうか？　僧院《マト》の兄弟たちが母を失った子供のように住んでいた時、あなたを待っていたのです――あなたはいつ来るのかと。今日は家賃を払ってお金が全部無くなってしまった。今日は食べるものさえない。あなたはいつ来るのだろう。来たら兄弟たちの食事の用意をしてくれるだろう！　あなたの飾り気のない愛情を思い出して、涙を流さないものはいないだろう！

〔ナレンドラたちの神への熱望――断食修行〕
ナレンドラはカルカッタのあの下の部屋でモニと話している。現在、ナレンドラは信者たちの指導者《リーダー》であった。僧院《マト》の兄弟たちの胸には強烈な離欲の炎が燃えさかっている。見神にあこがれて、身も世もあらぬ状態である。
ナレンドラ「（モニに向かって）何もかも嫌なのです。こうしてここであなたとお話していますが、今すぐにでも立ち上がって出て行きたい気持ちです」

ナレンドラはしばらく沈黙していた。やがてまた言う――「見神《(真)》するまで断食しようかなあ……」
モニ「いいですね！　神のためなら何でもしていいのです」
ナレンドラ「でも、もし、ひもじさに我慢できなくなったらどうしよう……」
モニ「そうしたら何か食べて、また始めたらいい」
ナレンドラはしばらく沈黙していた。そして――
ナレンドラ「神、ないと思うんです！　これ程祈っているのに応《こた》えが得られない……ただの一度だって。

1887年5月7日(土)

マントラが金で書かれたように輝いていたのを、どれほど見たことか！

カーリー女神の姿をどれ程見たことか！　それに、ほかにもいろいろな形のものを見たことか！

それなのに、心の平安が得られないいんです。

六パイサ下さいませんか?」

ナレンドラはショババザールからバラナゴルの僧院《マト》まで乗合馬車に乗って行くので、その馬車代のための六パイサである。

そうしているうちにシャト（シャトカリ）が馬車で到着して、部屋に入ってきた。シャトはナレンドラと同い年である。僧院《マト》の兄弟たちを心底から愛していて、始終僧院《マト》に通っている。彼の家は僧院《マト》の近くにあるのだ。カルカッタの会社に勤めている。家には馬車がある。その自家用馬車に乗って、会社からここまで来たのである。

ナレンドラはモニに六パイサを返した。シャトの馬車で行くから……、と言うのである。何か少し食べるものをと言うので、モニは二人にちょっとした飲み物と食べ物を供した。

モニもその馬車に乗って、彼らといっしょに僧院《マト》に行くつもりである。——一行は夕方僧院《マト》に着いた。僧院《マト》の兄弟たちがどのようにして日を過ごしているか、また修行をしているか、モニは見るつもりだ。タクール、聖ラーマクリシュナが弟子たちの胸にどのように映っているかを見るために、彼はこうして時々僧院《マト》を訪れるのだ。僧院《マト》にニランジャンはいなかった。彼はこの世でたった一人残った肉親である母に会うため、家に帰っている。バブラム、シャラト、カーリーの三人はプリーに行っている。そこであと数日滞在して、山車祭《ラタ・ヤートラ》を拝観してくる予定らしい。

〔タクール、聖ラーマクリシュナの叡智で結ばれた家族とナレンドラの指導〕

ナレンドラが僧院《マト》の兄弟たちを指導している。プラサンナ（後のトリグナティターナンダ）はここ数日、厳しい修行をつづけていた。ナレンドラが彼にも例の断食の話——神を覚えるまで断食するという話が、彼の求道心をあおり立てたのだ。ナレンドラがカルカッタに行っている間に、どこかへ出かけたきり行方知れずになっている。帰ってきてその一部始終を聞いたナレンドラは「ラージャ（ラカール）は、どうして彼を引き止めなかったんだ?」と言った。しかし、ラカールはいなかった。彼は南神村《ドッキネーショル》のお寺の庭を散歩しに行ったのである。ラカールのことを皆はラージャと呼んでいた。〝ラカール・ラージャ（牛飼いの王）〟は、聖《シュリー》クリシュナのもう一つの名前である。

1887年5月7日（土）

ナレンドラ「ラージャが来たら、一度叱ってやらなけりゃ！　なぜプラサンナを出て行かせたんだ？（ハリシュに向かって）君は足をひろげて突っ立って説教していたんだろう。彼を引き止めることはできなかったのかい？」

ハリシュ「（低い静かな声で）ターラク兄《ター》がそう言ったのですが、彼は出て行きました」

ナレンドラ「（校長に向かって）ぼくの苦労がよくおわかりでしょう。此処もマーヤーの世界の一つなのです。それにしても、あのガキはいったい何処へ行ってしまったのかな」

ラカールが南神村《ドッキネーショル》のカーリー寺から戻ってきた。バヴァナートも彼といっしょに行ったのだった。

ラカールにナレンドラはプラサンナのことを話した。プラサンナはナレンドラに宛てて一通の手紙を書いていた。その手紙が読まれた。こういうことが書いてある――「わたしはブリンダーヴァンへ歩いて行きます。此処に住んでいることは、私にとって危険だと思うからです。此処で、私の心境は変わりつつあります。以前は、父や母や家族の者たちの夢をよく見たものです。その後でマーヤーの権化（女）の夢も見ました。そして二度、かなり苦しみました。自宅に戻らねばなりませんでした。それでこの際、遠くへ行きます。大覚者様《パラマハンサ・デーヴァ》は私にこうおっしゃったのです――『お前の家の連中はどんなことでもやりかねないよ、信用してはだめだ』と」

ラカールは言う「彼が出て行ったのは、こういったいろいろな理由があってのことだよ。それからこうも言っていた――『ナレンドラは時々、家に帰りますね――お母さんや弟や妹たちの面倒をみるために。あれを見ていると、私も家に帰りたくなりそうな気がして心配です』と」

これを聞いたナレンドラは、しばし沈黙していた。

ラカールは巡礼に行く話をした。「此処《ここ》にいても何にもなっていない。あのかた（タクール）は、〝神を見よ〟とおっしゃったが、それができたかい？」ラカールは横になっている。他の信者たちは、或るものは横になり、また或る者は坐っている。

ラカール「行こう。ナルマダーに行こう」（訳註、ナルマダー――インド中央部アマルカンタク高原を源に西に向かってアラビア海に注ぐインド第二の大河で、ガンジス河と並ぶ聖なる河）

ナレンドラ「さまよい歩いて、どうにかなるのかい？　智慧を体得することができるのかねえ？　智識、智識、と言ってばかりいるくせに！」

一信者「では、なぜ世間を捨てたんだい？」

ナレンドラ「ラーマ（神）に会えないからといって、シャーマ（女）といっしょに暮らすのか――男の子や女の子の父親になって。何て話だ！」

こう言ってナレンドラは立ち上がり、外に出た。その間もラカールは寝ころんでいる。

ナレンドラがすぐ戻ってきて、また坐りこんだ。

一人の信者が寝ころんでいながら、さも苦しそうなふりをして――神を見ることができないので悩み苦しむふりをしてこう言った。――「おお、私に一振りの短剣をとってくれ給え！　もうこの命に用はない！　もうこれ以上の苦悩には耐えられぬ！」

ナレンドラ「（おごそかに深刻な面持ちで）ここにあるぞ。手をのばして取れ！」（一同爆笑）

1887年5月7日(土)

プラサンナのことがまた話題になった。

ナレンドラ「此処にいてもマーヤー！　だが、何故サンニヤーシン（出家）になった？」

ラカール「〝解脱とその修行〟という本にあるんですよ。出家たちは集まって住んでいてはいけないって――。〝出家の町〟なんて言葉も出てくる」

シャシー「私は出家ということにこだわらない。私にとっては、行けない所なんてありません」

こんどはバヴァナートの話になった。バヴァナートの妻は重病にかかっていた。

ナレンドラ「（ラカールに）バヴァナートの嫁さんはどうやら助かるらしい。それで彼はホッとして、南神村《ドッキネーショル》の寺に一息つきに行ったんだよ」

カンクルガチの荘園の話になった！　ラムがそこにお寺を建てるのである。

ナレンドラ「（ラカールに）ラム氏は、校長先生を理事の一人にしたんだよ」

校長「（ラカールに）でも、私は何も知らないのですよ」

夕方になった！　タクール、聖ラーマクリシュナの部屋にシャシーが香を焚いた。かの部屋の神々の絵の前にも香を焚いて、甘い声で称名しながら礼拝《プロナーム》した。

こんどは献灯《アーラティ》がはじまった。僧院《マト》の兄弟たちや他の信者たちは手を合わせて立ち、献灯を見まもっている。銅鑼《ドラ》と鐘が鳴り、一同は声をあわせて献灯の歌をうたう――

ジャヤ、シヴァ、オームカーラ　　ジャヤ――勝利

バジャ、シヴァ、オームカーラ
ブラフマー、ヴィシュヌ、サダー・シヴァ
ハラ　ハラ　ハラ　マハーデーヴァ

バジャ――崇拝
サダー――常に
ハラ――「万物を破壊するもの」の意でシヴァ神の別名

ナレンドラがこの歌を献灯歌としてとりいれたのである。ベナレス（カーシーダム）のシヴァナート寺院でこの歌がうたわれているのだ。

モニは僧院《マト》の兄弟と会って、心の底から満足し喜んでいた。

僧院《マト》で食事その他が終わったのは夜の十一時だった。皆は床についた。兄弟たちはモニのために寝床を用意してくれた。

深夜十二時過ぎ――モニは眠っていない。彼は思う――すべてはもとのままだ。あのアヨーディヤにラーマがいないだけ――。モニは黙然として起き上がる。今日はボイシャク月の満月。モニはひとりでガンガーの堤を歩いている。歩きながら、タクール、聖ラーマクリシュナのことを思い出していた。

一八八七年五月八日（日）

〔ナレンドラや僧院《マト》の兄弟たちの離欲――ヨーガヴァシシュタの勉強――讃神歌《キールタン》の喜びと踊り〕

校長は土曜日に来た。水曜まで、即ち五日間僧院《マト》に滞在するつもりである。今日は日曜日。在家の信者たちはたいてい、日曜日に僧院《マト》にお参りにくる。現在は主に、〝ヨーガヴァシシュタ（不二一元ヴェーダーンタ哲学の書物）〟の勉強をしている。校長はタクール、聖ラーマクリシュナのところでヨーガヴァシシュタの話は少しばかり聞いていた。肉体意識《デーハブッディ》があるうちにヨーガヴァシシュタで説くところのソーハムの思想（それは我なり＝梵我一如の真理）を奉持することを、タクールは禁じておられた。そして、主人と召使いの気持ちでいるのがよいのだ、とおっしゃった。校長はヨーガヴァシシュタについて、僧院《マト》の兄弟たちの考えを聞いてみるつもりである。

校長「えーと、ヨーガヴァシシュタにはブラフマン智のことを、どんなふうに説明してありますか？」

ラカール「飢え、渇き、喜び、悲しみ、こういうものすべてマーヤーである！　心を絶滅することが悟りへの手段である、と――」

校長「心を滅した後に在るもの、それがブラフマンです。違いますか？」

ラカール「そうです」

校長「タクールはそうおっしゃった。ナングタがタクールにそう言われたのです。それはそうと、この本にはヴァシシュタがラーマに在家の生活をせよ、と説得した話《こと》が書いてありますか？」
ラカール「いえ、まだそこまでは――。ラーマがアヴァターラだということさえ認めていません」
こんな対話をしていると、そこへナレンドラとターラクともう一人の信者がガンガーの岸から戻ってきた。彼らはコンナガルに行くつもりだったのだが、渡し舟が見つからなかったのだ。彼らは部屋に入ってきて坐った。ヨーガヴァシシュタの話はつづく。
ナレンドラ「（校長に）良い話が沢山のっています。リーラーの話はご存知ですか？」
校長「ええ、ヨーガヴァシシュタにありますね。あちこち読んではいます。リーラーはブラフマン智に達していたのですね？」
ナレンドラ「はい。それから、インドラとアハリヤーの話は？　それから、ヴィドゥラータ王が賤民《チャンダーラ》になった話は？」
校長「ああ、思い出しました」
ナレンドラ「森の描写がすばらしいですね（原典註）」
〔僧院《マト》の兄弟たちの日々の沐浴と師への礼拝〕
ナレンドラたちがガンガーの沐浴に行く。校長も同行するつもりである。強い日射しを見て、校長は傘を持って行く。バラナゴルに住んでいるシャラト・チャンドラ氏もいっしょに来た。この人は厳格な在家バラモンの青年である。始終僧院《マト》に出入りしている。数日前に世俗の生活を放棄して、聖地を巡礼している。

校長「(シャラトに向かって) ひどい日射しですねえ!」

ナレンドラ「だから傘を持ってきたんでしょう」(校長笑う)

信者たちは首にタオルをかけて、僧院《マト》から道路づたいにパラマーニク・ガートのもう一つ北のガートへ行って沐浴をした。僧院《マト》の人たちは黄衣《ゲルア》を着ていた。今日はボイシャク月二十六日。酷烈な日射しだ。

1887年5月8日(日)

校長「(ナレンドラに) 日射病になりそうな暑さだね!」

ナレンドラ「あなた方は肉体《からだ》が離欲の妨害になるんですね、そうじゃありませんか? あなたもデベンドラさんの場合も――」

校長は笑った。そして、〝肉体だけだろうか? じゃまになるのは〟と思った。

沐浴をすませると信者たちは僧院《マト》に帰り、足を洗ってから、タクール、聖ラーマクリシュナの部屋に入った。タクールにごあいさつしてから、一人、一人、タクールの足もとに花を捧げた。

礼拝室へ入るとき、ナレンドラが少し遅れてきた。グル・マハーラージ(タクールのこと)を拝してから花をとろうとすると、花盆の上にはもう花がなくなっていた。彼は、〝あ、花がない〟と声をあげた。花盆の上には、一、二枚のビルヴァの葉がのっているだけ――。それで、その葉に白檀香をふりかけてタクールに捧げた。それから、もう一度鐘をならして礼拝してから広間に行って坐った。

〔ダーナー部屋、タクールの部屋、苦行者《タパッシー》カーリーの部屋〕

僧院《マト》の兄弟たちは、自分たちのことをダーナーまたはダイニャ（訳註1）と呼んでいた。皆が集まる広間を〝ダーナー部屋〟と呼んでいた。そして瞑想したり勉強したりするのには南の端の部屋を使っていたが、カーリーが殆ど一日中戸を閉めて使っているので、僧院《マト》の兄弟たちはこの部屋のことを〝苦行者カーリーの部屋〟と呼んでいる。この苦行者カーリーの部屋の北にあるのがタクールの部屋である。その

（原典註）ある国にパドマという王とリーラーという妃が住んでいた。夫の不死を得ようと妃のリーラーはサラスワティー女神に祈った。すると、夫は肉体は死んでも、彼の魂は彼の部屋に留まるだろうとのお恵みをいただいた。王の死後、リーラーはサラスワティー女神に思いを集中した。すると女神は表れてリーラーに、世界は虚仮でブラフマンだけがただ一つの真実であることを教えてくれた。サラスワティー女神は、お前の夫パドマは、前生ではヴァシシュタという名のバラモンであった。彼はつい八日前に死んだのだった。そして今、彼の魂はこの部屋に留《とど》まっている。また他の地では、彼はヴィドゥラータ王として長い間国を治めていた。これはすべてマーヤーの力によるものである。時間や空間というものは、実は存在しないのだ。このあと彼は微細身でもってサラスワティーと連れだって、前述のバラモン・ヴァシシュタやヴィドゥラータ王の王国を訪れた。サラスワティーの助けによって彼の前生の記憶――ヴィドゥラータの記憶がよみがえってきた。彼は戦争で死んで、その魂がパドマ王の身体に入ったのだった。ヴィドゥラータ王は賤民《チャンダーラ》にはならなかった。しかし、ラヴァン王は賤民になった。手品師の手品によって、賤民《チャンダーラ》としての生涯の全てを一瞬のうちに経験したのだ。王の妃の中のアハリヤーという名の妃はインドラという名の若い男と恋に落ちた。

（訳註1）ダーナーまたはダイニャ――シヴァ神に仕える鬼の姿をした眷属。

また北に供物を用意する部屋。この部屋に立って信者たちは献灯《アーラティ》を見まもり、タクールを礼拝するのである。この供養室の北が〝ダーナー部屋〟だ。とても長い部屋で、外から信者たちが来るとここに迎え入れるのである。このダーナー部屋の北に小さな部屋が一つある。食堂と呼んでいる。ここで信者たちが食事をするのである。

ダーナー部屋の東角に空き地があって、お祭りや催し物のあるときは、この空き地で食べたり飲んだりするのである。空き地の真北が台所。

タクールの部屋と苦行者カーリーの部屋の東側にベランダがある。ベランダの南西にバラナゴルの或る団体の図書室がある。この全室は二階にある。苦行者カーリーの部屋と図書室との間に、一階から二階に上がる階段がある。食堂の北に二階の屋上《やね》に上がる階段がある。ナレンドラはじめ僧院《マト》の兄弟たちは、夕方になると時々この階段から屋上に出た。そこに坐って彼らは、神に関する様々なことを議論するのだった。時にはタクール、聖ラーマクリシュナのことを話したり、また時にはシャンカラチャリヤや、またラーマーヌジャ、またイエス・キリストの話をする。ヒンドゥーの哲学やヨーロッパの哲学のこと、またヴェーダ、プラーナ、タントラの話もする。

ダーナー部屋でナレンドラは、そのすばらしい声で神々の名と栄光をたたえる歌をうたってきかせ、また、シャラトその他の兄弟たちに歌を教えた。カーリーは楽器を教わっていた。この部屋でナレンドラは、どれほど兄弟たちと楽しく称名讃歌《ハリナーム・キールタン》をして、また踊ったことか……。

〔ナレンドラと法《ダルマ》の伝道――瞑想《ディヤーナ》のヨーガと行動《カルマ》のヨーガ〕

ナレンドラはダーナー部屋に坐っている。信者たちも坐っている――チュニラル、校長、そして僧院《マト》の兄弟たち。法の宣布（伝道）のことに話がいった。

校長「（ナレンドラに）ヴィディヤサーガルは言っていましたよ――『私は鞭《ムチ》打たれるのが恐ろしいから、誰にも神の話はしない』と」

ナレンドラ「鞭《ムチ》打たれるのが怖い？」

校長「ヴィディヤサーガル先生がおっしゃったことですが――我々は死んだ後、みな神のところへ行くとする。ケーシャブ・センをも死の使いたちは神のところへ連れて行った。ケーシャブ・センはこの世にいる間、何がしかの罪を犯した。それが証明された時、神は多分、『この者を二十五回鞭《ムチ》で打て！』とおっしゃるだろう。そのあとで私が連れて行かれる。私はよくケーシャブ・センの協会へ行った。私もさまざまの罪を犯した。そのために鞭打ちの命令が出される。その時私は、『ケーシャブ・センが私にこのように教えたので、私はこのような行為をしたのです』と言うかも知れない。すると神は、『ケーシャブ・センをもう一度連れて来い』とおっしゃる。そして彼にこうおっしゃる――『お前はこの者に法を説いたのか？　お前自身が神のことについて何一つ知らぬくせに、あつかましくも人に説法をしたのか？　それ、この者をもう一度二十五回打て！』（一同笑う）

だから、ヴィディヤサーガルはおっしゃるのです。私は自分の始末もできないでいるのに、その上、他人のために鞭打たれるなどと！（一同笑う）私は自分自身が神のことについて何も理解していないのだ。それなのに他人に講義《レクチャー》するなどできることか?」
ナレンドラ「一つのことが理解できなかった人が、五つのことを理解したのはどうしてでしょうね?」

1887年5月8日(日)

校長「五つのこととは、どういう意味ですか?」
ナレンドラ「一つのこと(神のこと)を知らない彼が、なぜ慈悲深く他者に奉仕することを知っていたのか、と言うのです。学校を建て、教育の仕事をしたのは何故ですか? 少年たちにとっては、学校で知識を身につけてから世間に出て結婚し、男の子や女の子の父親になるのが正しいことだということがわかっていたのは何故でしょう。(訳註——その当時まで、インドでは幼児婚、少年婚の風習があり、何の教育の知識もない少年たちが結婚生活に入っていた)

一つのことが正しくわかったら、すべてのことがわかるのです」

校長は内心で独り言——そういえばたしかに、タクールがよくおっしゃっていたっけ。神を知った人は全てのことを理解《さと》る、と。ヴィディヤサーガルが世俗の生活を送り、学校の仕事をしていることについて、こうもおっしゃった——〝あれはみな、ラジャス性から出てくることだ。彼の慈善行為はラジャス性のサットヴァだ。このラジャス性は悪くない〟と。

食事がすむと、僧院《マト》の兄弟たちは休息していた。モニとチュニラルは、供物室の東かたの室内階段の踊り場で、坐って話をしている。チュニラルは南神村《ドッキネーショル》に行って初めてタクールにお会いした時のことを話していた。彼は一度、世間がつくづく厭《イヤ》になって家を出、聖地をさまよい歩いたことがある。

その時分のことも話してくれた。しばらくするとナレンドラが来て、そばに坐りこんだ。ヨーガヴァシシュタの話のつづきになった。

ナレンドラ「(モニに)――ヴィドゥラータは賤民《チャンダーラ》になったんでしたかね?」

モニ「えっ?　ラヴァンのことですか?」

ナレンドラ「ああ!　そこまで読んでいらっしゃるんですね?」

モニ「ええ、ほんの少しですが……」

ナレンドラ「ここの本を読んでいらっしゃるのですか?」

モニ「いいえ、自宅《いえ》でちょっと読んだのです」

ナレンドラは年少のゴパール(フトコ・ゴパール)にタバコを持ってくるようにと言った。年少のゴパールは瞑想をしていたのである。

ナレンドラ「(年少のゴパールに向かって)ほら、タバコの用意!　瞑想なんか何だ!　先ず第一に神や聖者のお世話をして(心の)準備をしろ。それから瞑想だ。先ずカルマ(仕事)、それから瞑想」

(皆笑う)

僧院《マト》の建物の西の方に広い土地がある。そこには沢山の樹木が茂っている。校長が木の根元に一人で坐っているとプラサンナがやってきた。時間は午後三時ころ。

校長「この何日も、いったい何処へ行っていたの?　君のために皆がどんなに心配していたか――。それで、皆に会ったのかい?　いつ戻ってきたの?」

プラサンナ「今、帰ったのです。皆に会いました」
校長「君は、ブリンダーヴァンに行くという手紙を置いていったね！　私たちはとても心配していたんだよ！　いったい、どこまで行ったの？」
プラサンナ「コンナガルまで行きました」（二人笑う）
校長「坐りなさい。まあ、話をしてごらん。先ず最初に何処へ行ったんだね？」
プラサンナ「南神村《ドッキネーショル》のお寺に——。そこで一晩泊まりました」
校長「はっはっはっは。ハズラー先生はどんな様子でした？」
プラサンナ「ハズラーは、『私のことを、どう思うかい？』と言いました」（二人で笑う）
校長「アハハ………。で、君は、何と言ったの？」
プラサンナ「私は黙っていました」
校長「それから？」
プラサンナ「又、言いました——『私にタバコを持ってきてくれたのかね？』（二人で笑う）私に世話をさせようとしたんですよ！」（大笑い）
校長「それから何処へ行ったのですか？」
プラサンナ「だんだんコンナガルの方に歩いて行きました。或る場所で夜になってしまいました。もっと先へ行きたいと思い、西の方に行く汽車の切符のことで、品の良さそうな紳士たちに聞いてみました——『ここまで行くお金がいただけるでしょうか？』と」

校長「その人たちは何と言いました？」

プラサンナ「『一ルピーかそこらなら出してやるが、そんな所まで行く汽車賃全部なんか、誰だって出す人はいないよ』と」（二人で笑う）

校長「それで、何を持っていったの？」

プラサンナ「腰衣《カポル》を一、二枚、それから大覚者様《パラマハンサ・デーヴァ》の写真と……。写真は誰にも見せませんでした」

〔父と息子との対話――どちらが先か？――父と母、神〕

シャシーの父親（訳註2）が来た。息子を僧院《マト》から家へ連れて帰ろうと思っているのだ。タクール、聖ラーマクリシュナのご病気中、約九ヶ月にわたってシャシーは誠心誠意看病をしていた。彼は大学で学士を取るまでに勉強していた。大学入学資格試験で奨学金《スカラーシップ》を受けてもいた。父親は貧しいバラモンであり熱心な修行者《サーダカ》である。シャシーは長男なのだ。両親の大いなる希望は、彼が無事学業を終えて金を稼ぎ、家の経済的困難を救ってくれることなのである。それなのにこの大切な息子は、神を悟るために世間のことを捨てたのである。彼はよく泣きながら友だちに話したものだった――「どうしたらいいか、ぼくには何もわからない。あーあ！　父や母に何一つ親孝行らしいこともしてあげられないんだ

（訳註2）シャシーの父親は非常に厳格な修行者でプージャをするにも規則正しく手順をきっちりと守る人であった。後になってシャシーのことを理解するようになり、さらにはベルール僧院《マト》でプージャの手伝いをするまでになった。

よ！　二人は、どんなにぼくのことを期待していたことか！　貧しいものだから母は、装身具《アクセサリー》一つ持っていないんだ。母に宝石飾りを一つ買ってあげたいと、ぼくはどんなに思っていたことか！　何もできなかったよ！　でも、家にはとても戻れないよ！　だってグル・マハーラージ（タクールのこと）が、〝女と金を捨てろ〟とおっしゃるからね。もう二度と戻れない！」

タクール、聖ラーマクリシュナが昇天された後、シャシーの父親は考えた――こんどは家に帰ってくるだろうと。しかし、息子は数日を家で過ごした後、僧院《マト》ができるとすぐ足繁く通いはじめ、何日か経つとそこに住み込んでしまって、家に帰らなくなった。そのため、父親は度々僧院《マト》へ来ては家に連れて帰ろうとした。しかしシャシーは決して帰ろうとしない。今日も父親が来たことを知って、彼は別の戸口から逃げ出して、会おうとしないのである。

1887年5月8日（日）

父親は校長を知っている。校長といっしょに二階のベランダをぶらぶら歩きながら話し合っていた。

父親「ここの主《あるじ》は誰ですか？　あのナレンドラが原因で、何もかもダメになってしまうんです！　みんな一度はちゃんと家に帰っていたのに……。また勉強に戻っていたのにねえ」

校長「ここには主《あるじ》などいません。皆、対等なのです。ナレンドラが何をするとおっしゃるのですか？　自分が来たくなかったら来るもんですか。私たちは家を捨ててまで来ることが出来たでしょうか？」

父親「あなたはとても、よくやっていらっしゃる。両方をうまく調和させて――。あなた方のやり方で宗教《ダルマ》が実践できないもんですかねえ？　それこそ私どもの希望なのですよ。ここにもいて、また、あちらにも行く。考えてみて下さい。あれの母親がどんなに泣いているか――」

校長は胸が重くなって黙っていた。

父親「それに、サードゥを探すのにずい分歩き回ったりして！　私はとても良いサードゥを知っているから、そこへ連れて行くこともできるのです。インドラナーラーヤナのところにサードゥが一人来ていて――非常にすぐれた人です。あのサードゥに会ってみるといいんだが……」

〔ラカールの離欲《ヴァイラーギャ》――サンニヤーシンと女〕

ラカールと校長が苦行者カーリーの部屋の東かたにあるベランダでぶらぶら歩いている。タクールや信者たちのことをいろいろ話していた。

ラカール「（熱心に）校長先生《マスタル・マハーシャイ》、皆で修行をしましょう！

もう二度と家には戻りません。誰かが、『神を悟れないのに大さわぎしたって、どうにもならない』などと言おうものなら、ナレンドラは実にいい返事をするんですよ――『ラーマ（神）が得られないからって、シャーマ（女）といっしょに暮らさなければいけないのか！　そして子供の父親にならなけりゃいけないのか！』って。ああ！　ナレンドラは一つ一つ実に適切なことを言いますねえ！　あなたも何なりと、彼にお尋ねになるといい」

校長「本当です。ラカールさん《バーブ》。君も見たところ、求道心に燃えているようですね」

ラカール「校長先生、どう言えばいいんですか……。昼頃にナルマダーに行きたくてたまらなくなったんですよ！　ね、校長先生《マスタル・マハーシャイ》、修行して下さい。修行しなけりゃ何ごとも成就しませんよ。ごらん

1887年5月8日(日)

なさい、シュカデーヴァでさえ世間を恐れました。だから、生まれるとすぐ逃げ出したでしょう！お父さんのヴィヤーサ・デーヴァは、『ちょっと待て』と言ったのに待たなかった！」（訳註、ナルマダー——インド中央部アマルカンタク高原を源に西に向かってアラビア海に注ぐインド第二の大河で、ガンジス河と並ぶ聖なる河）

校長「ヨーガ奥義書《ウパニシャッド》にある話ですね。マーヤーの支配下《くに》からシュカデーヴァは逃げ出しました。そう、ヴィヤーサとシュカデーヴァのとてもいい対話もありますよ。ヴィヤーサは、〝世間にいて法《ダルマ》を行え〟とすすめたらシュカデーヴァは、〝最も大切なものはハリの蓮華の御足です！〟と答えた。それから、世間の人たちが結婚して女といっしょに住んでいることに対して、嫌悪の情を表わしています」

ラカール「多くの人たちは、女の人を見さえしなければそれでいいんだと思っています。女の姿を見かけたら目を地面に向ける、そんなことをしただけで、いったい何になるんですか？　夕べナレンドラが、実にうまいことを言いました。『自分に色欲がある間だけ、女性というものが存在する。それが無くなったら、女と男の相違感《ちがい》は消滅する』と」

校長「全くその通りだ。子供たちは男女の違いを感じていない」

ラカール「だから言うんですよ。我々は修行をするべきだと——。マーヤーを乗り超えない限り、どうしても神の智識は身につかない。——広間に行きましょうよ、バラナゴルからお客が来ていますから。ナレンドラがあの紳士たちに何を話しているか、聞きに行きましょう」

〔ナレンドラと全託《シャラナーガタ》〕

ナレンドラが話をしている。校長はだが、広間の中には入らなかった。東側の廊下を行きつ戻りつしていると、ところどころ聞きとることができた。

ナレンドラが言う――「夕拝などの行事には定まった時間はありません」

一紳士「それで先生、修行さえすればあの御方を悟ることができますか?」

ナレンドラ「それはあの御方の恩寵によるのです。ギーターの中でクリシュナは言っておられます――

神は全ての生き物の胸に宿り
マーヤーによって全ての生き物を機械の上に乗せられたように回転せしめる
故にバーラタ(アルジュナ)よ、心をつくして彼に庇護を求めよ
彼《か》の恩寵により汝は無上の平安と永遠の住み家を得るべし

――ギーター 18 - 61〜62――

あの御方の恩寵がなかったら、修行も供養も何の足しにもなりません。だから、あの御方に全てを託すことがだいじなのです」

一紳士「私どもが時々此処へ来ても差支えありませんか」

ナレンドラ「どうぞ、いつでもお越し下さい。あなたがたのガートで、私どもはガンガー沐浴をし

ているのです」

紳士「それは一向にかまいません。だが、あなた方以外の人たちはあそこには来ないようにして下さい」

ナレンドラ「そういうことでしたら、私どもは行きますまい」

紳士「いえ、そういう意味ではありませんが——しかし、あなた方が来ているのを見て他の人も来るようでしたら、あなた方もいらっしゃらないでいただけますか」

1887年5月8日(日)

〔献灯《アーラティ》とナレンドラのグル・ギーター朗読〕

日が暮れて夕拝が行われた。信者たちはいつものように、〝ジャヤ・シヴァ・オームカーラ〟を声をそろえて唱えながら神に祈った。献灯《アーラティ》を終えると一同はダーナー部屋に行って坐った。校長も坐っている。プラサンナがグル・ギーターを読んで聞かせはじめた。ナレンドラが入って来て、自己流の節回しをつけながら朗詠する——

至福のブラフマン、無上の喜楽《よろこび》、純粋清浄なる智慧の権化
対立を超えて空に同《ひと》しき　根本原理なる師に
常に全てのものを照覧し給う清浄永遠なる一者
想念を超え三性《トリグナ》を超えて住し給う師に南無し奉る

また、ナレンドラは歌う——

師《グル》より良いものはない、師《グル》より高いものはない
これはシヴァの勅言《おことば》、シヴァの決めたこと
無上にめでたきブラフマンである師《グル》を称えよう
無上にめでたきブラフマンである師《グル》を拝もう
無上にめでたきブラフマンである師《グル》を瞑想しよう
無上にめでたきブラフマンである師《グル》を南無しよう

ナレンドラは節をつけてグル・ギーターを朗詠すると、信者たちの心は風のない場所にあるローソクの炎のように落ち着いた。まことに、タクールもよくおっしゃったものだ——〝甘美な笛《リュート》の音色を聞くと、ヘビが鎌首をもたげてジーッとしているようになる〟と。ナレンドラが歌えば、胸の中にいますあの御方も、そんなふうになって聞いていらっしゃるのだ。ああ！　僧院《マト》の兄弟たちはどんなふうにグルを——聖ラーマクリシュナを信愛していることか！

〔タクール、聖ラーマクリシュナの愛情とラカール〕

苦行者カーリーの部屋にラカールは坐っている。傍にプラサンナ、校長もその部屋にいる。

1887年5月8日(日)

ラカールは子供と妻を捨ててここへ来ているのだ。胸に強烈な離欲の念が燃えさかっている彼は、独りでナルマダーの岸か、ほかの聖地へ行きたいと思っている。でも彼は、プラサンナを説得している。

ラカール「(プラサンナへ) ここを逃げ出して、いったい何処へ行くんだ? 修道者《サードゥ》との交流を捨ててどこに行くというのか? ナレンドラのような人物といっしょにいられるんだよ。ここを出て、どこへ行く気なんだい?」

プラサンナ「カルカッタには父と母がいます。両親の愛情に引きずられるのではないかと、私は恐れているんです。それで、逃げたかったのです」

ラカール「師上人《グル・マハーラージ》(ラーマクリシュナ) が可愛がって下さった程に、両親は私たちを可愛がってくれるかい? これ程の愛情に対して、我々がいったい何をしたというのか。なぜあのかたは、我々の身と心と魂の真実の幸せのために、あんなに夢中になっていらっしゃったのか。我々はそれに対して、何かしたというのか!」

校長は心中に思う——ああ、ラカールの言うことは本当だ! だから、あのかたのことを〝無辺の慈悲海〟とお呼びするのだ……。

プラサンナ「じゃ、君はどこかへ行きたいという気は起こらないの?」

ラカール「ナルマダーの岸へ行って、何日かいたいという気がすることもあるよ。そのような場所のどこかの庭園に行って何か修行をしたいものだと、時々思うんだ。三日のパンチャタパ(訳註3)をしたいと考えたりもする。でも、俗人の持つ別荘や庭園などに行く気は、もう二度と起こらないよ」

〔神は存在するか？〕

ダーナー部屋でターラクとプラサンナが話をしている。ターラクは既に母親を亡くしていた。父親はラカールの父親と同じく、再婚をしている。ターラクも結婚したのだが、妻は死んだ。今ではこの僧院《マト》こそがターラクの住み家である。ターラクもプラサンナを説得している。

プラサンナ「私は智識《ジュニャーナ》もない、神に対する愛《プレーマ》も持っていない。いったい何を頼りに生きていけばいいんだろうね？」

ターラク「智識を得るためには、たしかに相当の力がいるけれど――なぜプレーマを持っていないなんて言うんだい？」

プラサンナ「神を慕って泣いたこともないんですよ。なのに、プレーマを持ってるなんてなぜ言える？　こんなに時間が経ったのに、いったい何を得たと言うのか？」

ターラク「どうして？　君は大覚者《パラマハンサ》にお会いしたじゃないか。それなのになぜ、智識がないなどと言うんだ？」

プラサンナ「どんな智識のこと？　智識とは――〝知る〟ということでしょう？　私は何を悟った？神が存在するかどうかさえ、私にはハッキリわからないんだよ」

ターラク「うん、そりゃそうだ。大体、智識人《ジュニャーニー》は、〝神は存在しない〟という意見なんだから――」

（訳註3）パンチャタパ――夏、炎天下で四つの火に囲まれながら称名し、瞑想する修行。

1887年5月8日(日)

校長は心中で独り言――アー、タクールがよくおっしゃったっけ――〝神を求める人々は、いまのプラサンナのような境地を通過するものだ〟と。〝神があるかないかさえ疑わしい気持ちになるものだ〟と。タークはいま仏教哲学を勉強していると聞いたが、だから、智者は神を認めないと言うんだろう。でも、タクールはおっしゃった。〝智者も信仰者も一つの同じ地点に到達する〟と」

僧院《マト》の兄弟たちと過ごすナレンドラ――ナレンドラの胸中

瞑想室、すなわち苦行者カーリーの部屋でナレンドラとプラサンナが話をしている。同じ部屋の離れた場所にラカールとハリシュと年少のゴパールがいる。しばらくすると、年長の方のゴパールさんが入ってきた。

ナレンドラがギーターを朗読してプラサンナに聞かせている。

――クリシュナがアルジュナ(バーラタとも呼ばれる)に説教している詩句《ことば》――

神は全ての生き物《ブータ》の胸に宿り
マーヤーによって全ての生き物を機械の上に乗せられたように回転せしめる
故にバーラタ(アルジュナ)よ、心をつくして彼に庇護を求めよ
彼《か》の恩寵により汝は無上の平安と永遠の住み家を得るべし(ギーター18-61〜62)
すべての法規《ダルマ》より離れて我にのみ心身を寄せよ

我は汝をあらゆる罪から解放する、悲しむなかれ（ギーター18・66）

ナレンドラ「わかるか？〝機械の上に乗せられて〟の意味が。マーヤーによって神は、全ての生き物をまるで機械の上に乗せられたように回転させる。君は、〝神を知りたい〟と思っている。君はね、虫より小さい虫の一匹に過ぎないんだよ。その君が、〝神を知ろう〟というのかい！　一度よく考えてみ給え。人間とはいったい何か！　あの数えきれない星を見てごらん。聞けば、あの一つ一つが太陽系なんだそうだ。ぼくらにとっては、たった一つの太陽系さえどうしようもなく大き過ぎるんだ。地球なんか太陽に較べたら、小っちゃなおはじきの玉みたいなものさ。その地球の表面に、人間というものが虫みたいに歩き回っているんだよ！」

ナレンドラは歌った――

〔あなたが父、私たちは子ども〕

大地の塵に生まれきて
大地の塵に目は盲《めし》い
塵をつかんでたわむれる
幼児の如きわれらをば

1887年5月8日(日)

父よ、庇《かば》いて救いたまえ
一たび犯せしあやまちに
ひざの上よりおしのけて
遠ざけ放ちたまうなら
二度とわれらは起《た》ち得ずに
大地の表《うえ》を這いずりて
この生涯は無明《やみ》のなか

父なる神よ、われらは赤子
一歩《ひとあし》ごとにつまずき転ぶ
まことに小さく幼き精神《こころ》
恐《こわ》きルドラ（シヴァ）の面はずし
やさしき顔を向けさせたまえ
幼きわれらのあやまちを
やさしく訓《おし》え話したまえ
百度も足をふみ外し
百度も転ぶ塵の中

頼りなき子をねがわくは
父よ、護りて導きたまえ

「明け渡せ！　あの御方の足もとに、身心《ぜんぶ》を明け渡してしまえ！」
ナレンドラは恍惚となって再びうたい出した。

〔明け渡し――方法《みち》〕

主よ、私は下僕《しもべ》、私は下僕、私は下僕
あなたは主《あるじ》、あなたは主、あなたは主
二枚のパンと一枚の腰布をあなたは私に下さった
あなたの名を唱えば、胸に熱き愛湧き上がり
主よ、慈悲深き名を　私はくりかえす
下僕《しもべ》カビールはあなたの足下に身を投げ出し
主の慈悲深き名を絶えずくりかえす

「彼のお言葉を憶えていないか？　神は砂糖の山なんだ。君はアリなんだ。たった一粒で胃袋はいっ

1887年5月8日(日)

ぱいになるんだよ！　なのに君は、砂糖の山全体を家に持って帰るつもりでいるのさ！　あのかたのおっしゃったこと、憶えていないのかい？　シュカデーヴァでさえ、大きくはあるが蟻の一匹にすぎないって。だから僕は、カーリーに言ったんだよ——『バカだなあ、自分の物差しで神を計るつもりなのか』って。

神は慈悲の大海だ。あの御方に身をよせて護ってもらえ。お恵みを下さるよ！　あの御方にお祈りしろ——

和顔を向け給いて常に我を護り給え
非実在から実在へ、暗黒から光明へ
死より不死へと導き給え
生々世々《しょうじょうせぜ》かぎりなくおはしまして
ルドラ(シヴァ)よ、やさしき顔を向けて
永遠にわれを護り導き給え」

プラサンナ「どんな修行をしたらいいんですか？」
ナレンドラ「ただ、あの御方の名をとなえろ。タクールがよくおうたいになった歌、おぼえているかい？」

〔方法《みち》――彼の御名〕

（一）おおシャーマ、あなたの名をただ信じているだけ
コーシャクシも説教も　私にとっては用がない
あなたの御名で死の絆も切れるとは
大神シヴァが宣言なさったこと――
しかも私はそのシヴァさまの召使いだから
他《ほか》の誰の言葉にも従わない
何が来ようと御名をくりかえし
死ぬことなどは考えてみもしない
ただシヴァの言葉をしっかりつかんでいるだけ

コーシャクシ――礼拝用具

（二）父なる神よ　われらは赤子《あかご》
一歩《ひとあし》ごとにつまずき転ぶ
まことに小さく幼き精神《こころ》
……………………（前述参照）

1887年5月8日(日)

〔神は実在するか？　神は慈悲深いか？〕

プラサンナ「あなたは、〝神は存在する〟と言っている。そして、〝唯物論者はじめ多くの思想家は、この世界は自然にできたものだと言っている〟と話して聞かせるのもあなたなんですよ」

ナレンドラ「化学《ケミストリー》を勉強しなかったのかい？　もしもし、いったい原素の結合は誰がするんでしょうね？　水をつくるために、酸素、水素、そして電子を結びつけるのは一個の人間的な手だ。知性ある力は誰でもが認めている。智慧そのものである一つの力が、これらすべてのことを現象させているんだよ」

プラサンナ「神は慈悲深い、ということはどうしてわかるのでしょう？」

ナレンドラ「〝ヤッテー　ドッキシナム　ムカム（あなたの慈悲深いお顔によって）〟と、ヴェーダで言っている。

ジョン・スチュアート・ミルも同じことを言っているよ。『人間の中に慈悲というものを授けられた御方のなかに、どれほどの慈悲があるのか見当もつかない！』とミルは言っている。タクールはよくおっしゃった——〝信念が一番大切だ〟と。あの御方はごく近くにいらっしゃるんだよ！　固い信念があってこそ成功するんだ！」

こう言って、ナレンドラは再び美しい声で歌う——

〔方法《みち》は――信念をもつこと〕

何処《どこ》を探しているのか――
わたしはお前のすぐそばにいるのに
あちこち探しまわってもだめ
わたしは皮膚の中にも髪の中にも
骨の中にも肉の中にもいないよ
寺にも回教寺院《モスク》にもわたしはいない
ベナレスやカイラスに行ってもいない
アヨーディヤ、ドゥワラカでも見つからない
でも、信仰のあるところではわたしに会えるよ
勤行やヨーガ、離欲、出家のなかにもいないが
もし心をつくして探せば、すぐわたしに会えるよ

〔欲望がある限り神を信じることはできない〕

プラサンナ「あなたは時には、〝至聖《かみ》はない〟と言う。そうかと思えば、今のようなことを言う。いったいどっちなんですか？　意見を変えてばかりいて……」（皆笑う）

1887年5月8日(日)

ナレンドラ「じゃ、この言葉はもう二度と変えない――欲望や願望を持っているかぎり、神を完全に信ずることはできない。人は一つや二つ、持ってるものさ。例えば、勉強したいとか、試験にパスしたいとか、学者になりたいとか――こういう欲望を何かかにか持っているだろう」

ナレンドラは信仰心《バクティ》で声をつまらせながら、また歌をうたった。――神は慈悲深き護り手、無上の父母――

栄光《はえ》あれ、わが神《デーヴァ》　栄光《はえ》あれ、わが神《デーヴァ》
まことの幸福《さち》を賜《くだ》さる御方
悲苦と恐怖を滅す御方
宇宙世界を支える御方

思惟《おもい》を超えて限界《かぎり》なく
較べるものとて無き御方
宇宙の主《あるじ》、一切処に遍在《あまね》き
栄光《はえ》あれ、大霊　至上我《パラマートマン》なる神よ

栄光《はえ》あれ、わが神《デーヴァ》　慈悲深き世界の友

主よ、御足下《もと》にひれ伏し拝みまつる
無上の避難所《かくれが》、生死の軛《くびき》を外す御方
栄光《はえ》あれ、わが神《デーヴァ》　栄光《はえ》あれ　わが神《デーヴァ》

われら　他に何も希《のぞ》まず　おお、わが主よ
ひれ伏して、ただただ願いたてまつる
この世において美徳を養い
来世はますます強く成長することを

栄光《はえ》あれ、わが神《デーヴァ》　栄光《はえ》あれ、わが神《デーヴァ》

ナレンドラはまた歌った。兄弟たちが、ハリの甘露のコップから十分に飲むようにと言って――。
神はごく近くに在《おわ》す――ジャコウ鹿とジャコウ袋の間ほどに。

ハリの甘露の美酒《うま》飲んで
さあさ、酔おうよ、ホ、ホ、ホゥ！
子供の時代《とき》には遊びに呆《ほう》け

1887年5月8日(日)

青壮年《おとな》の時代《とき》は女に敷かれ
老いてはボンヤリ気力もなくて
火葬場《ヤキバ》行きの車を待っている

へその真ん中に香袋《ふくろ》があるのを
どうしてジャコウ鹿に知らせたらいいか
正しい師匠《グル》に道も訊《き》かずに
盲《めしい》のままでこの世の森を
人は鹿のようにさまよい歩く

校長はベランダの上で以上の一部始終を聞いていた。やがて、ナレンドラは立ち上がった。部屋から出て行くとき、彼は言った。「頭が熱くなったよ、しゃべり過ぎて……」ベランダで校長に会うと――「校長先生、水をちゃんと飲んで下さいよ」

僧院《マト》の兄弟の一人がナレンドラに言った――「そしてこんどは、〝神は存在しない〟と言うつもりなんでしょう!」ナレンドラは笑い出した。

一八八七年五月九日（月）

〔ナレンドラの強烈な離欲――家庭生活の非難〕

翌日は五月九日の月曜日、ジョイスト黒分二日目。朝方、校長は僧院《マト》の庭の樹下に坐っている。彼は考えていた――「タクールは僧院《マト》の兄弟たちに女と金を捨てさせなすった。ああ―、この人たちは全く神に夢中になっている！　この場所は、まさにヴァイクンタ（ヴィシュヌの天国）だ。僧院《マト》の兄弟たちは、まさにナーラーヤナご自身の顕現だ！　タクールが逝かれてから、まだいくらも日が経っていないし――だから、タクールのお気持ちがそのままそっくりここに息づいているんだ！

あの同じアヨーディヤの都！
ただラーマだけがいない！

ここの兄弟たちに、タクールは各々の家庭を捨てさせなすった。何人かは家庭に留《とど》まらせておかれるが、これは何故だろう？　彼らについては、ほかに方法がないのだろうか？」

ナレンドラは二階の部屋から、校長が独りで庭の樹の下に坐っているのを見ていた。彼は降りてきて、笑顔でたずねた――「校長先生、どうしたんです！　何をしているんですか？」何ほどか言葉を交わした後で校長は言った。「でもほんとに、君はいい声ですねえ！　何か一つ讃詞《スタヴ》をきかせて下さいよ」

ナレンドラはアプラドボンニョンの讃詞（シヴァ神に向かって罪のゆるしを乞う祈りの詞）を朗詠する。世間に住んで家庭を持っている者たちは、とかく神を忘れて——どれほど罪や誤りを犯すことか——子供時代に、青壮年時代に、そして、老いてからも！　かれらは真剣になって神に仕えたり、考えたり、瞑想したりすることは、およそないのだ——

既にこの世の光を見る前から
行為の結果に執着したために
重ねた数多の世の罪の報いとして
母の胎内で私は罰せられました
汚物の中で煮られる胎児の苦しみを
何にたとえたらよいのでしょうか
おお、シヴァ、シヴァ、シヴァ、大いなる神よ
理法《のり》に反《そむ》きしわが罪をお許し下さい！

子供時代も苦しみは際限なく

1887年5月9日(月)

垢《あか》にまみれた体でただ乳を泣き乞《もと》め
手足も思うままに動かせずに
蚊やハエにうるさくつきまとわれ
日も夜も様々の病にとりつかれて
痛さ苦しさに泣き叫びました
おお、シヴァ、シヴァ、シヴァ、大いなる神よ
哀れな罪深き私をお許し下さい！

青壮《おとな》の時代は色声香味触の毒蛇が
体の重要な器官に噛みついて
私の識別力を殺してしまいました
そして富と息子と若い妻の楽しみに浸り
そのために、ああ！　神を思うこともできず
空しい誇りにみちて尊大にかまえていました
おお、シヴァ、シヴァ、シヴァ、大いなる神よ
浅はかな罪深い私をお許し下さい！

第23章　聖ラーマクリシュナ、信者たちのハートの中に

年老いた今、感覚は正しい判断と行動の力を失い
体に全く生命力がなくなったわけではないが
数々の苦悩と罪と病と死別の悲しみに
気も心も萎え衰えてしまった……
それでもなお、心は神を思わず
つまらぬ欲や妄想に追い回されている
おお、シヴァ、シヴァ、シヴァ、大いなる神よ
愚かな罪深き私をお許し下さい

おお、主シャンカラ！
全身に灰をまぶしたあなたの身体は白く
笑みからこぼれる白き歯の輝き
手に持つは白いドクロの輪飾りと白い棍棒
あなたの乗る牡牛《おうし》は白
あなたの耳で揺れる白いイヤリング
もつれた髪の房はガンガーの飛沫《しぶき》で白く光り
額に映る月の白き輝き

シャンカラ――『恩恵を与える者』の意でシヴァ神のこと

すべて白く、すべて清く、罪を許し、福を与える御方

1887年5月9日(月)

祈詞《スタヴ》は終わった。再び話になった。

ナレンドラ「世間にいて、無執着の生活をするとか何とか皆さんはおっしゃるけれど、〝女と金〟を捨てなければどうにもなりませんよ。女といっしょに住んで、嫌な気持ちはしないのですか？　うじ虫、タン、アブラ、嫌な臭いがいっぱいの体に――。

汚物にみち、ウジ虫が住み、悪臭発する肉体
肉と血と骨と髄とで成れる肉体
愚者はその肉体の接触を楽しみ、賢者はそれを避ける

ヴェーダーンタの言葉に喜びを感じないで神《ハリ》の甘露水を飲まない、そういう人生なんて空しいものです。

この歌、聞いて下さい――

人よ、迷いを捨てよ――
主を知って苦しみより逃れよ

四日ばかりの楽しみのために
命の友を忘れ果てるとは
人よ、愚かの極《きわ》みと知れ！

腰布《カウピーン》をつけるよりほかに道はありません。世間をおっぽり投げることですよ！」

こう言ってナレンドラは、カウピーン五連詩《パンチャカム》（出家の歌）を節をつけて朗詠した。
常にヴェーダーンタの哲理《ことば》を楽しみ
托鉢の食に満ち足りて
悩みなき心で行いゆく
出家《サンニャーシン》こそ真《まさ》に幸なり

……………………一八八六年四月二十二日に全訳あり

それから又、ナレンドラは言った――「人間はなぜ、俗世《サンサーラ》に巻き込まれなければならないのですか？なぜ、マーヤーに捕らわれなければならないのですか？　人間の本質は何でしょう？　至福の智慧、シヴァそのもの。自分こそ、あのサッチダーナンダ（梵の本質）なんですよ」
そしてまた美しい節回しで、シャンカラ大師《アーチャーリヤ》の讃詞《スタヴ》（ニルヴァーナ六連詩《シャットカム》）を朗詠した。

1887年5月9日(月)

オーム、われ心《マナス》に非ず、知覚《ブッディ》に非ず
個我《アハンカーラ》、精神《チット》に非ず
また、眼、耳、鼻、舌に非ず
地、水、火、風、空に非ず
われは歓喜そのものなる至上意識《チダーナンダ》
われはシヴァ（絶対者）なり、われはシヴァなり

一八八六年四月二十二日に全訳あり

ナレンドラはもう一つの讃詞《スタヴ》、クリシュナの栄光をうたった詞を朗詠した。

オームの智識によって怒り消え、心なごむ
でも私はまだ欲に盲《めし》いてさまよいあるく
願わくはお護り下さい、救って下さい　マドゥスーダナ
主よ、ほかに行くところのなき
罪の沼にはまりこみし我を
請い願わくはお救い下さい、おお、マドゥスーダナ

マドゥスーダナ――『マドゥ鬼を滅した者』の意でクリシュナのこと

妻子と家の幻影の綱にしばられ
熱病のような渇欲に苦しむ
私をお救い下さい　マドゥスーダナ
信仰うすく、力も無く
私はさまざまの不幸に悩んでいます
主よ、どうぞお助け下さい　マドゥスーダナ

苦しくて長い人生　また繰り返す輪廻の世界
往ったり来たりで私は疲れ果てました
どうぞお助け下さい　マドゥスーダナ
路《みち》には休む場所とて見あたらず
まして、女の子宮の中にいるのは耐えがたい苦痛です
主よ、私をお救い下さい　マドゥスーダナ

私の神よ　ナーラーヤナよ　この世から
この生死の輪から私を開放して下さい
どうぞお願いします　大いなるマドゥスーダナ

1887年5月9日(月)

隠れ家を求めて　ついに私はあなたの所に来た
私には老いも死も恐ろしいのです
私を救って下さい　偉大なマドゥスーダナ

善い行いはせずに悪いことばかりして
いま俗界の罪の沼で喘《あえ》いでいる
私をお助け下さい　大いなるマドゥスーダナ
数えきれぬ生涯をくりかえして
他人を見下してきた浅はかな私を
どうぞ許して助けて下さい　マドゥスーダナ

口で言うことを実行したこともない
私は全く邪《よこしま》な人間です
またいつかどこかに女か男として
いくたびも生まれなければならないのなら
あなたへの信仰がますます深くなりますように
どうぞお護り下さい　わが神マドゥスーダナよ

校長――（内心で）ナレンドラの離欲はほんとに強烈だ！　だから、僧院《マト》の兄弟たちも感化されて今のような状態になっているのだ。そんな様子を見て、タクールの信者の中でまだ世間の生活をしている人たちでさえも、〝女と金〟を捨てようと鼓舞されるのだ。ああ、彼らの状態ときたら！　あの御方はどういう理由で、まだ彼らを俗世《サンサーラ》においておかれるのだろうか？　どのような道を進ませるおつもりなのだろうか？　いずれ、強い離欲の精神を与え給うのだろうか、それとも、このまま俗世に放っておくおつもりなのだろうか？

今日、ナレンドラとほか二、三の兄弟は、食事のあとカルカッタに出かけた。ナレンドラは夜には帰ってくるだろう。彼の家の訴訟問題はまだ片付いていないのだ。僧院《マト》の兄弟たちはナレンドラの不在には耐えられない。誰もが、ナレンドラは何時帰るのだろうかと、心の中で思っていた。

食事のあと、僧院《マト》の兄弟たちは少し休息している。年長のゴパールは歌の本から歌詞を書き写している。シャラト、バブラム、カーリーはプリーに行っている。ニランジャンは母親に会いに家に帰っている。

午後、ラビンドラが気狂いみたいな様子でやって来た。裸足で、黒い縁《ふち》どりの腰布《カポル》を半分だけ身につけている。狂人のような目がぐるぐるまわっている。皆が、「いったいどうしたんだ？」と聞くと、ラビンドラは答えた。「すぐ、みんなお話しします。――私はもう家には戻りません。あなたたちといっ

1887年5月9日(月)

しょに此処に住みます。あの裏切り者め! 聞いて下さい。五年間も習慣みたいに飲んでいた酒を彼女のために止《や》めたのに! もう八ヶ月も、一滴だって飲んでいないんだ! それなのに、あの裏切者め!」僧院《マト》の兄弟たちは口をそろえて言った――「まあ、気を落ち着けて。どうやって此処へ来たの?」

ラビンドラ「カルカッタからずっとハダシで歩いてきたんです」

信者たちはきく――「腰布《カポル》のもう半分はどこへやってしまったんだい?」

ラビンドラ「出てくるとき彼女が引っ張ったので、半分ちぎれてしまったんです」

信者たち「ガンガーへ行って沐浴して、頭を冷やしておいで。それからいろいろ話を聞こう」

ラビンドラはカルカッタで大そう尊敬されているカーヤスタ階級(訳註)の家に生まれた。年令は二十〜二十二才だろう。タクール、聖ラーマクリシュナに南神村《ドッキネーショル》のカーリー寺でお目にかかって以来、タクールの特別の愛顧をうけていた。一度、三晩つづけてタクールのところに泊まったこともある。性格は大そうおだやかで優しく、タクールも大そう彼にやさしくしておられた。しかし、タクールはこう言っておられた――「お前はチト遅れるよ。まだ少し、ボーガ(この世における苦楽の経験)が残っているからね。今はどうにもできない。盗賊が家を襲ったその時には、ポリスは何もできない。いくらか略奪がすんだころを見計らって逮捕にとりかかる」このときラビンドラは、売春婦に夢中になっていた。しかし、ラビンドラはいろいろな長所をもっている――貧しい人に施しをしたり、神を瞑想すると言ったような……。夢中になっていた売春婦が不誠実であったことに今やっと気付いて、かくも取り乱した有様で僧院《マト》に駆けこんで来たのである。〝もう二度と世間には戻らない〟と決心して——。

ラビンドラはガンガー沐浴に行った。パラマーニクのガートに行ったのだろう。一人の信者（多分校長自身のこと）がいっしょに行った。この信者の大いなる願いは、ラビンドラが僧院《マト》の修道者たちと交わることによって、霊意識がますます発達していくことだった。沐浴をすませると、彼はラビンドラをガートの近くの火葬場に連れて行った。そして、そこにある死骸を見せた。——「此処に僧院《マト》の兄弟たちは夜時々独りでやってきて、瞑想しているのですよ。ここで私たちが瞑想するのはよいことです。世間のことはまことにはかない一時的のものだということが、よくわかりますからね」と言ってきかせた。ラビンドラはその話を聞いて、自分も瞑想するべく坐った。しかし、長くはつづかなかった。心がさっぱり落ち着かないのである。

二人は僧院《マト》に戻ってきた。タクールの部屋に入って、二人はタクールにごあいさつした。信者はまた言ってきかせる——「この部屋で僧院《マト》の兄弟たちは瞑想するのですよ」するとラビンドラは、また瞑想するべく坐りなおす。しかし、ほんの僅かの時間しかつづかなかった。（訳註、タクールの部屋——タクールの遺骨が安置されている部屋）

校長「どうしました？　気が落ち着かないの？　だからやめたんですね？　うまく瞑想できないんでしょう？」

（訳註）カーヤスタ——クシャトリヤ＝王族、武士階級の中の一階級《カースト》。ナレンドラも同じ階級の出。

ラビンドラ「二度と世間に戻らないことは、もう固く決心したんです！　でも、どうしても心が鎮まらない――」

校長とラビンドラは、僧院《マト》の人気《ひとけ》のない場所に立っている。校長はブッダの話をしていた。天女たちの歌をきいて、ブッダは最初に霊意識に目覚めたのだ。最近僧院《マト》では、ブッダの行伝とチャイタニヤの伝記を規則的に読んでいる。校長は、その天女の歌をうたってきかせた――

何処《どこ》から来て何処《どこ》へ漂《さまよ》いゆくか
疲れても休む処《ところ》とてなく
往《い》きて戻りて、泣き、笑い
何故《なぜ》つづくのか　この空《むな》しい遊び

1887年5月9日(月)

夜、ナレンドラ、ターラク、およびハリシュがカルカッタから帰ってきた。そして――「ウー、しい、い、こたま御馳走になってきたよ！」と言った。彼らは、カルカッタの或る信者の家でもてなしを受けたのである。

ナレンドラと僧院《マト》の兄弟たち、それから校長とラビンドラは〝ダーナー部屋〟に坐っている。僧院《マト》に帰ってきたナレンドラはすべてを聞いた。

〔世間の炎で焼かれる個霊《ジーヴァ》とナレンドラの教訓〕
ナレンドラは歌った——歌によせて、ラビンドラに教訓を与えるつもりなのだ。

人よ、迷いを捨てよ
主を知って苦しみより逃れよ
……………………

ナレンドラはまた歌った——ラビンドラに教訓を与えるような歌を

ハリの甘露の美酒《うま》飲んで
さあさ、酔おうよ、ホ、ホ、ホゥ！
子供の時代《とき》には遊びに呆《ほう》け
青壮年《おとな》の時代《とき》は女に敷かれ
老いてはボンヤリ気力もなくて
火葬場《やきば》行きの車を待っている

へその真ん中に香袋《ふくろ》があるのを

どうしてジャコウ鹿に知らせたらいいか
正しい師匠《グル》に道も訊《き》かずに
盲《めしい》のままでこの世の森を
人は鹿のようにさまよい歩く

1887年5月9日(月)

しばらくして、僧院《マト》の兄弟たちは苦行者《タパッシー》カーリーの部屋に坐っていた。ギリシュ・ゴーシュの新著書、〝ブッダ行伝〟と〝チャイタニヤ行伝〟の二冊が僧院《マト》に届いていた。ナレンドラ、シャシー、ラカール、プラサンナ、校長たちが坐っている。この新しい僧院《マト》に来て以来、シャシーはただひたすらタクールの供養奉仕にはげんでいる。その熱心さには皆は驚嘆していた。タクールのご病気中も、彼は昼夜の別なく看病に献身していたものだが、今もその時と全く変わらぬ態度で奉仕しているのである。

兄弟の一人が、〝ブッダ行伝〟と〝チャイタニヤ行伝〟を読んでいる。ちょっとふざけた調子で〝チャイタニヤ行伝〟を読んでいた。ナレンドラは彼の手から本をひったくり、「そんなことをして、せっかくの良いものをダメにする気か?」と言った。

ナレンドラは自分で、聖チャイタニヤが階級の別なくあらゆる人々に愛を与えたところを読んだ。

兄弟「私は思うんだけど——他人に愛を与えるなんてことはできないよ」

ナレンドラ「大覚者先生《パラマハンサ・マハーシャイ》はぼくに愛を与えて下さった」

兄弟「ほう、そう確信しているんですか?」

ナレンドラ「君に何がわかる？　君は、サーヴァント（神の僕《しもべ》）クラスだ。みんなぼくに仕え、僕の足をマッサージすることになるだろう――シャラトやミトラ、デソーさえも（皆笑う）。何もかもわかったなどとユメユメ思い上がってはならんゾ（皆笑う）。さ、タバコを用意したまえ」（皆大笑い）

兄弟「よーい――し・ないよ……」（一同大笑）

校長は内心で独白《ひとりごと》――タクール、聖ラーマクリシュナは僧院《マト》の兄弟たち全部に力をお授けになったのだ。ナレンドラだけではない。その力がなかったら、どうして女と金が捨てられようか。

一八八七年五月十日（火）

〔僧院《マト》の兄弟たちの修行〕

翌日、火曜日。五月十日。大実母《マーー》の祝日で大そうめでたい日である。ナレンドラはじめ僧院《マト》の兄弟たちは今日、特別の方式で大実母《マー》をご供養する。タクールの部屋の前に三角の図形《ヤントラ》を準備して護摩《ホーマ》を焚く。そのあとでお供物を捧げるのだ。護摩《ホーマ》も供儀もタントラ式の方法である。ナレンドラがギーター読誦をしている。

モニはガンガー沐浴に行った。ラビンドラは一人で屋上を歩いている。そして、ナレンドラの読誦する讃詞《スタヴ》（シャンカラのニルヴァーナ六連詩《シャットカム》）を聞いている。

一、オーム　われ心《マナス》に非《あら》ず、知性《ブッディ》に非ず
　個我《アハンカーラ》、精神《チッタ》に非ず
また、眼、耳、鼻、舌に非ず
地、水、火、風、空に非ず
われは歓喜そのものなる至上意識《チダーナンダ》
われはシヴァ（絶対者）なり、われはシヴァなり！

二、われは生気《プラーナ》に非ず、五　風《パンチャ・ヴァーユ》に非ず
七要素《サプタ・ダートリ》に非ず、五　蔵《パンチャ・コーシャ》に非ず
舌、手、足に非ず、性器、排泄器に非ず
われは歓喜そのものなる至上意識《チダーナンダ》
われはシヴァなり、われはシヴァなり！

三、われに嫌厭なく、愛好なく
酔迷なく、羨嫉なし
法《ダルマ》なく、美醜なく、欲縛なく、解脱なし
われは歓喜そのものなる至上意識《チダーナンダ》
われはシヴァなり、われはシヴァなり！

一八八六年四月二十二日に全訳あり

こんどはラビンドラがガンガー沐浴に行き、どっぷりと濡れた腰衣《カポル》をまとって戻ってきた。
ナレンドラ「（モニに向かってそっと）今ちょうど沐浴してきたところだから、この機会に出家させてしまったらいいですね」（二人で笑う）
プラサンナがラビンドラに濡れた腰衣を脱ぐように言い、彼に一枚の赫土《あかつち》色の衣（僧衣）をもってきて与えた。
ナレンドラ「(モニに) こんどは、世捨て人の衣を着なくてはいけなくなったぞ」
モニ「はっはっはっは、何を捨てるんです?」
ナレンドラ「色情と金銭《かね》を捨てるんです」
ラビンドラは僧衣をまとってから、カーリー苦行室へ行って独りで坐った。瞑想をするつもりなのだろう。

第二四章　聖ラーマクリシュナとナレンドラ

聖ラーマクリシュナとナレンドラ(スワミ・ヴィヴェーカーナンダ)

アメリカとヨーロッパでのヴィヴェーカーナンダ

一八八五年アシャル月の最終日、山車祭《ラタ・ヤートラ》の翌日である(西暦一八八五年七月十五日水曜日)。今朝、大聖至聖なる聖《シュリー・シュリー・バガヴァン・シュリー》ラーマクリシュナはバララムの家に坐って、ナレンドラ(スワミ・ヴィヴェーカーナンダ)の素晴らしい性質を信者たちに語っておられる。

〔ナレンドラの素晴らしい性質――人々の中の王子〕

「ナレンドラはとても高い霊階《クラス》だ。――無形の神の領域にいる。男のなかの男だ。こんなに大勢信者たちが来ていても、あれほどの人物はほかにいない」

「ときどき、わたしは坐っていて信者たちを調べてみるんだよ。蓮でいえば十枚花びらの人たちもあるし、十六枚の人もあるし、百枚の人もある。――そういうなかで、ナレンドラは千弁の蓮だよ!」

「ほかの人たちは、水差しかせいぜい水壺だ。――ところが、ナレンドラは大桶だ」

「ほかの人たちがその辺にちょいちょいある小さな水溜まりだとすると、ナレンドラはハルダル池のような大貯水池だ」

「魚なら、ナレンドラは目の赤い大鯉だ。ほかの人たちはいろんな魚——ヤナギバエとか、ワカサギとか、イワシとか——」

「大きな、大きな容れものだ——たくさん物が入る。大きな洞の大竹だ」

「ナレンドラは何にも支配されない。世俗のものに執着もないし、感覚的なよろこびにも支配されない。オス鳩みたいだよ。オス鳩はクチバシをつかむとふり放して噛みつく。——メス鳩ならジッとして黙ってるよ」

〔まず神を覚《さと》ること——命令を受ければ教えを説くこともある〕
三年前の一八八二年、ナレンドラはブラフマ協会の友人、二、三人と連れ立って、南神村《ドッキネーショル》のカーリー寺院に聖ラーマクリシュナをお訪ねした。そして一晩泊まった。夜が明けると、「五聖樹《パンチャバティ》の杜へ行って瞑想をしてごらんよ」とタクールがおっしゃった。しばらくした後でいらしたタクールは、ナレンドラと友人たちが五聖樹《パンチャバティ》の杜の樹下で瞑想しているのをご覧になった。瞑想が終わるとタクールがおっしゃった。「人生の目的は神を体得《つか》むことだ。ひと気のない場所でひっそりと瞑想して、神を思って恋い焦がれて、『神さま、どうか会って下さい。私にお姿を見せて下さい』と言って、泣いて祈るんだよ」
ブラフマ協会などの宗教団体が手がける女性の教育、学校建設、講演などの慈善事業に関しては、次のようにおっしゃった。「まず神を、有形、無形の神を覚《さと》ることだ。言葉と心を超えたあの御方が、信者のために姿をお取りになる。現れて話して下さるのだよ。人道的な仕事というものはね、あの御方に直接お会いして、そして命令を受けてから始めるんだよ。歌にもあるだろう――『お寺に神像も祀《まつ》られていない。なのに献灯《アーラティ》をしているかのようにポドはホラ貝を吹く』とね。それでポドは叱られるんだ。

お堂に神さまも祀っていない！
バカのふくホラ貝なんか、やかましいぞ！

十一匹のコウモリだけでたくさんだ――

もしも、自分の胸の宮に神像（クリシュナ）を祀ろうと思ったり、もし至聖なるものを掴もうと思うのなら、ただボゥ、ボゥとホラ貝を吹いてばかりいてもどうにもならんよ！　先ず、心の掃除をしなけりゃね。心がキレイになったら、至聖清浄の御方が入っていらっしゃってお坐り下さる。コウモリのフンも片付けないのであっては、祭神をお招きすることはできないよ。十一匹のコウモリというのは十一の器官のことだ――つまり五つの感覚器官（目耳鼻舌皮膚《ひふ》）と五つの行動器官（口手足肛門生殖器）と心だよ」

「先ず最初に深く沈むことだ。沈んでいって宝玉《たま》を取って、そうしてから他の仕事をすることだ。先ず第一に祭神をしっかり据《す》えて、それから、望みとあれば講演でもしたらいい！」

「ところが、沈もうとする人は滅多にいない。修行もせず、祈りもせず、識別も離欲も実行しないで、至聖《かみ》なるものを覚った後で、もしその御方の指図があれば、はじめて人を導くことができるようになる」

「人を教え導くということは、難しいことなんだよ。二つ三つ何か覚えるとじきに講演だ！」

一八八四年の山車祭《ラタ・ヤートラ》の日、学者《パンディット》シャシャダルはカルカッタで聖ラーマクリシュナにお会いした。そこにはナレンドラも居合わせた。聖ラーマクリシュナはシャシャダルにおっしゃった。「あんたは人々のためを思って講義《レクチャー》をしている。それはいいことだ。でも、神の命令で話すのでなけりゃ、どんなにいろいろ偉そうなことをしゃべったって、二日ほどは人も聞くかもしれないが、すぐ忘れてしまうものさ。郷里《くに》にハルダル池という名の池があってね、池の端を便所代わりにする連中がいた。村人がどんなに怒鳴っても効き目がない。とうとう役人がやってきて立て札を立ててくれた。そうしたらピタリと止まった。それと同じで、神の命令を受けなくては人の指導はできないのさ」

師《グル》の指示を受けたナレンドラが世を捨てて密かに独居し、苦行を行ったのは、そのためだった。聖ラーマクリシュナの御力で超人になった後に人々に教えを説く、という難行を果たしたのだった。

一八八六年、コシポールで病に伏せておられた聖ラーマクリシュナはある日、「ナレン、お前が皆に教えることになる」と紙切れに書かれた。

スワミ・ヴィヴェーカーナンダはアメリカから、マドラスに住む人々に手紙を送っている。そこには「聖ラーマクリシュナの僕《しもべ》である私は、メッセンジャーとなって、タクールの教えを世界に宣布している」と記されている。

「最も取るに足らない師の僕《しもべ》である私が、師のメッセージをインド、そして世界中に伝えるという特権に浴することができたのは、皆さんの師への惜しみない感謝の気持ちによるものです。遠からぬ将来、怒涛《どとう》のごとくインドに打ち寄せる定めにある霊的高波の最初のざわめきを、皆さんの天性の霊的資質が、師とその教えの中に見て取ったのです」（マドラス講演への返答）

「私の語った真理はすべて大覚者《パラマハンサ》の言葉であり、真理でない言葉はすべて私の言葉である」と、スワミ・ヴィヴェーカーナンダはマドラスにおける三度目の講演で述べている。

「生涯私が語った真理の言葉はひとえに師の言葉のみであり、私が語った多くの真理ならぬこと、正しくないこと、人類の為にならないことはひとえに私の言葉、私の責任であることを伝えて、スピーチの終わりとさせて頂きます」（マドラスでの三度目の講演）

カルカッタのラーダーカーンタ邸で歓迎を受けた際のスワミ・ヴィヴェーカーナンダは、聖ラーマクリシュナの力が世界中に現れているとして、「おお、インドの人々よ、あの御方を思うならば、あらゆる分野での偉業を成し遂げることができるでしょう」と語っている。

「この国を復興させるには、かの御名の下に熱烈な思いで結集せねばなりません。ラーマクリシュナ大覚者《パラマハンサ》の教えを説くのは、私であっても、皆さんであっても、また他の誰であっても構いません。しかし、私があの御方を皆さんの前に差し出すなら、それを判断するのは皆さんなのです。我らが民族のため、我らが国家のために、人生のこの偉大なる理想とどのように関わっていくかを判断するのは皆さんなのです」

「師の没後十年で、その力は世界を包み込みました。私を通して師を判断なさらないように――。私は非力な道具に過ぎません。私や他の弟子たちが何百回生まれ変わろうとも、師の偉大さの百万分の一にも及ばないでしょう！」

師（グルデーヴァ）を語りながら、スワミ・ヴィヴェーカーナンダは完全に我を忘れた。幸いなるかな、グルへの愛と信仰に満たされし者！

ナレンドラによる聖ラーマクリシュナの教えの宣布

今日は、大覚者様《パラマハンサ・デーヴァ》が教えられた永遠普遍《サナータナ・ヒンドゥー・ダルマ》の教えを宣布するにあたって、スワミ・ヴィヴェーカーナンダがどれほどの努力をされたかに触れたいと思う。

〔神の覚《さと》り〕

〝先ず第一に神をつかむことだ〟が、聖ラーマクリシュナの第一の教えだった。信仰とは宗教教義を暗記したり、聖句を引用したりすることではない。神の覚《さと》りは、渇仰の心で神を呼び求める信者が、今生か来世で得られるものだ。ある時タクールが南神村《ドッキネーショル》のカーリー寺院でおっしゃったのを覚えている。

大覚者《パラマハンサ》はコシポールのマヒマーチャラン・チャクラバルティに話しておられた。（一八八四年十月二十六日、日曜日）

聖ラーマクリシュナ「（マヒマーチャラン他の信者に）聖典をどれだけ読めばいいのかね？　ただ議論しただけでどうなる？　先ず、あの御方をつかもうと努力することだ。本を読んだだけで何がわかる？　市場《バザール》に着かないうちは、遠くからワーワーというざわめきが聞こえるだけだ。市場に着けば話は全く別だ。何でも見られるしはっきり聞こえる。『お芋をおくれ』『あいよ、じゃ銅貨《おかね》をおくれ』――何でもはっきり見聞《みき》きできるよ。

本を読んだだけじゃ正しい理解はできない。たいへんな違いだな。あの御方を見た後では、本もお経も、サイエンスとやらも、皆、藁《わら》クズのように感じるよ。

大旦那さまと話をすることが肝心要《かなめ》なんだ。大旦那に会いもしないで、あのかたには、お屋敷が何軒あるんだろう、どこどこに別荘があるんだろう、株券はどれだけ持っていなさるだろう、なんて一生懸命に考えていたって、いったい何になる？　でも、何とかして大旦那と一度会いさえすれば、――たとえ塀をのりこえても、コッソリ裏口から忍び込もうと、とにかく何とかして会いさえすりゃ、家のこと、別荘のこと、株券のこと、何でも大旦那自《みずか》らが話して下さるさ。いちど大旦那と顔見知りになったら、そのあとは執事も門番もみなお前におじぎをするようになるよ」（一同笑う）

信者「さて問題は、どうして大旦那と話をすることができるようになるか、ということでございましょう？」

聖ラーマクリシュナ「だから働け《カルマ》、修行《サーダナ》をしろと言うのさ。神様は存在する、と口でだけ言って坐りこんでいたんじゃダメだよ。何とか工夫努力して、あの御方のそばまで行くことだ。静かなところで独りになって、一生懸命あの御方を呼べ、祈れ。会って下さいと言って夢中になって泣け！　お前たちは女と金のためなら狂ったように走りまわるくせに……。そんなら、あの御方のためにちょっとでも狂ってみろ！　神を求めて熱心のあまり、あの人は頭がオカしくなったと言われてみろ。何日か一人になって、世間のことをすべて忘れて、あの御方を呼んでみろ。

口でただ〝神はたしかに存在する〟なんて言うだけで、怠けて坐りこんでいたらどうにもならんよ。ハルダル池には大きな魚がいる。だが、池の端《はた》に坐りこんでいるだけじゃ魚はとれないだろう？　エサの用意をして水に投げこめ。すると魚は深い水底から上がってくるから水が動く。何ともいえぬ嬉しさだ。魚の姿がチラッと見えて、次にドポーンと水しぶきを上げてとび出す。それを見たらどんなに嬉しいことか（原典註1）」

スワミジーは、シカゴの宗教会議でまったく同じことを、すなわち宗教の目的が神を覚《さと》ること——見神であることを語った。

「ヒンドゥー教は、言葉や理論を糧《かて》にしようとはしません。神を見ねばなりません。それなくして疑いが晴れることはありません。ですから、魂について、神について、インドの聖者が示す最高の証《あかし》は魂を見たということ、見神したということなのです。ヒンドゥー教体系において為される奮闘は、完璧になること、神聖になること、神に至り、見神することへの絶えざる奮闘なのです。そして神に至

（原典註1）心の清い人たちはさいわいである、彼らは神を見るであろう。（マタイによる福音書5・8）

り、見神し、完璧になること、天にあられる父のごとく完璧になることをもってヒンドゥー教とするのです」(シカゴ宗教会議におけるヒンドゥー教に関する講演)

スワミジーはアメリカの多くの場所で講演し、どこにおいても同様に語った。ハートフォードでは次のように述べている。

「次に話したいのは、宗教とは教理や教義に基づくものではない、ということです。あらゆる宗教の行きつく先は、魂における神の実現にあります。理想や方法が異なっていようとも、これこそが要点です。これが神の実現であり、感覚世界、飲み食いして戯言《たわごと》を語るこの世界、虚偽と利己主義の世界の背後にあるものなのです。全ての書物、全ての信条、この世の虚栄を超えたところ、己《おのれ》のうちに神の実現がなされます。世界中の教会の教えを信じようとも、経典のすべてを頭に載せて歩もうとも、地上のあらゆる川で洗礼を受けようとも、それでもなお神の理解がなされないのなら、最低の無神論者と見なしましょう」

スワミジーは著書『ラージャ・ヨーガ』のなかで、「今の人たちは、神を覚られることを信じていない」と記している。「賢者《リシ》やキリストのような霊性の大聖者には真我の実現が可能だったかも知れないが、今ではそんなことはありえない」と彼らは言う。しかしスワミジーは、「確かに真我の実現は可能だ」としている。「心の集中を訓練するなら、必ずやハートのうちに神を見出すであろう」と語っている。「偉大なる教師たちは皆、神を見たのです。自らの魂を見て、見たことを説いたのです。唯一の違いは、こうした宗教のほとんどが、殊《こと》に近代に入って、『覚《さと》りの経験は、今日では不可能だ』とする特異な主張をしているということです。こうした経験はごくわずかな人々、後世に名を残す数少ない宗教創設者にのみ可能なことだった、としているのです。今ではこうした経験は時代遅れだとして、それゆえ今や宗教を信じるしかない、としているのです。私はこれをきっぱりと否定します。一貫性が自然の揺るぎない法則であり、一度起こったことは常に起こりうるのです」（ラージャ・ヨーガ、序論）

一八九六年一月九日、ニューヨークでのスワミジーは、普遍の宗教の理想に関する講演を行った。すなわち知識《ジュニャーナ》の道、信仰《バクティ》の道、行為《カルマ》の道を歩む者が一つになる宗教について語った。「あらゆる宗教の目的は神の実現にあること」を講演の結びとした。また「知識《ジュニャーナ》の道、信仰《バクティ》の道、行為《カルマ》の道という異なった道、異なった方法も、目的はただ一つ、神を覚ることにある」と述べたのである。

「さらにまた、こうした様々なヨーガの道（カルマ・ヨーガ、バクティ・ヨーガ、ラージャ・ヨーガ、ジュニャーナ・ヨーガ）は、実践をもってなされねばなりません。理論をもってなすことはできません。その道を瞑想し、それが生活の全てとなるまで覚らねばなりません。宗教とは覚《さと》りであり、どんなに美しくとも、教義や理論を語ることでないのです。それは在ること、なることであって、聞いたり、認めたりすることではありません。知的承認ではないのです。知的承認によって百もの愚行を犯し、また翌日には変えることもできますが、この在ること、なることこそが宗教なのです」

マドラスの人々に宛てた手紙には、「ヒンドゥー教の特質は神を覚ることにある」と記されている。ヴェーダの第一の理想は、神を覚ることだ。この点において、ヒンドゥー教は他の宗教と一線を画している。

「ヒンドゥー教が世界中の他の宗教と考えを異にする点、聖者がサンスクリット語の言葉を尽くして表現する教えは、〝人は神を覚らねばならない〟ということです。それゆえ二元論者が言うように、神、ブラフマンを覚ることが、また一元論者が言うようにブラフマンになることが、ヴェーダ全ての教えの目的なのです」（マドラス講演への返答）

一八九六年十月二十九日、スワミジーはロンドンで講演をした。論題は、神を覚ることについてだった。この講義の中で、『カタ・ウパニシャッド』を読んだスワミジーは、ナチケータスの話に触れている。ナチケータスは神を見たいと思っていた。ブラフマンの知識を得たいと思っていた。ダルマラージャ（死の王ヤマ）は言った。「神を知りたいのなら、執着と快楽への欲望を捨てることだ。快楽への欲望がある限り、神との合一には至れない。非実在《アヴァストゥ》を愛することによって、実在《ヴァストゥ》に至ることはできない」

スワミジーは語った。「実のところ、誰もが無神論者なのです。大そうな言葉を借りて、私はくどくどと宗教を語ります。しかし一度神を覚れば、真の信仰が得られるのです」

「我々は皆、無神論者でありながら、そのくせそのことを告白しようとする人とは戦おうとするのです。我々は誰もが闇の中にいます。我々にとって信仰は単なる知的な語らいに過ぎません。上手に語れる人を信仰の人だと思いがちですが、これは信仰ではありません。魂のなかで実際の覚りが始まるとき信仰はやって来ます。それが信仰の夜明けなのです。そうなって、本当の信仰が始まるのです」

聖ラーマクリシュナとナレンドラ——全宗教の調和

ナレンドラ及び、他の教養ある若者たちは、聖ラーマクリシュナがすべての宗教に尊敬の念をいだいておられることに驚いた。〝どの宗教にも真理がある〟と大覚者《パラマハンサ》はためらうことなくおっしゃっていた。すべての宗教が真理であること、さらまたどの宗教を通じても神に至れることを語っておられた。一八八二年十月二十七日、コジャガリー――ラクシュミー・プージャの日、ケーシャブ・センは南神村《ドッキネーショル》の聖ラーマクリシュナに会いに蒸気船で向かい、そのままタクールを船にお乗せしてカルカッタに戻った。途中二人は、船の中で多くのことを語り合った。数ヶ月前の八月十三日と同様の会話を交わした。宗教の調和についての二人の会話を、私の日記から引用しよう。

ケダルナート・チャトジェー氏は、南神村《ドッキネーショル》のカーリー寺院で大きな饗宴《きょうえん》を張っていた。饗宴が終わった午後三時か四時頃、タクールの部屋の南のベランダでたくさんの信者たちと語り合っておられる。

聖ラーマクリシュナ「(信者たちに)信仰の数だけ道がある。どの信仰も真実だ。いろんな道を通ってカーリーガートに行くようなもんだ。信仰は神ではない。様々な信仰に従うことで、神に至ることができるんだよ。

河がいろいろな方向から流れてきて、海に入っていっしょになるようなものさ。そこでは皆、ひとつになる。

いろんなやり方で屋根に上がることができる。石の階段でも上がれる。木の階段でも上がれる。竹バシゴでも上がれるし、それから綱をよじのぼっても上がれる。でも、これにちょっと足をのっけてみたり、又、別なものに足をかけてみたりしていては上がれないよ。一つの道をしっかりつかんでいなけりゃいけない。だが、一旦上がってしまえば、どんな方法でも下りてこられる。そして又、上がったり……。

だから、まず一つの信仰に従うことだ。神が覚れたら、どんな信仰によってでも行ったり来たりできる。ヒンドゥー教徒といるときは、誰からもヒンドゥー教徒だと思われる。イスラム教徒といるときは、誰からもイスラム教徒だと思われる。そしてキリスト教徒といれば、キリスト教徒だと思われる、という具合にね。

いろんな宗教の人があの御方にいろいろな名前をつけて呼んでいるんだよ。ある人は神（イーシュワラ）と呼ぶし、ある人はラーマ、ある人はハリ（クリシュナ）、ある人はアッラー、ある人はブラフマンだ。名前は違っていても本体は一つ、おなじものだよ。

ひとつの貯水池に四つの水汲場《ガート》がある。ヒンドゥー教徒は或る水汲場で水を汲んでジャルといい、イスラム教徒は別な水汲場で汲んでパーニーと呼び、キリスト教徒はまた別な水汲場で汲んでウォーターと呼んでいる。また、ほかの人たちは別なところから汲んで、アクアと言っている（皆笑う）。みんな同じ水なのに、名前だけ違うんだよ！　口論してどうなる？　みんな同じひとつの神様に呼びかけていて、みんな〝その御方〟のところに行くんだよ」

ある信者「（聖ラーマクリシュナに向かって）もし、ある宗教に間違いがあるとすれば？」

聖ラーマクリシュナ「どの宗教にだって間違いはあるよ。誰もが自分の時計だけ正しいと思っているんだが、どの人のも完全に正しくは動いていない。だから時々、お天道さまに合わせて時間を調整しなくちゃいけないんだよ。

どの宗教にだって間違いはあるよ。だが、間違いがあったとしても、誠実で熱心ならば、あの御方はちゃんと聞いて下さるよ。

父親に大きいのやら小さいのやら何人か子がいるとする。一人、二人は、パパとか、お父さんとか、ちゃんと呼ぶことができる。ほかの小さい子はパーと呼んでみたり、トーと呼んだり――完全に発音できないもんだから。〝お父さん〟と呼ぶ子だけを父親は可愛がるだろうかね？〝パー〟とか、〝トー〟としか言えない子を差別するだろうかね？（一同笑う）そんなことはないさ。父親はどの子も全部かわいいんだよ。(原典註2)

自分の信仰は本物だ、神が分かった、と思っている人たちは、分かっちゃいないのさ。自分はちゃんと神を求めているが、ほかの人は求めていない。神様は自分には恩寵を垂れて下さっているが、ほかの人には与えていない。こう思っている人たちは、神様がみんなの父さん、母さんであるのを分かっていないんだ。真剣であれば、神様は誰にでも慈悲深くして下さるんだよ」

愛の信仰がどのようなものかについて、タクールは重ねて説明されている。だが、どれだけの人に

（原典註2）英語で書かれたマックス・ミュラーの著書『ヒバートにおける講演《レクチャー》』にも、同様の話がある。マックス・ミュラーも神々を礼拝する人々を嫌ってはならないことを、同じ隠喩を用いて説明している。

それを理解できただろうか？　ケーシャブ・センにしても、どの程度理解していたことだろうか？　この燃えるような愛の公式を伝授されていたスワミ・ヴィヴェーカーナンダには、その教えを世界に宣布することができた。聖ラーマクリシュナは、教義に頼ってはならないことを繰り返し説かれた。自分の信仰が正しく、他の信仰は間違っているという教義主義が、あらゆるもめごとの始まりなのだ。スワミジーは、シカゴの宗教会議でこの件に言及している。キリスト教、イスラム教などの宗教の名においてどれほどの血が流されたか、どれほどの暴力、殺戮がなされたかを語っている。

「宗派主義、偏見、そこに由来する恐ろしい狂信が、長い間この美しい地球に取り憑《つ》いてきました。暴力を蔓延《はびこ》らせ、時に人々の血で溢れかえらせ、文明を破壊し、数々の国家を絶望に追いやってきたのです」（ヒンドゥー教に関する講義――シカゴ宗教会議）

別の講演でのスワミジーは、〝すべての信仰は真理である〟として、科学的論拠を挙げての説明を試みている。

「仮にこうした宗教の一つが勝利して、他の宗教が滅びることで調和がやってくると信じている方がいるなら、『兄弟よ、それは叶わぬ希望です』と、私は申し上げましょう。キリスト教徒がヒンドゥー教徒になることを私が望むでしょうか？　とんでもありません。ヒンドゥー教徒や仏教徒がキリスト教徒になることを望むでしょうか？　とんでもありません」

「種が大地に蒔かれて、土と空気と水が与えられます。だからと言って、その種が土や空気や水になるでしょうか？　いいえ、それは草や木になるのです。土、空気、水を吸収し、それを植物に変えることで草や木に成長するのです」

「信仰の場合も同じことです。キリスト教徒がヒンドゥー教徒や仏教徒になったり、ヒンドゥー教徒や仏教徒がキリスト教徒になったりするのではありません。互いの信仰の精神を吸収しつつ、自分の信仰の個性を保ち、各自の成長の法則に従って成長すべきなのです」

アメリカでのスワミジーは、ブルックリン倫理協会でヒンドゥー教に関する講演を行った。ルイス・ジェーンズ博士が議長を務めた。ここでもスワミジーの最初の言葉は、宗教の調和に関してだった。特定の宗教が真理であり、他はすべて間違っているということはありえない、とした。自分の宗教だけが正しいとするのは、病気のようなものだ。誰にも五本の指がある。仮に六本指の人がいるならば、その人は異なっている、と言わねばならないだろう。

「真理は、いつの時も普遍であり続けてきました。もし皆さんが五本指なのに私だけが六本指ならば、皆さんはそれが自然の真意だとは思わないでしょう。異常で病的なものだと思うでしょう。宗教についても同じです。もしも一つの宗教だけが正しく他は間違いということになれば、その宗教もまた、病んでいると言わねばならないのです。一つの宗教だけが正しいのならば、他の宗教はすべて間違っているはずです。かくしてヒンドゥー教は私のものであり、また皆さんのものでもあるのです」

（ブルックリン倫理協会での講演）

シカゴ宗教会議でスワミジーが語り始めると、魅了された六千人の聴衆が立ち上がって拍手喝采を(原典註3)送った。彼は次のように語った。

「寛容であること、万人を受け入れることを世に知らしめてきた宗教に属していることを、私は誇りに思います。広く寛容であるのみならず、私たちはすべての信仰を真理として受け容《い》れます。〝排他〟の訳語を持たない聖なるサンスクリット語を言語とする宗教に属していると皆さんに語れることを、誇りに思っています」

タクール、聖ラーマクリシュナ、ナレンドラ、カルマ・ヨーガと愛国主義

聖ラーマクリシュナはいつもおっしゃっていた——「〝私〟と〝私のもの〟が無智で、〝あなた〟と〝あなたのもの〟が智識だ」と。一八八四年六月十五日、日曜日、スレッシュ・ミトラ(スレンドラ)邸の中庭で大きな祝祭が催された。そこには聖ラーマクリシュナと多くの信者たち、その中にはブラフマ協会の会員たちもいた。タクールはプラタプ・チャンドラ・マズンダールその他の信者におっしゃった。「〝私〟と〝私のもの〟が無智だ。ラースマニがカーリー寺院を建てたと人は言う。誰も、〝神様が建てなすったのだ〟とは言わない。〝ブラフマ協会はこれこれの人がやっている〟とは言うが、誰も、〝神の御心《みこころ》であればできたのだ!〟とは言わない。〝私がしている〟——これが無智というものだ。〝おお神よ、あなたが行為者《カルター》、私は非行為者《アカルター》、あなたが使い手、私は道具〟——これが智識というものだ。〝神さま、私は何も持っていません。この寺は私のものじゃない。このカーリー寺院は私のものじゃない。この協会は私のものじゃない。すべてはあなたのもの。この妻も息子も家庭も、みな誰一人、私のものじゃない。すべてあなたのもの〟——これを智識と言うんだよ」

「私のもの、私のものといって、何にでも愛着しているのがマーヤーだ。あらゆるものを愛するのがダヤー（慈悲）だ。ブラフマ協会の会員だけを愛するのはマーヤー（迷い）だ。しかし、すべての国の人を愛し、すべての宗教の人々を愛する心はダヤー（慈悲）から生まれる。神への信仰から生まれる。マーヤーによって人間は縛られ、神から背《そむ》いてゆく。慈悲《ダヤー》によって神をつかむことができる。シュカデーヴァやナーラダのような方々は慈悲の人だった」

「自分の同胞だけを愛するのはマーヤー（迷い）だ。しかし、すべての国の人を愛し、すべての宗教の人々を愛する心はダヤー（慈悲）から生まれる」とタクールはおっしゃった。ならばスワミ・ヴィヴェーカーナンダは、なぜあれほどまでに母国を思いやったのだろうか？

シカゴ宗教会議でのある日、スワミジーが言った。「母国の貧しさに苦しむ民衆への寄付を求めてここに参りましたが、キリスト教徒から、キリスト教徒以外の人々への献金を募《つの》ることが非常に難しいことが分かりました」

東洋が今まさに必要としているものは、宗教ではありません。宗教は充分なのです。灼熱のインド

（原典註3）「ヴィヴェーカーナンダの第一声『アメリカの兄弟姉妹たちよ』を聞いて湧き起った拍手喝采は、数分間もの間鳴り止まなかった」（バロー博士の報告）

「雄弁なスピーチの多くは簡潔だったものの、宗教会議の精神とその限界を彼ほど巧みに言い表したヒンドゥー僧侶はなかった。彼は神授の資質に恵まれた雄弁家だ」（ニューヨーク・クリティーク一八九三年）

に喘《あえ》ぐ無数の民が干涸《ひか》らびた喉《のど》で求めるのは、パンなのです……」
「我が国の貧しさに苦しむ民衆のための救済支援を求めてここに参りましたが、キリスト教国に住むキリスト教徒から異教徒への援助を得るのがいかに難しいかを実感しました」（宗教会議前のスピーチ――シカゴ・トリビューン）

スワミジーの愛弟子シスター・ニヴェディタ（マーガレット・ノーブル嬢）は、シカゴに住んでいたスワミジーが、どの宗教（ヒンドゥー教、イスラム教、ゾロアスター教）に属す人も、出会ったインド人すべてに深い愛情を注いだことを語っている。滞在先の裕福な家によくインド人を招くと、家の主人もその客人を大変丁重にもてなしたと言っている。さもなければ、スワミジーが家を出て他のところへ行ってしまうことをよく承知していたからだとしている。

「シカゴでの世界大博覧会に出席していたインド人は、貧富や身分を問わず、ヒンドゥー教徒も、イスラム教徒も、ゾロアスター教徒も、誰彼かまわず宿泊先に連れて行かれて手厚いもてなしを受けました。そして接客に落ち度があれば、たちまちスワミジーが出て行ってしまうことを家の主たちはよく知っていました」

いかにしてインドの同胞を貧苦から救い出すか、いかにして然《しか》るべき教育をほどこして霊的に成長させるか、スワミジーは常に思いを巡らしていた。しかし自国の民に対するのと同様、アフリカ系黒人に関しても憂慮していた。スワミジーがアメリカ南部を旅していた時、有色人種か黒人と思われて家への受け入れを断られたことがあったと、シスター・ニヴェディタは述べている。しかし、一旦ヒンドゥー教の著名な僧侶スワミ・ヴィヴェーカーナンダだと分かると、非常に丁重なもてなしを受けたのだった。そして「『アフリカ人か？』と問われた時、なぜ何も言わないまま去られたのですか？」と尋ねられたのである。

スワミジーは応えた。「しかし、なぜですか？　アフリカの黒人は我が兄弟ではありませんか？すなわち、『世界中の誰もが同胞者なのではありませんか？』」と。同胞者を愛するのと同様に、黒人も愛すべきである。しかし人は、いつも一緒にいる同胞者を優先するのだ。この教えは、執着のない奉仕と呼ばれる。

これはまた、カルマ・ヨーガとも呼ばれる。誰もが仕事を為すが、どんな見返りも期待せずに働く事は非常に難しい。すべてを放棄して孤独のうちに長時間神を瞑想することとなくして、祖国を援助することはできない。〝私の国〟とは言ってはならない。それはマーヤーだからだ。そこに住む者はみな〝あなた（神）〟のものだからこそ、彼らに仕《つか》えたいのだ。神の命令だからこそ、祖国に仕えたいのだ。これは神の仕事なのだ。すなわち神の僕《しもべ》なるがゆえに、たとえ成功しようとも、たとえ失敗しようとも、誓いを守るのだ。神はご存知だ。名声と名誉の為ではなく、ただひたすら神の栄光が照らし出されんが為であることを――。

真の愛国心とは何か？　スワミジーがこの厳《おごそ》かな誓いを立てたのは、その理想を人々に教えるためだった。家庭を持つ者、神を求めたことのない者、〝放棄〟の言葉をせせら笑う者、心が常に〝金と女〟や世間的な名誉・名声に向いている者、人生の理想が神を覚ることだと聞いて唖然とする者……。彼らに母国のための高邁《こうまい》な理想がどうして受け入れられようか？　確かにスワミジーは祖国のために涙を流したが、また同時にこのはかない世にあって、神のみが実在、他のすべては非実在であることを忘れたことはなかった。西洋から戻ったスワミジーは、アルモラにヒマラヤを見に行った。アルモラに住む人々からは、まるで生き神のように崇《あが》められた。山々の中の王として讃《たた》えられるヒマラヤの高峰を見たスワミジーは、感無量になって言った。「世俗の喧騒を捨てた賢者《リシ》たちが、昼夜、神を思って修行に明け暮れた聖なるウッタラーカンド（インド北部）に、今日私は、放棄の聖地を見ている。ヴェーダのマントラは、彼らの唇を通して流れ出したのだった。ああ、そんな日が来るのはいつのことだろう？　いくつかの仕事をし終えたいという願望はあるのだが、久しぶりにこの聖地を訪ねて、仕事を続けたいという願望は落ちていく。今は孤独のうちに座して、ハリの蓮華の御足を思いつつ、深いサマーディに溶け込んで人生最後の日々を過ごしたい」

「賢者《リシ》たちが暮らし、哲学が生まれた父なる山のどこかで最後の日々を送りたい、というのが人生の望みです」（アルモラでのスピーチ）

ヒマラヤを目にして、仕事への願望はすっかり落ちてしまった。放棄という仕事（カルマ・サンニヤーサ）だけが唯一思い浮かんだ。

「父なるヒマラヤ連峰を目の当たりにすると、働くことへの性向、長年頭の中を騒がせてきたものはすっかり静まり返って、その場の霊気に木霊《こだま》していた永遠のテーマ、ヒマラヤを渦巻いて流れる川から今なお聞こえるせせらぎのテーマ、すなわち〝放棄〟へと我が心は立ち帰った」（『スワミ・ヴィヴェー

カーナンダ全集第3巻』コロンボからアルモラでの講義――アルモラでの歓迎へのスピーチと応答）
この放棄、この無執着が達成されると、人は恐れを知らぬ者となる。他はすべて恐れをはらんでいるものだ。

サルヴァム・ヴァストゥ・バヤーンヴィタム・ブーヴィ・ナルナーム・
ヴァイラーギャメーヴァバーヤム（ヴァイラーギャ・シャットカム31）
人生のすべては恐れと関わるものだ
人を恐れを知らぬものとさせるのは〝放棄〟だ

ここに至れば、宗派主義は感じられなくなる。信仰に関わる論争は消え去る。唯一至高の真理が心に確立される。人生で大切なことは見神で、他はすべて泡くずだ。

人生唯一必要なのは神を崇《あが》めることで、他はすべて幻想だ。神のみが実在、他はすべて非実在だ。

一旦蓮の花にとまった蜂は、もうブンブン言わなくなるものだ。

「宗派間の争いや教義上の違いがすべて忘れ去られ、〝あなたの宗教〟と〝私の宗教〟という対立が消え失せるとき、力強い魂たちはいずれ、この父なる山へと引き寄せられるでしょう。内なる神の認識という唯一永遠の信仰のみがあること、他は泡のごとく実質のないものであることを人類が理解するとき、この世が虚飾に過ぎないこと、〝神の礼拝〟と〝神〟以外はすべて無用であることを知るとき、

熱烈な魂たちは、ここにやって来るでしょう」（アルモラでのスピーチ）

タクール、聖ラーマクリシュナは、「アドヴァイタ（不二一元）の智識を着物の端に結びつけて、どこにでも好きなところへ行くがよい」とよくおっしゃっていた。スワミ・ヴィヴェーカーナンダはそのアドヴァイタの結び目を衣の端につけて仕事に従事したのだ。サンニヤーシンにとって、家、富、他人、身内、祖国、異国とは何だろうか？　ヤージニャヴァルキヤは妻のマイトレーイーに言った。「神を覚らずして、富や教養が何になろう？　マイトレーイー、まず〝彼〟を知ることだ。他はその後だ（ブリハド・アーラニヤカ・ウパニシャッド　4章5節）」スワミジーはまさにこの考えを世に広めた。彼は言った。「おお、世の人々よ、まず世俗の快楽を捨て、孤独のうちに神を礼拝せよ。その後で好きなことをするがよい。そうすれば、何の害もないだろう。祖国に仕えよ。そして望むなら家庭を持ちなさい。神が万物に宿られること、神以外他はないこと、世界と祖国は神なくして存在しないことを知るとき、何の害もない。神を覚った後には、この世すべてが神のみであることを知るだろう」賢者《リシ》ヴァシシュタ・デーヴァがラーマに言った。「ラーマよ、私といっしょによく考えてみよう。それから世を捨ててもおそくはない。では、聞くがね――この世は、神の外にあるのかい？　もしそうなら、サッサと捨てたらいいだろう」アートマン（真我）を覚っていたラーマはそこで黙ってしまった。聖ラーマクリシュナは、「まず使い方を覚えてからナイフを手に取りなさい」とおっしゃっていた。スワミ・ヴィヴェーカーナンダは、真のカルマ・ヨーギーについて説明した。祖国のために、何ができるだろうか？　金銭的に貧民を援助すること以外にも多くのなすべき義務があるのを、スワミジーは知っていた。最高の義務とは、彼ら貧民に神の知識を伝えることだ。次に教育という援助があり、その次に命の援助だ。そしてそれから貧者に衣食を施すのだ。どのくらいの期間、世の不幸を取り除いておけると言うのだろうか？　聖ラーマクリシュナがクリシュナダース・パル(訳註1)にお尋ねになった。「人生の目的は何だ？」ってきいたら、「世のために役に立つことをすること、苦しみをなくすことだと思います」と答えた。するとタクールは苛立《いらだ》っておっしゃった。「あんたの言うことは、若後家の息子の浅知恵(訳註2)だ。世の辛酸をどれだけ救えると思っているのかね？　世界はそんなに小さなものかね？　雨季のガンガーには蟹《かに》がいるのを知ってるかい？　それと同じで数知れない世界があるんだよ。この宇宙の大師であられる御方が、すべての世界の面倒を見て下さる。人生の目的は、まず第一に神様を知ることだ。それから好きなことをするがいい」スワミジーもどこかで以下のように言っている。

「不幸を永遠に取り去ってくれるのは唯一霊性の知識だけで、他の知識は欲求をしばらくの間満たしてくれるだけです。霊性の知識を与えてくれる人が人類最高の恩人なのです。この霊的救済（ブラフ

（訳註1）クリシュナダース・パルはカルカッタの裕福で著名な慈善家。これは一八八四年十月十一日に南神寺院《ドッキネーショル》に聖ラーマクリシュナをお尋ねしたときの会話。

（訳註2）若後家の息子の浅知恵（ランディ・プッティ・ブッディ）――他人の顔色を見ながら人にへつらって生きてきたためについた浅知恵の意。

マ・ジュニャーナ）の次に来るのが知的救済（ヴィディヤー・ダーナ）――すなわち世俗の知識という援助です。これは衣食の援助よりは遥かに高尚なものです。その次が命の援助で、四番目が食べ物の援助です」（カルマ・ヨーガ、ニューヨーク）（私のキャンペーン計画、マドラス）

神を覚《さと》ることこそが人生の目的であり、この国最大の関心事だ。まずこれが為され、他はその後だ。初めから政治を語っても仕方ない。まず集中力をもって神を瞑想し、胸《ハート》の内に神を見ることだ。神を覚れば、心が執着を離れているので、祖国への善行を為しうる。〝私の国〟と考えていては祖国に尽くすことはできない。万人の中に住み給う神に仕えさせて頂くのだ。そうなれば、祖国と外国の区別を見なくなるだろう。そうなれば、いかにして他者への善行を為せるかが本当に見えてくるだろう。聖ラーマクリシュナは「将棋を指している本人たちより、傍《はた》で眺めてる人の方が得てして正しい駒の進め方がわかるものだ」とおっしゃっていた。執着を離れた人は、自分のために何も必要としないからだ。執着と悪意を離れた人、霊性の人、まさに今生で解脱する人、長年修行を行じて神に至った人は、神以外はすべてがイヤなのだ。

この境地に定着すれば、至高最大の宝を獲たことを知る
ここに安定すれば、いかなる困難にも動揺せず　――ギーター６・22――

この理由から、ヒンドゥー教徒の政治、社会の掟はすべて宗教的規則だ。マヌ、ヤージニャヴァル

キヤ、プラシャール他の大聖者がこうした聖典を記した。彼らには何の必要もなかったが、神からの命を受けて家住者のために執筆したのだった。執着を離れて、将棋の駒の正しい動かし方を提言しているのだ。このため、彼らの言葉には、場所、時間、人物の違いによるいかなる間違いも存在しない。

　スワミ・ヴィヴェーカーナンダは、カルマ・ヨーギーでもあった。無執着の精神で人類への奉仕を誓った。まさにかけがえのない働き手だった。人類の為に善をなした古《いにしえ》の聖者のごとく、執着を離れて祖国のために尽くした。願わくば我々もまた、無私《ニシュカーマ》の心でこの信仰の道の足跡を辿《たど》れんことを――。だがこれは、なんと難しいことだろう！　まず第一にハリの蓮華の御足に至らねばならない。それには、ヴィヴェーカーナンダの放棄の精神と厳格な修行に倣《なら》わねばならない。これができてこそ、相応《ふさわ》しい者となれるのだろう。

　幸いなるかな、偉大なる放棄の聖者！　あなたはまさに師の意志を継いだのだ。グルデーヴァ（師）の偉大なマントラだった〝最初に神を覚《さと》り、それから他のことを為せ〟を真に実践したのだから――。神を信じなければこの世は夢、手品のようなものであることをあなたは理解した。だから全てを捨てて修行に専念したのだ。神こそがすべての生命だと知った時、神しか他にないことを知った時、あなたは心をこの世に向けたのだ。おお、マハーヨーギン！　万物に宿るハリ（神）に仕《つか》えるため、働きという領域に戻ってきたのだ。こうしてあらゆるヒンドゥー教徒、イスラム教徒、キリスト教徒、外国人、同胞人、富める者、貧しい者、すべての男女が、あなたの無限の愛の一部となったのだ。法悦の愛ですべての人たちを抱擁したのだ。激しい放棄の精神に駆られて黄土色の衣をまとい、涙ながらに生みの母を後にしたのだ。しかし後にはその母性愛に感謝して、彼女の願いを叶えるために再会を果たしたのだった。そしてナーラダやジャナカのごとく、人類を教え導くために尽《つ》くしたのだ。

聖ラーマクリシュナ、ナレンドラ、ケーシャブ・センと有形の神の礼拝

〔神は有形か、無形か?〕

ある日、ケーシャブ・チャンドラ・センが弟子たちを連れて南神村《ドッキネーショル》のカーリー寺院に聖ラーマクリシュナをお訪ねした。ケーシャブと共にタクールは、しばらく無形の神についてお話しになった。大覚者《パラマハンサ》は彼におっしゃった。「私はカーリーを土くれや石の像だとは思わないよ。たましいのこもった聖像だ。ブラフマンである御方が、同時にカーリーなんだからね。それが不動のとき、ブラフマンというだけだ。創造、維持、破壊をするとき、カーリーと呼ぶんだ。大実母カーリーは〝時《カーラ》〟と交接なさる。時《カーラ》とブラフマン――不異《おなじ》ものだ」

聖ラーマクリシュナ「(ケーシャブに)どんなふうなものなのかわかるかい? サッチダーナンダ(真実在・智慧・歓喜)は果てしない大海のようなもの。信仰の冷やす力で、ところどころに氷ができている。水が氷の形に固まっている。つまり、信仰者のためにあの御方は形をとって現れて下さるんだよ。そして又、智識《ブラフマ・ジュニャーナ》の太陽が上ればその氷は溶けてしまう。神だけが本当の実在で、この世は一時のはかないものだと覚ると三昧に入る。すると、形や相《すがた》は蒸発してしまう。そうなるともう、あの御方はどんなものか、口では言えなくなる。普通の心や知性ではあの御方は理解できないよ」

「ひとつのことがちゃんと分かってる人は、他のことも分かってくる。無形の神を知る者は、有形の神のことも知っている。近所にも出かけたことのない人は、シャームプクルやテリパラがどこにあるのか、どうやって知れよう。姿なき神は誰もが信仰できるわけじゃない。だから姿ある神様を拝むことがどうしても必要なんだよ」

大覚者様《パラマハンサ・デーヴァ》は、さらに説明された。「お母さんに五人の子供がいる。魚が手に入った。お母さんはいろんな料理をこしらえて下さる。——みんなの胃に合うようにね！　ある子には魚のピラフ、また腹をこわしている子には魚のスープをこしらえてやる——胃袋で消化《こな》す力が違うからね」

「この国の人々は姿ある神様を信仰している。キリスト教の欧米の宣教師は、インド人のことを野蛮人呼ばわりしている。インド人は人形崇拝者でひどい有り様にある、なんて言っている」

スワミ・ヴィヴェーカーナンダは、アメリカで初めて姿ある神を信仰することの意味を説いた。彼は、「インドに人形崇拝はない」と言っている。（訳註——〝偶像崇拝〟ではなく〝人形崇拝〟と言っている）

「まず第一に、インドには多神教はない、と申し上げておきましょう。どの寺院に行っても、たたずんで耳をすますなら、参拝に来た人たちが神像の中に神のあらゆる属性を見ていることに気づくでしょう」（ヒンドゥー教についての講義、シカゴ）

スワミジーは、「神を思い始めると、有形の神しか心に思い浮かばない」という心理学の助けを借りて説明している。

「キリスト教徒はなぜ教会へ行くのでしょうか？　なぜ十字架は神聖なものなのでしょうか？　祈る

とき、なぜ顔は空に向けられるのでしょうか？　カトリックの教会にはなぜあのようにたくさんの神像があるのでしょうか？　プロテスタントが祈るとき、なぜ多くの神像が心に浮かぶのでしょうか？　兄弟たちよ、私たちは呼吸せずには生きていけないように、物理的イメージを持たずには、何ひとつ思うことはできないのです。〝遍在〟という言葉は、世のほとんどの人にとって、なんの意味も持ちません。神に表面的なところがあるでしょうか？　私たちが〝遍在〟という言葉を繰り返しても、思い描けるのは地の果てのイメージだけなのです」（ヒンドゥー教についての講義、シカゴ）

スワミジーは言った。「有形、無形の神の信仰は、礼拝者次第です。有形の神を礼拝することは、罪あること（クサンスカーラ）でも幻影でもありません。低次における真理なのです」

「神像の助けを借りることで自らの神聖な性質を容易《たやす》く覚られるならば、これを罪と呼んでいいものでしょうか？　またこの段階を過ぎた後、神像の助けを借りたことが間違いだった、と言うべきでしょうか？　ヒンドゥー教では、人は過ちから真理へと向かうのではなく、低次の真理から高次の真理へと向かうとしています」

スワミジーは、「全員に通じるひとつの規則はありえない」とした。神はひとつでも、異なった信者の前には様々な姿をとって現れるのだ。ヒンドゥー教徒はこれを理解している。

「統合とは、自然の計画における多様性のことで、ヒンドゥー教徒はこれを認識しています。他の宗教では一定の教義を唱えて、これを社会に強《し》いようとします。すなわちジャックにも、ジョンにも、ヘンリーにも、誰にもぴったり合うはずの同じ上着を社会に提示するのです。ですから、もしもジャックにも、ジョンにも、ヘンリーにも合わなければ、何も身体に纏《まと》わずに出かけねばなりません。ヒンドゥー教徒は、絶対なるものが相対なるものを通してのみ覚《さと》られ、思われ、語られることを発見したのです」

聖ラーマクリシュナ、ブラフマ協会、ナレンドラ、そして罪の教義

スワミジーの霊性の師、至聖《バガヴァン》、聖《シュリー》ラーマクリシュナはよくおっしゃっていた。「あの御方の名を唱え、誠実に神を瞑想するなら、罪は消えてなくなる。綿《わた》の山に火を着けたら、たちまち燃え尽きるようなものだ。あるいは、木に止まった鳥を見てみろ。手を叩けば飛んで行ってしまうだろう」

ある日タクールは、ケーシャブ氏《バーブ》と話しておられた。

聖ラーマクリシュナ「(ケーシャブに) 心で縛られ、心で解脱する。〝私は自由な魂だ。世俗の生活をしていようが、密林のなかに住もうが、何ものにも束縛なんぞされるものか。私は神の子だ、王の中の王の息子なんだ。誰がこの私を束縛出来るものか〟と、こう思っていろ。たとえ蛇に咬まれたって、〝毒はない、毒はない〟と断固として言い切れば毒は消えてしまうんだよ！〝私は束縛なんかされていない、私は自由だ〟と、いつもこの言葉を断固として言い続けていると、本当にそうなっていくんだ。自由になるんだよ。

ある人がキリスト教の本(聖書)をくれたので、読んできかせるように言った。そしたらただもう〝罪また罪〟。〝わたしは束縛されている〟〝わたしは束縛されている〟なんてばかり言っていたら、そん

な人間は束縛されるのに成功するだけ！　昼も夜も〝わたしは罪人だ〟〝わたしは罪人だ〟と言っていれば罪人になるだけのことさ。

神様の御名に対してこんな信念を持つようにならなくちゃね――〝私は神の御名を称えているのだから、なんで私のところに罪なんかが宿っていられようか！　いまさら罪なんて何だ。束縛されるってどういうことだ？〟とね。クリシュナキショルは、それはもう立派なヒンドゥー教徒で正統なバラモンだが、彼がブリンダーヴァンに行ったときのこと、ある日、終日《ひねもす》歩き続けて、たいそう喉が渇いた。井戸を見つけてそばへ行って見たら、一人の男が立っていた。『これ、私に壺一杯の水を汲んでくれんかね？　お前のカーストは何だ？』と彼に声を掛けたら、彼が答えるには、『尊いお坊さま、私は賤《いや》しいカーストの身分で、靴を作っている者でございます』クリシュナキショルは言った。『大神シヴァの御名を称えろ。さあ、もう構わない、水を汲んでおくれ』

神の名を称えると、人間の身体と心はすべて浄《きよ》められる。それなのに罪だとか地獄だとか、そんなことばかりて言っているのは一体どういうわけだろう？　一度こう言えばいいんだ。〝神様、間違った事をしましたが、二度とこういうことはいたしません〟と。そして、あの御方の名を信じ切っていればいいんだ」

スワミジーは、罪の教義についてもキリスト教徒に話している。「罪なんて何だ！　あなた方は永遠の至福の子供たちではないか！　あなた方の司祭は、昼も夜も地獄の炎の話をしている。そんなことに耳を傾けてはならない」

「皆さんは神の子、永遠の至福を分かち合う完璧で聖なる存在なのです。地上に降りた神の子なのです。それなのに罪人などとは！　人をそう呼ぶことこそが罪なのです。来たれ、おお、獅子たちよ！　皆さんは不死の魂、自由で祝福された永遠の霊なのです。肉体ではありません。物質が皆さんの召使いであって、皆さんが物質の召使なのではありません」（ヒンドゥー教についての講義、シカゴ）

スワミジーは、アメリカのハートフォードという場所でのスピーチを依頼された。ここでは領事のパターソン氏が議長を務めた。スワミジーは再び、キリスト教の罪の教義について語った。家の中が暗い時、「暗い、暗い！」と叫んでもどうにもならない。ランプを灯《とも》せば明るくなる、と教えている。「〝ひざまずいて『ああ、私は哀れな罪人だ』と叫べ！〟と助言すべきでしょうか。いいえ、そうではなく自らの神聖な性質を思い起こさせるべきでしょう。部屋の中が暗いからといって、胸を叩いて『暗い！』とわめき回るでしょうか？　そんなことはしないでしょう。明るくする方法は唯一《ただひとつ》明かりをつけることで、そうすれば闇は消えるのです。頭上の〝光〟を覚る唯一の方法は、自分の内なる霊性の明かりを灯《とも》すことです。そうすれば、不純な暗闇や罪は飛び去ってしまうでしょう。低次ならぬ、高次の自己を思うことです」

スワミジーは、大覚者様《パラマハンサ・デーヴァ》から例え話(原典註4)を聞いていたが、彼も同じ話を語っている。「山羊《やぎ》の群れに牝《めす》虎が襲いかかった。跳びかかった拍子に肚《はら》の仔を産み落としてしまった。牝虎はそこで死に、仔虎は山羊の群のなかで大きくなった。山羊は草を食べるから仔虎も草を食べる。山羊がビャービャー鳴くから仔虎もビャービャー鳴く。仔虎は随分大きくなった。ある日、その山羊の群に雄《おす》の虎が襲いかかった。彼はそこに草喰い虎がいるのを見てびっくり仰天した。それで追いかけて行って、その草喰い虎をつかまえた。虎のくせにビャービャー情けない声を出して震えている。そいつを水の際《きわ》に引っ張ってきた。『見ろ、水に映ってるお前の顔を見ろ。おれとそっくりだろうが』それから生肉を持ってきて、『これを食え』そう言ってムリヤリ食わせた。いやがってビャービャー鳴いていたが、だんだん血の味が分かってきて自分から食べはじめた」

聖ラーマクリシュナ、ヴィジャイ、ケーシャブ、ナレンドラと、〝女と金〟を捨てること——放棄《サンニヤーサ》

聖ラーマクリシュナとヴィジャイ・クリシュナ・ゴスワミーが、南神村《ドッキネーショル》のカーリー寺院で話しておられた。

聖ラーマクリシュナ「(ヴィジャイに)女と金を捨てなければ人を教え導くことはできない。見てごらん。ケーシャブ・センにはできなかった。〝女と金〟の中で暮らしていて、『神だけが本当の実在で、この世は一時のはかないものだ』なんて言ったって誰も信じやしないよ。自分で糖蜜をすぐわきにおいておいて、『これは食べてはいけない』などと言っても人は聞かないよ。だからチャイタニヤ様《デーヴァ》はいろいろ考えた挙句に世を捨てなすった(訳註3)——人びとを導くためにね。

ヴィジャイ「本当にそうでございます。チャイタニヤ様《デーヴァ》はこう言いました。『ピッパルの種から咳止めの薬が作られた(原典註5)。ところが結果は反対で、もっと咳が出るようになってしまった』ナヴァドウィー

プの人たちはからかって言いました。『パンディット・ニマイ（チャイタニヤ）はたいそう楽しんでいるよ。美人の奥さんがいて、名声があって、お金にも事欠かない。まったくうまくやってるよ』」

聖ラーマクリシュナ「ケーシャブがすべて捨てていたなら、もっと立派な仕事が出来ただろうに――。牡《おす》山羊を大実母《マー》へお供えするんだが――ほんの少しのキズがあってもいけない。すべてを捨てた人で

（原典註4）『アキャイカ・プロコロナム・サーンキャ・ダルシャン（サーンキャ聖典の寓話の章）』からの話。以下は補足――この例え話の解説を聖ラーマクリシュナがされているので一八八三年十二月二十四日の記述から引用する。「草を食うことは女と金にくっついていることだよ。ビャービャー鳴いて逃げるのは世間一般の人間と同じように行動することだ。猛虎といっしょに行くのはグルが霊の意識に目覚めさせてくれることだ。その方にすべてお任せして、その方こそ自分の身内である、とさとることだ。自分の本当の顔を見ることは尊い自己の本性に気がつくことだ」

（訳註3）――『ニタイよ、私がもし世を捨てなかったら、人びとのためになることは出来ない。みんなが私のことを見て、世間のことをしたがるだろうからね。――女と金を捨てて、ハリの蓮華の御足に心を全部向けることに、誰一人努力する人はいないだろうよ！』（一八八四年五月二十五日『不滅の言葉《コタムリト》』参照）

（原典註5）ナヴァドウィープでハリ称名の伝道が行われたことを意味する。以下は補足――ピッパル（アスワッタ）の種から咳止めの薬が作られたが、もっと咳が出るようになってしまったとは、人々のためにハリ称名を勧めてまわったが、返って世俗の人たちからは非難を浴びた、という意味。チャイタニヤは世俗の人々を苦しみから解放させようと思い、ハリ称名を勧めてまわったのだが、チャイタニヤはまだ家庭を持っており、社会的にも地位が高く、みんなはチャイタニヤの言うことを聞くどころか羨《うらや》んで反感を買う結果となった。その後チャイタニヤが出家したことを聞いてからは、みんなは耳を傾けるようになり、ハリ称名が広まっていったのだった。

なければ教えることは出来ない。家住者の話を、いったいどれだけの人が聞いてくれると思うかい？」

スワミ・ヴィヴェーカーナンダは〝女と金〟を放棄した。それだから神について人々に教える資格があるのだ。ヴィヴェーカーナンダは、ヴェーダーンタ、英語、哲学において傑出した学者だ。稀《まれ》に見る雄弁家だ。だが、それだけだろうか？　この質問には、聖ラーマクリシュナが応えられている。一八八二年、南神村《ドッキネーショル》のカーリー寺院で大覚者《パラマハンサ》は、スワミ・ヴィヴェーカーナンダについて、信者たちに次のように語られた。

聖ラーマクリシュナ「この青年(原典註6)を見てごらん。イタズラッ子も、ここではこんなふうだがね。お父さんの傍にいるときは借りてきた猫みたいだ。廊下で遊ぶときは全く様子がちがうよ。この子のようなのは〝永遠《ニティヤ》の完成者《シッダ》〟なのだ。かれらは、決して俗世に縛られない。も少し年齢《とし》がいくと霊意識がめざめて、まっすぐに神へ向かって進むんだよ。彼らがこの世に生まれたのは、ただ人びとを教え導くためだけなんだ。俗世のことにはちっとも興味がなくて――つまり、かれらは決して女と金に心を奪われるようなことはない。

ヴェーダに、ホーマ鳥の話がある。大空はるかに高くその鳥は住んでいるんだよ。その高い空で卵を産む。卵はさっそく落ちはじめる――あんまり高いところなもんだから、何日も何日も落ちつづける。すると途中で卵が割れてヒナがかえる。落ちながらヒナの目は明き、羽も生えそろってくる。目が明くとヒナは自分が落ちつづけていること、そして地面にあたればコナゴナになって死ぬことを覚《さと》るんだ。すると、そのヒナはすぐ向きを変えて、母鳥のいるところめがけて、猛烈な速さで高くかけ昇るんだよ。

ナレンドラ（ヴィヴェーカーナンダ）はそのホーマ鳥だ。地面を見たとたんに、ヒナは向きをかえて母親の方角へ向かってものすごい速さでかけ昇る。そうして、母親のところへ戻り着く。母親の傍へかえることだけが目的なのだ。すなわち、世俗に巻き込まれる前に、神への道に逃げ込むのだ」

また、聖ラーマクリシュナはヴィディヤサガールにおっしゃった。「ハゲタカはなるほど高い処を飛んでいるが、目はいつも動物の死骸を探している。学者は沢山の聖典からいい文句をすらすら暗誦できるが、心はどこにある？　もしその心が神の蓮華の御足に捧げられているのなら敬意を払うよ。だが、もしも〝女と金〟にあるのなら、ワラクズが一本そこにあるような気になるんだよ」

スワミ・ヴィヴェーカーナンダはただの学者なんかではなく、サードゥであり、偉大な魂だった。イギリス人やアメリカ人が召使いのように彼に仕えたのは、彼の学識ゆえだけではなかった。彼が別格の人物であることを理解したからだった。人々は名誉、富、感覚の喜び、学識などに興味を持つも

（原典註6）スワミ・ヴィヴェーカーナンダは当時ジェネラル・アセンブリー・カレッジで学んでいて、十九歳か二十歳くらいだった。シムリアにある大学の近くに家があった。父親のヴィシュワナータ・ダッタは、最高裁判所の弁護士だった。スワミジーの幼名はナレンドラだった。大学の学位試験に合格していた。ハスティ氏が学長だった。兄弟姉妹がいた。スワミジーが誕生したのは西暦一八六三年、ベンガル暦一二六九年ポウシュ月の終わりの月曜日で、日の出の六分前の午前六時三十分から三十三分の間だった。亡くなったのは三十九歳五ヶ月と二十四日目だった。

のだが、彼の目的は唯一《ただひとつ》、神を覚ることだった。サンニヤーシンの歌のなかで、「サンニヤーシンは〝女と金〟を捨てなければならない」と彼自身が言っている。

情欲、名声、利欲のあるところに真理はない
女を妻と見る男に完成はない
極わずかにでも所有する者
怒りに縛られる者は
マーヤーの門を通り抜けることはできない
それゆえ、これらを放棄せよ
果敢なるサンニヤーシンよ
〝オーム・タット・サット・オーム〟と唱えよ

（サンニヤーシンの歌）

アメリカでの誘惑は大きかった。世界的な名声を得た。上流階級の教養ある極めて美しい女性たちが語らいに来ては仕えたのだった。大変魅力的だった彼と結婚したがった女性は多かった。ある時、裕福な家族からの相続を受けた女性がやって来て言った。「スワミ、私は何もかもすべてをあなたに明け渡します」スワミジーは応えた。「貴女よ、私はサンニヤーシンで結婚はできません。私にとって全ての女性は母なのです」

ああ、祝福された英雄よ！　あなたこそ真にお師匠様《グルデーヴァ》に相応《ふさわ》しい直弟子です。地の埃《ほこり》は未だあなたの体に触れていない。〝女と金〟の汚れがまだまったく染み付いていない。誘惑の国から逃げ出すことなく、そのただ中にあって、豊かさの国にありながら、神の道を歩んだ。凡人のように日々を過ごそうとはしなかった。燃えるような人生の模範を残して、死を定められたこの世を後にしたのだ。

聖ラーマクリシュナ、カルマ・ヨーガ、ナレンドラと貧者の内なる神ナーラーヤナに無私の精神で仕えること

大覚者《パラマハンサ》はよくおっしゃっていた。「誰もが義務を果たさなくてはならない。ジュニャーナ（知識）、バクティ（信仰）、カルマ（執着のない働き）、この三つが神に至る道だ」ギーターは教えている。「出家も在家も心を浄化するには、まずグルの教えに従って報果《むくい》を期待せずに働かねばならない」――〝私が為している〟と思うのは無知だ。富、人々、義務を自分のものとするのも、また無知だ。ギーターはまた、「自分が行為者ではないことを知って、行為の果報を神に明け渡しつつ義務を果たすべきだ」と教えている。「智慧を得た後も、人によってはジャナカ王のようにあの御方のご命令でこの世で働きなすった」これはギーターが教えるカルマ・ヨーガだ。聖ラーマクリシュナも同様のことをおっしゃっている。

カルマ・ヨーガは大そう難しい道だ。かなりの長期にわたって独り人里離れて修行を行わない限り、執着を捨てて働くことはできない。修行中はグルの指導が不可欠だ。まだ未熟な段階にあっては、ど

こから執着心が出てきてしまうか、誰もわからないからだ。心では〝無私の仕事〟をしているつもりでも、いつの間にか有名になりたい気持ちがでてくるからだ。家住者、すなわち〝家族〟、〝親族〟、〝私の者という人たち〟のいる人は、他者のために無執着で働《ニシュカーマ・カルマ》くことは難しい。その人から見習うことは難しいことなのだ。

しかし〝女と金〟を捨てたシッディ・プルシャ（完成した魂）の人が無私の働きを為すならば、世の模範となって人々を教え導くことができるだろう。

スワミ・ヴィヴェーカーナンダは、〝女と金〟を放棄していた。グルの指示に従って、独居しての修行を長い間行なって完成に至った。真のカルマ・ヨーガの実践者だった。しかし彼はサンニヤーシンだった。彼が望めば、賢者《リシ》やグルだった大覚者様《パラマハンサ・デーヴァ》のように、信仰と知識に暮らすこともできただろう。しかし彼の人生は単に放棄の模範となることではなかった。自分の所有物に囲まれて暮らしている世俗の人々がいかに執着を離れた生活を送るべきかを、身を以て示すためでもあったのだ。ナーラダ、シュカデーヴァ、ジャナカ王のように、スワミジーもまたその手本を庶民に示したのだ。サンニヤーシンのように、富、名声、名誉をカラスの糞のように見なし、決して享受したことはなかった。しかしなお、これらをいかに他者への奉仕に用いるべきかを、言葉と実践で教え伝えたのである。欧米から集まった喜捨は、すべて慈善に費やされた。カルカッタ近くにベルール僧院《マト》を、アルモラ近くにマヤヴァティを、そしてカーシーやマドラスなど様々な場所に僧院《マト》を建てた。ディナジプール、ヴァイディヤナート、キシャンガル、南神村《ドッキネーショル》などでは、飢饉に苦しむ人々に奉仕した。飢饉で両親を亡くした子供達のために孤児院を作った。ラージプターナのキシャンガルにも孤児院を建てた。サルガチーの村にあるムシダバド（バヴダ）近くには、今でも孤児院がある。ハリドワール近くのカンカールには、病んだサードゥの為のセヴァ・アーシュラム（奉仕の家）がある。ペストが流行った頃には、多大な費用を費やして疫病患者を救済した。彼は一人座して、貧困や飢饉に喘《あえ》ぐ人々のために泣き、友人に語ったものだ。「ああ、あの人たちは神を思う時間もないほどに苦しんでいるのだ！」と。

グルに教えられた以外の仕事は、すべて束縛の原因となるものだ。サンニヤーシンだった彼が、どうして働く必要があっただろうか。

蒔いた種は刈り取らねばならない、と言う
そして原因は必ずや結果をもたらす
良き種は良き結果を
悪しき種は悪しき結果を
この掟を逃れることは、誰にもできない
姿形を纏《まと》ったものは
鎖も背負わねばならない
まさに本当だ
しかし名前と形の遥か彼方に

永遠に自由な真我《アートマン》がある
汝はそれなり、と知れ
恐れを知らぬサンニヤーシンよ！
〝オーム・タット・サット・オーム〟と唱えよ

（サンニヤーシンの歌）

神は人々を教え導くためだけに、彼にこうしたあらゆる働きをさせたのだった。サードゥも家住者も、グルの指示に従って一定期間、独り人里離れて修行することで神への愛を育て、執着なく働くことを学び、スワミジーのように慈善活動も行えるようになるのだ。スワミジーのお師匠《グルデーヴァ》さま、聖ラーマクリシュナは、よくおっしゃっていた。「手に油をぬってから狸好果《カンタル》（ジャックフルーツ）の実を割らなけりゃいけないよ！　そうしないと手にヤニがべたべたくっついてしまう」つまり、独りで修行して神への愛を得た後で、命令を受けて初めて、執着を持たずに世俗の仕事をこなせるようになるのだ。スワミ・ヴィヴェーカーナンダの人生に思いを馳《は》せることで、独居修行の何たるかを、人々を教え導く仕事の何たるかを垣間見ることができるのだ。
スワミ・ヴィヴェーカーナンダの仕事はすべて、人々を教え導くためだった。

ジャナカのような王たちでさえ
義務の遂行によって完成の域に達した

故に　世の人々に手本を示すためにも
君は自分の仕事を立派に行いなさい
──ギーター３-20──

ギーターに記されているカルマ・ヨーガは、極めて難しい。ジャナカ王たちは、働くことを通して霊性の完成に至った。「ジャナカ王は以前に独り人里離れて、どれほど修行なすったことか」と聖ラーマクリシュナはおっしゃっていた。それゆえサードゥは、世俗の喧騒を離れたところで独り、知識と愛の道を歩んで霊性の修行に打ち込むのだ。スワミ・ヴィヴェーカーナンダのように極めて有能な人、英雄だけにこのカルマ・ヨーガを実践することができるのだ。こうして神を経験しながら命令を受けて、なおも世俗にあって放棄の精神で働く大聖者《マハープルシャ》がどれだけいるだろうか。人々への奉仕に積極的に関わって動き回り、〝女と金〟に一切染まることなく、神の愛に酔いしれる宗教指導者がどれだけいるだろうか。

スワミジーは一八九六年十一月十日にロンドンで行われた講演で、ヴェーダーンタにおけるカルマ・ヨーガを解説するギーターの教えに触れている。

「妙な話ですが、これは戦場でクリシュナがアルジュナに哲学を教える場面です。そしてギーターの一ページ一ページに燦然《さんぜん》と輝く教えは、激しい活動です。しかもその活動の只中に永遠の静けさがあるのです。この理想こそが働くことの秘訣であり、ヴェーダーンタの目標に至るものであります」（実践的なヴェーダーンタ、ロンドン）

この講演のなかでスワミジーは、カルマ・ヨーガ（活動の只中にありながら平静であること）を果たすサンニヤーシンの気持ちについて語った。スワミジーは、怒り、憎しみ、ねたみを捨てて働くように努めた。これは彼の修行の質の高さと神の経験によってこそ為されたことだった。こうした平静さは、霊的に完成されているか、聖クリシュナのような神の化身にしか保てないことだ。

聖ラーマクリシュナとスワミ・ヴィヴェーカーナンダのヴァマチャラに関する教え

ある日、スワミ・ヴィヴェーカーナンダが南神寺院《ドッキネーショル》に聖ラーマクリシュナを訪ねた。バヴァナートとバブラムたちがそこに居合わせた。一八八四年九月二十九日のことである。ナレンドラが、ゴシュパラとパンチャナミーを話題に取り上げて尋ねた。「あの人たちは女性を相手にしてどのように修行をするのですか？」

タクールがナレンドラにおっしゃった。「お前がこんなものに耳を貸すことはない。カルタバジャ、ゴシュパラ、パンチャナミー、バイラヴィーやバイラヴァには正しい修行はできない。落とし穴にはまってしまうのさ。汚い道でね、良くはないよ。きれいな道を通って行ったほうがいいね。カーシーにわたしが行ったとき、ある日、バイラヴィーの秘密の集まりに連れて行かれた。一人のバイラヴァは一人のバイラヴァを連れてきていた。わたしにお酒《カロン》を飲めと言った。わたしは、『母さん、わたしはお酒を飲めないんだよ』と言った。やがて、彼等は飲みはじめた。わたしは思っていたよ、この次にはきっと称名や瞑想をするんだろうと。そうじゃなかった、踊り出したのさ！」

さらにナレンドラにおっしゃった。「わたしの場合は、（女に対して）母親に対する態度だ。子供の気持ちだよ。母親とみること、これはとても清浄《きれい》な態度でね、ちっとも危険なことはない。（神を）妻とみなす〝勇者の態度〟はとてもむずかしい修行だ。なかなか正しい態度を続けていくことはできないで、堕落してしまう。お前たちはわたしの骨肉《みうち》だから、わたしはお前たちに言っておく——最後にこのことがわかったんだよ。——神は全体、わたしはあの御方の一部分。あの御方は主《あるじ》、わたしは召使い。それから、時々はこういう気分になる——あの御方こそ、このわたし。わたしこそ、あの御方。神への信愛《バクティ》が真髄だよ！」

さらに一八八三年九月九日、タクールは南神村《ドッキネーショル》の信者たちにおっしゃった。「私のは子供の態度だ。アチャラーナンダは此処へよく来て泊まっていったよ。御神酒《おみき》をしこたま飲んだものさ。わたしが女と一緒にする修行を良く言わないもんだから、しまいにはこう言った。『あんたはどうして、女性に対する〝勇者の態度〟の修行を認めないのかね？　タントラの修行にちゃんとある。シヴァの教えを否定するおつもりか？〝子供の態度〟と同様に〝勇者の態度〟をとる修行もあるんだよ』

わたしは答えたよ——『そんなこと、誰が知るものか。わたしはそんなのはどれも嫌いだよ。——わたしは子供の態度だ』と」

「郷里《くに》にバギーと言う女の油職人がいて、カルタバジャ派（ヴィシュヌ派の一分派）の信者だった。そこでは女を相手に修行するのさ。そして女も男なしには修行できないのだ。相手の男のことをラーガ・クリシュナ（愛の理想クリシュナ）というがね。その男が三度、〝クリシュナを受け入れるか？〟

と聞くんだよ。女は三度、〝はい、受け入れます〟と答える」

一八八四年三月二十三日、聖ラーマクリシュナは、ラカール、ラム他の信者におっしゃった。「ヴァイシュナヴァ・チャランはカルタバジャ派に属していた。シャーマバザールに行った時、『わたしはそんなやり方をしない。わたしは女を母親だと思うことにしている』と言ったよ。偉そうなことを言っていても、その実、道ならぬことをしているのをわたしは知っていたからね。彼らは、神像などの中におられる神《タクール》を拝むことは、一切ライクしない。生き身の人間がいいのだ。彼らの多くはラーダー・タントラ(訳註4)の方法を実行している。五元素の原理《タットヴァ》で修行するわけだ。地の原理《タットヴァ》、水の原理、火の原理、風の原理、空の原理――糞、尿、経血、精液、これもみんな原理《タットヴァ》なんだよ！　こういう修行はとても汚い修行だ。ちょうど便所につづく勝手口を通って家に入るようなものさ！」

タクールの教えに従って、スワミ・ヴィヴェーカーナンダも女性を相手にする修行（ヴァマチャラ）を非とした。「ほとんどインド各地、特にベンガル地方では大勢がこっそりとこの種の修行を行って、ヴァマチャラ・タントラ(訳註5)の権力を引用しては正当化している。こうしたタントラを止めて、少年たちにウパニシャッドやギーターなどの聖典を教えるのが最善だ」と諭《さと》している。

欧米から帰国したスワミ・ヴィヴェーカーナンダは、ショババザールにあるラーダーカーンタ・デーヴァ寺院で、深遠なヴェーダーンタの教えを伝える講義を行った。このなかで、女性と行う修行を以下のように非難している。

「この地方の命を奪っているこの穢《けが》らわしいヴァマチャラを止めなさい。皆さんはインドの他の地方を見たことがありません。誇り高きベンガルの文化も、ヴァマチャラがこれほど浸透しているのを知るなら、極めて恥ずべき社会と見なさずにはいられません。ヴァマチャラ派がベンガルの社会を台無しにしているのです。日中、人前に現れては声高に善行《アチャラ》を説く人々が、夜ともなると最もおぞましい放蕩《ほうとう》に耽《ふけ》っているのです。こうした行為は、最低の本に裏付けられたものです。あなた方ベンガル人はご存知でしょう。ベンガル人の聖典は、ヴァマチャラ・タントラなのです。大量に出版されて、子供達に聖典を教えるどころか、彼らの心に毒を盛っているのです。カルカッタの父親たちよ、こうしたヴァマチャラ・タントラのようなひどいものが翻訳されて出回っていることを、恥ずかしいとは思わないのですか? こうした本を手渡された息子、娘たちの心に毒が盛られることを、そしてこんなものがヒンドゥーの聖典であると思って育つことを恥ずかしいとは思わないのですか? 恥じているのなら、そんな本を子供たちから奪い取って、代わりにシャーストラ（真の聖典）、ヴェーダ、ギーター、ウパニシャッドなどを読ませるべきなのです」（ショババザールにおけるカルカッタ講演の応答）

一八八六年、病床に伏せておられたコシポールの別荘で、聖ラーマクリシュナはナレンドラを呼んでおっしゃった。「我が子よ、ここでは誰も酒を飲んではいけないよ。宗教の名において酒を飲むのはよくない。そんなことをする場所では、何一つ良いことが為されないのを見てきたよ」

（訳註4）ラーダー・タントラ――女性と共に行うヴィシュヌ派のタントラ修行。
（訳註5）ヴァマチャラ・タントラ――女性と共に行うシャクティ派のタントラ修行。

聖ラーマクリシュナ、スワミ・ヴィヴェーカーナンダと神の化身《アヴァターラ》の教義

聖ラーマクリシュナは南神寺院《ドッキネーショル》でバブラムなどの信者たちと坐っておられた。一八八五年三月七日、時間は午後三時か四時ころ。

信者たちは、タクールの足を手でさすって奉仕《セヴァ》をさせてもらっている。信者たちに向かって笑いながら、「これ（足さすり）は、とてもいろんな意味があるんだよ」とおっしゃった。

それから、ご自分の胸に手を当ててこうおっしゃる――「もしこの中に何かがいるとしたら、（足をさすった人の）無智と無明をいっぺんに吹き飛ばしてくれるよ」

急に、聖ラーマクリシュナはまじめな表情になられて信者たちにおっしゃった。何か秘密の話をなさるご様子だ。「――ここには他人は誰もいないね。秘密の話をするよ。この間見たんだよ――サッチダーナンダがこの鞘《さや》（肉体）から抜けて、外に出てこう言った。『わたしは、あらゆる時代に化身する！』と。完全な顕現《あらわれ》だとわかったよ。それが、サットヴァ性の栄光《ちから》として顕《あらわ》れているんだ」

信者たちは驚いて、ものも言えないままに耳を傾けていた。ギーターのなかでの聖クリシュナの偉大な言葉を思い出した者もいた。

宗教《ダルマ》が正しく実践されなくなった時
反宗教的な風潮が世にはびこった時

バラタの子孫　アルジュナよ
わたしは何時《いつ》何処《どこ》へでも現われる
正信正行の人々を救《たす》け
異端邪信のともがらを打ち倒し
正法《ダルマ》をふたたび世に興すために
わたしはどの時代にも降臨する
——ギーター４・７〜８——

一八八五年九月一日、ジャンマシュタミー——クリシュナの聖誕祭の日。ナレンドラたち信者が次々と南神村《ドッキネーショル》に集まってきた。ギリシュ・ゴーシュが一、二の友人を伴って、馬車に乗ってやってきた。彼はオイオイ泣きながら部屋に入ってきた。聖ラーマクリシュナはやさしく彼の背中を叩いておやりになった。

ギリシュは頭をあげて、合掌してこう言った。——「あなたこそ、全《まった》きブラフマンです！　もしそうでないというなら、すべてのものは全部まちがいです！　ほんとうに、ほんとうに、口惜しいなあ！　あなたのお世話ができなかったとはねえ！　至聖《かみ》よ、お恵みを垂《た》れ給《たま》え。一年間あなたにお仕えしていいですか？」

何度も、何度も、彼（タクール）を神として崇《あが》める讃詞《スタヴ》を口にするので、タクールがおっしゃった。

聖ラーマクリシュナ「チッ、そんなこと言ってはだめだ。〝バクトボォト、ナ、チャ、クリシュナボォト『私は（クリシュナの）信者であって、クリシュナ自身ではない』〟自分のグルは至聖《かみ》だとか、お前が思っていることはいいことだが、でもそれを口に出して言ってはいけない」

ギリシュは、再びタクールに祈りの言葉を奉《たてまつ》った――「至聖《かみ》よ、清浄さを我に与え給え。これから先、罪の思いがカケラなりともわが心に浮びませんように――」

聖ラーマクリシュナ「お前はもう、清浄だよ。お前の信念の強さ、信仰の強さ！」

一八八五年三月一日、ドラ・ヤートラ祭の日にナレンドラはじめ信者たちがやって来ていた。間もなくナレンドラに出家僧《サンニャーシン》の教えをお示し下さった――「ババ、女と金を捨てなけりゃいけないよ。神だけが永遠の実在で、ほかはみな、その場かぎりのはかないものだよ」言っているうちに、奥から強い霊的恍惚感《バーヴァ》が湧き上がってこられたご様子だ。あの慈悲にみちたやさしい目つきでナレンドラを見ながら、彼に霊的恍惚感《バーヴァ》に溢れて歌をうたい出された――

語るも恐ろし　語らぬも恐ろし
宝とも思う君を　われ失いたくなし
わが心は君のもの　君にすべてを与えむ
危なくも苦しきこの世の海を
渡して彼《か》の岸に到る真言《マントラ》を――

聖ラーマクリシュナは、ナレンドラがご自分のところから離れていくのではないかと恐れておられるようにみえた。ナレンドラは世俗の人になるのだろうか。

「私が授けたマントラが、お前にとって唯一のマントラだ。すべてを捨てて、そしてあの御方にすべてを委《ゆだ》ねる――理想の人生のための最高のマントラだ」

ナレンドラは目に涙をうかべて、タクールを見つめている。

同じ日に、師はナレンドラにお尋ねになった。「ギリシュ・ゴーシュが言っていること、お前も賛成しているのかい？」

ナレンドラ「私は何も言っておりません。あのかたが、あなたはアヴァターラだと信じておられるのです。私はそれについて、何とも申しませんでした」

聖ラーマクリシュナ「でも、あの人はほんとにそう信じきっているね！　わかるだろう！」

数日後、タクールは神の化身についてナレンドラと話された。「私を神の化身《アヴァターラ》だという者もいるが、お前、どう思う？」

ナレンドラが答えた。「他の人が考えていることについては、何にも言いませんよ。自分が理解した時、自分が信じた時にだけ話しましょう」

コシポールの別荘で、タクールは流動食さえも喉を通らなかった。そばに坐っていたナレンドラは、「師がこの苦しみの只中にあっても『私は神の化身《アヴァターラ》だ』とおっしゃるなら、その言葉を信じよう」と思った。そのとたん師は、「ラーマだった御方、クリシュナだった御方が、ラーマクリシュナの姿をとって生まれ変わった――信者のためにね」とおっしゃったのだった。これを聞いたナレンドラは言葉を失った。

タクールがご自分の住処へ帰られた後、ナレンドラは出家僧《サンニャーシン》となって、長期の苦行に打ち込んだ。するとタクールが語っていた化身についての偉大な言葉が、さらに一層深く心に刻まれた。彼は国の内外でこの真理をより明確に教えるようになった。

アメリカにいたスワミジーは、ナーラダの『バクティ・スートラ』などに基づいて『バクティ・ヨーガ』を英語で記した。ここでも彼は、「神の化身は人々に触れるだけで、霊意識を目覚めさせることができる」と記している。悪人さえもが、そのひと触れによって偉大な聖者に変わるのだ。

たとえ極悪非道の行いがあっても
専心《ひたすら》わたしを愛し　わたしに仕えるならば
彼は聖なる人である――なぜならば
根本の決定が正しいからだ
――ギーター９・30――

神ご自身が化身となって現れて下さるのだ。神を覚《さと》りたいのならば、化身の中に神を見るだろう。化身を崇《あが》めずにはいられないのだ。

「通常の人々よりはるかに崇高《すうこう》な魂は、世における別格の師であり、神《イーシュワラ》の化身《アヴァターラ》なのだ。彼らは触れるだけで、あるいは望むだけで霊性を伝授することができる。堕落した最低の者でさえも意のままに、瞬時にして聖者にすることができる。師のなかの師であり、人の姿を取った神の最高の現れなのだ。彼らを通してのみ、我々は神を見ることができる。彼らを崇《あが》めずにはいられないのだ。そして実に彼らは、我々が崇《あが》めるべき唯一の人々なのだ」（バクティ・ヨーガ）

さらには、以下のようにも述べている。「我々が人間の肉体にありながら神を崇《あが》める限りは、神の化身を崇めるしかないのだ。どんなに偉そうなことを言ってみても、人間としての神しか思うことはできないからだ。わずかばかりの理解でもって神の真の姿を語ろうとも、何の価値も持たない。ただの泡くずに過ぎないのだ」

「我々は人間である以上、神を、人の中で、人として礼拝せねばならないのです。いかに論じてみても、いかに頑張ってみても、人としての神しか思うことができないのです。神について、また世の中のあらゆることに関して、素晴らしい知的な講義を行えるかも知れません。また立派な合理主義者となって、神が人の姿をとって——化身として現れるなどと言う話は全くもってバカらしいことだと証明するかも知れません。しかし、現実的な常識でちょっと考えてみましょう。この手の立派な知性の背後に何があるのか？　それはゼロ！　何もありません。ただの泡くずに過ぎないのです。神の化身を礼拝することに反対する立派な知性的な講義を耳にすることがあれば、その人をつかまえて、神をどのようなものと理解しているのか尋ねてみることです。〝全知全能〟や〝遍在〟などの文字、その字面《じづら》の奥に隠されているものをどれだけ理解しているのかを——。どんなに言葉を並べてみたところで、実のところ、何もわかっていないのです。人間としての生まれながらの性質《さが》に影響されずに（神の）概念《イメージ》を築くことは出来ないのです。この点においては、知的な人も、本を一冊も読んだことのない巷《ちまた》の人も、何ら変わりはないのです。」（バクティ・ヨーガ）

一八九九年、スワミジーは再びアメリカに渡った。一九〇〇年にはカルフォルニア州ロサンゼルスで、メッセジャーとしてのキリストについての講演を行っている。ここでは、化身（神の子）の中に神を見るべきことに触れている。我々の中にもおられる神が化身の中により強く現れていること、光の振動はどこにも存在するが、大きな光が灯《とも》されると暗闇はすべて消えてしまうことを語った。

「これは同じメッセンジャー（キリスト）によって言われたことです。『神を見た者はいないが、彼らは神の子を見た』これは真実です。そして神の子のなかに神を見なければ、どこに神を見るのですか？皆さんも私も、そして我々のなかの最も貧しき者、最も卑しき者でさえも神を具現し、映し出しているのです。光の振動は遍在しますが、光を見るにはランプに火を灯《とも》さねばなりません。宇宙に遍在する神は、預言者、神人、化身、神の権化という偉大な地上のランプに映し出されない限り、見ることはできないのです」（メッセンジャーなるキリスト）

スワミジーはさらに語っている。「あらん限りの想像力をもって神の本性を想像しようとも、想像された神は神の化身にはまったく及びもしないのです。神なる人を崇《あが》めることに、何の問題があるのでしょうか？　まったくないではありませんか。それだけではなく、神を礼拝したいのなら、神の化身を礼拝するしかないのです。人間に過ぎない我々には、人間の姿をした神を崇めるしかないのです」

「こうした偉大な光のメッセンジャーを取り上げて、その人格をあなたが作り出した最高の理想神と比べてみて下さい。そうすればあなたの作り出した神が理想に及ばないこと、預言者の人格があなたの概念を凌《しの》ぐことに気づくでしょう。実際に悟った神の化身が我々の目前に示してくれる手本、それに優《まさ》る神の理想を我々が思いつくことはできないのです。では、こうした人たちを神として礼拝するのは間違っているのでしょうか？　こうした神人の足元にひれ伏し、世に唯一の神なる人として崇《あが》めるのは罪なのでしょうか？　我々が抱く神の概念よりも実際格段に高い存在なのなら、崇めて何の害があるでしょうか？　害があるどころか、これこそが唯一可能な肯定的礼拝なのです」（メッセンジャーなるキリスト）

〔化身のしるし（イエス・キリスト）〕

神の化身は何を示すために生まれてくるのか？　タクール、聖ラーマクリシュナは、ナレンドラにおっしゃった。「ババ、女と金を捨てなけりゃいけないよ。神だけが永遠の実在で、ほかはみな、その場かぎりのはかないものだよ」スワミジーもまた、アメリカ人に教えている。

「キリストの生涯に見られるのが、〝この命ならぬ、より高尚なるもの！〟という第一の標語です。この世とそこにあるすべてのものを信じてはなりません！　無常にして消え去るものなのですから――」

イエスは〝女と金〟を放棄していた。魂が男でも女でもないことを知っていた。神の化身は、富、名声、快楽、感覚を満たすことを求めない。〝私〟や〝私のもの〟に意味がなくなるのだ。〝私が為《し》ているんだ。この家は私のものだ。これは私の家族だ〟という感覚は、すべて無知から生まれる。

「私たちにはまだ、〝私〟と〝私のもの〟という愛着があります。土地、金、富を欲しがります。哀《かな》しいことではありませんか。悔い改めましょう。人類の偉大な師に恥をかかせぬことです。イエスは、家庭に縛られてはいませんでした。そのイエスが肉体的な考えを持っていたと思いますか？　この光の塊が、人ならぬ神が、動物のような人々の兄弟となるために、地上に降誕したと思いますか？　そしてイエスがあらゆる類の説法、卑しい話にさえも及んだ、と今なお誤解しているのです。イエスは肉体的な存在ではなく、魂でした。謂《い》わば肉体にありながらも、人類の善のためにひたすら働く魂そのものでした。肉体を纏《まと》った理由はそれだけでした。と言うか、そうでさえなかったのです！　魂には男も女もありません。肉体を離れた魂は、動物とも肉体とも関係しないのです。この理想は高いかも知れません。我々には遥か届かぬことです。しかし嘆くことはありません。理想なのですから――。それを告白しましょう。まだそこに至らなくとも……」（メッセンジャーなるキリスト）

彼はまた、アメリカ人に言っている。「化身はさらに何と言うでしょうか？『あなた方には、私は見えても神は見えないのか？〝彼〟と私は一つだ』」と。ハートにある浄らかな心によって、神は知られるのだ。

「『あなた方は私を見たのに、〝父〟を見てはいないのか？　私と〝父〟は一つだ。天の王国はあなた方のなかにある』(訳註6)　十分に浄らかであれば、自分と父が一つであることを、ハートの内奥にも見るでしょう。これがナザレのイエスが語ったことなのです」（メッセンジャーなるキリスト）

この講演の別の箇所でスワミジーは言った。「信仰を確立するために、化身はいつの世にも肉体を纏《まと》って現れます。様々な時代、様々な場所に、キリストのように現れるのです。彼らが望むならば我々の罪は許され、解放されるのです（身代わりの贖《あがな》い）。常に彼らを崇《あが》めんことを――」
「それ故、ナザレのイエスのみならず、彼（イエス）よりも前に現れた方々、そしてその後に現れた偉大な方々、そして将来来られるであろう偉大な方々、すべての方々の内に神を見出しましょう。我々の礼拝は何ら制約はなく自由です。偉大な方々はみな、同じ無限なる神の現れなのです。純粋にして無私なる方々です。我々貧しき人類のために奮闘し、自らの人生を捨てた人たちなのです。我々一人一人のために、そして今後来たるべき人々のために、身代わりとなって贖《あがな》いを為してくださる方々なのです」（メッセンジャーなるキリスト）
〔ジュニャーナ・ヨーガとスワミ・ヴィヴェーカーナンダ〕
スワミジーは、人々がヴェーダーンタについて語り親しむことを奨励したが、同時にまた、こうした議論に伴う危険を指摘してもいる。一八八四年、タクールがターンタニヤで学者《パンディット》シャシャダルとお

（訳註6）　わたしを見た者は、父を見たのだ（ヨハネ福音書14‐9）
わたしと父とは一つである。（ヨハネ福音書10‐30）
神の国はあなたがたの間にあるのだ。（ルカ福音書17‐21）

話しされた折、ナレンドラほか多くの信者も居合わせた。

タクールがおっしゃった。「現代《いま》は智識《ジュニャーナ》のヨーガはとても難しい。先ず第一に、人は食物なしにはこの世に生存できない。それに寿命が短い。その上、肉体意識がどうしても無くならない。肉体意識が無くならない限りは、完全な智識は得られないんだからね。智者はこう言う――『私はあのブラフマンだ。私は肉体ではない。私は、飢え、渇き、病気、悲しみ、誕生、死、幸福、不幸、こういったものすべてから超越している』と。もし、病気や悲しみや幸不幸などを感じているとしたら、お前は智者というわけにはいかないよ。手に釘がささって血がダラダラ流れてものすごく痛いのに、それでもこう言っているんだよ――『ナニ、釘なんかささっていない。私はナンでもないよ』と。

だから、現代《いま》は信仰《バクティ》のヨーガだ。これで他の道を通るより楽に神様のところへ行ける。智識《ジュニャーナ》や行為《カルマ》や他の道を通っても勿論、神様のところへ行けるよ。でも他の道はとても難しい道なんだよ」

さらにタクールはおっしゃった。「残っている仕事をするときは、無執着の気持ちで為されねばならない。果報《むくい》を求めることのない無私の働きによって心が清まってくると、神様に対する愛と信仰が増してくる。神様はこうした信仰によって覚《さと》ることが出来るんだ」

スワミジーも言っている。「肉体意識がある限り、〝ソーハム（我はそれなり）〟の悟りは得難い。つまり欲望がすべてなくなり、完全な放棄がなされたときに、神との合一（サマーディ）に至るのだ。ブラフマンの智識は、サマーディによってのみ得られる。バクティ・ヨーガは自然にして甘美な道なのだ」

「ジュニャーナ・ヨーガは偉大で、崇高な哲学だ。そしてまことに奇妙なことに、ほとんど誰もが自分に求められるすべてが哲学によって為しうる、と確信している。しかし実際に哲学の人生を送るのは極めて難しい。人生を哲学によって導こうとすると、大きな危険に陥りがちだ。この世は二種類の人々に分けられると言えよう。一つは、身体の世話を焼くことが存在の肝心要《かんじんかなめ》だと思っている悪魔的な人々、そしてもう一つは、身体は単に目的のための手段であり、魂を養うための道具であることを知っている信心深い人々、この二つに分かれるのだ。悪魔的な人は、自分の目的のためなら聖典から引用することもできる。かくして智識の道は、善人の行為を促すこともできるが、また悪人の行為を正当化することも少なくないようだ。これがジュニャーナ・ヨーガの大きな危険だ。しかしバクティ・ヨーガは自然で、甘美で、優しいものだ。信仰者《バクタ》は智行者《ジュニャーナ・ヨーギー》のように高く飛翔はしない。ゆえに大きく墜落することも、まず、ないのだ」（バクティ・ヨーガ）

〔聖ラーマクリシュナは神の化身か？——スワミジーの信仰〕

スワミジーは、インドの聖賢についての講義のなかで、神の化身について多くを語っている。聖ラーマ、聖クリシュナ、仏陀、ラーマーヌジャ、シャンカラ大師《アーチャーリヤ》、チャイタニヤ様《デーヴァ》と、その生涯について語った。ギーターのなかで聖クリシュナが語る言葉『善《ダルマ》が廃《すた》れ、不徳《アダルマ》が蔓延《はびこ》る時、善人を救い、邪悪なるものを倒すために、私はいつの時代にも降臨する（ギーター4・7〜8）』を解明している。

「美徳が廃《すた》れ、悪徳がはびこる時、私は生まれ出ずる。善人を守り、不徳を破壊するため、いつの世

にも私は生まれ変わる」（インドの聖賢）

さらにスワミジーは、「聖クリシュナは、ギーターにおいて宗教を調和させた」と言っている。

「すでにギーターのなかで、宗派間の不協和音が遠くから聞こえています。その只中にあって調和に導くために、主はやって来られます。偉大なる調和の説法者、調和の最大の導師なる主クリシュナご自身がやって来られるのです」

「聖クリシュナは、ギーターのなかでさらにおっしゃっています。『バラモン（司祭）、クシャトリア（王族・武士）は言うまでもなく、女性、ヴァイシャ（商人）、シュードラ（労働者）たちもみなが最高の解脱に至るだろう（ギーター9-32〜33）』と」

「仏陀は、貧者の神だった――サルヴァ・ブータ・スタム・アートマーナン『万物のなかに自己《アートマン》を見る（ギーター6-29）』神が万物に宿ることを、自らの行為によって示したのだった。仏陀の弟子は個我なるアートマンの存在を信じなかった。そのためシャンカラ大師《アーチャーリヤ》が再びヴェーダの信仰を教え広めたのだった。彼の不二一元《アドヴァイタ》の教義に続いて、ラーマーヌジャが制限不二論《ヴィシシュタ・アドヴァイタ》を説いた。さらにはチャイタニヤ様《デーヴァ》が下生して愛と信仰を教えた。シャンカラとラーマーヌジャはカーストによる違いを認めたが、チャイタニヤ様《デーヴァ》は認めなかった。信者にとって何のカーストがあるだろうか？」

次にスワミジーは、聖ラーマクリシュナについて語った。――この御方（聖ラーマクリシュナ）は、シャンカラの智識の力とチャイタニヤの強烈な神への愛《プレーマ・バクティ》を併せ持っておられた。そして聖クリシュナによる信仰の調和を再び語られ、さらには貧者、虐《しいた》げられた者、罪人のために、仏陀のごとく涙されたのだった。謂《い》わば、以前の神の化身は完全な現われではなかったが、聖ラーマクリシュナはあらゆる聖者の完全な現われであったのだ。

「ある人（シャンカラ）は偉大な知性を、またある人（チャイタニヤ）は寛大な心を持っていました。そしてこの知性と心の両方を併せ持った化身が生まれるに相応《ふさわ》しい時が満ちたのでした。シャンカラの輝く知性と、チャイタニヤ様の広大無限な素晴らしい心を持ち合わせる一人の化身が生まれ出る機が熟したのでした。あらゆる宗派に、同じ霊、同じ神《デーヴァ》の働きを見る御方。万物の中に神を見る御方。貧者、弱者、賤民、虐《しいた》げられた人々、万人のために涙する心を持った御方。インド内外での宗教対立を調和するという高潔な思想を抱く、抜きん出た知性の偉大なる御方。その御方が知性と心の普遍的宗教という驚くべき調和を生み出したのでした」

「そのような御方が生まれ、私は数年間その足下に坐るという幸運を得ました。機は熟し、そうした御方が降臨する必要があったのです。たいへん素晴らしいことに、その御方がやって来て生涯を送られたのが、西洋思想に溢れる都市、インドのどの他の都市よりも西洋かぶれしてヨーロッパ化された都市の近くだったことでした。その御方は無学のままそこに暮らされました。この偉大な智慧の人は自分の名前書くことさえもできませんでしたが、最も優秀な学士達が彼のうちに知識の巨人を見たのでした。この御方、大覚者《パラマハンサ》ラーマクリシュナは、変わった人でした。語れば長い長い話になるので今日は触れる時間がありません。ただ言えるのは、聖ラーマクリシュナがインドの聖者の最高峰であり、今の時代にもっとも役立つ教えを説いた時の聖者である、ということです。そしてこの方の背後に働く聖なる力に気づいて下さい。人里離れた村に、貧しい神職の息子として生まれましたが、今日ではヨーロッパ、アメリカで実際何千もの人々から礼拝を受けています。そしてまた近い将来、さらに数千もの人々から崇《あが》められるでしょう。神の計画を誰が知ることができましょう！ 兄弟の皆さん、神の摂理の御手が見えないのなら、それはあなたが盲目だから、実に生まれついての盲目だからなのです」（インドの聖賢）

スワミジーは続けた。「賢者《リシ》たちがサラスワティー河の岸辺で聞いたヴェーダの神聖な言葉、かつてヒマラヤの峰々から偉大な苦行者たちの耳に響き渡った言葉、聖クリシュナ、仏陀、チャイタニヤという名前を纏《まと》い、すべてを内包する激流となって速やかに地上に降りた言葉、こうした神聖な言葉が今日、再び聞こえているのです。偉大なメッセージは、インドをはじめとして世界の隅々に短期間で届くでしょう。このメッセージは日々、新たな力を得ているようです。神聖な言葉は太古より幾たびも聞こえてきました。しかし、今日私たちが聞いているのは、それらすべてが集結されたものなのです」

「再び車輪は速さを増しています。インドから起こったさらなる振動は、近い将来、地の果てに至る定めにあります。押し寄せては日ごとに力を増すその声の響きがかつてないほどに力強いのは、それが今までのすべての集大成だからです。繰り返しますが、サラスワティー河の岸辺で聖者たちに語りかけた声、父なる山々の峰から峰へと鳴り響いた声、クリシュナ、仏陀、チャイタニヤを通じて地上に降りてきてすべてを包み込んで溢《あふ》れ返らせた声が、再び語っているのです。そして再び扉は開かれてい

ます。光の王国にお入りなさい。門は広く開かれているのですから――」（ケートリの講演での応答）

さらにスワミジーは、自分が一度なりとも真理を語ったならば、それはすべて聖ラーマクリシュナの言葉であるり、不完全な言葉であったなら、それはすべて自分の言葉だったことを覚えていてほしいと述べている。

「私が真理の一言を語ったことがあるのなら、それはひとえにあの御方のものであり、真理ではないこと、正しくないこと、人類の為にならない多くを語っているならば、それはひとえに私のものであり、私の責任です」

かくしてスワミ・ヴィヴェーカーナンダは、インド各地で神の化身、聖ラーマクリシュナの降臨を告げた。僧院《マト》が建てられたあらゆる場所では、聖ラーマクリシュナの日々の礼拝が行われている。こうした場所の献灯《アーラティ》の時間には、スワミジーが作った讃歌が楽器の美しい伴奏を伴って歌われている。スワミジーは讃歌の中で、属性を持つ御方、属性を持たない御方としての完璧《ニランジャン》なる宇宙の主として、聖ラーマクリシュナに呼びかけている。そしてまた世俗の大海を渡る舵手《かじとり》とも呼んでいる。「我々をこの世の束縛から解放するために、我々が神と合一することを助けんがために、あなたは人のお姿をとって下生されました。私がサマーディに至ったのは、あなたの恩寵に負うものです。あなたは〝女と金〟を放棄させて下さいました。おお、信者の避難場なる御方、あなたの蓮華の御足への信仰をお与えください。あなたの蓮華の御足こそ我が至宝《たから》。それさえ手に入れば、この世という大海は牛の蹄《ひづめ》が掘ったぬかるみに過ぎません」

スワミ・ヴィヴェーカーナンダによる献灯讃歌《アーラティ》

(一) カーンダナ　バヴァ・バーンダナ　ジャガ・バーンダナ　バーンディ・トマーイ
ニーラーンジャナ　ナラ・ルーパ・ダラ　ニィールグナ　グナ・マーイ
『この世の束縛を解く御方
万人に讃《たた》えられし御方を崇《あが》めん
グナを超えながらも
グナを持つ神人、ああ、人の姿を取られし罪なき御方』

(二) モーチャナ　アガ・ドゥーシャナ　ジャガ・ブーシャナ　シッド・ガナ・カーイ
ジャーナーンジャナ　ビマラ・ナヤナ　ビーシャネ　モハ　ジャーイ
『あらゆる罪を贖《あがな》う御方
世の宝玉にして純粋意識の濃厚な顕れ
知恵の妙薬に浄められし御方の瞳は
無知の迷妄をひと目で打ち砕く』

(三) バーシュヴァラ　バヴァ・サーガラ　チラ・ウーンマダ　プレーマ・パタール

バークタールジャナ　ユガラ・チャラナ　ターラナ　バヴァ・パール
『光みなぎる崇高な霊性の大海
恍惚の愛の波を打ち寄せる御方
信仰の賜物なるその浄き御足こそ
輪廻《サンサーラ》の大海を渡す舟』

(四) ジュリームビタ　ユガ・イーシュワラ　ジャガ・イーシュワラ　ヨーガ・サハーイ
ニーローダナ　サマヒタ・マナ　ニラキ　タヴァ　クリパーイ
『現代の化身として現れた宇宙の主
霊性の努力に報いられる御方
御心が常に超越のサマーディに定まりしことを
私は恩寵によりて確《しか》と見て取る』

(五) バーンジャナ　ドゥーカ・ガーンジャナ　カルナー・ガナ　カールマ　カトール
プラーナールパナ　ジャガタ・タラナ　クリーンタナ　カリ・ドール
『諸人《もろびと》の果てしない悲しみを砕かれる御方
ああ、慈悲の塊　ああ、偉大なる働き手

人類の贖罪の為、人生を愛の捧げ物とされし御方
そのお力は、カーリーの暗黒時代の束縛を打ち砕く』

(六)ヴァーンチャナ　カマ・カーンチャナ　アティ・ニーンディタ　イーンドゥリヤ・ラーグ
タャーギーシュワラ　ヘェー　ナラ・ヴァラ　デハ　パデ　アヌラーグ
『感覚の誘惑を完全に撥《は》ね付け
情欲と欲望を克服されし御方
祝福された御足への揺るぎない愛を授け給え
すべての放棄者の主、人類の最も高貴なる御方』

(七)ニールバヤ　ガタ・サームシャヤ　ドゥリダ・ニーシュチャヤ　マーナサ・ヴァーン
ニーシュカーラナ　バカタ・シャラナ　タャジ　ジャティ・クラ・マーン
『すべての恐れを超え、すべての疑いをぬぐい
その心は確固たる決意にあられる御方
生まれと人種の誇りを知らず
普遍なる愛ゆえ、求める信者のすべてに避難場を与えられる御方』

（八）サーンパダ　タヴァ　シュリーパダ　バヴァ　ゴーシュパダ・ヴァーリ・ジャターイ
　　プレーマールパナ　サマ・ダラシャナ　ジャガ・ジャナ　ドゥカ　ジャーイ
　　『ああ、愛の捧げ物なる御方よ　ああ、平等の権化なる御方よ
　　その聖なる御足をハートに抱く者には
　　輪廻《サンサーラ》の大海も子牛の蹄《ひづめ》が掘った水たまりに過ぎぬ
　　　その悲しみには羽が生えて飛び去らん』

（九）ナモー　ナモー　プラブ　バーキャ・マナー・ティタ
　　マノ・バチャナイ・カーダール
　　ジョーティラ・ジョーティウジャヤ　ジャバ　リディ・カンダラ
　　トゥニ　タマ　バンジャナ　ハー（プラブ）
　　『主なる御方に幾たびも額《ぬか》ずかん
　　　言葉と心を超えながら、その双方の礎《いしずえ》であられる主よ
　　　ハートの内奥に永遠に輝く光の中の光
　　　そこにある無知の暗闇を破壊し給え
　　　おお、主よ、闇を砕き給え』

（十）デ、デ、デ、ランガ　ランガ　バンガ　バージェー　アンガ　サンガ　ムリダンガ
ガイチェ　チャンダ　バカタ・ブリンダ　アーラティ　トマール
ジャヤ　ジャヤ　アーラティ　トマール
ハラ　ハラ　アーラティ　トマール
シヴァ　シヴァ　アーラティ　トマール
『デ、デ、デと響く太鼓のリズムに合わせ
あなたの信者はあなたへの献灯《アーラティ》を捧げん
ジャヤ、ジャヤ、献灯《アーラティ》を捧げん
ハラ、ハラ、献灯《アーラティ》を捧げん
シヴァ、シヴァ、献灯《アーラティ》を捧げん』

（十一）カーンダナ　バヴァ・バーンダナ　ジャガ・バーンダナ　バーンディ　トマーイ
ジャイ　シュリー　グル　マハラー・ジ　キ　ジャーイ
『この世の束縛を解く御方
万人に讃《たた》えられし御方を崇《あが》めん
偉大なる師に勝利あれ』

（註——ベンガル語原典では八番までの歌詞しか記載されていませんが献灯《アーラティ》の時に歌われている全文を掲載しました）

〔ラーマであった御方、クリシュナであった御方が今、ラーマクリシュナとして……〕

西洋の旅からカルカッタに戻ったスワミジーは、コシポールの別荘で聖ラーマクリシュナから聞いていた素晴らしい言葉を思い出した。そしてその確信の言葉に思いを馳《は》せながら、ベルール僧院《マト》で讃歌を作詞したのだった。「卑しき者、貧しき者、賤民の友にしてジャナキー(シーター)に愛されし御方、知識と信仰の化身、聖ラーマ、そして聖クリシュナとしてクルクシェートラでギーターの厳《おごそ》かにして甘美な調べを奏でられた御方。その御方が、今や名高き聖ラーマクリシュナとして姿を現されたのだ。

オーム　ナモー　バガヴァテー　ラーマクリシュナーヤ

(一) アーチャンダーラー・プラティハタラヨー　ヤッシャー　プレーマ・プラヴァホー
ローカーティートー・ピャハハ　ナ　ジャホウ　ローカー・カリャーナ・マールガン
トライローキェー・ピャプラティマ・マヒマー　ジャーナーキー・プラーナ・バンドォ
バクタャー・ギャーナン　ヴリタヴァラヴァプフー　シータヤー　ヨー　ヒー　ラーマハ
『ほとばしる愛の流れで賤民《チャンダーラ》をも包み込みし聖ラーマなる御方
おお、世を超えておられながら、絶えず世への善行を為されし御方
三界に比肩する者なき名声を博して、シーターに愛されし御方
至高の知恵を宿すその身を、甘美な親愛の権化なるシーターに抱《いだか》かれし御方』

（二）スタブディー・クリテャー　プララヤ・カリタム　ヴァーハヴォッタァン　マハーンタン
ヒトヴァー　ラートリム　プラクリティ・サハジャーム　アンダァー・ターミシュラー・ミシュラム
ギータム　シャーンタム　マドゥラマピ　ヤハ　シンハ・ナーダム　ジャガルジャ
ソーヤム　ジャーター　プラティタ・プルショ　ラーマクリシュナスッヴィダーニーン
『クルクシェートラの大戦を鎮めし御方
（アルジュナの）性質から生まれし無知の闇夜を取り除かれし御方
そして心に平安を呼ぶ甘美なるギーターを、獅子のごとく叫ばれし御方
その名高き魂が今、ラーマクリシュナとしてお生まれになった』

そしてベルール僧院《マト》の他、カーシー（バラナシ）、マドラス、ダッカなどの僧院《マト》で夕拝の時に歌われるもう一つの讃歌がある。

この讃歌の中でスワミジーは、以下のように歌っている。

「おお、低き者の友よ、あなたは（三つの）属性《グナ》を有し、そしてなおそのサットヴァ、ラジャス、タマスの三つのグナを超えておられる。昼夜その御足を拝めない私は、あなたのもとに避難します。唇で御名を唱え、霊性の知恵を語っても、何一つ覚ってはいません。それゆえあなたの元に避難するのです。あなたの蓮華の御足を瞑想することで、死を克服します。おお、卑しき者の友よ！　この世にあって、あなただけが渇望するに相応《ふさわ》しい御方。あなたのもとに避難します。タヴァメーヴァ　シャ

ラナム　ママ　ディーナ・バンドゥ（サンスクリット）」

（一）オーム　フリーム　リターム　タヴァチャロー　グナジット　グネーデャハー
ナークタム　ディヴァム　シャカルナム　タヴァ　パーダ　パッドマム
モーハン・カシャム　バフ・クルタム　ナ　バジェー　ヤトーハーム
タスマット　タヴァメーヴァ　シャラナム　ママ　ディーナ・バンドゥ
『聖なる響き、オーム・フリームが示す至高の存在なる御方
グナの支配を超えた不変の真理にして
グナが讃える栄光であられる御方
迷妄を砕くその御足の礼拝を
憧憬の念と確固たる決意をもて為すことを
私は昼夜怠っている
それゆえあなたこそ我が唯一の避難場
おお、卑しき者、彷徨《さまよ》える者の友なる御方』

（二）バクティール　バガースチャ　バジャナム　バヴァ・ベーダ・カーリー
ガッチャーンテャラム　スヴィプラム　ガマナーヤ　タットヴァム

ヴァクトロード・ドゥリトーピ　リダエ　ナ　チャ　バーティ　キーンチーット
タスマット　タヴァメーヴァ　シャラナム　ママ　ディーナ・バンドゥ
『世のしがらみを断つ
信仰、求道心、礼拝が
至高の真理へと飛翔させる
なのに、これを語る端《はし》から
私のハートは思い起こすことすらできない
それゆえあなたこそ我が唯一の避難場
おお、卑しき者、彷徨《さまよ》える者の友なる御方』

（三）テージャス・タラーンティ　タラサ　トワイ　トゥリープタ・トゥリーシュナ
ラーゲー　クリテ　リタパテー　トワイ　ラーマクリシュネー
マールテャ・ムリータム　タヴァ　パダム　マラーノールミ　ナーシャーム
タスマット　タヴァメーヴァ　シャラナム　ママ　ディーナ・バンドゥ
『おお、真理と正義の使徒なるラーマクリシュナ
あらゆる願望の成就をあなたの内に見て
あなたへの愛情を抱く者は

やがてハートの情熱の炎に打ち克つ
その御名は信者たちにとってまさに不死の妙薬
死の波を誠に打ち砕く御方
それゆえあなたこそ我が唯一の避難場
おお、卑しき者、彷徨《さまよ》える者の友なる御方』

（四）クリテャーム　カローティ　カルシャム　クハカーンタ・カーリー
シュナンタン　シヴァム　スヴィムラム　タヴァ　ナーマ　ナータ
ヤースマーダハム　トゥワシャラノー　ジャガデーカガームミャ
タスマット　タヴァメーヴァ　シャラナム　ママ　ディーナ・バンドゥ
『主よ、〝シュナ〟で終わる聖なる浄めの御名
すべてにおける迷妄を壊し
罪人を聖者と成せる御方
私にとってあなたの他に避難場はありません
おお、すべての世界が目指す御方
それゆえあなたこそ我が唯一の避難場
おお、卑しき者、彷徨《さまよ》える者の友なる御方』

献灯《アーラティ》を終えたのち、スワミジーは聖ラーマクリシュナにいかに敬意を示すかを教えた。ここでは、タクールがあらゆる化身のなかで最高の現れだとしている。

（五）オーム　スタープカーヤ　チャ　ダルマシャヤ　サルヴァ・ダールマ・スワルーピネー

アヴァターラ・ヴァリスターヤー　ラーマクリシュナーヤ　テー　ナマハ

『おお、ラーマクリシュナ、普遍の信仰を築かれし御方

世界のあらゆる宗教の権化なる御方

聖なる化身の最も優れて高貴なる御方

オーム、ラーマクリシュナに帰依いたします』

第二五章　南神村《ドッキネーショル》でケーシャブと共に

一八八一年一月一日(土)

南神村《ドッキネーショル》でケーシャブと共に

一八八一年一月一日、土曜日——ベンガル暦一二八七年ポウシュ月十八日

ブラフマ協会の年次大祭の数日前のこと。プラタプ、トライローキャ、ジャイゴパール・センたち大勢の協会員を連れて、ケーシャブ・チャンドラ・センが聖ラーマクリシュナにお会いするため南神村《ドッキネーショル》の寺に来た。ラム、マノモハンほか、大勢が同席していた。

会員たちの多くが、ケーシャブが到着する前にカーリー寺へ来て、タクールの傍に坐っている。皆、そわそわして落ち着きなく、南の方角ばかり気にして見つめている——いつケーシャブが来るか、いつケーシャブの乗った汽船が着くかと待ちかねているのだ。この指導者が来るまでは、部屋の中はいたって騒々しい。

とうとうケーシャブがやってきた。手にはベル(ビルヴァ)の実を二つと花束を一つ持っている。ケーシャブは聖ラーマクリシュナの足にさわってから持参したものをそばに置き、恭々《うやうや》しく額《ぬか》ずいてタクールを拝した。タクールも同様に返礼をなさった。

聖ラーマクリシュナは嬉しそうに笑っておられる。そして、ケーシャブと話をなさる――

聖ラーマクリシュナ「（笑いながら）ケーシャブ、あんたはわたしに会いたがっているが、あんたの弟子たちはそうじゃないらしいよ。今、あんたの弟子たちに言ってたところさ――『さあ、皆でワイワイしよう。その後でゴーヴィンダが現れるから――』ってね。（訳註、ゴーヴィンダ――クリシュナの一名）（ケーシャブの弟子たちに向かって）ほーら、お前たちのゴーヴィンダがおいでなすったよ！　わたしもこんなにヤキモキしていたんだ。お前さんが来ないもんだから盛り上がらないんだよ（一同笑う）。ゴーヴィンダに会うのは簡単なことじゃない。クリシュナ劇を見てみろ、ナーラダがヴラジャに入ってきて夢中で恋い焦がれる様子をしてこう言う――〝おお！　ゴーヴィンダ、わが命の君よ！〟すると、牛飼いの少年といっしょにクリシュナが現れる。女友だちや乳しぼりの女たちが後からぞろぞろとついてくる。夢中で恋い焦がれなくちゃ至聖《かみ》さまには会えない。

（ケーシャブに向かって）――ケーシャブ、お前、何かお言いよ。これたちは皆で、お前の話を聞きたがっているんだよ」

ケーシャブ「（謙虚な態度で笑いながら）此処で話をするなどと――まるで、鍛冶屋《かじ》のそばで針売りをはじめるようなものです」

聖ラーマクリシュナ「ハッハッハ……。でも、信者の性質は大麻吸いによく似ているよ。さあ、あんた、一服吸いなさいよ。そしたら私も一服吸うから――（一同笑う）」

午後四時、境内の音楽塔《ナハバト》から音楽が聞こえてくる。

1881年1月1日(土)

聖ラーマクリシュナ「（ケーシャブたちに向かって）美しい音楽だろう。一人が笛でポーと単調な音を出していて、もう一人がいろいろなラーガ・ラーギニーを奏でている。わたしもあれと同じでね……。わたしの笛には七つ穴があるのに、ただポーとだけ鳴らしているなんて——ただ〝ソーハム、ソーハム〟とばかり唱えているなんて……。わたしは七つの穴をつかっていろんなラーガ・ラーギニーを奏でるよ。ただ、ブラフマン、ブラフマンとだけ言っているのは真っ平ごめんだ。平穏《シャーンタ》、召使《ダーシャ》、親子《ヴァッツァリヤ》、友人《サッキャ》、愛人《マドゥラ》と、この五つの態度であの御方を呼ぶんだ（神に対する五態）——神と楽しみ、神と遊ぶんだ」（訳註、ラーガ・ラーギニー——インド音楽の旋律の様式、ソーハム——それ（＝梵）は我なり）

ケーシャブは感動して口もきかずに、ただこの言葉を聞いていた。やがて、こう言った——

「智識と信仰について、いままでこれほど権威ある、しかも美しい解釈を聞いたことがない」

ケーシャブ「（聖ラーマクリシュナに向かって）——あなた様はいつまでも、こうして隠れていらっしゃるおつもりですか——間もなく人々が群れをなして集まってくるでしょう」

聖ラーマクリシュナ「おや、何を言うんだい。わたしは食べて飲んでいるだけ——。そして、あの御方の名を唱えているだけなんだよ。人が来ようと来まいと知ったことか。ハヌマーンは言った——〝私は日や月や星座の吉凶のことなど何も知らぬ。ただ一つ、ラーマのことだけ考えている〟と」

ケーシャブ「そうですか。では、私が人を集めましょう。あなた様の住んでおられる此の場所に、皆が来なくてはいけなくなるでしょう」

聖ラーマクリシュナ「わたしは、皆のゴミについてる、そのまた塵《ちり》ホコリだ。わざわざ来て下さると言うのなら、どうぞいらして下さいな」

ケーシャブ「あなた様が何をおっしゃろうと、あなた様のいらっしゃることが無駄になることは決してありません」

聖ラーマクリシュナ、南神村《ドッキネーショル》で信者と共に

一方では、キールタンの用意ができていた。大勢の信者たちがそれに加わった。五聖樹《パンチャバティ》の杜からキールタンの行列が南へ向かって来る。フリダイが角笛《シンガ》を吹いている。ゴーピーダースが長太鼓《コール》をたたいている。そして、二人の信者がシンバルをならしている。

聖ラーマクリシュナが歌をうたわれた――

人よ、幸福でいたいなら
ハリの御《おん》名を繰り返せ
この世で幸福の一生おくり
そのあと天国《ヴァイクンタ》へ行かれて
その上いつも自由でいられる
ハリの御《おん》名の偉大さよ

シヴァが五つの口で繰り返す
ハリの名を今日お前にあげる

1881年1月1日(土)

聖ラーマクリシュナは、獅子のような力強さで踊っておられた。そして間もなく、三昧に入られた。三昧が解けた後、自室にお坐りになり、ケーシャブたちとお話をなさった。

〔全ての宗教《ダルマ》の調和〕
「あらゆる道を通ってあの御方をつかむことができる。ちょうど、お前たちがこの寺へ来るのに馬車に乗ってくる人もあり、ボートか蒸気船で来る人もあり、または、歩いて来る人もある、というようなものだ。自分の好みと生まれつきの性分に応じて、それぞれの方法で来るんだよ。目的地は一つだ――先に着くか後で着くかの違いだけ」

〔見神の方法は――自我の放棄〕
「(ケーシャブたちに向かって)ウパーディがなくなるほど、あの御方がそばに来て下さる。高い土手には水は集まらない。低い土地に集まる。そんなふうに、あの御方の恵みの水は、高慢なところには集まらない。あの御方の前に、人はできるだけ低い謙虚な態度でいるのがいい。(訳註、ウパーディ――肩書きや称号など。例えば――〝私は学者だ〟〝私は何某の息子だ〟〝私は金持ちだ〟〝私には身分がある〟)

よくよく注意しなければいけない。着るものさえも慢心の原因《たね》になる。脾臓肥大の病人が黒い縁取りの腰布を巻くと途端に、ニドゥ旦那《バーブ》の軽い歌をうたい出したのを見たよ。ブーツをはくと途端に、英語をしゃべり出す人もいるよ！

ふさわしくない人間が赫土色《あかつち》の衣（僧衣）をつけると高慢になる。ちょっとばかり軽く扱われただけで腹を立ててムッとする」

〔欲望が尽きて神を熱望し、そして見神〕

「熱心にならなくては、あの御方に会うことはできない。この熱心さは、いろんな経験（人生の悲苦）を卒業した後でなければ起きない。女と金に囲まれて生活していて、まだ、それらが原因で起こるさまざまの経験を卒業していない連中には、神を恋う情熱は芽生えない。

郷里《くに》にいたころ、フリダイの息子が終日《ひねもす》わたしのそばで暮らしていたことがある――四つか五つの子だったが……。わたしの前でいろんなことして夢中で遊んでいて、ほかのことはすっかり忘れている。ところが、日が暮れると途端に、『母ちゃんとこへ行く』と言い出すんだ。わたしはどうにかしてだまそうと思って、『ハトをやるよ』とか何とか言うんだけど、その子はそんなことではだまされない。泣いて、泣いて、『母ちゃんとこ行くーッ』もう、どんな遊びもその子の気を逸《そ》らせることはできない。そんな様子を見ると、わたしも泣いてしまったものさ。（訳註、フリダイ――その頃、タクールに仕えていた甥《おい》）

こんな子供のように神を求めて泣くことだ——この熱心さだよ。もうオモチャも食べ物も関心がなくなる。人生の経験をし尽くすと熱望が芽生えて、こんなふうに神を求めて泣くようになる」

一同は感動して声もなく、これらのお話を聞いていた。

日が暮れて、使用人がランプに火をつけていった。ケーシャブたちブラフマ協会員の一行に軽食を出す用意がととのっている。

ケーシャブ「(笑いながら) 今日もムリですか？」(訳註、ムリ——塩味のポン菓子のような食べ物)

聖ラーマクリシュナ「ハハハ……。それはフリダイまかせさ」

皿代わりの葉が並んだ。先ず最初にムリ、その次にルチ、そのあとで野菜のカレーが出た。皆は大そう喜び楽しく笑った。すべてが終わったのは十時を過ぎていた。

タクールは五聖樹《パンチャバティ》の杜に協会員たちといっしょに行って、お話をされた。

聖ラーマクリシュナ「(笑いながら、ケーシャブをはじめとする協会員たちに) 神をつかんでから、世間へ出て上手に暮らしていけるよ。(かくれんぼの)鬼婆にさわってから、あそびをつづけたらいい。神をつかむと、信者は無執着になるんだよ——泥魚みたいにね。泥の中に住んでいても体に泥がつかないだろう」

夜の十一頃になって、一同は家へ帰るためソワソワしはじめた。プラタプが、「今夜はここに泊まっていきますか」と言う。

聖ラーマクリシュナがケーシャブに、「今日は此処に泊まりなさいよ」とおっしゃる。

1881年1月1日(土)

ケーシャブ「（笑いながら）用があるものですから――。今日は帰らなくては――」

聖ラーマクリシュナ「どうしてさ、自分の魚カゴの匂いを嗅《か》がなけりゃ眠れないのかい。魚屋の女が花屋の友だちの家に泊まった。部屋にある花の香りで魚売りの女は眠れない（一同笑う）。いつまでもモゾモゾしているので花屋が声をかけ――『どうしたの？　眠れないようだけど、どうかしたの？』すると魚屋は答えた。『どうしたんだろう。花の匂いが鼻について眠れないのかしら？　あんた、私の魚カゴ、持ってきてみてくれない？』魚売りの女は自分の魚カゴに少し水をかけ、顔の近くに置いてその匂いを嗅ぎながらぐっすり寝込んでしまった」（一同大笑）

別れのとき、ケーシャブはタクールの足にさわり、そばに献じてあった花を一本いただき、地に額《ぬか》ずいて拝し、〝ナヴァビダーン、万歳〟と会員たちといっしょに唱えた。（訳註、ナヴァビダーン――ケーシャブ・センが設立したナヴァビダーン・サマージ〈新摂理協会〉のこと）

ブラフマ協会員の一行は、ジャイゴパール・センの馬車にケーシャブを乗せてカルカッタに帰っていった。

第二六章　スレンドラ邸に聖ラーマクリシュナの訪問

一八八一年アシャル月某日

スレンドラ邸に聖ラーマクリシュナの訪問

ラム、マノモハン、トライローキャ、マヘンドラ・ゴスワミー等と共に

今日、聖ラーマクリシュナは信者たちと共にスレンドラの邸にいらっしゃった。一八八一年アシャル月の或る日、日の暮れかかる頃。

少し前、タクールはマノモハンの家でしばらく休んでおられた。

スレンドラ邸の二階の客間に信者たちは入った。マヘンドラ・ゴスワミー、ボラナート・パル等、近所の人たちが来ている。ケーシャブ・セン氏も見えることになっていたらしいが、何かの都合で来られなかった。ブラフマ協会からはトライローキャ・サニヤルと、ほかに数名来ていた。客間には白いシーツでおおわれたゴザが敷いてあり、その上に美しい敷物とクッションが置いてある。タクールをご案内してきて、スレンドラはその敷物の上に坐っていただくように申し上げた。

聖ラーマクリシュナは（豪華な敷物やクッションを見て）、「また、どうしてこんなことを……」とおっしゃりながらそこへは坐らず、マヘンドラ・ゴスワミーの隣にお坐りになった。ジャドウ・マリッ

クの別荘での聖典の朗読会が終わるまで、聖ラーマクリシュナはいつもそこへ行っておられた。一通り読誦するのに数ヶ月続いた朗読会であった。

マヘンドラ・ゴスワミー「（信者たちに向かって）私はこの御方のそばで数ヶ月間、殆どの時間を過ごしました。こんな偉大な人に、私は今まで会ったことがない。このかたのご境地は、普通の程度のものではありませんよ」

聖ラーマクリシュナ「（ゴスワミーに向かって）どうしてそんなこと言うんだい。わたしは皆のなかで、一番バカで貧しい人間だ。わたしは皆の下男の、その又使い走りだ。偉大なのはクリシュナだよ。完全円満なサッチダーナンダこそクリシュナだ。遠くから見ると海の水は青く見えるが、近くに行けば色は無い。無相の御方が、あらゆる相《すがた》を具《そな》えていなさる。永遠不動《ニティヤ》の御方が、変化活動《リーラー》していなさるんだよ。

クリシュナは体を三ヶ所で曲げて(訳註)いるが、あれは何故だ？ ——ラーダーへの愛のためさ。

ブラフマンである御方がカーリー、つまり根元造化力《アディヤシャクティ》で、創造—維持—破壊をなさる。クリシュナである御方がカーリーなんだ。

（訳註）クリシュナは体の三ヶ所（首、腰、膝）を折り曲げた独特のポーズ（トリバンギ）をとるが、これはクリシュナを慕い愛する人々をクリシュナ自身も愛し、どうすればその人たちが幸せになるかという想い（愛）がクリシュナの体を曲げているとも言われる。この愛ゆえヴィシュヌ神の化身であるクリシュナは〝愛の化身〟とも呼ばれる。

根は一つ――すべてがあの御方の遊戯《リーラー》なんだ」

1881年 アシャル月 某日

〔あの御方に会うには――〕

「あの御方には会うことができるよ。純粋清浄な心、純粋清浄な知性で見られる。女と金に執着があると心が汚れる。

心次第だ。心は洗濯屋にある布のようなもの――染めたい色に染まるよ！　心で智識人にもなるし、心で無智のまま――。〝或る人が悪くなった〟ということは、つまり、その人の心が悪い色に染まった、ということさ」

トライローキャ・サニヤル氏と他のブラフマ協会の信者たちが来て坐った。

スレンドラが花輪を持ってきてタクールの首にかけようとした。タクールは花輪を手にとられて、そして傍にお投げになった。

スレンドラは目に涙をいっぱいためて、西のベランダに出て坐りこんだ。マノモハンとラムがついていった。スレンドラは誇りを傷付けられてこう語った――「腹が立ったんですよ。ベンガルでも西の方の田舎に住むバラモンは、こういった品物の値打ちが分からないんですかねえ！　この花輪はずいぶん高かったんですよ。怒った声で〝花輪はみんなにくれてやる〟と言ってしまったんです。でも今、わかりました。私が間違っていたのです。至聖《かみ》はカネでは買われない、傲慢な人間は神に近づけないんですね！　私は傲慢な人間です。そんな私の捧げ物など、どうして受け取られましょうか。あーあ、もう生きる希《のぞ》みもなくなった……」
こう言いながら涙をポロポロこぼし、胸まで濡らしていた。
一方、部屋の中ではトライローキャが歌っている。聖ラーマクリシュナは恍惚となって踊っていらっしゃる。さっき傍に投げ捨てた花輪をひろって首におかけになった。そして片手で一つの花輪をつかみ、もう一方の手で他の花輪を揺らせながら、歌い、かつ踊っておられる——

わたしの胸のだいじな宝——

（即興で）
他に何の宝が残っていよう
世界の月を身に着けたのだから——

スレンドラは喜びで有頂天——タクールがお首に、あの花輪をかけて踊っていらっしゃる！　彼は心の中で叫んだ——至聖《かみ》は虚飾高慢を打ちこわす御方だ。しかし、貧しく低い者たちにとっては無上の宝だ！
聖ラーマクリシュナはご自分でお歌いになる——

ハリの名呼んで涙を流す

あの二人の兄弟が来たよ
打たれた代りに愛を返す
あの二人の兄弟が来たよ
自分で酔っては世界を酔わす
あの二人の兄弟が来たよ
賤民をやさしく胸に抱く
あの二人の兄弟が来たよ
ヴラジャの野ではカナイとバライ
あの二人の兄弟が来たよ

二人の兄弟――ガウル（チャイタニヤ）とニタイ（ニティヤーナンダ）

カナイ――クリシュナのこと、バライ――バラーム（クリシュナの兄）のこと。この歌はガウルとニタイをカナイとバライの再来としてうたっている

大勢の信者がタクールといっしょに踊っていた。キールタンが終わると坐って、また楽しい会話になった。聖ラーマクリシュナはスレンドラにおっしゃる――「わたしに、何か食べさしてくれないかい？」こうおっしゃって立ち上がり、奥の部屋に行かれた。婦人たちが進み出て、額《ぬか》ずいてタクールをうやうやしく礼拝した。

召し上がった後すこし休息されてから、南神村《ドッキネーショル》のお寺にお帰りになった。

第二七章　マノモハン邸における聖ラーマクリシュナ

一八八一年十二月三日（土）

マノモハン邸における聖ラーマクリシュナ

ケーシャブ・セン、スレンドラ、ラジェンドラ・ミトラ、トライローキャたちと

マノモハン氏の家――カルカッタ市シムリヤ通り二十三番地。スレンドラの邸の近くである。今日は十二月三日、土曜日。西暦一八八一年、ベンガル暦一二八八年オグロハヨン月十九日。

聖ラーマクリシュナは午後四時ごろお訪ねになった。家は小さい二階家で、狭い中庭がある。タクールは客間にお通りになる――一階の通りに面した部屋である。

ボバニプールのイシャン・ムクジェーが聖ラーマクリシュナと話をしている。

イシャン「あなた様は何故、世間をお捨てになったのですか？　聖典には、世間に住んでいて修行するのが最上である、と書いてあります」

聖ラーマクリシュナ「何が良くて何が悪いか知らないよ。あの御方がさせる通りにしているだけさ。言わせる通りにしゃべっているだけ――」

イシャン「もし皆が世間を捨てたら、神の御意志に反したことになります」

聖ラーマクリシュナ「何で皆が捨てるんだい？　だが、皆が皆、ジャッカルや野良犬みたいに、女と金に血道をあげているのがあの御方の希望なのか？　ほかに何か希望はないのかい？　どういうことがあの御方の希望で、どういうことが希望でないか、あんた、知っているのかね？

あんたは、世間で暮らすのが神の思召《おぼしめ》しだと言う。だけど、女房や子供が死んだとき、それも神の思召しだと思えるかい？　食べていけなくなったとき――貧乏のどん底におちて――そのときも、それも神の思召しだと思うことができるのかい？

マーヤーのなかにいては、あの御方の思召しがどんなものか知ることはできないんだよ。マーヤーのなかでは、その場限りのはかないものがいつまでも永久に続くように感じるし、その反対に、永遠不滅のものが幻のように値打ちのないものに感じられるんだ。世間のことは無常――今あったかと思えば、次の瞬間にはなくなっている。だが、あの御方のマーヤーのために、ちゃんといつまでも実在しているかのように感じられる。あの御方のマーヤーのおかげで、〝私は行動する〟と感じているんだよ。それから、〝私の妻子〟〝私の兄弟姉妹〟〝私の父母〟〝私の家屋敷〟などと思い込んでいるのさ。

マーヤーには無明と明智の二つがある。無明は世俗で、人をあざむき、神を忘れさせる――それから明智のマーヤー、つまり、智識、信仰、聖者・修道者との交わり――こういうものは神の方に連れていってくれる。

神の恵みをうけてマーヤーを乗り越えた方にとっては、すべてが平等《おなじ》――明智も無明もみな同じことだ。

俗世の住家《いえ》は、苦楽の経験をするところだ。女と金の楽しみなんか所詮《しょせん》、どうなる？　サンデシュ（菓子の一種）も喉元を過ぎれば、酸っぱかったのか甘かったのか、すぐ忘れてしまう。

でも、すべての人が世俗の生活を捨てるだろうか？　時期が来ないのに捨てられるかい？　経験をし尽したところでその時期が来る。無理に捨てられるものじゃないよ。

或る種の離欲《ヴァイラーギャ》がある。それを、〝サルの離欲〟と言うがね、知性の低い人間がする離欲だ。父親のいない息子がいて、母さんが糸紡《つむ》ぎをして生計《くらし》をたてている。息子にも仕事があったんだが、それがだめになって――すると、息子は離欲ということになって、赫土《あかつち》色の衣（ゲルア）を着てカーシーへ出かけていく。何日か経つと手紙がくる――こっちで仕事が見つかりました。月に十ルピーです。やがて金の指輪だの、洒落《しゃれ》た上着だの買いたがる。快楽の欲求を卒業したなんて言えるかい？」

1881年12月3日（土）

マノモハンの邸にて

ケーシャブ・センがブラフマ協会の会員たちとやってきた。聖ラーマクリシュナは中庭に坐っておられた。ケーシャブは近づいて大そう信愛の情を込め、かつ、恭々《うやうや》しくごあいさつ申し上げた。そしてタクールの左側に坐った。右側にはラムが席に着いている。

しばらくの間、バーガヴァタの朗読があった。

朗読が終わって、タクールはお話をなさる。中庭を囲んで在家の信者たちが坐っている。

聖ラーマクリシュナ「(信者たちに向かって) 世間で努めを果たしていくのは、大そう難しくて苦労なことだね。ひどい勢いでグルグル回れば、眼が回ってぶっ倒れてしまう。でも、柱にしっかりつかまっていれば心配ない。仕事をしていても神のことを忘れるな。

みんなは聞くだろう〝そんなに難しいのならどうすればいいのか――方法《みち》は?〟

方法はね、アヴィヤーサ(訓練)・ヨーガだ。郷里《くに》で、大工のかみさんたちが、指をつぶさないように気をつけながら脱穀機を踏んでいる一方で、赤ん坊に乳をのませている。そのうえ、お客と話までしていた――〝こないだ貸したの、返してっておくんなさいね〟なんて言って……。

不貞な女は用事は何でも足しているが、心はいつも情人のことを思っている。

でも、こんな心境になるためには、ちょっとは修行をしなけりゃね。時々静かな所へ一人で行って、あの御方を呼ばなくては――。信仰をしっかりつかんでから世間の仕事をすることだ。カンタルの実をじかに割ろうとすれば手に汁がベタベタつくだろう――手に油をぬってから割ればベトつかない」

中庭で歌がはじまった。ゆっくりとトライローキャが歌い始めた。

栄光《はえ》あれ　栄光《はえ》あれ　ブラフマン

よろこびと美の極み――

タクールは嬉しそうに踊っておられる。いっしょにケーシャブたちも信者たちも踊っている。冬なのに、タクールは体に汗をかいておられた。

至福のキールタンが終わって皆が坐ると、聖ラーマクリシュナは、「何か少し食べたい」とおっしゃった。奥の間から甘い物が皿に盛られて運ばれてきた。ケーシャブはタクールが召し上がっておられる間中、その皿をずっと持っていた。ケーシャブはまた同じように、水の入ったグラスも持っていた。そして、タオルでお口のあたりをふいてさしあげた。そのあと、タクールを扇ぎはじめた。

聖ラーマクリシュナはこんど、世間で暮らしながらも法《ダルマ》がなされるかどうか、お話しになる。

聖ラーマクリシュナ「(ケーシャブたちに向かって)世間にいてあの御方を呼ぶことのできる人々は、勇気のある雄々しい信者だ。頭に重い荷物をのせているのに、神をつかもうとして努力しているんだからね。こういう人を英雄信者と名付けている。

そういうことは大そう難しい、とお前たちは言うかも知れん。どんなに難しくたって、至聖《かみ》の恵みがあれば成就できないことは何もないよ。不可能なことが可能になる。千年の間、真っ暗闇だった部屋に、もし光が入った場合、少しずつ明るくなるかね？　いっぺんに部屋全体が明るくなるんだよ」

これらの頼もしいお言葉を聞いて、ケーシャブはじめ在家の信者たちは心から喜んだ。

ケーシャブ「(ラジェンドラ・ミトラに向かって笑いながら)あなたのお宅でいつか、このような機会を持たれるといいですねえ」

ラジェンドラ「ええ、全くその通りです！　ラム、お前に何もかも任せるよ」

ラジェンドラは、ラムとマノモハンの伯父にあたる。

1881年12月3日(土)

こんどは、タクールは奥の間にお通りになった。そこでご供養をうけられるのだろう。マノモハンの母上であるシャーマスンダリーが、すべて準備をととのえていた。聖ラーマクリシュナは座につかれ、甘いものはじめ、すこぶる美味しそうなごちそうが並んでいるのをご覧になって、タクールは破顔一笑され、楽しそうに召し上がりながら、「わたしのためにこんなにしてくれて……」とおっしゃった。皿のそばには氷の入った水のコップまで置いてあった。

ケーシャブをはじめとする信者たちは中庭で食べていた。タクールは奥の間から下りてこられて、皆に食べさせてあげた。やがて、彼らを喜ばすために、ルチと甘い物の歌を歌ったり踊ったりして下さった。

やがて、南神村《ドッキネーショル》のお寺に戻られることになり、ケーシャブはじめ信者たちは貸し馬車を呼び、タクールの御足の塵をいただいた。

第二八章　ラジェンドラ邸における聖ラーマクリシュナ

1881年12月10日(土)

一八八一年十二月十日(土)

ラジェンドラ邸における聖ラーマクリシュナ

ラム、マノモハン、ケーシャブ・センたちと共に――

ターンタニヤのベチュ・チャトジェー通りにあるラジェンドラ・ミトラの家――。マノモハンの家で楽しい集いのあった日、ケーシャブ・セン氏がラジェンドラ氏に向かって、「あなたのお宅でも、このような機会が持てたらよろしいですね」と言った。ラジェンドラは心から喜んで、この日のために準備をしていた。

今日は土曜日、一八八一年十二月十日。ベンガル暦一二八八年オグロハヨン月の二十六日。今日、こうして祝宴を催せたことをとても喜んでいる。大勢の信者たちが来るだろう――ケーシャブはじめ、ブラフマ協会の会員たちも来るだろう。

そんな中、協会の仲間であるアゴルナートが亡くなったという知らせを、ウマナートがラジェンドラにもってきた。アゴルナートは二日前の十二月八日、ベンガル暦一二八八年オグロハヨン月、夜中の二時、ラクノウで亡くなった。その夜、電報でそのニュースが届いたので、ウマナートが翌日伝えたのであった。ケーシャブはじめ協会員たちは喪に服しているので、土曜日にはきっと来られないのではないかと、ラジェンドラは案じていた。

ところがラムは、ラジェンドラにこう言った――「伯父さん、どうしてそんなことに気づかっているのですか？　ケーシャブ先生は来ても来なくてもいいではありませんか。タクールはおいでになりますよ。御存知でしょう――タクールは始終、サマーディに入られて神を見ておられる御方なのですよ。あの御方がお喜びになれば、全世界が喜ぶのです」

ラム、ラジェンドラ、ラージモハン、マノモハンは連れだって、ケーシャブに会いに行った。ケーシャブはこう言った――「おや、お宅に行かないなどと、私は申した覚えはありませんが……。大覚者《パラマハンサ》先生がおいでになるのに私が行かない？　必ず参りますよ。友人の喪に服していますので、食事は別のところでいたしますが――」

ケーシャブはラジェンドラたちと話している。ケーシャブの部屋には、聖ラーマクリシュナが入三昧の時の写真が飾ってあった。

ラジェンドラ「（ケーシャブに）大覚者《パラマハンサ》先生のことを、多くの人がチャイタニヤの化身だと言っていますね」

ケーシャブ「（その入三昧の写真を指して）――このような三昧は、他に見ることはできません。イエス・キリスト、モハメッド、チャイタニヤといった方々が経験しました」

午後三時ごろ、聖ラーマクリシュナはマノモハンの家においでになり、そこで休息して、飲み物などを少々召し上がった。スレンドラは言った。「あなた様は写真機を見たいとおっしゃっていましたね。では、行きましょう」スレンドラはタクールを馬車にお乗せして、ベンガル写真館《フォトグラフィ・スタジオ》にご案内した。スタジオでは、どんなふうにして写真が写るかの説明をお聞きになり――ガラス面に硝酸銀を塗って、そこに映像をとらえるのである。

タクールの写真を撮ることになり――撮られている間に三昧にお入りになった。（訳註――この時撮影された写真を巻頭に掲載）

それからタクールは、ラジェンドラ・ミトラの家にいらっしゃった。ラジェンドラは以前、行政副長官であった。

マヘンドラ・ゴスワミー氏が、中庭でバーガヴァタを朗読していた。大勢の信者たちが来ていたが、ケーシャブはまだ到着しない。聖ラーマクリシュナは信者たちを相手にお話をなさる――

聖ラーマクリシュナ「（信者たちに向かって）世間に暮らしていては真理《かみ》を悟ることが出来ない、と言われているが、なぜだ？　出来ないことなんかないが、とても難しいんだよ。今日、バグバザールの橋を渡ってきた――どんなに多くの棒や鎖で繋《つなが》れていることか。一本くらい外れたって、橋はどうにもなりゃしない。まだまだ沢山の場所がしっかりつながれていて、それが支えているんだから――。それと同じで、世間の人たちは実に沢山のもので縛られている。至聖《かみ》さまのお恵みをいただかなくては、その束縛を解く方法はない。

あの御方に会えば、もう心配ない。あの御方のマーヤーのなかには、明智と無明の二種類があるが――見神の後は無執着になる。大覚者《パラマハンサ》の境地になれば、そういうことを正しく理解することができる。乳に水が混じっていても、白鳥のように乳だけを摂《と》って水を除ける。白鳥にはそれができるが、コマドリにはできない」

一信者「では、世間に暮らしている人間は、どうすればよろしいのですか?」

聖ラーマクリシュナ「師《グル》の言葉を信じること。師《グル》の言葉に従うことだ。師《グル》の言葉という柱にしっかりつかまりながら世間の仕事をすること。

師《グル》をただの人間だと思ってはいけない。サッチダーナンダが師《グル》の姿で現れていらっしゃるんだよ。グルのおかげで理想神《イシュタ》に会ったときは、グルは理想神《イシュタ》の中に溶け込んでしまう。

真っ直ぐな信仰で出来ないことは何もない。グルの息子の食い初め式《アンナプラーシャナ》があったとき――弟子たちは資力に応じてそれぞれに出来る限りの食べ物を用意した。弟子のなかに一人、貧しい後家さんがいた。財産らしいものといえば牝牛《めうし》が一ぴきだけ――。後家さんは壺にいっぱい乳をしぼって、それをグルのところへ持ってきた。ところがグルは内心で、この祝典に必要な牛乳と凝乳は全部、この女が引き受けるだろうと思っていたんだ。それが壺一ぱいだけしか持ってこないので腹を立てて、それをぶちまけてしまい、その上こう言った――『貴様なんか、水に溺れて死んでしまえ!』女はグルの指示《めいれい》だと思って、河へ行って身を投げようとした。その時、ナーラーヤナがお姿を現された。神さまは大そう女の気持ちをお喜びになり、おっしゃった――『このツボにも凝乳が入っている。いくら注いでも後から後から出てくるから、お前の先生も喜びなさるよ。さあ、このツボを持っていきなさい』この

1881年12月10日(土)

ツボを受け取ったグルは、驚いてモノも言えなかった。後家から話を聞くと、河のそばに連れていってこう言った――『私をナーラーヤナに会わせてくれなかったら、こんどは私が河に身を投げるぞ』ナーラーヤナは会って下すったのだが、グルにはお姿が見えなかった。すると後家は言った――『神さま、もし、私の先生にお姿を見せて下さらなくて先生が身投げしてお亡くなりになったら、私もいっしょに肉体《からだ》を捨てます』するとどうだい、ナーラーヤナは一度だけ、グルにお姿を見せて下すった。ごらん、グルを信じきっていたから自分も神さまに会えたし、そのうえ、グルまで神さまに会えた。

だから、こんな歌がある――

たとえ私のグルが酒屋に通っていても
それでも、わたしのグルはニティヤーナンダ

だが、皆がグルになりたがって、弟子になりたいという人はごく僅かだね。雨の水は高い場所には溜まらないよ。低い場所に――凹《くぼ》んだ場所に溜まる。

グルからいただいた(神の)名前を信じて、その名をしっかりつかんで修行することだ。

真珠貝の中に真珠ができる――貝はスワティー星座から降る雨を待ちかまえている。その雨をうけると、真っ直ぐに底知れぬ海に沈んで行き、真珠ができるまでジーッとしている」

聖ラーマクリシュナ、ラジェンドラの家にて

大勢のブラフマ協会員が来ているのをご覧になったタクールはおっしゃった——

「この協会の集まりは、真に求めてのものなのか、ただ形だけのものなのか？　ブラフマ協会では定期的に礼拝会を催すが、そりゃとても良いことだ。でも、祈りというものは、深く心の底からのものでなけりゃね。ただ形だけの礼拝や講演だけじゃだめだ。俗世の欲がなくなるように、神の蓮華の御足に清い信仰が持てるようにと、心の底からあの御方にお祈りしなけりゃいけない。

象は口から外に出た牙も持っているし、口の中にも歯を持っている。外の牙は見るからに立派でほれぼれするようだが、ものを噛んで食べるのは外からは見えない奥の歯だ。それと同じで、心の中では女と金を楽しんでいるようなら、信仰をどんどん傷付けていく。

外で講演やなんかして何になる？　ハゲタカは高く舞い上がるが、目はいつも墓穴を見ている。ロケット花火を飛ばすと、はじめのうちは空高く舞っているが、次の瞬間には地面に落ちてしまう。

快楽への執着を捨てたら、肉体から出て行くときには神のことばかり思うだろうよ。そうしなければ、この世の物事にだけ心を引かれるだろうさ——女房のこと、息子のこと、家のこと、財産や名誉のことなんかにね。オウムや九官鳥を仕込めば、鳥でも〝ラーダー・クリシュナ〟なんて神の名をさえずることができる。でも、ネコに捕まったときは、〝キャァー、キャァー〟と本音で鳴く。

だから、いつも心掛けて訓練することが必要なんだよ。あの御方の名を讃《たた》え、歌い、またあの御方

を瞑想し、思いを凝らして、そして祈ること——快楽への執着が消えますように、あなたの御足に心が行きますように、とね。

こういう人は世間に住んでいても、女中のような気持ちで暮らしている。与えられた仕事は何でもきちんとやるが、心はいつも郷里《ふるさと》を想っている。つまり、神のところに心を置きっ放しにしながら世の中の仕事をしているんだ。世間で暮らしていれば、どうしても汚れは体につく。正しい信仰を持った人は、世間では泥魚のようなものだ。泥の中に暮らしていても、体に泥がついていない。

ブラフマンとシャクティは不異《おなじ》だ。あの御方を、〝マー〟といって呼びかけると、じきに神への信仰《バクティ》と愛が生まれる」

こうおっしゃって、聖ラーマクリシュナは歌をおうたいになった——

シャーマのみ足もと大空高く
わたしの心の凧は天翔けていた
よこしまな風をまともにうけて
急にかたむいて落ちてしまった
…………

一八八三年三月十一日に全訳あり

次の歌

ヤショーダーにクリシュナは〝青い玉〟とよばれて
やさしく踊ってみせたもの……
このカーリーの凄まじきおん顔
……………

タクールは立ち上がって、踊りながら歌っておられた。信者たちも立ち上がっていた。

聖ラーマクリシュナが時々三昧に入られる御姿を、一同は凝視していた。絵のように皆、身動きもせず立っていた。

医者のドゥカリ先生が、三昧《サマーディ》がどのような生理状態によって起こるのか調べようと思ったらしく、タクールの目の中に指を突っ込んだ。それを見て信者たちは、非常に腹を立てた。

このようにして素晴らしいキールタンと踊りが終わると、一同は席について坐った。このときケーシャブ・センが数人の会員を伴って到着し、タクールにごあいさつ申し上げてから席についた。

ラジェンドラ「（ケーシャブに向かって）今、すばらしい歌と踊りを見せていただいたところです」

こう言って彼は、トライローキャに、また歌をうたってくれるように頼んだ。

ケーシャブ「（ラジェンドラに）大覚者先生《パラマハンサ》が坐っていらっしゃるときにキールタンをしても、どうかと思いますが……」

1881年12月10日(土)

でも、歌が始まった。トライローキャと会員たちが歌った——

心をひとつにハリ、ハリ、ハリ、と
ハリの名呼びつつ世の海渡れ
ハリは水に、ハリは地に
ハリは太陽、ハリは月
ハリは火のなか　大気のなかに
ハリで充ち満つ　この宇宙

聖ラーマクリシュナと信者一同に、食べ物を供養する用意が二階の部屋にできていた。タクールはまだ中庭に坐って、ケーシャブと話をしていらっしゃる。ラーダーバザールでの、写真を撮ったり見たりした話である。

聖ラーマクリシュナ「(笑いながらケーシャブに) 今日は、写真を撮る機械を見てきて面白かったよ。ただのガラスには写真は写らないんだね。そのことを一つ勉強したよ。ガラス板に黒いインキのようなものを塗っておくと、写真が写るんだ。あれと同じ理屈で、神様の話をただ聞くだけでは何にもならない。すぐ忘れてしまう。でも心の中が真理《かみ》を慕う情熱——これが黒インキにあたるんだけれど——この恋慕の気持ちで色づいていれば、神の話をしっかりとつかむことができる。この黒インキがなけりゃ、すぐ忘れてしまうさ」

やがて、タクールは二階に上がられた。タクールのお席には美しいカーペットが敷かれてあった。マノモハンの母上であるシャーマスンダリー・デーヴィーがお給仕をしている。マノモハンは言っていた――「私のやさしい母がシャスタンガの礼をして、タクールに食べ物の供養をうけていただいたのです」ラムたちも列席していた。（訳註、シャスタンガの礼――体の八つの箇所＝頭、目、口、胸、へそ、手、膝、足を地につける礼拝。つまり、全身を投げだしてする最高の礼拝）

タクールが召し上がっておられる部屋の向かい側にある広間で、ケーシャブをはじめとする信者一同が食卓についていた。

その日、ベチュ・チャトジェー通りに祀られているシャーマスンダル神像に仕えているシュリー・シャイラージャ・チャラン・ムクジェーが列席していた。

第二九章　シムリヤのブラフマ協会年次大祭において

一八八二年一月一日（日）

シムリヤのブラフマ協会年次大祭における聖ラーマクリシュナ

ラム、ケーシャブ、ナレンドラたち信者と共に

今日、聖ラーマクリシュナはシムリヤ・ブラフマ協会の年次大祭に信者たちといっしょにいらっしゃった。ギャーン・チョウドリーの邸で大祭は行われた。西暦一八八二年一月一日、日曜日。午後五時頃。ベンガル暦一二八八年ポウシュ月十八日。

ケーシャブ・セン氏、ラム、マノモハン、バララム、そして協会員のラージモハン、ギャーン・チョウドリー、ケダル、協会員のカンティ氏《バーブ》、カーリーダース・サルカル、カーリーダース・ムコパッダエ、ナレンドラ、ラカール等、大勢の信者たちが出席している。

ナレンドラはほんの数日前にラムたちと南神村《ドッキネーショル》にやってきて、タクールにお目にかかったばかりである。今日もこの大祭に参加している。彼はシムリヤのブラフマ協会に時々通って、ここで歌をうたっていた。

ブラフマ協会のしきたり通りに大祭は行われることになっている。

先ずはじめに聖典の朗読、それから皆から要望《リクエスト》されてナレンドラの歌――。

日暮れになった。インデシのガウリー・パンディットが赫土色《あかつち》の僧衣を着て参列していた。

ガウリー「えーと、大覚者《パラマハンサ》さんは何処におられる？」

間もなく、ケーシャブが信者たちと共に到着し、タクールの前に額《ぬか》ずいてごあいさつした。皆、広間に坐って、お互いに嬉しそうに微笑みを交わし合っている。タクールはぐるりを在家の信者たちに取り巻かれて、たいそう御機嫌よく笑いながらこう話された。

聖ラーマクリシュナ「ハッハッハ、世間に暮らしていたら真理《かみ》が悟れない、そんなことがあるかい？　でもね、知ってるかね、心が自分のところにないんだよ――世間の人たちは。自分のとこにあれば、それを神に捧げることもできる。ところが、心は抵当に入れてある――女と金に渡してあるのさ！　だから、いつも心掛けてサードゥたちと交わっていることがどうしても必要なんだ。

心が自分のとこへ戻ってきたら修行ができるよ。いつもグルのそばにいて、グルに仕え、修道者たちと交わっていることだ。一人で静かな所へ行って、一日中あの御方のことを想って暮らすか、さもなければサードゥたちといっしょに暮らすかだ。心は放っておくと、だんだん干凅《ひか》らびていく。

水の入ったかめをそのまま放っておくと、だんだん水が少なくなって、しまいには乾いてしまうだろう！　でも、そのかめをガンジス河の中にひたしておけば、絶対に乾くことはないよ！

鍛冶屋《かじ》の炉の中では、鉄は火で見事に真っ赤になっている。そこからとりだして放っておくと、鉄はまた自然に黒くなる。だから鉄は、時々炉の中に入れなければならない。

私は主人だ、私が家を支え家庭をとり仕切っているのだ、これは私の家、私の家族だ——こう思っているのが無智というんだよ！　私はあの御方の召使い、あの御方の信者、あの御方の子供だ——こういう気持ちでいるのが、たいそういいこと。

〝私〟を全く無くすることはできない。よくよく考えて納得したつもりでも、どこからともなく〝私〟は戻ってくる。ちょうど頭を切り落とされたヤギが、まだ少しの間ビャービャーと声をたてたり、手足をピクピクさせたりしているようなものだ。

あの御方に会った後で、あの御方が〝私〟を残しておいて下さる場合、その〝私〟を〝成熟した私〟と呼ぶんだよ。剣が〝賢者の玉〟にふれて黄金になったようなものさ。もうそれで殺したり傷つけたりすることはできない！」

1882年1月1日(日)

聖ラーマクリシュナは礼拝のための高台に坐って、このような話をしておられる。ケーシャブはじめ信者たちは、我を忘れて聞き入っていた。夜も八時になった。礼拝式の開始を知らせる鐘が三つ鳴った。

聖ラーマクリシュナ「(ケーシャブたちに向かって)オヤ！　あんた方の礼拝式、まだだったのかい」

ケーシャブ「今さら礼拝式などと……。このお話をうかがっていることで十分すぎる程です」

聖ラーマクリシュナ「いけないよ——きまり通りにやらなけりゃ」

ケーシャブ「どうしてですか。このままで結構すぎるほどですよ」

聖ラーマクリシュナが何度も急《せ》き立てるのでケーシャブはやっと立ち上がり、礼拝式が始まった。

礼拝式の途中でタクールは突然立ち上がり、三昧に入られた。

ブラフマ協会の会員たちが歌っていた――

さあ唱えよう　ハリ、ハリ、ハリ
ハリ、ハリ、と呼びつつ　世の海を渡ろう
ハリは水に、ハリは地に、ハリは火の中、空気の中に
ハリは月に、ハリは太陽《ひ》に
宇宙くまなく、ハリは満つ

聖ラーマクリシュナは、まだ前三昧の恍惚境で立ち尽くしておられる。ケーシャブは非常に注意深くタクールの手をとって、高台から中庭にお連れした。

歌はつづいている。やがて、タクールは歌にあわせて踊りはじめられた。タクールをとりまいている信者たちも踊っている。

ギャーン氏邸の二階の部屋では、聖ラーマクリシュナとケーシャブと信者たちのために茶菓が用意されていた。

茶菓の供養をうけた後、また皆は中庭に下りて坐った。タクールは何かと話をなさりながら、その合間に歌を口ずさまれる。するとケーシャブも声をあわせてその歌をうたう――

1882年1月1日(日)

わが心、黒蜂のごとく
シャーマの青き蓮華の御足に魅せられたり
この世の花　いろ美しく
甘くとも　空《むな》し　うとまし
…………………

一八八三年三月十一日に全訳あり

シャーマの御足もと　大空たかく
わたしの心の凧は天翔けていた
よこしまな風をまともにうけて
急にかたむいて地に落ちてしまった
…………………

一八八三年三月十一日に全訳あり

タクールとケーシャブのお二人は、歌に夢中になり恍惚となっておられた。まわりの信者たちも加わって、歌い、踊り、深夜二時までつづいた。

少し休んでから、タクールはケーシャブに言われる――「あんたの息子さんの結婚式のとき、なぜわたしに賜り物をよこしたんだい？　持ってかえっておくれよ――わたしがああいうものを受けとって、どうすればいいんだい?」

ケーシャブは少し笑った。タクールは又おっしゃる——「会の本(協会の機関誌)に、わたしのことを書いたりして、なぜあんなことをする?

本や新聞に書いたって、誰かを偉くすることはできないよ。至聖《かみ》が偉くして下さった人は、たとえ森の中に住んでいても、皆に知られるようになるんだ。奥深い森の中に花が咲けば、蜜蜂はちゃんと見つけて来る。ハエとかほかの虫にはわからないがね。人間に何ができる? 人に頼るな、アテにするな——人は虫ケラみたいなもの! 良く言ったかと思えば、すぐその口で悪く言う。わたしは有名になんかなりたかないよ。皆のなかで一番貧乏で、一番バカでいるんだ」


西暦一八八一年アシャル月の或る日、スレンドラ邸に、タクール、聖ラーマクリシュナがおいでになったとき、ケーシャブ・セン氏も来ることになっていた。が、しかし、都合があって来ることができなかった。その都合というのは、長男と次女の結婚の準備のため多忙だったからである。


一八八一年の七月十五日(スラボン月一日)金曜日に、ケーシャブは娘婿であるコーチビハールの藩王《マハーラージ》所有の汽船に大勢のブラフマ協会員をのせて、カルカッタからショムラまでガンジス河の船旅をした。その途中で船を南神村《ドッキネーショル》に止めて、大覚者様《パラマハンサ》をお乗せした。フリダイがお伴についてきた。

船には、ケーシャブ、トライローキャはじめ、協会員が大勢——クマール、ガジェンドラ、ナラヤン、ナゲンドラたちがいた。
無相の神——ブラフマンの話をなさりながら、聖ラーマクリシュナは三昧に入られた。トライローキャが横太鼓《コール》とカルタル（小さなシンバル）の伴奏で歌をうたっていた。三昧が解けてから、タクールがおうたいになった——

シャーマ母さん　機械をつくり
五尺あまりの機械のなかで
愉快な遊びをしてみせる

五尺＝人間の大きさ

……………………

船がカルカッタへ戻る途中でまた南神村《ドッキネーショル》に寄り、タクールをお降ろしした。ケーシャブはカーリーチャラン・バナルジー邸に招待されていたので、アーヒリートラ・ガートで降り、モスジドバリ通りを歩いていった。
この船旅に参加したナゲンドラ氏が、このときの模様を二、三ヶ月後に校長に話して聞かせてくれたのである。それを聞いてから数ヶ月後に、校長はタクールに初めてお会いした。それが西暦一八八二年二月のことであった。

第三〇章　手紙・書評

アシュヴィニー・クマール・ダッタ氏から校長への手紙

聖ラーマクリシュナ、アシュヴィニー・クマールや他の信者と共に

ケーシャブ・セン（一八八一年）、デベンドラ・ナート・タクール、アチャラーナンダ、シヴァナート、フリダイ、ナレンドラ、ギリシュ

親愛なるマヘンドラ兄

あなたがコジャガリー・プールニマ（訳註1）の日に送って下さったシュリー・シュリー・ラーマクリシュナ・コタムリトの第四巻を今日、三日間で読み終わりました。あなたはまことに、神に祝福された方ですね――このような尊い甘露の法雨を国中にまき散らすとは！

あなたはずっと以前に、タクールが私にどのような話をされたか教えてほしい、とおっしゃいましたね。今、そのお求めに応じるべく、できるだけ努力いたします。しかし私は、あなたのような幸運の星の下に生まれなかったので、タクールにお会いした日時や、あの聖なるお口からもれたお言葉の全部を、正確に書き留めてはありません。私が記憶しているかぎりのことをこの手紙に書きますが、出来事と日時が混乱しているかも知れませんし、また、ずいぶん多くのことを忘れているだろうと思

います。
初めてお目にかかったのは、たしか西暦一八八一年の秋休みの間でした（当時アシュヴィニー（656ページ　訳註2）氏は25才）。その日はケーシャブ氏が来ることになっていました。私は舟で南神村《ドッキネーショル》へ行き、ガートを上がって一人の男に、「パラマハンサはどこにおいでですか?」と聞きました。すると彼は、北の方角に見えるベランダで長枕によりかかっている人物を指して、「あれがパラマハンサですよ」と教えてくれました。黒い縁取りのドーティ（男性が腰回りに巻きつけて着る長布）をつけて、長枕によりかかっている姿を見て、私は、「これはどういう種類のパラマハンサかな?」と思ったものです。（長枕も黒い縁のドーティも、贅沢な家住者の用いるもの）しかし、近づきながらよく見ると、ドーティをすねの上までたくし上げて、両手でヒザをかかえ、枕には半分だけよりかかっている――それで私は、考えたものです。「このかたは、在家の旦那方のような枕の使い方をしていないから、やはりパラマハンサなのだろう」枕のすぐそばに一人の紳士が坐っていました。あとで聞くと、この人はラジェンドラ・ミトラという名で、ベンガル政府の事務次官になった人物でした。そのまた右に、何人かが坐っていました。

（訳註1）コジャガリー・プールニマ――ドゥルガー祭（ヴィジャヤ・ダシャミー）が終わってから最初の満月を指す。コジャガリーは〝起きているのは誰か〟という意味合いで、新月から始まったヴィジャヤ・ダシャミーが終わって最初の満月の夜に、瞑想するなどして神の恵みを受けるのはとても恩寵があるとされている。プールニマは満月のこと。

間もなく、パラマハンサがラジェンドラ氏におっしゃった――「見てきてくれ、ケーシャブが来たかどうか――」

誰かがちょっとあちらの方へ行って、「いえ、まだその気配はありません」と言う。

また、「見てこい、また見てこい」こんどは又、別の人が見に行って、「――まだです」すると、パラマハンサは笑いながらおっしゃった「木の葉がそよぐとラーダーは言う――〝そら、私の恋人が来た〟そうさ、ケーシャブはいつもこうやってジラすんだよ！　わたしゃラーダーみたいに、もう来るか、もう来るかって！」

日が暮れるかかるころ、ケーシャブ氏はお伴の一行を連れてやってきました。

ケーシャブ氏が額《ぬか》ずいてごあいさつすると、パラマハンサも同じ格好の礼を返された。そして、殆ど三昧状態になっておっしゃる――「カルカッタ中の人を集めて来なすった――わたしは説法することになるらしい。そんなこと、わたしは出来るものかい。するならあんたがしろ。わたしゃそんなこと、出来っこないよ――」

その状態のままで、タクールは神々しい笑みを浮かべながら次のようにおっしゃった――「わたしは、食べたり飲んだりして暮らしてる、食べて、眠って、ウンコする。わたしは、説法だの講義だの、一切できない」ケーシャブ氏は、その様子を眺めているうちに感動に耐えきれなくなり、時々、〝アーッ、アーッ〟と言ってため息をついておられた。

一方、私はタクールのその様子を拝見して思いました――「これは、わざとしているのだろうか？

いや、とても芝居でこんなフリが出来るものではない」とにかく、今まで見たこともないことでしたからね。その当時の私の信仰がどの程度のものか、ご存じでしょう！

三昧が解けると、ケーシャブ氏におっしゃいました――「ケーシャブ、いつかお前のところに行ったとき、お前は皆の前でこんな説教をしていたね――〝信仰の大河にとびこみ、サッチダーナンダの海に流れ入りましょう〟と。わたしはすぐあっちの方（ケーシャブの妻をはじめ婦人たちが坐っている場所）を見て思ったものさ――じゃあ、この人たちの境遇はどんなことになる？　と。ね、お前たちは家住者だ。いっぺんに皆してサッチダーナンダの海に入ってしまうなんてことが、どうしてできる？　お前たちはシッポに煉瓦をくくりつけられたマングースのようなものでね、何かに驚くと慌てて壁をかけのぼって、凹《くぼ》みを見つけてその中にうずくまる。だが、どうしてそこに住みつける？　煉瓦の重みに引っ張られて、すぐにドシンと地べたに落ちるんだ。お前たちでも少しは瞑想などもするだろう。だが、女房子供の重みで低い処に引きずり下ろされるのさ。信仰の河にとびこんでも、すぐ上がってこなくてはならない。とび込んだり、また上がったりするのさ。こうしていくよりほか仕様がない。一度とびこんでそのまま海へ姿を消す、なんてことができるわけがないだろう？」

すると、ケーシャブ氏は言った――「家住者は悟りをひらくことができないのですか？　マハリシ、デベンドラ・ナート・タクール（タゴール）をどう思われますか？」

パラマハンサ様《デーヴァ》は、「デベンドラ・ナート・タクール、デベンドラ、デベンドラ」と二、三回くりかえしてお辞儀をなさいました。それからおっしゃった――「こういう話を知ってるかい。或る人が、毎年自分の家で盛大なドゥルガー供養祭をしていた。日の出から日の入りまで、何匹ものヤギを犠牲《いけにえ》に供えた。ところが何年か経つと、供養はそれほど盛大ではなくなった。そこで誰かが、『以前に比べるとずいぶん地味になったようですが、何か理由《わけ》でもおありで？』と聞いた。するとその人は答えた。『アレ！　私は年とって歯が全部抜けてしまったんですよ』（訳註――歯が抜けては羊の肉が食べられないから――）

デベンドラも今は瞑想しているが、そりゃするのが当たり前だよ、トシだもの。でも、なかなか偉い人だ。

ご覧、そういう次第《わけ》でね、マーヤーの世界にいるかぎりは、人間は青いココナッツのようなものなんだ。青いココナッツから軟らかい芯をすくい取ろうとすれば、少しは殻も削り取らないわけにはいかない。しかし、熟して乾いたココナッツなら、殻と芯は離れてしまっている。実を振ってみると中で〝タプ、タプ〟と音がする。マーヤーから解放した人は熟したココナッツのように、真我《アートマン》と肉体とは別々なものになる。アートマンは肉体につながれていないのだ。

まったく、〝私《アミ》〟から一切の面倒が起こる。このナラズ者の〝私〟を追っ払えないものかねえ？　壊れた家の隙間にアスワッタの木が生えている。切り倒しても、また明日になると芽を出す。この〝私〟も同じだ。タマネギを入れた器は、七度洗ってもイヤな匂いが抜けない」

何か話している間に、ケーシャブ氏に向かってこんなことをおっしゃいました――「うん、ケーシャブ、お前たちの仲間の――カルカッタの紳士方は、〝神はない〟と言ってるんだって？　紳士が階段を上がんなさる。一段のぼって次の足をかけたとたんに、〝ウーッ、調子がおかしい〟なんて言いざま卒倒する。それ医者だ、医者を呼べ！　医者がやってくる途中で病人はオダブツ。アー、こんな人たちが、〝神はない〟とおっしゃるのかい？」

一時間かそこら経って、キールタンが始まりました。そのとき見た光景を、私は生々世々《しょうじょうせぜ》、決して忘れないでしょう。皆が踊りはじめ、ケーシャブ氏までもが踊っておられました。タクールは真ん中におられて、皆はタクールを取り巻くようにして踊っていたのです。そのうちにタクールは、とつぜん静止なさって——三昧に入られました。しばらくの間、そのままの姿勢がつづきました。あのかたのお言葉を聞き、ご様子を拝見していて、私ははっきりと認識したのです——「これは、まことの大《パラ》覚者《マハンサ》だ」と。

それから——あの日はたしか一八八三年でした。私はシュリラムプールから数人の青年を連れて、タクールをお訪ねしました。青年たちを見ておっしゃいました——「この人たちは、何しに来なすったんだい？」

私「あなた様にお目にかかりに——」

タクール「わたしに会ったって……。お寺の建物やお堂を見物させてやった方がいいだろ？」

私「いいえ、そういうものを見に来たのではございません。あなた様にお会いするために来たのです」

タクール「じゃあ、この人たちは火打ち石なんだね。中に火があるんだ。千年もの間水の中に放っておいても、出してカチッと打てばすぐ火が出てくる。この人たちはそういう生まれの人なのかい？

わたしを打ったら、火が出そうかい？」

この最後のお言葉を聞いて、皆は愉快に笑ったものです。その日、どういうお話があったか、詳細には記憶しておりません。でも、「〝私〟を捨てきることはできない」というお話、もう一つ、「女と金を捨てろ」というお話があったことは憶えています。

また別の日のことです。ごあいさつして席に着きますと、こうおっしゃいました——「コルクを押し下げるとシューシューって泡が上がってきて、ちょっと酸っぱくて、ちょっと甘いもの——あれを一つ持ってきてもらえるかい？」

私は申し上げました——「レモネードでございますか？」

タクールはおっしゃる——「持ってきてくれるかい？」それでたしか、一瓶持って行って差し上げました。その日は、私の記憶するかぎりでは、私のほかには誰もいませんでした。私はいくつか質問しました。

私「あなた様は、カーストの規則をお守りになりますか？」

タクール「守ってる、なんて言えるかい？　ケーシャブ・センの家でチョッチョリー（スパイスの効いたごった煮料理）を食べるし——。でも、或る日起こった話を話すからお聞き——一人の長いヒゲを生やした男が氷を持ってきた。だが、わたしはどうしてか食べたい気持ちになれない。少し経って一人が、彼のところから氷を持ってきてくれた——わたしはカリカリと食べたよ。だからね、カーストの区別なんて、自然に落ちていくものさ。ココナッツの木やシュロの木が大きくなれば、下の枝は自然に落ちてしまう。カーストの区別もそんなものさ。でも無理に引きちぎるな――あのバカども（ブラフマ協会の人たちを指す）みたいに――」
私「ケーシャブ氏は、どのような人物でございますか？」
タクール「オー、とてもすぐれた人だよ。神聖な人物だ」
私「では、トライローキャ氏は？」
タクール「……立派な人だ。歌がとっても上手だ」
私「シヴァナート氏は？」
タクール「立派な男だ。でも、議論好きだね！」
私「ヒンドゥー教とブラフマ協会の考え方と、どう違うのでしょうか？」
タクール「どこが違う？　違わないさ。ここで音楽をやるとき、一人がボーッと同じ音を鳴らしつづけていると、その間にもう一人がいろんな調子の音を奏でる。〝ラーダーはすねて怒ってる、ラン、ラン〟なんてね。ブラフマ協会の連中は、〝無相の神〟という一つの音だけを鳴らして坐り込んでいる。ところがヒンドゥー教は、いろんな調子を奏でるというわけさ！
　水と氷だ――無相の神と有相の神はね。水は凍って氷になる。氷は智識の熱に溶けて水になる。信仰の冷やす力で水は氷になるんだよ！
　あの一つのものを、いろんな人がいろんな名前で呼ぶ。池の四方に四つのガートがある。このガートで水を汲んだ人はそれを〝ジャル〟と呼ぶ。あのガートで水を汲んだ人は〝パーニー〟という。又べつなガートの人は〝ウォーター〟といい、もう一つのガートで汲む人は〝アクア〟という。まったく同じ水のことだ」
バリサルで、アチャラーナンダ・ティールタ・アヴァドゥータに会ったことをお話ししましたところ──
タクール「それがコータランガのラームクマールだろう？」
私「はあ、そうでございます」
タクール「どう思った？」
私「大そう、いい感じをうけました」
タクール「そうかい。その人とわたしと、どっちの方がいい？」
私「あなた様とあの方を比較などできましょうか？　あの方は博識の大学者でございますが……、あなた様は学者《パンディット》で智者《ジュニャーニー》ですか？」
タクールは、私のこの返事をきくと少しおどろいた様子で黙ってしまわれた。ちょっと間をおいて、また私が、「あのかたは学者ですが、あなたさまは実に愉快な方です。あなた様のおそばにいますと、心から楽しくなります」と言いました。
するとこ今度は機嫌よくお笑いになって、こうおっしゃいました──「いいこと言ってくれた。その通りだよ」
私に、「わたしの〝五聖樹の杜《パンチャバティ》〟を見たかい？」と、お聞きになったので、「はい、拝見いたしました」

と申し上げました。すると、そこでどんなことをなさったか、いろいろ話して下さいました。さまざまな種類の修行のこと、ナングタのことなどを――。私が、「神を覚《さと》るにはどうすればいいのでしょうか?」とお聞きすると、その答えは――

「あのね、神はほら、磁石が鉄を引きつけているように、あんな具合にわたしたちを引きつけているんだよ。だけど、その鉄が泥にまみれていては磁石にくっつくわけにはいかない。泣いて、泣いて、泥が涙で洗い落とされたら、自然に磁石にくっついてしまうのさ!

私がタクールのお言葉を書きとめておりましたところ、こうおっしゃいました「あのね、シッディ(大麻)、シッディと言っているだけじゃだめなんだよ。大麻《シッディ》を手に入れてきて、水で擦《こす》ってそれを飲まなけりゃ……」(訳註、シッディ――シヴァ神に捧げる飲み物で、気分を高揚させる麻薬性、中毒性の成分を含んでいる)

そのあとで、私にこうおっしゃいました。「お前たちは世間で暮らしていかなけりゃならない。だから、顔が少し赤らむくらいに酔っていろ! 仕事をしているときも、その酔った気持ちが続くように習慣づけるといい。世間にいては、シュカデーヴァのような境地になることは――まあ、できない相談だが――神の酒に酔っ払って素っ裸で倒れてしまうような……。

世間で暮らすなら、全権委任状を書いて神様に差し出せ――ちゃんとハンコを押して。あの御方がいいようにして下さる。金持ちの家の女中のようにして暮らせ。旦那様の子供たちを真心込めて世話をして、風呂にいれたり食べさせたり、まるで自分の子のように可愛がる。だが、心の中ではちゃんと知っているんだ――〝これは私の子ではない〟と。解雇されたらもうそれまで、もう何の関係もない。

カンタル（ジャックフルーツ）の実を切るときは、掌《てのひら》に油をぬっておかなけりゃならん――ベタベタした汁がつかないようにね。それと同じで、体に油をぬっておけば世間のことに巻き込まれないよ。ベタベタくっつくこともない」

これまでは床に坐って話しておられましたが、こんどは寝台に上がって長々と寝そべって、また話をおつづけになりました。「扇いでおくれ」私は扇ぎました。タクールは黙っていらっしゃいました。間もなく、「バカに暑いねえ、ウチワを水で濡らしたらどうだろ？」とおっしゃる。私が、「奇抜《しゃれ》た考えもお持ちなんですね」と申し上げると、笑いながら、「いけないかい？　いーけませんかね？」とおっしゃる。私は、「けっこう、けっこう、大いにけっこうです」と申しました。あの日、おそばに坐っていてどれほど楽しかったか、とても言葉には尽くせません。

最後にお会いしたのは――あの日のことは、あなたが第三巻（一八八五年五月二十三日）でふれていらっしゃいますが――あの日は、私の学校の校長を連れて行きました。その当時、彼は大学を卒業したすぐ後でした。この間、あなたは彼にお会いになりましたね。

彼を見ると、タクールはおっしゃいました――「お前、これをどこで拾った？　すばらしいじゃないか、この人。

ねえ、お前は弁護士だろ。ウーッ、頭がいいんだね！　わたしにちょっぴり分けてくれないか？こないだ、お前のお父さんが来て、ここに三日いなさったよ」

私が、「父をどのように思われますか？」と質問すると、タクール「いい人だ。でも時々、くだらんことを言う」
私「今度お会いになったら、くだらぬことを言わないようにご指導下さい」
タクールは少しお笑いになった。
私「私どもに、何か法話《おはなし》をお聞かせ下さいませ」
タクール「フリダイを知ってるかい？」
私「甥御さまでいらっしゃいましょう？　お会いしたことはございませんが——」
タクール「フリダイがよく言っていたよ——『叔父さん、あなたの持っている話を、いちどきにしゃべってはだめですよ！　同じ話を、どうして何度もくりかえすんですか？』するとわたしは、いつもこう返事していた——『バカ、お前の知ったことか？　わたしの話なんだから、わたしは何万回でも同じ話をしゃべるよ。余計なお世話だ！』」
私は、大いに笑いながら言いました——「まったく、その通りです」
少し経ってから寝台の上にお坐りになって、〝オーム、オーム〟と唱えてから、歌をおうたいになりました。

沈め　沈め　沈め
美しき海に　わが心よ

一行か二行、歌い終わらぬうちに、〝沈め、沈め〟と口を動かしながら、ご自分で三昧境に沈んでしまわれました。

三昧が解けると部屋の中をお歩きになり――ドーティ（腰にまく布）を両手で腰の辺りまで引っぱり上げて――布の一方の端は床にひきずり、もう一方の端はぶらりと垂《た》れ下がっています。私は連れをひじでつついて、そっとささやいたものです――「ドーティの着方がお上手ですねえ！」すぐその後で、「じゃまなドーティだ」とおっしゃって、ドーティを脱いでしまわれた。素っ裸で部屋の中を歩いていらっしゃるのです。北の隅から誰かの傘とステッキを持ってきて、私どもの前に来られ、「この傘とステッキ、お前たちのかい？」とお聞きになりました。私が、「いいえ」と言うとすぐ、「わたしは、お前たちのではないとさっきからわかっていたよ。わたしは、傘とステッキを見れば持ち主がどういう人間かわかるんだ。これは先だって来て、わかりもしないのにわたしの言うこと沢山鵜《う》呑《の》みにしていった、あの男のものに違いない」

数分後には、そのままのお姿で寝台の北隅に西を向いてお坐りになり、すぐ私に、こうお聞きになりました。

「ねえ、わたしのことを野蛮人だと思うかい？」

私「いいえ、あなた様は大変な文明人でいらっしゃいます。なぜそんなことをおっしゃるのですか？」

タクール「あれ、でも、シヴァナートやなんかはわたしのこと、野蛮だと思ってるよ。あいつらが来ると、わたしゃ慌ててドーティとかいう布切れを腰に巻きつけなけりゃならないんだ。ギリシュ・

ゴーシュを知ってるかい？」
私「どのギリシュ・ゴーシュですか？　劇場を経営している方ですか？」
タクール「うん、そうだ」
私「まだお会いしたことはありませんが、お名前だけはよく知っております」
タクール「いい人だよ」
私「酒をよく飲むとか聞いていますが？」
タクール「飲む、飲むって、いつまで飲んでいるっていうんだい？
ナレンドラを知っているかい？」
私「いいえ、存じません」
タクール「わたしはぜひ、お前を彼に会わせて話をさせたいと思っているんだよ。彼はね、学士にパスして——まだ結婚はしていない」
私「承知いたしました。話し合いましょう」
タクール「今日、ラム・ダッタの家でキールタンがあるから、そこで会えるだろう。夕方になったらあそこへ行け」
私「はい、わかりました」
タクール「行くね？　行きなさいよ」
私「あなた様のお言いつけです。従わないわけはございますまい？　必ずまいります」

部屋に飾ってある絵を、いく枚か見せて下さいました。そのあとで、「ブッダ様《デーヴァ》の絵が手に入るかい？」とお聞きになるので――

私「手に入りましょう」

タクール「その絵を一枚、お前、わたしにくれないかね」

私「はい、かしこまりました。こんど伺うときに持参いたしましょう」

しかし、もうお会いすることはできませんでした！　二度とあの聖なる御足もとに坐る機会には恵まれなかったのです。

その日、夕方になってから、ラム氏のお宅にまいりました。ナレンドラに会うこともできました。タクールは一室に長枕によりかかって坐っておられ、ナレンドラはタクールの右側に坐っていました。私はお二人の正面に坐りました。タクールはナレンドラに、私と話をするようにとおっしゃいました。ナレンドラは、「今日はひどく頭痛がして、お話する気になれません」と申しました。私は、「では、またの日にお話しいたしましょう」と答えておきました。

そして彼と会話ができたのは、一八九七年の五月か六月ごろ、アルモラに於いてでございました。タクールのご意志は成就することに決まっており、これは十二年後に成就したという次第なのです。ああ、かの偉大なスワミ・ヴィヴェーカーナンダとアルモラで過ごした僅かの日々、私はどんなに幸福だったことか――。ある時はスワミのお住居《すまい》で、ある時は私の家で、また一日は二人だけで、或る山の頂きで――。そしてその後、二度と彼に会うことはありませんでした。

まさに、タクールのご希望を満たすために、あの日々にめぐりあえたのです。

タクールにお会いしたのも、四、五回にすぎません。しかし、このわずかの間でさえ、まるで私がタクールのクラスメートであったかのように感じたほど、まことに気楽に、ざっくばらんにお話しできたのです。御前を退《さ》がるとすぐ、「ああ、何という御方のところにいたものだろう！」と驚嘆したものでした。あの数日の間に、見たり、受けたりしたものは、私の全生涯を甘露《アムリタ》の蜜で満たしてくれました。あの神聖な甘露がこぼれ落ちたような笑顔を、私は宝箱の中に大事にしまってあるのです。あの無邪気な、無尽蔵の笑い声を！　そして、あの笑いから流れ出た不滅の甘露の法雨の一粒一粒が、遠くアメリカまでも、やさしく、甘く、清らかにしている――こう思うとき私は、嬉しさに身が震えるのです、何度も、何度も――。私でさえこの通りなのですから、あなたがどれ程の幸運に恵まれていらっしゃるか、ご自分でよくおわかりのことと存じます。

（訳註２）アシュヴィニー・クマール・ダッタ（1856～1923）

　アシュヴィニー・クマール・ダッタは一八五六年に現バングラデシュ、バリサル郡パトゥアカリ県のカーヤスタ階級のカーストの家庭に生まれた。父親はブロジョ・モハン・ダッタで下級判事や副収税官を務めた後、地方判事になった。母親はプラサンナマイー・デーヴィーで信仰心が篤く、また自立心の強い女性であった。アシュヴィニーはヒンドゥー大学（現プレジデンシー大学）とクリシュナナガル大学で学んだ。一八七八年にクリシュナナガル大学の教師になり、翌年チャトラ・ナンダラール大学の校長に就任する。一八八〇年には弁護士の資格を取得し、一八八一年と一八八三年にタクールにお会いした時には弁護士をしていたが、職業柄、相手を言い負かすことへの嫌悪から十年足らずで弁護士を辞めている。一八八四年に父親からの資金援助を受けて自らの大学を設立する。その後、女学校やいくつかの大学を設立し、ベンガルの教育を大きく進展させた。タクールと最後に会った一八八五年には大学の運営に従事していたが、彼は自分でも英文学や法律を教えており、そこから報酬を得ることは一度もなかった。一八七八年に父親の意向に応《こた》えサルラ・バーラと結婚したが、アシュヴィニーは生涯純潔を誓い子供をもうけることはなく、すべての子供たちを自分の我が子と見なして、持てる私財を教育に注ぎ込んでいた。彼の教育のモットーは〝清く、正しく、愛に満ち〟であった。彼の学校は理想的な教育機関として高い評価を受けていた。

　アシュヴィニーはヴィジャイ・クリシュナ・ゴスワミーと親密な交流があり、ブラフマ協会の一員となっている。彼の日常生活はとても質素で禁欲的なものであった。バガヴァッド・ギーターやグラント・サーヒブ（シーク教の聖典）、聖書《バイブル》、パーリ語の仏典などを愛読していた。

　アシュヴィニーは教育に従事しながらも、早い時期から政治や社会運動の分野にも関心を持っており、一八八六年にはインド国民会議の評議委員に選任されている。一八八八年にはバリサル市の副市長に任命され、ヴィヴェーカーナンダとアルモラで会った一八九七年にはバリサル市長に就任している。アシュヴィニーは特に、不可触民《アウトカースト》の解放、売春の撲滅、禁酒の推進をかかげていた。

一九〇五年にイギリスがイスラム教徒とヒンドゥー教徒の対立を煽《あお》ってベンガルを東と西に分割してからは、アシュヴィニーはスワデーシー運動（外国製品不買運動）に参加し、そのための団体も組織した。一九〇八年十二月にその活動は禁止され、アシュヴィニーは逮捕されてラクノウの刑務所に投獄されるが、彼の投獄は返って民衆の非難を集める結果となる。

一九一〇年二月にアシュヴィニーは釈放されるが、コタムリト第四巻が出版されたのも一九一〇年で、アシュヴィニーの釈放を知ったマヘンドラ・グプタが出版されたばかりの第四巻を贈ったのではないかと想像される。そうであれば、一九一〇年のコジャガリー・プールニマは十月十八日、火曜日であり、アシュヴィニー・クマール・ダッタ五十四才の時である。

インド社会を健全な方向へ導くため、社会の底辺で困窮している人々の救済のため、彼は社会活動や政治活動を再開した。一九一九年、サイクロンで被害が拡大したときには、いち早く計画を立て救済を指揮した。インド国民会議にも参加し、一九二一年カルカッタで開催されたインド国民会議では、非暴力・非協力運動の推進を提言し、同年、アシュヴィニーの活動を讃えるためにマハートマー・ガンディーが彼の故郷バリサルを訪問している。〝マハートマー〟とは『偉大なる魂』という意味でガンディーの愛称になっているが、アシュヴィニーもまたベンガルでは皆の尊敬を受け、彼の故郷の名をとって〝バリサルのマハートマー〟と呼ばれた。ガンディーと会った二年後の一九二三年十一月、カーリー・プージャの日に六十七才で亡くなるが、まさに〝マハートマー〟の名にふさわしい生涯であった。

彼はたくさんの本を書いているが、「バクティ・ヨーガ」「カルマ・ヨーガ」「プレーマ」はベンガル文学の名著として今でも読み継がれている。

スワミ・ヴィヴェーカーナンダから校長への手紙

一八八九年二月七日　アントプール（原典註）より

有り難う！　十万遍も有り難う、校長先生！　あなたは正に、ラーマクリシュナの真実の姿をつかまえた。僅かの人しか、ああ、実にほんの僅かの人しか彼を本当に理解していないのです！　私のハートは歓喜のため跳ね上がり、そして今後、この地球上に平和の慈雨を降り注ぐであろう思想の海の真っ只中に、すべての人が乗り出していけることを知ったとき、嬉しさに気が狂わないでいる自分を不思議に思っています。

（訳註――コタムリトを発表すると決心した校長の知らせに対する返事らしい）

（原典註）アントプール――フーグリ地方にある村で、プレーマーナンダ師（俗名バブラム・ゴーシュ）の生誕地。このころ、スワミジー（ヴィヴェーカーナンダ）や校長をはじめとするタクールの兄弟弟子たちが大勢、プレーマーナンダの家に客として滞在していた。この手紙を書いたとき、スワミジーは沈黙《モウナ》の行を行じていた。

一八九七年十月　ハンサラジ・ラワルピンジ様気付

親愛なる校長先生、すばらしい！（C'est bon mon ami）――今やあなたは、あなた以外の人には出来ない正しいことをしていらっしゃる。がんばって下さい。この先、一生眠らずに――。時間は飛び去っていく。ブラボー！　その調子です。

あなたの出版に対して、何度も何度もお礼を申し上げます。心から感謝しています。ただ一つ私が心配なのは、パンフレット形式で出されるのはどうか、ということです。でも、そんなことは気にしないで下さい――良かろうが悪かろうが、とにかく日の光を当てましょう。あなたは将来にわたって、多くの人々から祝福され感謝されるでしょう。しかしまた、それ以上に呪いも受けるでしょう。だがこれは、〝この世の常〟のことです。ともあれ、この本が世に出る〝時期〟なのです。

（訳註――この年、コタムリト第一巻がパンフレットの形で発行された）

スワミ・ヴィヴェーカーナンダから校長への手紙

一八九七年十一月二十四日　デラドゥーン(訳註)より

親愛なる校長先生、二冊目の小冊子《リーフレット》、まことに、まことに有り難うございました。全くすばらしい。内容の進展も実にオリジナルですし、また、一般に公開された〝人類の偉大な教師たち〟の伝記や言葉は、とかく書く人の主観によって汚されていますが、あなたは全然そのようなことはしておられない。言葉使いも、何といって誉めたらよろしいのか――申し分ありません。活き活きとして、鋭く、かつ又すっきりとしてわかりやすい。私がどんなに楽しく読ませていただいたか、いちいち例をあげてここに説明できないのが残念ですが、読んでいると我を忘れてしまうのです。不思議でしょう？私たちの尊師であり主である御方は、実に独創的な方でした。ですから、我々弟子一人一人も独創的であるべきなのです。我々の仲間のうち、まだ誰一人として師の伝記や言葉を発表しなかった理由が、今になってはっきりとわかりました――それは、あなたがなさることに決定していたのです――この偉大な仕事は。尊師があなたと共にいらっしゃることは、明白であります。

P. S.――ソクラテスの対話で、プラトンは世にあまねく知れわたっています。しかしあなたは、完全に隠れていらっしゃる。しかし、あのドラマティックな場面は無限に美しい。一人残らず、読んだ人はこの本を愛するでしょう。インドでも、そして西洋においても――。

（訳註）デラドゥーン――インド北部ウッタル・プラデーシュ州の北西部の都市、リシケシの北西約35キロ。

ホーリー・マザーから校長への手紙

ベンガル暦一三〇四年アシャル月二十一日（一八九七年七月四日）　ジャイランバティより

愛するわが子よ！

あなたがあの御方のおそばで聞いたことはすべて真実です。だから、あなたは何も恐れることはありませんよ。あの時、あの御方が、あなたのもとに、これらのお言葉をすべて置いていかれたのです。そして今、必要に応じてあの御方が、世に出そうとしておられるのです。

よく覚えておきなさい――これらのお言葉が世に出なければ、人々の霊性が目覚めることはないのですよ。これらのお言葉が世に出なければ、人々が目覚めることはできないのです――このことはよく覚えておきなさい。あなたのもとにあるあの方のお言葉はすべて、真実です。

いつかあなたがこれを読んでくださったとき、わたしは、あの方が話されているように感じたものです。

第30章　手紙・書評

信者や弟子からの手紙や言葉

ギリシュ・チャンドラ・ゴーシュの手紙（一九〇〇年三月二十二日付）

もし、わたくしごとき者のささやかな意見でさえも、何らかの意味があるのでしたら、それは偉大なるスワミジーのお考えを全面的に支持するということです。さらに付け足していただけるなら、『不滅の言葉《コタムリト》』は三年間の長きにわたり闘病しているわたしが生きているという証明《あかし》であったと、大きな声で言いたいです。

あなたは、全人類の最後の日にあっても皆の感謝に値する御方であります。

スワミ・ラーマクリシュナーナンダ（シャシー・マハーラージ）の手紙

（一九〇四年十月二十七日、ベルール僧院《マト》／当時のマドラス僧院《マト》より）

あなたが最高の神の化身《アヴァターラ》の、最高の叡智がぎっしり詰まった普遍のページを出版されたことで、全人類は大きな借りをつくりました。

スワミ・シヴァーナンダの言葉

何か興味深いお話をされようとするときに、マスター・マハーシャイ（M）が部屋にいなければ師は彼を呼びに行かせて、話される聖なるお言葉に注意を向けさせておられました。師がどうしてそのようなことをなさるのか、私たちには分かりませんでした。今になってやっと、師の行いには深い意味があったのだと理解することができました。それはMさんが師のお言葉を世界中に遍《あまね》く広めるために決められていたからです。（ヴェーダーンタ・ケーシャリー／南インドの機関誌19号141ページ）

スワミ・ヴィジュニャーナーナンダはかつてこう言っていた。

尋ねてみて、わたしたちは、80％以上のサンニヤーシンが出家の道を選んだのは、『不滅の言葉《コタムリト》』を読んでからである、という結論に達した。

書評

N・ゴーシュ氏（一九〇二年五月十九日付インディアン・ネーション誌より）

Mによるラーマクリシュナ『不滅の言葉《コタムリト》』第一巻は、今までに例を見ないほどの価値がありとても興味深いものだ。彼はベンガル人が今までにやったことのないことをやり遂げた。我々が知る限りでは、インド人で今までにこのような仕事をした人は誰一人いない。ただ一人、ボズウェル(訳註)という人物が一度だけなしたことがあるが、それでさえ心優しい学者の生涯を描いた不朽の伝記にすぎない。これに反してこの『不滅の言葉《コタムリト》』は、一人の聖者のおっしゃった言葉の記録である。真摯な信仰者の神聖なる教えのそばにおいては、機知に富んだ話や偉い学者先生の世間的な知恵など何になろうか。この本の持っている価値は計り知れない。師のお人柄やその教えはよく知られているので、言われたお言葉について、我々は何も語ることはない。これは形而上学的な迷路を通してではなく、まっすぐに真理へと導いてくれる。平易さにおいて聖書的である。もし聖クリシュナ、仏陀、イエス、モハメット、ナーナク、聖チャイタニヤなどの言葉がすべてこのような形で残されていたら、どれほど世界の宝となっていたであろう。

オルダス・ハクスリーの言葉（英訳『ラーマクリシュナの福音』の序文より）

〝M〟は私の知っている限り、聖人伝の中でもとてもユニークな本（『不滅の言葉《コタムリト》』）を書かれました。他のどんな聖者にも、ボズウェル（訳註）のような根気強い人はいませんでした。聖人の日常の些細な出来事までもが、より身近で詳細な宝庫として描かれたことはありませんでした。偉大な宗教家の何気ない自然なお言葉が、これほど忠実に書き残されたことはありません。

ロマン・ロランの言葉

Mの仕事は速記録のように正確だ。

（訳註）ボズウェル——ジェームズ・ボズウェル（1740～1795）スコットランド出身の作家。英語辞典の編纂で有名なサミュエル・ジョンソンに師事し、師の死後、抜群の記憶力で師の言動を詳細に記録した伝記を執筆し、伝記文学の傑作と評価された。

クリストファー・イシャウッドの言葉

Mの語り口はありのままで、ぶっきらぼうで、そして時には支離滅裂に幕を開けるが、そこには真実の持つ直感的な印象を与える。ラーマクリシュナがおっしゃったこと、なされてことは何でも、Mにとっては神聖なのだ。それゆえ何も省かず、何も変えることはなかった。彼のページの中で私たちは、ありのままの霊的な現象としてのラーマクリシュナに出会うことができる。至聖《かみさま》のようでもあり、子どものようでもあり、崇高さを感じるかと思えば非常識であったりもする。もしMの語りを一語《ひとこと》で表現するとしたら、今（now）という言葉であろう。私たちの多くは人生の大部分を未来のことや過去のことに費やしている――これから起こるかも知れないことを予想して心配したり、過ぎ去ったことを後悔したりして……。Mは、永遠に存在するそれと途切れることなくつながっている人物を、私たちに見せてくれるのだ。

付　録　信者の家を訪問された聖ラーマクリシュナ

一八八五年三月九日（月）

信者の家を訪問された聖ラーマクリシュナ

聖ラーマクリシュナはナラヤンを伴って、南神寺《ドッキネーショル》から馬車でカルカッタにあるバララムの家に向かわれた。途中、校長を拾われた。一人の少年が師に深々とおじぎをするとナラヤンが、この少年の父親には月に千タカの収入があることをタクールにお知らせした。裕福な家の息子がこんなにも謙虚であることを知って、タクールはたいそう喜ばれた。途中ギリシュの息子を見かけると挨拶をされた。

タクールがバララムの家に到着して二階に上がられると、バララムは病のため床に臥《ふ》せていた。

タクール「（バララムに）顔色が良くないね。病気なのかい、それとも寝不足なのかい？」

バララム「タクール、あなた様でさえ腕を折られたのです。あなた様に比べて、我々は無に等しい者です」

タクール「肉体《からだ》をまとっていると病気や苦しみはつきものだ」

バララムは南神寺《ドッキネーショル》の学僧《ブラフマチャーリー》が処方する薬を服用していた。タクールは、伝統医学《アーユルヴェーダ》で用いられるハリターラ・バスマ(訳註1)を四アナ分（60cc）、ご自分のところに送ってくれるようバララムに頼まれた。大聖母《シュリー・シュリー・マー》（ホーリー・マザー）もまた、病気でいらしたのだ。

バララム「学僧《ブラフマチャーリー》に、大聖母《シュリー・シュリー・マー》の病気を診てもらった方が良いのではありませんか？」

タクール「いや、あの学僧《ブラフマチャーリー》は、カーリー寺院の出納係が薬を受け取ったのに金を支払わなかったので、腹を立てているのだ。以前はあの学僧《ブラフマチャーリー》もたいそう良い奴だったんだが、治療をするようになって、今は変わってしまった」

マヘンドラ・ムクジェー、パルトゥ、若いナレンが到着した。

タクール「（マヘンドラ・ムクジェーに）『プラフラーダの生涯』の芝居を見に連れて行ってくれると言ったのに、お前、来なかったじゃないか。馬車も送ってよこさなかったね。しばらく私を訪ねていなかったので、気まずかったのかい？」

マヘンドラ「そんなことはございません。夜に馬車を送るようにとおっしゃいましたが、あの晩は芝居がなかったので、それで送りませんでした」

バララムの親戚の者が、身ごもった娘を迎えに来た。

タクール「気だての良い娘さんだ。〝妊婦は川を渡るな〟と言われているよ」

バララム「タクール、それは偶数月のことでございます」

タクール「とにかく川を渡るな、ってことだよ」

タクール「（トゥルシーに）勉強を続けるんだよ。ナレンドラは家でヴェーダとヴェーダーンタを

（訳註1）ハリターラ・バスマ――鉱物の石黄《せきおう》を焼いた粉で薬用喫煙に使用する。咳《せき》の鎮静や気管の浄化に効果がある。

読んでしまったんだよ。

ギリシュは変わったよ。今はずい分いいねえ。ナレンドラが彼を訪れて、一緒に霊性の議論をしている。チュニはプラナヴァ・マントラ（オーム）を唱名したがっている。『唱えたければ唱えるが良い。だが、その必要はない』と言ってやったよ」

師は手洗いに行かれた。戻って来るとプラタプ先生に、「お前の薬はよく効くねえ。今はすっかり良くなったよ」とおっしゃった。

プラタプ「タクール、私は幸せ者でございます」

タクール「（マヘンドラ・ムクジェーに）南神寺《ドッキネーショル》に訪ねておいで——。聖なる交わりは良いもんだ。ジャドウのお母さんが『ババ、あなたは素晴らしいサードゥです。お金を無心されませんもの』と言ったよ。若い女が南神寺《ドッキネーショル》にやって来た。私はそのとき五聖樹《パンチャバティ》の杜で草むしりをしていたからそっちを見ていなかった。するとこう言うんだ。『ねえ、お坊さん。私はずっと後ろに立っていたのよ。なのに見もしなければ、話しかけてもこない。私はたくさんの僧院《アーシュラム》を廻ったのよ。どこに行っても、みんな熱心に私に話しかけて来て、僧院《アーシュラム》に泊まるように言ったわ。あなたは素晴らしい超然としたお坊さんだわ。一度だって私を見なかったもの！』

さーて、ここのみんなに喜んでもらわなくちゃいけないね。どれ、奥の間に入らせてもらうよ」

タクールは、奥で会った女性信者達に額《ぬか》ずいて挨拶することを許された。それから応接間に戻られた。

1885年3月9日（月）

タクール「（信者たちに）ごらん、私はもう金属の器には触れることが出来ないんだよ。何が起こっているると思う？　このあいだ用を足しに行った時、真鍮《しんちゅう》の器を持って行けなかったので、何とか別のやり方で凌《しの》いだのさ。何日か経って今度は、陶器で出来たのを持って用を足しに行ったんだ。でも後になって、寺の管理人からでっち上げの話だと思われやしないかと、ちょっと不安になった。ある日、大実母《マー》に言ったんだよ――『なんでこんなことになったんですか？　こないだはたたんだ手拭いで真鍮の水差しを持ったのに、それでもひどく痛んだ。真鍮の皿で食べようとしてもできなかった。それで葉っぱの皿から食べて、その真鍮製の皿をにらんでやった』とね。

この末世《カリユガ》（現代）にあっては、家住者が智識《ジュニャーナ》のヨーガを行ずることはとてもむずかしい。この時代には、ナーラダが定めた信仰《バクティ》の道が一番いいのさ。なんで笛を吹くのにポーと単調な音しか出さないのか――。わたしは七つの穴をつかって色々な音色を出しているんだよ。『アーマール・サーデール・カーラーチャーンド・クリシュナ……（私の青く輝く愛しいお方、クリシュナ……）』。神に至るにはたくさんの道がある。魚だって、スープにしたり、カレーにしたり、酢魚にしたり、それにフライなんかもいいね、様々な料理にして楽しむだろう。

女と関わったり、製油工場やレンガ粉の工場を経営している間は、智識《ジュニャーナ》のヨーガを行ずることはできないよ。智行者《ジュニャーニー》の修行は、独り静かな所で行うものだ。だが信者《バクタ》の性質は大麻吸いのようなもんだ。独りで吸うのは好きじゃない。大麻吸いは大麻吸いと一緒にいるのが好きなんだ」

ギリシュ「タクール、入院の話をされていましたが……」

1885年3月9日(月)

タクール「具合が悪くなったら自分で病院に行くが、医者はつぶさに診察して病気が治らないうちは退院させてくれないよ。

(若い信者に)お前の父さんは、息子のプラフラーダに神の唱名を許さなかったヒラニヤカシプのようだね。そりゃ両親のことは愛して敬《うやま》わなければいけないよ。でも神さまの道を邪魔するようなら、親の言うことをきく必要はないよ。何のトガもないさ。神のためには、目上の人の言葉に背《そむ》いても罪にはならない。バラタ(訳註2)はラーマのために、母カイケーイーの言葉に従わなかった。ヴィビーシャナ(訳註3)はラーマに従うために、長兄ラーヴァナに背《そむ》いた。ゴーピーたちはクリシュナに会うために、夫の言葉に従わなかった。プラフラーダ(訳註4)は神のために、父の言いつけをきかなかった。バリ(訳註5)は至聖《かみ》を喜ばせるために、師のシュクラ大師《アーチャーリヤ》のことばを無視した。父ヴィヤーサから家庭生活に入るように言われたシュカデーヴァは、父の言うことを聞かなかった。パラシュラーマは苦行をするため、両親に背いてカイラスに向かった。ただし、誠実でなければならないよ。

ナレンドラは大実母《マー》を信じていなかった。私の頭が作り出した幻想だと思っていたんだ。イギリス式の教育を受けた連中の話を聞いていたから、大実母《マー》を受け入れなかったんだね。私は大実母《マー》の許しを請うように言ってやったんだよ。そしたら今では、瞑想中に光を見るんだよ。以前は神の姿なんてすべてはね除けていたのに、今じゃ大実母《マー》を受け入れている。ナレンドラに言ったよ――『なあ、大実母《マー》が私に話してくれるんだよ』と。

ナングタ(トータプリ)は、南神寺《ドッキネーショル》に十一ヶ月もいたんだよ。『(わたしが)ヴェーダーンタの真理を覚《さと》るまでは、あなたは行くことなんか出来ませんよ』って言ったらナングタも同じ気持ちで、『この場所は去り難い』って言っていた。でも、大実母《マー》のことは信じていなかった。それで『私の身に起こることを見てごらん』と言ったんだ。ある日私が三昧境《サマーディ》になったのを見てびっくり仰天して叫んだよ――『ダイヴィ・マーヤー（ああ、聖なるマーヤーの何たる顕現だろう！）』って。ナングタの夢の

（訳註2）アヨーディヤーの王ダシャラタと三人の妻の一人ガウサリヤーとの間に生まれた息子がラーマ、もう一人の妻カイケーイーとの間に生まれた息子がバラタ。カイケーイーはダシャラタ王に、ラーマを十二年間追放すること、バラタに王位を継承させることを約束させる。ラーマは父の約束を破らせまいと山に入るが、バラタは王位継承はラーマにあると、母の命に反した。（『ラーマーヤナ』より）

（訳註3）きびしい苦行を行ったヴィビーシャナはブラフマー神より、〝価値のない行為はせず、常に正しく生きる〟という恩恵を与えられた。その結果、兄ラーヴァナがラーマの妻、シーターをランカーに連れ去った時、シーター奪還の為、ラーマの軍について戦った。（『ラーマーヤナ』より）

（訳註4）プラフラーダは悪魔ヒラニヤカシプの息子として生まれたが、幼いころからヴィシュヌ神を信仰し、熱心に修行を行なった結果、ついには解脱に達したという。父であるヒラニヤカシプは立腹し息子を殺そうとしたが、息子を傷つけることさえ出来なかった。

（訳註5）バリは苦行によって神々をしのぐ力を身につけ三界を支配していた。その時ヴィシュヌ神は矮人《こびと》（ヴァーマナ）に化身し、バリの宮殿に行き、バリを讃美してから、自分の願い（自分が三歩で歩けるだけのところが欲しい）を叶えてくれるよう頼んだ。バリはヴァーマナが小さくてかわいいので承諾する。バリの師であるシュクラは、この矮人《こびと》がヴィシュヌ神の化身であることに気付き、要求を聞き入れないよう忠告したが、いったん約束したことは破れないと斥《しりぞ》けた。とたん、矮人《こびと》（ヴァーマナ）は巨大な姿となり、三界を三歩で歩いて三界を取り戻した。

中に大実母《マー》が現れて言った——『お前にはまだ〝我〟という意識があって、私を受け入れていないね』と。以前はカーリー堂には行っても大実母《マー》に挨拶もしなかったんだよ。だがあの日、ナングタは大実母《マー》に額《ぬか》ずいて叫んだ——『ジャイ・カーリー・カーリヤーニー（吉祥なる大実母カーリーに勝利あれ！）』とね。前は『ジャイ・ガネーシャ、ジュニャーナ・ガネーシャ（智慧あるガネーシャに勝利あれ！）』と言ってたのに——」

それから師はギリシュの家に向かわれた。途中で法悦状態になって酔っぱらいのようによろめかれた。四つ辻に来ると、「つかまないでおくれ、自分で歩けるから——」とおっしゃった。ギリシュとハリパダが道ばたでタクールをお待ちしていた。お姿を見つけたギリシュは家の中に飛び込んで何か伝えてから、タクールを二階の居間にお通しした。そこには多くの人がいた。

部屋に入って皆を前にタクールはおっしゃった——「チャイタニヤ様《デーヴァ》には三通りの境地があって——深奥意識の状態、半意識状態、それから外部意識状態。深奥意識のときは至聖と対面して三昧境に入り、ジャダ・サマーディ（無分別三昧《ニルヴィカルパ・サマーディ》）になった。半意識状態のときは外界の意識が少し残っていた。外部意識状態のときに称名讃歌のキールタンがお出来になったんだよ」

それから低い声でおっしゃった——「チャイタニヤはまた、心が通わない人たちがいる時には、霊的な感情を抑えておられたんだよ」

さらに話は続く——

タクール「〝私〟と〝私のもの〟——この二つが無智だ。私の家、私の財産、私の学識、私の所有物——こういう思いは無智から出てくる。大金持ちの大庭園で、管理人が見物客に向かって、『これが手前どもの屋敷でございます。こちらが手前どもの画廊《ギャラリー》で、手前どもの調度品もこのように……』などと言って案内する。けれども彼が何か悪事をやらかして旦那の怒りを買ったらどうなる？『今すぐ出て行け！』と言われて首になった日には、マンゴー材で作った箱一つ持ち出す時間はないんだよ。神様《バガヴァン》は二つのことにお笑いなさる。医者が病人の母親に向かって、『お母さん、何でそんなに心配しているのですか？　私が子供さんの病気をよくしてあげますよ』と言う。——このとき一度お笑いなさる。こう言ってお笑いになるんだ。わたしがこの子を死なせようとしているのに、こいつは自分が助けてやる、なんて言っている！　それから、二人の兄弟が土地にひもを張って、こちら側が私のもの、あちら側がお前のものと言っているとき、神様はも一度お笑いになる。こう思ってお笑いになるんだ。この世界どころか、全宇宙はわたしのものなのに、あいつらはこの土地は自分のものだと言っている。

あの御方が、すべてのことをなさるんだよ。シーク教徒が言っていたよ——『木の葉が風でそよぐのも神の思召《おぼしめ》し。神の意志がなくては木の葉一枚だって動かない！』

わたしの智識がどのぐらいのもんかケーシャブに尋ねると、『十六アナ（百パーセント）の智識をお持ちです』と答えたから私は言った——『お前の言葉を信じたり、鵜呑《うの》みには出来ないよ。だってお前は、世間的な欲を持っている家庭人だから——』。ナーラダやシュカデーヴァがそうおっしゃったのなら信じるだろうがね』と。

（アトゥールに）カーリーの信者は、即身解脱して永遠の喜びをうける——そうなんだよ。カーリーは、カーラナーナンダマイー（根元の喜びの女神）だ。すべてはカーリーから造られて、またカーリーの内《なか》に溶けていく。展開と収縮（帰入）だ。この世界には善もあるし悪もある。だが、プルシャやブラフマンはそういうものとは何の関係もないんだ。善や悪は個々《ひとつひとつ》の魂《ジーヴァ》にかかわる問題だし、真実とかウソとかいうものも、それぞれの魂によって異《ちが》うものだ。ブラフマンにとっては、そんなことは何でもないんだ。

ランプの光の下でお経（バーガヴァタ）をよむ人もあるし、にせ金をこしらえる奴もある。ランプには何のかかわりもないことだよ。太陽はいつも同じところにある。ただ、ほかの惑星がその周《まわ》りを廻っているんだよ。

ハリシュの瞑想は、身体から精気が失《う》せたように見えるほど深かった。（妻を捨てたハリシュは、南神寺《ドッキネーショル》で聖ラーマクリシュナと共に暮らしていた）『奥さんに、少しは優しくしてやれよ』と言うとハリシュは、『それはご勘弁下さい。ここは親切を示す為の場所ではありません。嫁さんに同情でも示そうものなら、理想を忘れてこの世に巻き込まれてしまうかも知れません。生き物すべてに優しくする方がいいのです』と言ったよ。

知性の低い連中が、神通力のようなものを欲しがる。病気をなおす、訴訟に勝つ、水の上を歩く——こういうようなことをね。（五元素でできた）肉体がある限り、体の病気は仕方ないよ。純粋な信愛者《バクタ》は、神の蓮華の御足のほかは何も欲しがらない。神は、神を呼び求める者に不死を授けられるんだよ」

働きもせずブラブラしている信者に向かって、「ハッハッハッ、じゃお前は、カボチャ切り小父《おじ》さんか？　あんたは社会人でもないし、ハリ（神）の信者でもない、そりゃよくないね。家に小父《おじ》さんがいて——夜昼、女子供の相手をしていて、部屋の外に坐りこんではプカプカ煙草をふかしたりしてロクな仕事もしない。けれど、家のどこへでもいって（インドは大家族制で、幾組もの夫婦が同じ家に住んでいる）、カボチャを切ってくれる。女たちはカボチャを切るのが苦手だから、子供をやって小父《おじ》さんを呼んでこさせる。小父《おじ》さんはカボチャを真っ二つにしてくれる。これがこの男の役目だ。だから、〝カボチャ切り小父《おじ》さん〟という呼び名なんだよ。

少しでも我執《エゴ》があってはダメだ。バラモンであるという優越性《エゴ》を心から根絶しようとして、自分の髪の毛で便所の掃除もしたんだ。

口髭《くちひげ》とあご髭《ひげ》を蓄えていたり、子供がいるからといって、男と見なされるわけではないよ。そうじゃなく男らしさを備えた人が真の男だ。サッチダーナンダだけがプルシャ（男性原理）で、他はすべてプラクリティ（女性原理）だ」

信者たちが黙っているをご覧になって、師がお尋ねになった。

タクール「食事はどこだい？」

食事を召し上がった後で、また話された。

1885年3月9日(月)

タクール「良い馬車を連れて来ておくれよ——校長が見つけて来たようなのではなくてね。南神寺《ドッキネーショル》に帰る途中で、馬車の扉がバタンと開いて馬車が傾いた。馬が胃痙攣を起こしていたので、御者が後ろのバンパーにその馬を縛り付けた。私が通りに降りたところに、ちょうどトライローキャ(マトゥールの息子)の馬車が通りがかった。彼を見た私は手で顔を覆ったよ。とうとうもう一頭の馬が馬車を引き始めたのさ。

ノンドンバガンのブラフマ協会の大祭で、面白いことがあったよ。主催者が篤い信仰心をもって私を招待してくれてね、手を合わせて言ったんだよ。『タクール、どうぞあなたの聖なる御足で私どもの場所を祝福して下さい』とね。行ってみると、靴下と靴を履いた十六才の女の子たちが本を手にしてやって来ていた。催し物があるんで、そこで踊るんだろうと思った。夕食が準備されていたが、誰も私たちに気を遣《つか》ってはくれなかった。

ラカールが憤慨して——『タクール、出ましょう! 南神村《ドッキネーショル》に帰りましょう!』と言ったけどわたしは、『ハッハッハ……。まァお待ち。——馬車賃の三ルピー二アナは誰が払うんだい⁉ 強情張ってみてもしょうがないさ。一アナも持っていないのにカラ威張りしたって! それに、こんな夜おそくどこで食べさせてくれる!』と言ってやった。

だいぶ経ってから、『支度《したく》がととのいました』という声で席へよばれたが、靴置き場の傍《そば》の汚れた場所しか坐る場所が見つからなかった。不道徳な女が葉っぱの皿にカレーを盛ってくれたが、私はどうも食べられなかった。塩をつけたルチをちょっとと菓子を少し食べた。

それからラカールが馬車賃をもらいに行った。そしたら最初は追ン出されてきたよ！　もう一度行ってやっと三ルピー出してもらったが、あと二アナはどうしてもくれないんだ。〝三ルピーでたくさんだ！〟と言ってな」

（ラーマクリシュナ・ミッション議事録31～34ページ／一八九七年八月二十二日カルカッタ）

一八九七年八月二十二日、カルカッタのバララム邸でラーマクリシュナ・ミッションの週会が開かれた。この際、M（校長）が自分の日記から読んだ話が、ラーマクリシュナ・ミッションの議事録31～34ページに要約されている。それをスワミ・チェタナーナンダジーが原典のベンガル語から英訳した後、校長の文体に従って書き直し、さらにこの日の記載分を完成させるために、校長による他の著作物からも加筆して『Mahendra Nath Gupta (M.) The Recorder of The Gospel of Sri Ramakrishna』に掲載したものの邦訳である。掲載に当たって、スワミ・チェタナーナンダジーから快く許可を頂きましたことを厚く御礼申し上げます。

解説

1）サーンキャ哲学では、世界を物質的原理と精神的原理による二元論の立場で説明する。

2）物質的原理であるプラクリティ（根本物質）は、サットヴァ（純質／調和）・ラジャス（激質／積極）・タマス（暗質／消極）のトリグナ（三性質）よりなり、三者の均衡状態をプラクリティ（根本物質）と呼ぶ。

3）三者（サットヴァ・ラジャス・タマス）の均衡状態は、プルシャ（純粋精神）の観照によって破られ、現象世界（万物）の展開が始まる。

4）展開の最初に、思惟機能であり確認・認識の作用をなすブッディ（統覚）が生ずる。

5）このブッディ（統覚）からアハンカーラ（自我意識）が生じ、「わたしは存在する」「わたしのものである」などの執着をなす。

6）アハンカーラ（自我意識）から十一の器官が生じる。十一の器官とは思考器官であるマナス（意・心）と、五つの知覚器官（眼、耳、鼻、舌、皮膚）と五つの行動器官（発声器官、手、足、肛門、生殖器）である。

7）アハンカーラ（自我意識）からは、さらに五つの微細元素（音声、感触、色形、味、香り）が生じる。

8）五つの微細元素からは、さらに五つの粗大元素（虚空、風、火、水、地）が生じる。

9）以上の物質的原理を総称して二十四の存在原理という。

10）精神的原理としての純粋精神はプルシャ（真我）といい、二十四の存在原理と併せて二十五原理という。

※プラクリティ、アハンカーラなどの訳は、田中嫺玉氏の翻訳ではプラクリティ＝物質自然・女性原理、アハンカーラ＝自己意識・我執・個我などに翻訳されていますが、二十四の存在原理の解説にあたっては、一般的なインド哲学用語を用いました。また、解説にあたり、『仏教・インド思想辞典／春秋社』その他を参考にしました。（註：編集者）

二十四の存在原理

物質的原理

1　プラクリティ（根本物質）

↓

2　ブッディ（統覚・覚・覚知）
またはマハット（大）ともいう

↓

3　アハンカーラ（自我意識）

↓

十一の器官

- 思考器官
  - 4　マナス（意・心）
- 五つの知覚器官《ブッディインドリヤ》
  - 5　眼
  - 6　耳
  - 7　鼻
  - 8　舌
  - 9　皮膚
- 五つの生理器官《カルメーンドリヤ》
  - 10　発声器官
  - 11　手
  - 12　足
  - 13　肛門
  - 14　生殖器

五つの微細元素《タンマートラ》（五唯）

- 15　音声（声）
- 16　感触（触）
- 17　色形（色）
- 18　味（味）
- 19　香り（香）

↓

五つの粗大元素《ブータ》（五大）

- 20　虚空
- 21　風
- 22　火
- 23　水
- 24　地

精神的原理
（純粋精神）

25　プルシャ（真我）

ベンガル暦について

マヘンドラ・グプタは『不滅の言葉《コタムリト》』を記述するにあたって、三種類の暦を用いている。

1）太陽暦を用いたベンガル暦

2）太陰暦を用いたベンガル暦（白分《はくぶん》、黒分《こくぶん》）

3）西暦（キリスト暦）

ベンガル暦の歴史

ベンガル暦は、北インドを支配したムガール帝国のアクバル皇帝が始めた。それまで用いていたイスラムのヒジュラ暦は太陰暦であるため、一年間で太陽暦と年間約１１日の差を生じ、農耕により税を納める農民は収穫時期と違った時期に税を徴収され苦境に喘いでいた。そこでアクバル皇帝は太陽暦に基づく暦を導入し、ヒジュラ暦９６３年（西暦１５５６年）をベンガル暦９６３年と定めた。

太陽暦を用いたベンガル暦

太陽暦を用いたベンガル暦は、「スールヤ・シッダーンタ」という古い天文書に基づいて制定されており、天空上に３０度ずつの間隔で十二の星宮を定め、一つの星宮を通過する期間を一ヶ月とし、次の星宮に入ると月が変わるとした。ただし、十二の星宮間は厳密に３０度ではなく、また楕円軌道によって公転する地球の進度も一定ではないことから、一ヶ月の長さは月によって２９日１０時間から３１日１１時間になる。そこで、ベンガル暦では一日に余る時間を丸めて、一ヶ月を２９日～３２日として調整している。また、ベンガル暦の新年の始まりはボイシャク月一日（4月中旬）であるが、これも年によって若干の誤差が出るため、いくらかずれることになる。「不滅の言葉《コタムリト》」を読むと、１８８５年の新年は4月１２日であるが、１８８６年の新年は4月１３日となっている。

太陰暦を用いたベンガル暦

太陰暦を用いたベンガル暦は、月の満ち欠けを白分・黒分で表現し、新月の次の日から月が満ちて満月になるまでを「白分《はくぶん》」、満月の次の日から月が欠けて新月になるまでを「黒分《こくぶん》」という。新月の次の日を白分一日《ついたち》、満月を白分十五日、満月の翌日を黒分一日《ついたち》、新月を黒分十五日と言う。また、太陰暦に使われる月の名称は、白分一日の時点での太陽暦の月の名称が用いられる。そのため日によっては、太陽暦の月名と太陰暦の月名が異なることになる。例えば１８８３年2月１８日の記述を見ると、「ファルグン月7日。キリスト暦１８８３年2月１８日。マーグ白分１２日目。」とある。

ベンガル暦の月の名称

1	ボイシャク	（4月中旬 ～ 5月中旬）	7	カルティク	（10月中旬 ～ 11月中旬）
2	ジョイスト	（5月中旬 ～ 6月中旬）	8	オグロハヨン	（11月中旬 ～ 12月中旬）
3	アシャル	（6月中旬 ～ 7月中旬）	9	ポウシュ	（12月中旬 ～ 1月中旬）
4	スラボン	（7月中旬 ～ 8月中旬）	10	マーグ	（1月中旬 ～ 2月中旬）
5	バッドロ	（8月中旬 ～ 9月中旬）	11	ファルグン	（2月中旬 ～ 3月中旬）
6	アッシン	（9月中旬 ～ 10月中旬）	12	チョイトロ	（3月中旬 ～ 4月中旬）

大聖ラーマクリシュナ　不滅の言葉《コタムリト》　第五巻

原典出典一覧

No	日付	巻	章	節
1	1885年10月18日	3	20	1
2	1885年10月22日	1	15	1
3	1885年10月23日	4	27	1
4	1885年10月24日	4	28	1
5	1885年10月25日	1	16	1
6	1885年10月26日	1	17	1
7	1885年10月27日	4	29	1
	〃	1	18	1
8	1885年10月29日	2	25	1
9	1885年10月30日	3	21	1
10	1885年10月31日	4	30	1
11	1885年11月6日	3	22	1
12	1885年12月23日	4	31	1
13	1886年1月4日	3	23	1
14	1886年1月5日	3	23	3
15	1886年3月11日	4	32	1
16	1886年3月14日	3	24	1
17	1886年3月15日	3	24	2
18	1886年4月9日	3	25	1
19	1886年4月12日	3	26	1
20	1886年4月13日	3	26	2
21	1886年4月16日	2	26	1
22	1886年4月17日	4	33	1
23	1886年4月18日	4	33	1
24	1886年4月21日	4	33	3
25	1886年4月22日	2	27	1
26	1886年4月23日	2	27	5
27	1886年4月24日	2	27	7
28	1887年2月21日	4	付録	
29	1887年3月25日	3	付録	1
30	1887年4月8日	3	付録	2
31	1887年4月9日	3	付録	2
32	1887年5月7日	2	付録	1
33	1887年5月8日	2	付録	1
34	1887年5月9日	2	付録	2
	〃	1	付録	1
35	1887年5月10日	1	付録	1
36	聖ラーマクリシュナとナレンドラ	5	付録Ⅰ	1
37	1881年1月1日	5	付録Ⅲ	1
38	1881年アシャル月某日	5	付録Ⅳ	1
39	1881年12月3日	5	付録Ⅴ	1
40	1881年12月10日	5	付録Ⅵ	1
41	1882年1月1日	5	付録Ⅶ	1
42	アシュヴィニー・クマール・ダッタから校長への手紙	1	付録	2
43	スワミ・ヴィヴェーカーナンダから校長への手紙	5	巻末	
44	ホーリー・マザーから校長への手紙	1	巻頭	
45	信者や弟子からの手紙や言葉	5	巻末	
	〃	1	巻頭	
46	書評	5	巻末	
	〃	1	巻頭	

『不滅の言葉《コタムリト》』ベンガル語原典第一巻～第五巻は日付順に収められていないが、田中嫺玉氏は日付順に翻訳している。本書でも刊行にあたり原典の並びではなく日付順に構成した。田中嫺玉氏所蔵のベンガル語原典に収録されていない一部の原稿は別の版より訳出した。

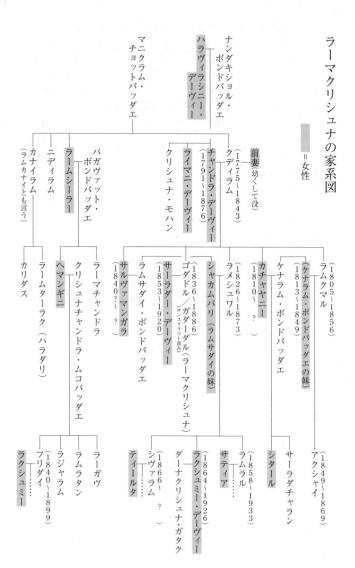

ラーマクリシュナの家系図

▒ ＝女性

ナンダキショル・ボンドパッダエ ― ハラヴィラシニー・デーヴィー

マニクラム・チョットパッダエ

（1775〜1843）クディラム ― 前妻（幼くして没）

チャンドラ・デーヴィー（1791〜1876）

ライマニ・デーヴィー ― クリシュナ・モハン

バガヴァット・ボンドパッダエ ― ラームシーラー

ニディラム

カナイラム（ラムカナイとも言う）

（1805〜1856）ラムクマル ― （ケナラム・ボンドパッダエの妹）

（1813〜1849）ケナラム・ボンドパッダエ ― カチャヤニー（1810〜　？　）

（1826〜1873）ラメシュワル

シャカムバリ（ラムサダイの妹） ― （1836〜1886）ゴダドル／ガダーダル（サンスクリット読み）（ラーマクリシュナ） ― サーラダー・デーヴィー（1853〜1920）

ラムサダイ・ボンドパッダエ ― サルヴァマンガラ（1840?〜　？　）

ラーマチャンドラ

クリシュナチャンドラ・ムコパッダエ ― ヘマンギニ

ラームターラク（ハラダリ）

カリダス

（1849〜1869）アクシャイ

サーラダチャラン

シタール

（1858〜1933）ラムラル ― サティア ……

ダーナクリシュナ・ガタク ― ラクシュミー・デーヴィー（1864〜1926）

（1866〜　？　）シヴァラム ― ティールタ ……

ラーガヴ

ラムラタン

ラジャラム

（1840〜1899）フリダイ ― ラクシュミー ……

ホーリー・マザーの家系図

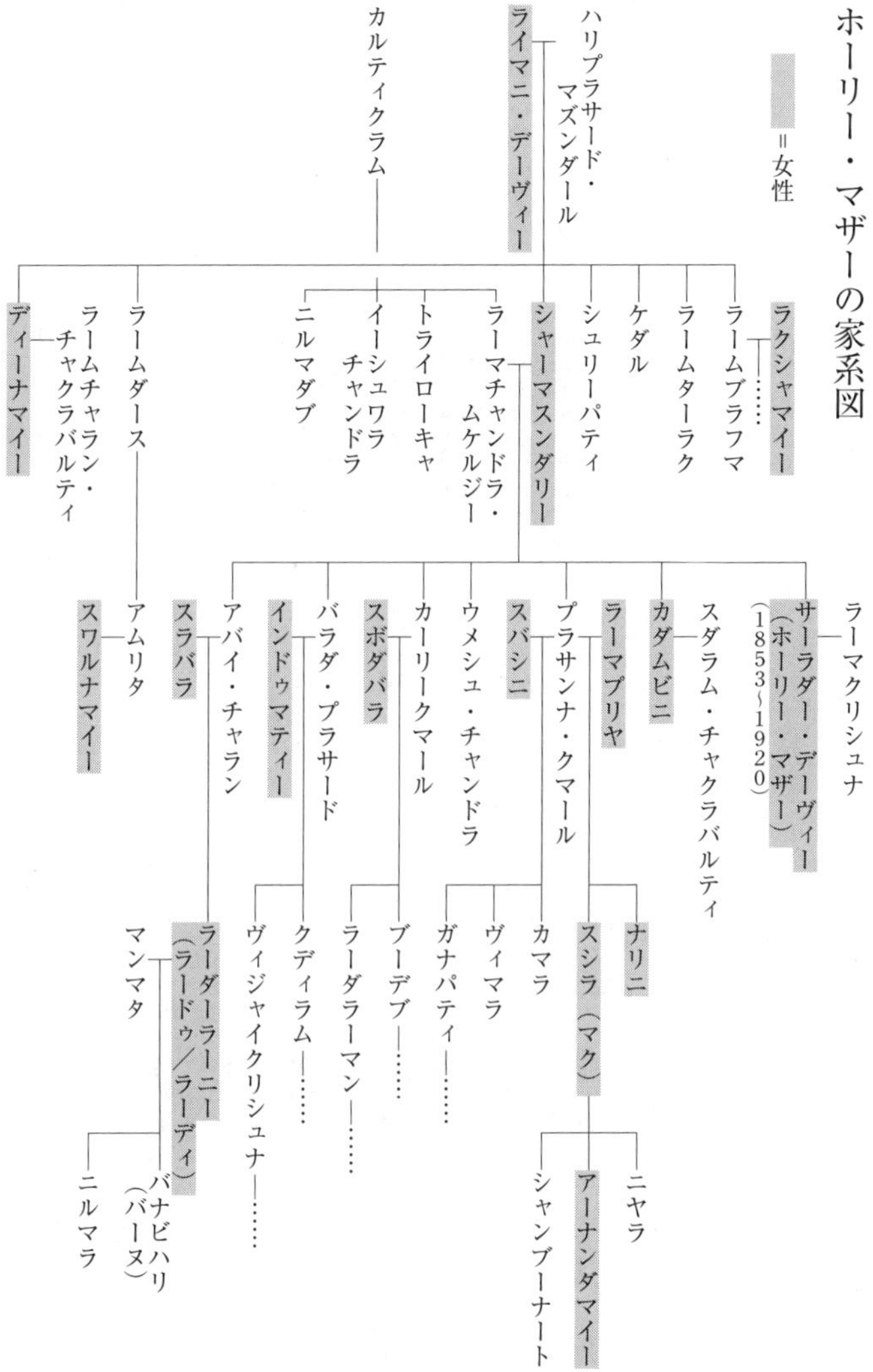

スワミ・ヴィヴェーカーナンダの家系図

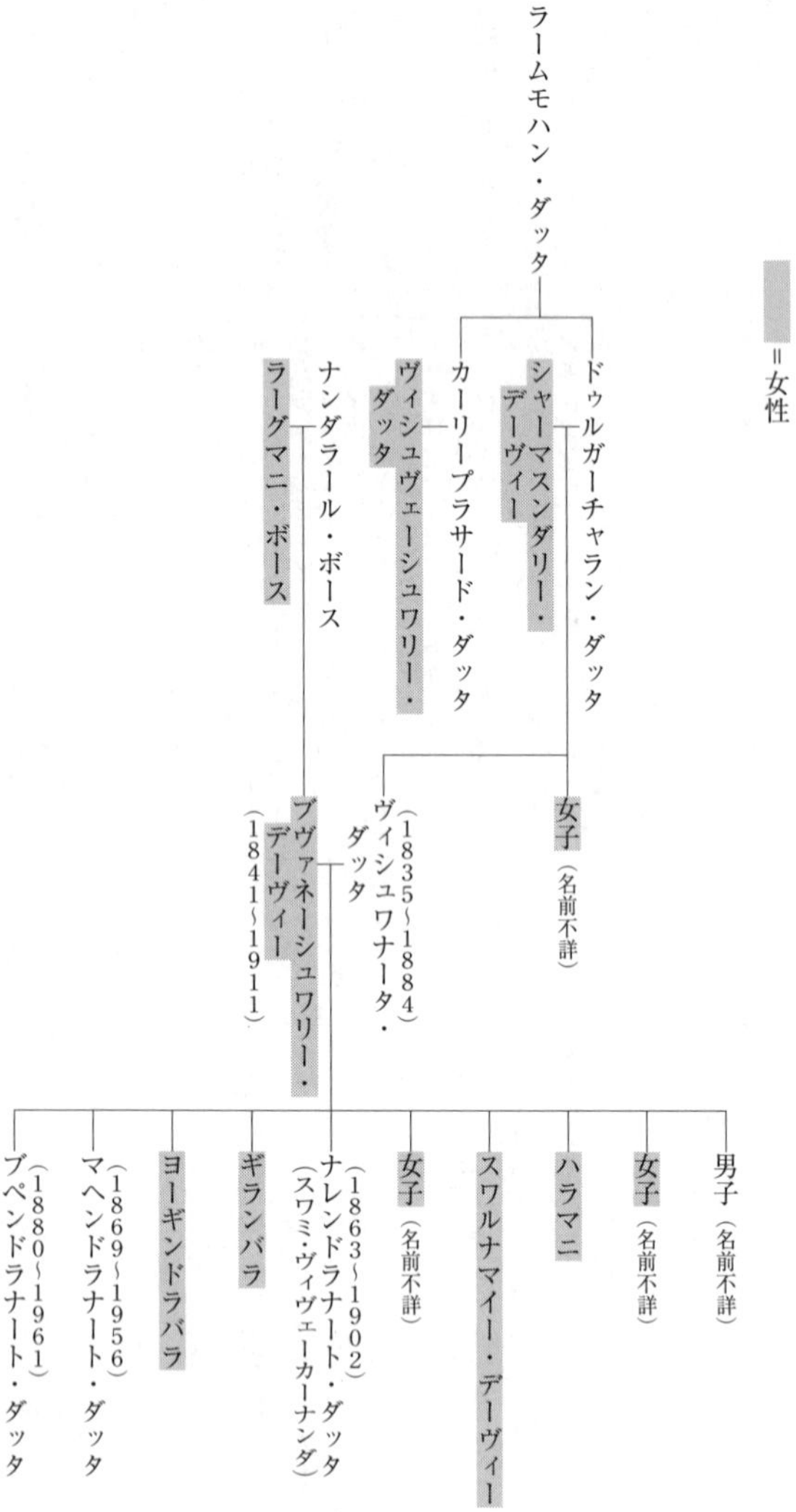

＝女性
ラームモハン・ダッタ
ドゥルガーチャラン・ダッタ
シャーマスンダリー・デーヴィー
カーリープラサード・ダッタ
ヴィシュヴェーシュワリー・ダッタ
ナンダラール・ボース
ラーグマニ・ボース
女子（名前不詳）
ヴィシュワナータ・ダッタ（1835～1884）
ブヴァネーシュワリー・デーヴィー（1841～1911）
男子（名前不詳）
女子（名前不詳）
ハラマニ
スワルナマイー・デーヴィー
女子（名前不詳）
ナレンドラナート・ダッタ（スワミ・ヴィヴェーカーナンダ）（1863～1902）
ギランバラ
ヨーギンドラバラ
マヘンドラナート・ダッタ（1869～1956）
ブペンドラナート・ダッタ（1880～1961）

マヘンドラ・ナート・グプタの家系図

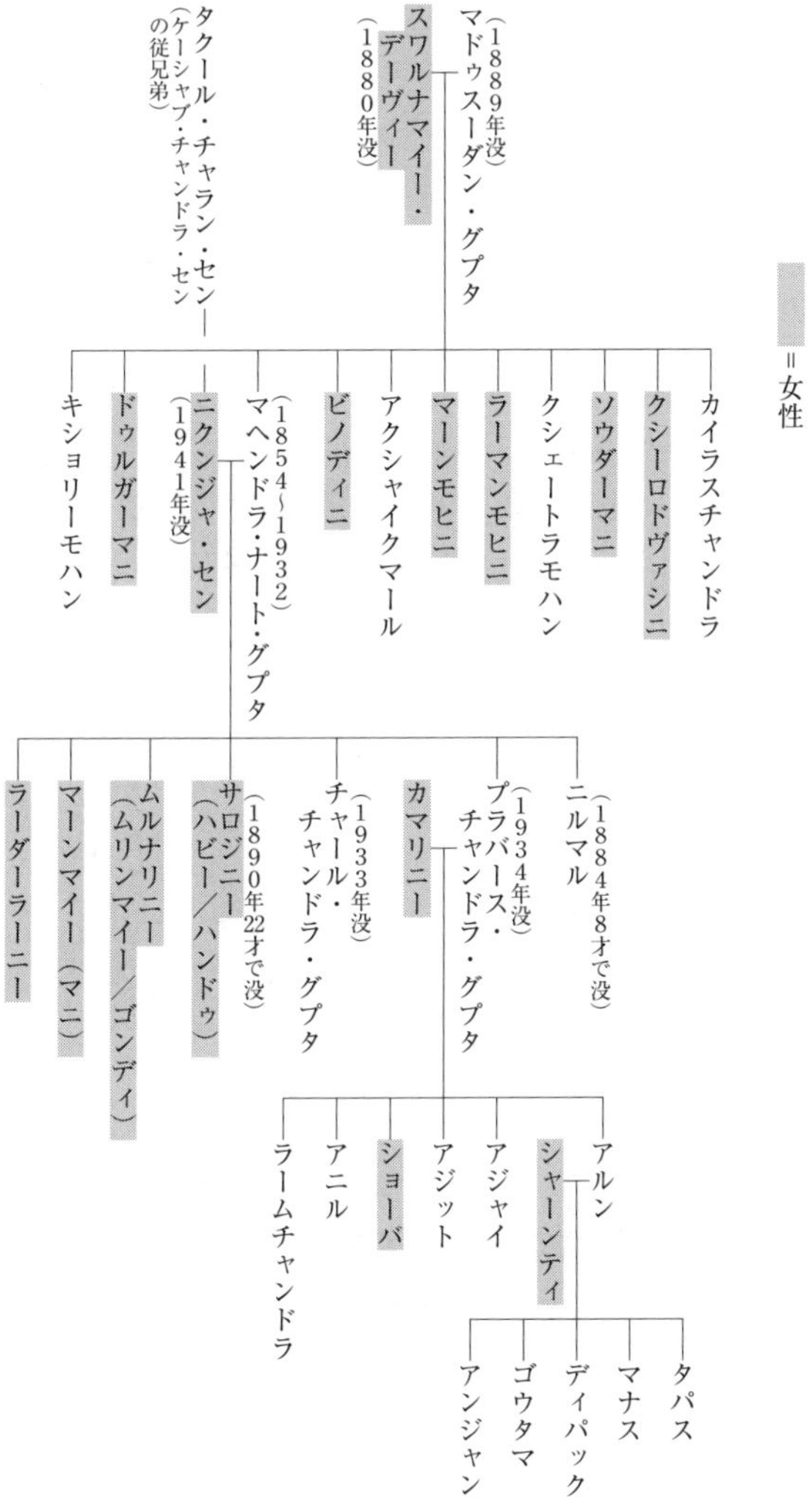

ラーニ・ラースマニの家系図

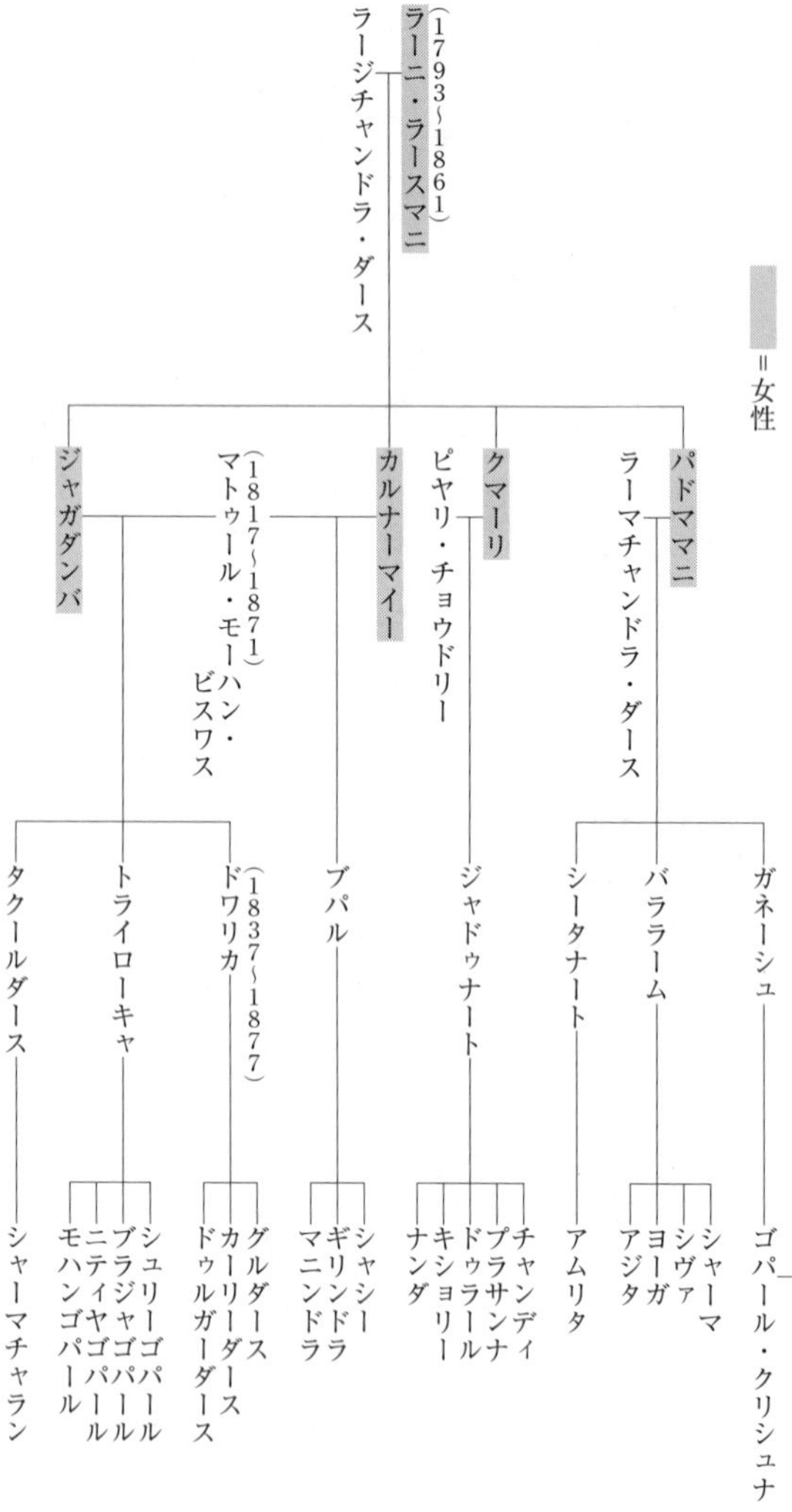

＊ラーニ・ラースマニの三女、カルナーマイーはマトゥール・モーハン・ビスワスと結婚したが、カルナーマイーが亡くなったので、マトゥールを気に入ったラースマニは四女のジャガダンバと結婚させた

集合写真・人物名一覧

２７ページ　下段（バラナゴル僧院《マト》で修行中の弟子たち）
（座）左よりニランジャン（スワミ・ニランジャナーナンダ）、シャラト（スワミ・サーラダーナンダ）、若いゴパール（フトコ・ゴパール）、カーリー（スワミ・アベーダーナンダ）、（立）左よりターラク（スワミ・シヴァーナンダ）、シャシー（スワミ・ラーマクリシュナーナンダ）、ナレンドラ（スワミ・ヴィヴェーカーナンダ）、シャシー（バラモンのコック）、デベンドラ・ナート・マズンダール、マヘンドラ・ナート・グプタ、サーラダー・プラサンナ（スワミ・トリグナティターナンダ）、ハリシュ・ムスタフィ

２９ページ　下段（マドラスにて　1897年２月）
（立）左よりアラシンガ・ペルマル、J. J. グッドウィン、M. N. バネルジェー、（椅子）左よりタラパダ（サードゥ）、スワミ・シヴァーナンダ、スワミ・ヴィヴェーカーナンダ、スワミ・ニランジャナーナンダ、スワミ・サダーナンダ、（座）左より不明、ビリギリ・イェンガー、不明、M. C. ナンジュンダ・ラオ、不明

３０ページ　上段（ラーマクリシュナの信者たち）
（前列）左よりターラク・ダッタ、アクシャイ・クマール・セン、ギリシュ・チャンドラ・ゴーシュ、スワミ・アドブターナンダ、マヘンドラ・ナート・グプタ、（中列）左よりカリパダ・ゴーシュ、デベンドラ・ナート・マズンダール、スワミ・アドヴァイターナンダ、（後列）左よりデベンドラ・チャクラバルティ、不明、不明、アビナーシュ・ムコパッダエ、マヘンドラ・カヴィラジ、ヴィジャイ・マズンダール

３０ページ　下段（ベルール僧院《マト》にて　1899年６月19日）
（立）左より、デベンドラ・ナート・マズンダール、スワミ・ニルマラーナンダ、スワミ・ヴィラジャーナンダ、スワミ・シヴァーナンダ、スワミ・トゥリヤーナンダ、スワミ・アカンダーナンダ、スワミ・ヴィジュニャーナーナンダ、スワミ・サーラダーナンダ、スワミ・サッチダーナンダ、マヘンドラ・ナート・ダッタ（スワミ・ヴィヴェーカーナンダの弟）、不明、（椅子）左よりスワミ・ヴィヴェーカーナンダ、ナドゥ（学僧ハレンドラ・ナート）、（ベンチ）左よりスワミ・ソーマーナンダ、スワミ・カーリヤナーナンダ、スワミ・アドヴァイターナンダ、スワミ・アートマーナンダ、スワミ・トリグナティターナンダ、スワミ・スレシュワラーナンダ、スワミ・ボダーナンダ、ナンダラール、カーンダ、スワミ・プラカシャーナンダ、ブラジェン、スワミ・シュッダーナンダ、（座）スワミ・ニシュチャヤーナンダ

３１ページ　上段（カルカッタ　ボスパラ通りにて　1899年６月20日）
（ベンチ）左よりスワミ・トリグナティターナンダ、スワミ・シヴァーナンダ、スワミ・ヴィヴェーカーナンダ、スワミ・トゥリヤーナンダ、スワミ・ブラフマーナンダ、（座）スワミ・サダーナンダ

参考文献

インドの光　聖ラーマクリシュナの生涯　田中嫺玉　ブイツーソリューション

大聖ラーマクリシュナ「不滅の言葉《コタムリト》」　マヘンドラ・グプタ　田中嫺玉訳　三学出版

神の詩《うた》　バガヴァッド・ギーター　田中嫺玉訳　TAO LAB BOOKS

マハーバーラタ（上）（中）（下）　C．ラージャーゴーパーラーチャリ　奈良毅／田中嫺玉訳　第三文明社・レグルス文庫

人類の知的遺産53　ラーマクリシュナ　奈良康明　講談社

ラーマクリシュナの福音　マヘンドラ・グプタ　日本ヴェーダーンタ協会

ラーマクリシュナの生涯　上巻　スワーミー・サラダーナンダ　日本ヴェーダーンタ協会

ラーマクリシュナの生涯　下巻　スワーミー・サラダーナンダ　日本ヴェーダーンタ協会

ホーリー・マザーの生涯　現代インドの聖女サーラダー・デーヴィーの生涯　スワーミー・ニキラーナンダ　日本ヴェーダーンタ協会

スワーミー・ヴィヴェーカーナンダの生涯　スワーミー・ニキラーナンダ　日本ヴェーダーンタ協会

永遠の伴侶　スワミ・ブラマーナンダの生涯と教え　日本ヴェーダーンタ協会

秘められたインド　ポール・ブラントン　日本ヴェーダーンタ協会

ラーマクリシュナの福音Ⅰ　マヘンドラ・グプタ　奥田博之訳　東方出版

ラーマクリシュナの福音Ⅱ　マヘンドラ・グプタ　奥田博之訳　東方出版

ラーマクリシュナの福音Ⅲ　マヘンドラ・グプタ　奥田博之訳　東方出版

ロマン・ロラン全集15　ラーマクリシュナの生涯　宮本正清訳　みすず書房

あるヨギの自叙伝　パラマハンサ・ヨガナンダ　森北出版

聖なる科学　スワミ・スリ・ユクテスワ　森北出版

マヌ法典　渡瀬信之　中公文庫
インド神話伝説辞典　菅沼晃　東京堂出版
インド神話　上村勝彦　東京書籍
世界の宗教6　神秘と現実／ヒンドゥー教　山崎利男　淡交社
ヒンドゥー教の事典　橋本泰元・宮本久義・山下博司　東京堂出版
ヒンドゥー教　ヴィシュヌとシヴァの宗教　ラーマクリシュナ・G・バンダルカル　島岩／池田健太郎　せりか書房
ヒンドゥー教の本　学研
解説ヨーガ・スートラ　佐保田鶴治　平河出版社
ヨーガ根本教典　佐保田鶴治　平河出版社
ウパニシャッド　佐保田鶴治　平河出版社
ウパニシャッド—翻訳および解説—　湯田豊　大東出版社
ヒンドゥー教の聖典二篇　ギータ・ゴーヴィンダ　デーヴィー・マーハートミャ　小倉泰／横地優子 訳注　平凡社
仏教・インド思想辞典　編集代表・高崎直道　監修・早島鏡正　春秋社
木村泰賢全集　第二巻　印度六派哲学　木村泰賢全集刊行委員会編　大法輪閣
ヨーガ事典　成瀬貴良　BABジャパン
いまに生きるインドの叡智—ヨーガの源流から現代の聖者まで—　成瀬貴良　善本社
全訳バーガヴァタ・プラーナ（上）（中）（下）クリシュナ神の物語　美莉亜　ブイツーソリューション
マハーバーラタ　第一巻〜第九巻　山際素男編訳　三一出版
原典訳　マハーバーラタ　1〜8　上村勝彦訳　ちくま学芸文庫
ギーター・サール　インド思想入門　A・ヴィディヤーランカール　長谷川澄夫訳　東方出版
世界文学全集Ⅲ‐2　ラーマーヤナ　ヴァールミーキ　阿部知二訳　河出書房

新訳　ラーマーヤナ　1～7　ヴァールミーキ　中村了昭訳　平凡社・東洋文庫
南アジアを知る事典　平凡社
ネパール・インドの聖なる植物　T．C．マジュプリア　西岡直樹訳　八坂書房
定本　インド花綴り　西岡直樹　木犀社
ナーダの贈り物―インド音楽のこころ―　田中仁 写真／中村仁 文　音楽之友社
アジアの暦　岡田芳朗　大修館書店
入門インド占星術　ヤッギャのけむりにのせて（いんど・いんどシリーズ5）鳥部紀久子著　出帆新社
占星術師たちのインド　暦と占いの文化　矢野道雄著　中公新書
カーストから現代インドを知るための30章　金 基淑 編著　明石書店
基礎からはじめるベンガル語学習　ムンシ K．アザド／ムンシ R．スルタナ　国際語学社
地球の歩き方 インド　'86―'87　ダイヤモンド社
新約聖書　新共同訳　日本聖書協会
識別の宝玉　完訳「ヴィヴェーカ・チューダーマニ」　シャンカラ　美莉亜訳・注解　ブイツーソリューション
インド宇宙誌―宇宙の形状・宇宙の発生　定方 晟　春秋社
喜悦の寺院　ボンキム・チョンドロ　伊藤孝義訳　東洋出版
近代ベンガルにおけるナショナリズムと聖性　臼田雅之　東海大学出版会

洋　書

The Gospel of Sri Ramakrishna / Mahendra Gupta / SWAMI NIKHILANANDA / SRI RAMAKRISHNA MATH MYLAPORE
Sri Sri Ramakrishna Kathamrita Ⅰ / Mahendra Gupta / Dharm Pal Gupta / SRI MA TRUST (India)
Sri Sri Ramakrishna Kathamrita Ⅱ / Mahendra Gupta / Dharm Pal Gupta / SRI MA TRUST (India)

Sri Sri Ramakrishna Kathamrita Ⅲ / Mahendra Gupta / Dharm Pal Gupta / SRI MA TRUST (India)

Sri Sri Ramakrishna Kathamrita Ⅳ / Mahendra Gupta / Dharm Pal Gupta / SRI MA TRUST (India)

Sri Sri Ramakrishna Kathamrita Ⅴ / Mahendra Gupta / Dharm Pal Gupta / SRI MA TRUST (India)

CONVERSATIONS with SRI RAMAKRISHNA Volume Ⅰ / Mahendra Gupta / Sachindra Kumar Majumdar / InnerQuest Publishing

CONVERSATIONS with SRI RAMAKRISHNA Volume Ⅱ / Mahendra Gupta / Sachindra Kumar Majumdar / InnerQuest Publishing

CONVERSATIONS with SRI RAMAKRISHNA Volume Ⅲ / Mahendra Gupta / Sachindra Kumar Majumdar / InnerQuest Publishing

CONVERSATIONS with SRI RAMAKRISHNA Volume Ⅳ / Mahendra Gupta / Sachindra Kumar Majumdar / InnerQuest Publishing

CONVERSATIONS with SRI RAMAKRISHNA Volume Ⅴ / Mahendra Gupta / Sachindra Kumar Majumdar / InnerQuest Publishing

LIFE OF SRI RAMAKRISHNA / ADVAITA ASHRAMA

Sri Ramakrishna and His Divine Play / Swami Saradananda / Swami Chetanananda / Vedanta Society of St. Louis

Mahendra Nath Gupta (M.) The Recorder of The Gospel of Sri Ramakrishna / Swami Chetanananda / Vedanta Society of St. Louis

They Lived with God / Life Stories of Some Devotees of Sri Ramakrishna / Swami Chetanananda / Vedanta Society of St. Louis

Vivekananda East Meets West / Swami Chetanananda / Vedanta Society of St. Louis

Sri Ramakrishna A Biography in Pictures / Advaita Ashrama

Sri Sarada Devi A Biography in Pictures / Advaita Ashrama

Chandramani Devi - Sri Ramakrishna's Mother / Pravrajika Prabuddhaprana / Sri Sarada Math

Shyamasundari Devi - Mother of Sri Sarada Devi / Pravrajika Prabuddhaprana / Sri Sarada Math

「大聖ラーマクリシュナ　不滅の言葉《コタムリト》」　正誤表

巻・頁・行	誤	正
一巻148頁6行	バデュルバガン	バドゥルバガン
一巻248頁5行	コジャーガル	コジャガリー
一巻720頁2行	あったと言えよう。	あったと言えよう」
二巻49頁10行	プラーラブタ	プラーラブダ
二巻51頁10行	プラーラブタ	プラーラブダ
二巻69頁8行	パエシュ	パヤス
二巻201頁8行	パエシュ	パヤス
二巻201頁9行	プディング	乳粥
三巻	ボロバザール	ブラバザール
三巻261頁6行	バラバザール	ブラバザール
三巻443頁脚注	トリパンギ	トリバンギ
三巻490頁6行	(アーナンダマヤ)	(アーナンダ)(註1)

巻・頁・行	誤	正
三巻537頁9行	羽扇《チャモル》	羽扇《チャマラ》
三巻660頁16行	プラーラブタ	プラーラブダ
四巻15頁	1935（バンキムの生まれ年）	1938
四巻203頁原典註	大東出版者	大東出版社
四巻537頁17行	ジョラサンコ	ジョラシャンコ

註1　マヤは〝〜から成る〟の意味。

※編集に当たっては、ベンガル語の発音を英訳なども参考にしながらデーヴァナーガリーによる表記に準じて記述していますが、正確さに欠けるところがあるかと思います。その点、ご了承願います。また、第五巻では紙面の都合上、第四巻までに掲載した正誤表の記載は割愛させていただきました。既刊の『不滅の言葉《コタムリト》』の正誤表をご参照下さい。

編集後記

「私はね、タクールの娘なのよ」

田中嫺玉先生のもとを訪れた時に先生がポツリとおっしゃった言葉です。とても印象に残っています。田中先生の訳した「不滅の言葉《コタムリト》」を読んでいると、他の信者たちと一緒にその場に坐ってタクールのお言葉を聞いているような錯覚を覚えますが、この言葉を聞いて納得しました。

「不滅の言葉《コタムリト》」は、カリ時代《ユガ》（現代）に家住者が真理《かみ》を実現するための手引き書だと思います。世間の義務をきちんと果たしつつ、真理《かみ》を実現する為のものだと――。「不滅の言葉《コタムリト》」には、家住者が至聖《かみ》への道を歩む為に必要なことがぎっしり詰まっています。熱心な在家の信者を至聖《かみ》へと導く大きな力を秘めています。

「不滅の言葉《コタムリト》」を読んでいると、タクールは何度も言っています――「神さまに夢中になれ！居ても立ってもいられないほど、焦《じ》れ焦《じ》れするほど神さまを求めてみろ！」と。

では、どうすれば夢中になれるのでしょうか？　タクールは言っています――「訓練《アビヤーサ》のヨーガだよ！　毎日、あの御方を呼ぶ練習をすることだ。一朝一夕にはできないよ。毎日呼びつづけているうちに、何ごとも情熱が湧いてくるんだ」

世俗で生活する我々の多くはハエのようなもの――。花の蜜にも寄ってくるが糞の上にも止まる――あの臭いがたまらないのだ。ミツバチは花の蜜しか求めない。でも胸の宮にタクールをお祀《まつ》りできれば、もうハエじゃない。あの御方の力でミツバチに変えてくださる。先ず最初に、あの御方に全権委任状を実際に書いて渡して、どんな方法でもいいから、毎日、あの御方を呼び続けて、あの御方に坐ってもらえさえしたら――。そうなればあとは、内から私たちをしっかり導いて至聖《かみ》への道を歩ませてくれる。「不滅の言葉《コタムリト》」のなかにポドの話があります。ポドはお堂の前でホラ貝を吹くだけ――「お堂に神さまも祀《まつ》っていない！　バカのふくホラ貝なんか、やかましいぞ！　十一匹のコウモリだけでたくさんだ！（一八八二年十月十七日）」私たちに必要なのは、胸の中のお堂をきれいに掃除してタクールに坐っていただくこと――。タクールが坐って下さればもう心配はありません。必要な時期に必要な人と必要なものを揃えて修行させてくれるはず――。タクールがさせてくれるいろいろな修行や体験を通して、あの御方が自分をしっかりとつかんでいて下さる、あの御方とつながっていることが実感できるようになります。超能力は身に付かないし、相変わらず良い出来事ばかりじゃなくいろんな困難にも遭遇する。でもそれさえ、あの御方がさせて下さっているのだと心の底から思えるようになる。

　参考になるか分かりませんが、訓練《アビヤーサ》の方法を一つご紹介します。田中嫺玉先生の翻訳した「不滅の言葉《コタムリト》」にやっと出逢えた喜びを表現したくて、また、身口意のすべてを使ってタクールに触れたいと思って、手を使って写経代わりに「不滅の言葉《コタムリト》」すべて書き写し、声を出して讃神歌を歌い、頭の中でタクールが信者に話している場面を思い描き、とにかくタクールから離れないように着物の裾をしっかりとつかんでいようとしました。「不滅の言葉《コタムリト》」の書き写しは大変かと思うかも知れませんが、これが楽しいのです。書くスピードで「不滅の言葉《コタムリト》」と向き合うので、タクールの言葉が手を伝って身体の中に滲《し》み込んでくる。世間の仕事をしながらインドのお香一本分、時間のない時には二行でも三行でも毎日書き写しました。休みの日には時間を見て、お香二本、三本と写していった。これが実に楽しい。社会生活の義務をきっちりと果たしながら写していくと、おおよそ五年程かかる。四年が過ぎ五年目に入る頃には、このタクールとの語らいの時間がこのまま終わらないでほしいと感じるようになる。終わったときには心の中心にタクールがどっしりと坐っていてくれているのが実感できるんです。タクールは言っています――「心の底から神を求めている人か、まじめに毎日勤行をしている人は、きっと此処に来ることになっている」と。何でも良い、タクールの前で毎日、今日タクールに近づくためにしたことを報告し、それをお供えすればタクールはどんなに喜んでくれることでしょう。

写すだけで五年もかかる「不滅の言葉《コタムリト》」を、田中先生は五年で翻訳なさっているのです。父の傍で見聞きした光景を、田中先生はただ日本語で表現しただけなのかも知れません。

第五巻に掲載している一八八五年三月九日(月)の未発表原稿は、"Mahendra Nath Gupta (M.)"に収録されていたものを著者のスワミ・チェタナーナンダジーの許可をいただき掲載しました。

第五巻には他にも田中先生の未訳原稿が含まれていますが、熱意ある有志の方の翻訳により掲載いたしました。第五巻でもセントルイス・ヴェーダーンタ協会他、様々な方面より写真や資料を提供していただきました。また、口絵に掲載しましたホーリー・マザー、聖ラーマクリシュナ、スワミジーの絵は、とても熱心な信者の方々が描かれたものを掲載させていただきました。さらに第四巻完成のあと報告を兼ねた巡礼で訪れたマヘンドラ・グプタの家では、ディパック・グプタ氏の歓迎を受け、第四巻にサインをしていただき、これも掲載させていただきました。

出版に際してご協力してくださったすべての皆さまに心から御礼申し上げます。

「不滅の言葉《コタムリト》」全五巻の出版が終わって感じることは、この出版はあの御方がなさったのだということです。背後から大きな力が働いているのが感じられました。ただ編集者の不徳のせいで、あの御方の動かす通りに動けていないところが多くあるかと思いますが、どうかご容赦願います。とにかく最終巻までたどり着けたことを心の底から喜んでおります。

田中嫺玉先生の翻訳した「不滅の言葉《コタムリト》」を手にした方の中から、少なからずの方が真理《かみ》を実現されることを望んでおります。

この本が本気で真理《かみ》を求めている人の元に届きますよう、心より希《ねが》っております。

ラーマクリシュナ研究会

翻訳者略歴

田中嫺玉（たなか かんぎょく）

大正14年	北海道旭川市に生まれる。北海道庁立旭川高女を経て、日本女子大学家政科に学ぶ。
昭和20年	終戦・と共に中退して帰郷。結婚して二男子を養育。
昭和29年	東京都新宿区に移住。
昭和34年	目白ロゴス英語学校を卒業。
昭和44年	故・渡辺照宏博士、奈良毅教授（東京外国語大学）についてベンガル語の『不滅の言葉《コタムリト》』の翻訳をはじめる。
昭和49年３月	『不滅の言葉《コタムリト》』の抄訳本を奈良毅氏と共訳で自費出版。12月に日本翻訳文化賞を受賞。
昭和51年	ラーマクリシュナの伝記をまとめはじめる。
昭和53年１月	『不滅の言葉《コタムリト》』を水書房の月刊「なーむ」に連載を開始。昭和54年12月まで掲載。
昭和55年１月	『大聖ラーマクリシュナ　不滅の言葉《コタムリト》』を三学出版より刊行。
昭和55年６月	『インドの光――聖ラーマクリシュナの生涯』を三学出版より刊行。
昭和58年１月	『人類の知的遺産53 ラーマクリシュナ』奈良康明著／講談社に『不滅《コタ》の言葉《ムリト》』の抄訳が掲載される。
昭和58年７月	『マハーバーラタ (上)』を奈良毅氏と共訳で第三文明社より刊行。
昭和58年８月	『マハーバーラタ (中)』を奈良毅氏と共訳で第三文明社より刊行。
昭和58年９月	『マハーバーラタ (下)』を奈良毅氏と共訳で第三文明社より刊行。
昭和63年６月	『神の詩《うた》　バガヴァッド・ギーター』を三学出版より刊行。同年の翻訳特別功労賞を受賞。
平成３年８月	『インドの光――聖ラーマクリシュナの生涯』を中公文庫より刊行。
平成４年５月	『大聖ラーマクリシュナ　不滅の言葉《コタムリト》』を中公文庫より刊行。
平成12年３月	『アヴァデュータ・ギーター』を日本ヴェーダーンタ協会の機関誌「不滅の言葉」に連載を開始。平成15年３月完結。
平成20年９月	『神の詩《うた》　バガヴァッド・ギーター』をTAO LAB BOOKSより刊行。
平成21年11月	『インドの光――聖ラーマクリシュナの生涯』をブイツーソリューションより刊行。
平成23年２月	『大聖ラーマクリシュナ　不滅の言葉《コタムリト》　第一巻』をブイツーソリューションより刊行。
平成23年７月	逝去
平成24年12月	『大聖ラーマクリシュナ　不滅の言葉《コタムリト》　第二巻』をブイツーソリューションより刊行。
平成26年11月	『大聖ラーマクリシュナ　不滅の言葉《コタムリト》　第三巻』をブイツーソリューションより刊行。
平成27年12月	『大聖ラーマクリシュナ　不滅の言葉《コタムリト》　第四巻』をブイツーソリューションより刊行。

大聖ラーマクリシュナ 不滅の言葉《コタムリト》 第五巻

平成29年11月22日 初版発行
筆 録 マヘンドラ・グプタ
翻 訳 田中嫺玉

編 集 ラーマクリシュナ研究会
発行所 ブイツーソリューション
〒466-0848 愛知県名古屋市昭和区長戸町4-40
電話 052-799-7391 FAX 052-799-7984
発売元 星雲社
〒112-0005 東京都文京区水道1-3-30
電話 03-3868-3275 FAX 03-3868-6588
印刷所 株式会社 平河工業社

落丁・乱丁本はブイツーソリューションあてにお送り下さい。
送料小社負担でお取り替えいたします。

ISBN978-4-434-23310-4

刊行案内

田中嫺玉氏の翻訳による聖ラーマクリシュナの晩年の言行録、ついに完結なる！

大聖ラーマクリシュナ

不滅の言葉《コタムリト》 全五巻

絶賛発売中！

第一巻　一八八二年二月～一八八三年七月収録
第二巻　一八八三年八月～一八八四年六月収録
第三巻　一八八四年六月～一八八四年十月収録
第四巻　一八八四年十一月～一八八五年九月収録
第五巻　一八八五年十月～一八八七年五月収録

推薦図書

熱心なラーマクリシュナの信者の家庭に嫁いだ日本人が
絵と詩でつづったお義母《かあ》さんとの思い出
そこからインドの深い精神性を垣間見る

天国行きのチケット

亡くなる二、三ヵ月前から
「もうたくさん
あっちに逝《い》きたい、逝《い》きたい」
って言っていた
一度退院してきた時、冗談で
「あれ、天国行きのチケットは
キャンセルになったの？」
って聞いたら
「キャンセルじゃないよ
予約待ちだよ」
って笑っていた

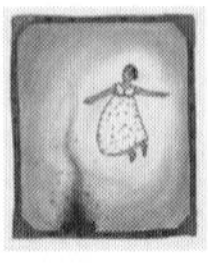

インドのお義母《かあ》さん（マー）
じゃや著
東方出版　1600円（税別）